KB272087

일본의 임진·정유전쟁

일본의 임진·정유전쟁

일본의 임진·정유전쟁

조선진기/고려일기/서정일기/조선일일기
朝鮮陣記/高麗日記/西征日記/朝鮮日日記

이계황·김경태·박경수·서각수·윤병남·이형주·허지은 역주

　국립진주박물관은 임진·정유전쟁(壬辰倭亂·丁酉再亂) 당시 일본군이 남긴 종군일기인『조선진기(朝鮮陣記)』,『고려일기(高麗日記)』,『서정일기(西征日記)』,『조선일일기(朝鮮日日記)』 등 일본 사료 4종에 대한 역주서를 발간합니다. '임진왜란자료 국역사업'의 네 번째 성과로,『일본의 임진·정유전쟁』이라는 제목으로 선보입니다. 이번 역주서는 임진·정유전쟁 당시 일본군의 출병 및 침공 과정, 철수와 재침략 등을 일본의 시각에서 살펴볼 수 있는 자료입니다.

　국립진주박물관은 2017년부터 '임진왜란자료 국역사업'을 추진했습니다. 이후 오희문(吳希文)의 피란일기인『쇄미록(瑣尾錄)』(2018), 송응창(宋應昌)의『경략복국요편(經略復國要編)』(2020·2021), 형개(邢玠)의『경략어왜주의(經略禦倭奏議)』(2024)를 차례로 발간했습니다. 동아시아 국제전쟁이었던 임진전쟁에 대한 이해를 높이고자 세 나라의 관점을 두루 살펴보기 위해 조선 측과 명나라 측의 기록을 번역, 발간한 것이었습니다.

　조선 측과 명나라 측의 시각에 따른 임진왜란 자료의 국역사업을 진행한 만큼, 이번에는 자연스레 일본 측의 시각이 담긴 자료를 발굴하여 국역사업을 진행하기로 했습니다. 이에 국립진주박물관은 역사학계와 협조하여 임진·정유전쟁 당시 일본군의 내부 상황을 잘 보여주는 자료를 선별하고, 2023년부터 2024년까지 국역을 진행했습니다. 이제 그 결과물을 『일본의 임진·정유전쟁』이라는 이름으로 선보이게 되었습니다.

이번에 번역된 자료는 임진전쟁을 다룬 쓰시마번(對馬藩)의 대표적 편찬물인 『조선진기』(1592~1598년 기록), 가토 기요마사(加藤淸正) 등의 2번대에 소속되어 참전한 다지리 아키타네(田尻鑑種)의 『고려일기』(1592~1593년 기록), 고니시 유키나가(小西行長) 등 1번대를 수행한 승려 덴케이(天荊)의 『서정일기』(1592년 기록), 정유전쟁을 다룬 일본군의 감찰관 오타 가즈요시(太田一吉)를 수행한 승려 교넨(慶念)의 『조선일일기』(1597~1598년 기록)입니다. 이 자료들은 전쟁에 참전한 일본군이 실제 전투에 임한 상황과 그들의 인식을 반영하고 있어 그 가치가 높습니다.

일본 측 임진·정유전쟁 자료의 국역은 일본사 및 한국사 전공자들(책임연구원 이계황 인하대 명예교수)이 맡아서 진행했습니다. 이 자리를 빌어 한문과 고일본어로 된 어려운 문서를 매끄럽게 번역하고 이해를 돕는 주석을 꼼꼼히 달아준 이계황·김경태(전남대)·박경수(강릉원주대)·서각수(한국외대)·윤병남(서강대)·이형주(국민대)·허지은(서강대) 교수님께 다시 한번 감사 인사를 올립니다.

모쪼록 이번 『일본의 임진·정유전쟁』의 발간으로 동아시아 3국의 대표적인 임진·정유전쟁 자료가 모두 발간된 만큼, 동아시아 3국이 참전한 국제전쟁이었던 임진·정유전쟁에 대해 총체적이고 객관적으로 조명할 수 있는 계기가 마련되었으면 합니다. 감사합니다.

2025년 12월

국립진주박물관장

장 용 준

국립진주박물관은 2017년부터 임진·정유전쟁 자료 중 조선·명·일본의 주요 자료를 우리말로 번역하여 발간해 왔다. 즉, 임진전쟁 당시 조선인 오희문의 피난일기인 『쇄미록』, 명군 총사령관 송응창과 형개가 전쟁에 임하는 자세와 군사적 고민을 담은 글인 『경략복국요편』과 『경략어왜주의』를 차례로 간행했다. 『일본의 임진·정유전쟁』은 일본 측의 입장에서 임진전쟁과 정유전쟁을 조명하는 자료를 번역해 발간한 것이다.

이번에 선정된 자료들은 현장 지휘관의 입장을 반영한 진중일지 성격의 일기나 수행 승려의 종군일기를 번역 대상으로 삼았다. 이는 도요토미 히데요시(豊臣秀吉) 등 일본의 최고위층이 남긴 기록이 있기는 하지만, 자료가 방대하여 짧은 기간에 번역사업을 수행하기 힘들었기 때문이다. 그래서 현장 지휘관의 입장이 반영된 개별 번(藩) 또는 수행 승려의 기록이 일본 측의 전쟁에 임하는 자세를 살피는 데 보다 효과적이라고 보았다.

번역 대상으로 정해진 자료는 『조선진기』·『고려일기』·『서정일기』·『조선일일기』다. 『조선진기』와 『고려일기』는 현장 전투를 수행한 현장 지휘관의 입장이 반영된 기록물이다. 실제 전투에 임한 내용과 그 과정에서 보인 일본군의 행동과 생각을 반영하고 있다. 이 자료는 이순신의 『난중일기』 등 조선군 지휘관의 기록과 비교해 볼 수 있다. 또 『서정일기』와 『조선일일기』는 직접 전투를 하지 않는 승려들의 글이어서 전쟁의 참상을 비교적 객관적으로 보여주고 있다. 이들의 글은 조선사람 오희문의『쇄미록』과 비교해 볼 수 있다.

일본 최고위층이 전쟁에 임하는 자세와 군사적 고민을 담은 자료를 번역하지 못한 아쉬움은 있지만, 조선·명·일본 3국의 주요 기록을 번역함으로써 임진·정유전쟁이라는 동아시아 국제전쟁에 대해 다양한 시각을 얻고 객관적인 시각을 가지려는 목적은 어느 정도 달성했다고 할 수 있다. 이 번역으로 국가 간의 상호 인식이나 이해 수준을 균형감 있게 조명할 수 있는 기초 자료를 갖게 되었다고 하겠다. 이런 점에 주목해 이번 국역사업이 갖는 의미를 살펴보자.

첫째, 개별 사건에 대한 조선·명·일본 측의 입장을 비교할 수 있다. 즉, 주요 전투에 대한 서술에서 균형 감각을 획득한다거나 협상 과정에서 삼국의 이해관계를 이해하는 데 도움이 될 것이다. 이는 동아시아 국제전쟁으로서의 임진·정유전쟁에 대한 역사 인식을 심화시킬 것이다.

둘째, 전쟁 과정에서 삼국 간의 입장 차이와 실제 내막을 확인함으로써 전쟁의 양상 이면에 감추어진 각국의 속사정을 들여다볼 수 있는 계기가 마련되었다. 즉, 조선·명·일본 3국의 사정에 따라서 전쟁의 추이가 어떻게 달라졌는지를 보다 깊게 살펴볼 수 있을 것이다.

그러므로 앞으로 진주박물관은 지난 10여 년간 진행된 '임진왜란자료 국역사업'의 성과를 바탕으로 전쟁에 관한 새로운 관점을 얻고 확대된 시야를 바탕으로 임진·정유전쟁에 관한 전시를 재구성할 필요가 있다고 하겠다. 전쟁에 임하는 조선·명·일본의 처지와 시각을 고려한 전시의 연출이야말로, 임진·정유전쟁의 국제전쟁으로서의 성격을 부각하는 것이면서 전쟁 과정에서 상처받는 세 나라의 일반민들에 대한 이해와 공감에 크게 도움이 될 것으로 기대된다.

1 자료의 게재 순서는 자료에서 다룬 전쟁 시기 순으로 한다.

조선진기 – 고려일기 –서정일기 – 조선일일기

2 번역에서 줄바꿈은 원칙적으로 원문에 따른다. 단, 인용문과 와카 등의 번역문은 이해를 돕기 위해 줄바꿈 후 들여쓰기 하고 파랑색 글씨로 서술한다.

3 번역문과 원문에서 협주와 덧주는 모두 파랑색 글씨로 서술한다.

4 원문에 없는 내용을 번역문에 추가할 경우 [ ] 안에 표기하여 구분한다. 단, 연도의 서력 표시는 괄호로 처리한다.

5 일본 고유명사 표기

  · 원칙적으로 국립국어원이 정한 〈외래어 표기법〉에 따라 표기한다. 따라서 장음은 표기하지 않되, ei 발음만은 관용에 따라 표기한다. 예) 平五郎의 경우 '헤고로'가 아니라 '헤이고로'로 표기

  · 원문의 일본어 중 〈구 가나 표기법〉에 따라 표기된 것은 원 표기법에 따른다. 예) かうおん의 경우 '가우온'이 아니라 '고온'으로 표기

6 한국 지명은 원문 그대로 표기하고, 설명이 필요할 경우 각주로 처리한다.

7 숫자는 만 단위를 기준으로 나누되 우리말 '만'을 표시해 주고, 나머지는 아라비아숫자를 사용하여 붙여 쓴다. 예) 1만 1,500명

8 번역문의 용어나 문장 중 자세한 설명이 필요한 것은 각주로 처리한
다. 단, 단순한 단어 설명일 경우 본문에서 괄호 안에 넣어 처리한다.

9 날짜 표기 : 원문의 '同 ~日' 은 문장의 전후 사정을 살펴 '~월 ~일' 형
식으로 통일한다.
예) 同 5日 → 5월 5일

10 원문의 오류는 번역문에서 각주를 통해 밝힌다.

11 원문에서 수정한 부분은 해당 글자 뒤에 ( )로 표시하여 구분한다.

12 공격(空格)과 궐자(闕字)는 □로 표시한다.

13 읽지 못한 글자와 특히 확인이 필요한 글자는 ■로 표시한다.

14 기존의 '임진왜란', '정유재란'이라는 명칭 대신, 동아시아 국제전쟁
이라는 성격을 반영하고 관련국 간 용어의 통일 필요성을 반영한 최
근 학계의 경향을 수용하여 '임진전쟁', '정유전쟁'이라는 용어를 사
용한다.

15 인명록은 주요 인물(대장, 저자, 다이묘 등)을 중심으로 작성하고, 그
외의 인물은 각주로 처리한다. 인명록에 있는 인물도 각주로 처리
한다.

번 역

원문

종합 해제

2023년부터 2년 동안 4종류의 일본 사료인 『조선진기(朝鮮陣記)』, 『고려일기(高麗日記)』, 『서정일기(西征日記)』, 『조선일일기(朝鮮日日記)』를 번역했다. 일본에서 방대한 양이 전해지고 있는 임진·정유전쟁 관련 기록 중에 4종을 선별해 한 권으로 묶어 출간해야 했다는 점에서 아쉬움이 남는다. 그럼에도 이번 작업이 일본 소재 임진·정유전쟁 사료의 본격적인 국역작업의 출발점이 되었다는 점에서 큰 의의가 있다.

임진·정유전쟁 관련 일본 자료는 대체로 문서류·일기류·비망록 및 편찬물로 나뉘며, 유형에 따라 사료적 가치와 번역 난이도 또한 다르다. 문서류는 특정 시점의 사건 전개를 파악하는 데 결정적 단서를 제공하지만, 연작으로 발간되는 총서류에 포함되어 출간되는 경우가 많고, 개별 문서는 특정 사건에 한정된 경우가 많아서 서사 구조를 갖추기 어렵다. 이러한 특성 때문에 단기간 국역에는 적합하지 않다.

반면 일기류는 전쟁 현장 또는 그와 가까운 시점에 작성된 경우가 많아 사료적 가치가 높으며, 실제로 임진·정유전쟁 연구에서도 가장 폭넓게 활용되는 자료군이다. 다만, 기록자에 따라 서술 방식과 관점이 달라질 수 있으므로, 일기를 선정하고 내용을 검토할 때는 세심한 주의가 필요하다. 특히 일기의 상당수는 문필 능력을 갖춘 종군 승려들에 의해 작성되었으며, 이들 가운데 사료적 가치가 높은 기록이 다수 존재한다. 이러한 점에서 승려들의 종군 일기인『서정일기』와『조선일일기』를 번역한 것은 큰 의미가 있다.

또한 전쟁에 직접 참전했던 다이묘(大名)의 가신들이 남긴 일기도 존재한다. 그러나 무사들의 기록은 대체로 자신의 전공을 과장하여 드러내는 경향이 있으므로, 활용할 때 각별한 주의가 필요하다. 일기를 선택할 때는 기록자가 소속된 부대도 중요한 요소다. 소속 부대에 따라 침공로가 달라지고 전투 양상이나 지역적 경험도 달랐기 때문이다. 이런 점에서 1번대 군사 활동을 기록한『서정일기』와 2번대 군사 활동을 기록한『고려일기』를 함께 번역한 것은 의미가 매우 크다.

임진 · 정유전쟁은 7년 동안 진행되며 여러 차례 전환점을 맞았고 그중 가장 큰 변화는 1597년 정유전쟁의 발발이다. 이 시기 전투는 한반도 남부지역에서 더욱 격렬하게 진행되었고, 대규모 학살과 노예 사냥과 같은 참상이 빈번하게 발생했다.『조선일일기』는 이러한 참혹한 전장을 생생하게 묘사할 뿐만 아니라, 기록을 남긴 승려 교넨(慶念)의 반성적 시각과 태도가 드러나 있어 사료적 가치가 매우 높다. 이 때문에 일본은 물론 한국에서도 일찍부터 주목을 받아왔다. 다만 교넨이 불교 승려로서 자신이 목격한 참상을 시적 감상으로 표현한 다수의 와카(和歌)가 포함되어 있어 번역 과정에서 세심한 주의가 필요했다.

비망록이나 편찬물은 자료의 양이 많고 내용도 다양해 사료로서의 가치도 일정하지 않다. 편찬물의 경우 일기류 등에 비해 당대성이나 현장성의 측면에서 사료적 가치가 상대적으로 떨어지는 경우가 많다. 특히 다수의 편찬물이 17세기 말부터 18세기 초에 걸쳐 집중적으로 간행되었기 때문에, 어떤 과정을 거쳐 편찬되었는가를 신중히 검토할 필요가 있다.

이번에 번역한 4종의 자료는 다양한 일본 사료의 특성이 균형 있게 반영되어 있다.

첫 번째, 『조선진기』는 조선과 긴밀한 관계를 맺었던 쓰시마번이 편찬한 문헌으로, 분량은 짧지만 전쟁 전 외교 교섭부터 정유전쟁 종결까지 전 시기를 아우르는 매우 드문 기록이다. 다만 현전하는 사본이 언제, 누구에 의해 작성된 것인지 확인하기 어렵다는 점에서 사료로서의 한계가 있다. 그럼에도 쓰시마번이 보유한 다양한 자료를 바탕으로 편찬되었고, 고니시 유키나가ㆍ소 요시토시 등 1번대 선봉의 활동을 반영하고 있어 사료적 가치가 높다. 기타지마 만지(北島萬次)의 두 권의 임진ㆍ정유전쟁 통사에서도 광범위하게 인용하고 있는 점은 이 자료의 가치를 방증한다. 특히 조선의 『징비록(懲毖錄)』의 영향을 곳곳에서 확인할 수 있어, 일본 편찬물의 역사적 배경을 밝히는 데 중요한 실마리를 제공한다.

두 번째, 『고려일기』는 규슈의 사가(佐賀) 출신 무장 다지리 아키타네(田尻鑑種)가 가토 기요마사 휘하 2번대에 소속해 작성한 일기다. 1592년 3월 출발부터 1593년 2월 철수 과정까지 이어지는 이 기록은 2번대가 북진하여 한성ㆍ개성ㆍ함경도까지 도달한 과정을 구체적 날짜와 함께 서술하였다. 특히 함경도 방면의 침공 과정에서 직면했던 어려움, 군량 부족, 조선민중과의 접촉, 향리층의 협력과 민중봉기 문제 등은 1번대 자료에서는 보기 어려운 독자적 정보를 담고 있어, 일본군의 북방 진출 과정을 복원하는 데 매우 중요한 사료다.

세 번째, 『서정일기』는 교토(京都) 묘신지(妙心寺)의 덴케이(天荊)가 종군 승려로서 고니시 유키나가와 소 요시토시를 보좌하며, 전쟁 개시부터 한성 점령까지 전쟁 초기 6개월간 매일 기록한 현장성 높은 일기로, 사료적 가치가 매우 높다. 덴케이가 선봉인 1번대에 속했기 때문에, 이 일기는『조선진기』의 전반부와 겹치는 시기의 진군·전투·점령 과정을 생생하게 보여준다.『조선진기』와 함께 검토하면, 번의 관점과 개별 승려의 관점을 비교할 수 있다는 점에서 큰 의미가 있다. 덴케이가 소 요시토시와 고니시 유키나가의 지시를 받아 수행한 업무를 기록한 동시에 개인적으로 조선에서 체험한 경험과 사건·사물을 바라보는 주관적 관점이 풍부하게 드러나 있어,『조선진기』에서는 찾아보기 어려운 전쟁 체험과 감상을 엿볼 수 있는 중요한 자료로 평가된다.

네 번째,『조선일일기』는 정유전쟁기 일본군 감독관 오타 가즈요시(太田一吉)를 수행한 승려 교넨(慶念)이 약 9개월 동안 조선의 중남부지역을 이동하며 기록한 현장 일기다. 칠천량 해전, 남원성 전투, 울산성 전투 등 정유전쟁의 대표적 전투가 생생히 담겨 있으며, 일본군의 잔학 행위와 그에 따른 조선민중의 고난에 대한 승려 교넨의 불교적 신앙에 토대를 둔 비판과 반성의 관점이 뚜렷하게 드러나는 독특한 기록이라는 점에서 일본에서도 오래전부터 높게 평가되어 왔다. 교넨이 덧붙인 다수의 와카는 당시 지식인의 정서와 전쟁 인식을 이해하는 중요한 단서를 제공한다.

이번에 번역한 4종의 자료는, 작성 시기와 성격이 서로 다르면서도 상호 보완적이다.『조선진기』와『서정일기』는 1번대의 시각에서 전쟁 초기의 외교·진군·점령 상황을 보여주고,『고려일기』는 2번대의 북방 진출 및 향리·민중과의 관계를 확인할 수 있게 한다. 정유전쟁기를 다룬『조선일일기』는 전쟁 후반의 성격 변화를 잘 보여준다. 이 4종의 자료를 함께 읽으면 임진·정유전쟁에 대한 시간적·공간적 균형을 이룬 이해가 가능하며, 서로 다른 기록자가 바라본 전쟁 인식의 차이를 비교하는 데에도 큰 도움이 될 것이다.

임진전쟁 관계지도
여 진
명
함경도
평안도
요동반도
요하
두만강
압록강
대령강
대동강
국자가局子街
용정
종성
회령
서수라
경성
삼수
갑산
길주
해정창
단천
북청
함흥
영흥
덕원
안변
통천
회양
의주
영변
박천
순안
성천
평양
황주
곡산
요동
⑭
⑯
⑪
⑰
⑩
⑧
『고려일기』
『서정일기』
고니시 유키나가小西行長, 소 요시토시宗義智 등
가토 기요마사加藤淸正, 나베시마 나오시게鍋島直茂 등
구로다 나가마사黑田長政 등
모리 요시나리毛利吉成 등
시마즈 요시히로島津義弘 등
고바야카와 다카카게小早川隆景 등
한성까지의 경로는 구로다黑田 등과 거의 같음
『서정일기』 주요 침공로
오우라 출항 후 부산(1592.04.12.)−부산성
(04.13)−동래성(04.14)−밀양(4.17)−대구
(04.20)−상주(04.24)−충주(04.27)−여주
(05.01)−한성 (05.03)−임진강(05.14)−
한성 귀환 후 머무름(05.17~08.10)−고니시
유키나가와 소 요시토시가 임진강 건너 북상
시작(05.27)−일본군 장수 18인의 한성 입성
(06.12)−고니시와 요시토시의 평양 점령
(06.15)−삼부교의 한성 입성(07.16)−
고니시의 한성 귀환(08.05)
『고려일기』 주요 침공로
사가 출발(1592.03.21)−쓰시마 출발(04.27)
−부산(04.28)−김해(05.01)−경주(05.02)−한성
(05.13)−임진강(05.25)−개성(05.29)−안변
(06.17)−덕원(06.26)−고원(09.25)−함흥
(11.06)−고원 귀환(12.30)−덕원(1593.
01.10)−덕원 출발(01.22)−김화(01.17)−
한성(01.19)−개령(경상도, 02.10)−대두
(02.20)−청도(02.22)−밀양(02.23)−김해
(02.24)

주요 육지 전투

	전투	날짜
①	부산진전투	1592.04.13
②	동래부전투	1592.04.14
③	상주전투	1592.04.25
④	충주전투	1592.04.27
⑤	한성 함락	1592.05.03
⑥	임진강전투	1592.05.13~28
⑦	개성 함락	1592.05.29
⑧	평양 함락	1592.06.15
⑨	금산전투	1592.07.08~09
⑩	평양전투	1592.07.16
⑪	해정창전투	1592.07.17~18
⑫	경주성전투	1592.08.20 (1차)
		1592.09.07~08 (2차)
⑬	연안전투	1592.08.22
⑭	경성전투	1592.09.16
⑮	진주성전투	1592.10.06~10
⑯	길주 장평전투	1592.11.15
⑰	평양전투	1593.01.07
⑱	벽제관전투	1593.01.26
⑲	행주산성전투	1593.02.12
⑳	진주성전투	1593.06.21~29

정유전쟁 관계지도

산동반도

주요 침공로 (추정)
조선일일기
우군 모리 히데모토毛利秀元 등
우군 가토 기요마사加藤清正 등
우군 구로다 나가마사黑田長政 등
좌군 우키타 히데이에宇喜田秀家 등
수군 도도 다카토라藤堂高虎 등

주요 육상전투
① 남원성전투 ② 황석산성전투 ③ 전주성전투 ④ 직산전투
⑤ 울산성전투 ⑥ 울산전투 ⑦ 사천전투 ⑧ 순천전투

주요 해전
❶ 칠천량해전 ❷ 명량해전 ❸ 노량해전

『조선일일기』 주요 침공로
우스키(분고, 1597.06.24)-오우라(쓰시마, 07.06)-부산(07.07)-거제도(칠천량, 07.10)- 김해(죽도, 07.15)-노량(08.09)-남원(08.14)-전주(08.20)-진천(09.09)-상주(09.19)-신녕(09.26)-영천(09.30)-경주(10.04)-울산(10.08)-서생포(1598.01.07)-부산(01.19)-쓰시마(01.21)-우스키(02.02)

경기도
한성
한강
강원도
강릉
해주
연안
개성
춘천
양구
평창
삼척
여주
원주
영월
울진
수원
영주
죽산
진천
충주
문경
안동
직산
청주
의성
아산
충청도
금강
문의
상주
군위
경상도
신녕
영천
경주
부여
서천
공주
개령
대구
금산
성주
익산
거창
창녕
밀양
언양
울산
전주
남원
영산
양산
서생포
낙동강
의령
김해
기장
정읍
구례
진주
사천
창원
동래
남강
담양
고성
안골포
부산
광주
순천
가덕도
좌수영
나주
여수
통영
거제도
영암
남해도
한산도
오우라
우수영
강진
진도
해남
완도
제주도
쓰시마
후추
가쓰모토
이키
나고야
고쿠라
하카타
사가
히라도

번
역

조선진기

朝鮮陣記

해제

　『조선진기』는 임진전쟁을 다룬 쓰시마번(對馬藩)의 대표적인 편찬물로 사본이 1책(55면)으로 전해져 이용되고 있다. 전쟁 전 해군성이 일본해지(日本海志) 편찬을 목적으로 수집하여 편찬한 「대일본해지편찬자료(大日本海志編纂資料)」의 제4부문 외교·해방(海防)에 포함되어 있었는데, 전후에 도쿄대학(東京大學) 고마바도서관이 이 자료를 이관받아 소장하게 되었다. 이 자료의 디지털본이 도쿄대학 디지털아카이브포털을 통해 제공되고 있다. 이 디지털본을 저본으로 본 번역사업이 이루어졌다. [『朝鮮陣記』(東京大學駒場圖書館所藏) https://www.lib.u-tokyo.ac.jp/ja/library/komaba/]

　『조선진기(朝鮮陣記)』는 다른 편찬물에서 일반적으로 보이는 발문이나 후기가 없기 때문에, 편찬의 취지나 경위를 알기 어렵다. 하지만 본문의 서두에 편찬 주체와 시기를 추정할 수 있는 중요한 언급이 존재한다. 『조선진기』의 서두에 초대 쓰시마 번주인 소 요시토시(宗義智, 1568~1615)를 고조부로 지칭하면서 "실제로는 증조부"라고 주기가 붙어 있다. 이 기술을 통해 『조선진기』가 소 요시토시의 증손자 세대, 즉 임진전쟁이 끝난 지 1세기 전후의 시점에, 쓰시마번 권력과 직접 관련이 있는 인물이 쓴 것을 알 수 있다.

　17세기 중후반 무렵부터 임진전쟁 참전 번들에서 임진전쟁 관련 편찬물이 잇달아 등장하게 된다. 일기나 비망록 등의 개인 기록물은 임진전

쟁 직후부터 원본이나 사본의 형태로 다수 존재하고 있었다. 그러나 번 차원의 임진전쟁 관련 편찬물의 등장이 늦어진 데에는 여러 요인들이 영향을 미쳤던 것으로 보인다. 세키가하라 전투(關ヶ原の戰い) 후의 정치적 대변동은 최고 권력자의 변화를 가져왔고 다수 다이묘(大名) 집안의 운명을 송두리째 바꾸어놓았다. 반세기에 걸친 정치적 불안정과 도요토미 히데요시(豊臣秀吉)의 명령에 의해 수행된 전쟁을 새로운 통일 권력인 도쿠가와가(德川家)가 어떻게 바라보고 있는가가 불확실한 상황에서 전쟁에서의 조상 다이묘의 역할을 기술하는 것에 조심스러울 수밖에 없었을 것이다. 더구나 쓰시마번은 소 요시토시가 세키가하라 전투 후에 멸절된 고니시 유키나가(小西行長)의 사위였고 함께 1번대를 이루어 참전하였기 때문에 더욱 그러했을 것이다. 풍부한 자료를 갖고 있음에도 불구하고 임진전쟁 관련 편찬 작업이 늦게 이루어진 데에는 이를 비롯한 여러 가지 요인이 작용했을 것으로 보인다.

일본의 임진전쟁 관련 편찬물의 역사에서 매우 중요한 계기로 언급되고 있는 것이 임진전쟁을 다룬 중국과 조선 문헌의 일본 유입과 간행이라 할 수 있다. 먼저 중국 명나라의 임진전쟁 관련 문헌의 유입이 이루어졌는데, 제갈원성(諸葛元聲)의 『양조평양록(兩朝平壤錄)』과 모원의(茅元儀)의 『무비지(武備志)』 등과 같은 문헌을 들 수 있겠다. 전쟁 중에 알기 힘들었던 중국측 사정이나 전쟁에 대한 중국의 관점을 접할 수 있는 계기가 되었을 것이다. 이어서 조선에서 간행된 유성룡(柳成龍)의 『징비록(懲毖錄)』의 일본 유입과 간행을 들 수 있다. 『징비록』의 일본 유입이 쓰시마번을 통해 이루어진 것은 자명해 보인다. 특별히 이번 번역 과정에 징비록의 영향을 넘어서 『조선진기』의 서술 상당 부분이 『징비록』 기록과 일치하는 것을 발견할 수 있었다. 부분적 채용을 넘어서 『징비록』의 내용으로 임진전쟁 서술의 골격을 세우고 편찬한 것이 아닌가 생각이들 정도로 차용이 광범위하게 이루어졌다. 이에 원문에서『징비록』의문장을 그대로 옮겨쓰거나 그것을 바탕으로 기술했다고 판단되는 부분에는 밑줄을 긋고, 이 문장에 해당하는『징비록』의 문장을 각주에 따로실어 비교하여 살펴볼 수 있게 했다.

이하에서『조선진기』에 보이는 임진전쟁 서술상의 특징을 간략하게제시해 보고자 한다.

첫째,『조선진기』는 55면의 필사본으로 비교적 적은 분량에도 불구하고 전쟁 발발 전의 교섭 과정에서 정유전쟁을 거쳐 일본군의 철수에 이르는 임진전쟁의 전 과정을 다루고 있다. 특별히, 전쟁 전의 교섭 과정에대한 서술은 임진전쟁 관련 다른 편찬물에서 보기 힘든 점으로『조선진기』의 가장 중요한 특징이라 할 수 있다. 이 부분에서 쓰시마 도주 소 요시토시의 조선과의 외교 협상과 최후의 단계까지 전쟁 회피를 위한 노력이 상세하게 기술된 점이 주목을 끈다. 그러나 개전이 불가피하다고판단한 시점에 도요토미 히데요시에게 조선의 지도를 헌상하여 전쟁 준비의 선봉에 서는 모습을 보여준다.

둘째, 조선 침략을 위한 일본 원정군의 구성과 선봉대 역할을 했던 1번대의 침공로와 전투 과정을 상세하게 전하고 있다. 고니시 유키나가가 이끄는 1번대에 편성된 5,000명의 쓰시마 군의 구성에 대해서도 언급하고 있다. 일본군의 침공로에서 조우한 조선의 지방관이나 장수의 이름이 대체로 정확하게 기술되어 있는 편인데,『징비록』을 참고한 때문이었을 것으로 보인다.

셋째, 소 요시토시가 선봉대의 일원으로 참여했던 일본군의 한성 점령 후 이루어진 임진강 전투와 평양성 전투가 비교적 상세하게 기록되고 있다. 명의 조승훈(祖承訓) 군의 평양성 공격과 패퇴에 대해서도 비교적 상세하게 언급하고 있다. 이후에 명의 사신 심유경(沈惟敬)의 파견과 고니시 유키나가와의 강화를 위한 교섭에 대해서도 상세하게 기록하고 있다. 이즈음에 파견된 명장(明將)과 명군의 구성이 기술되어 있는데, 이 역시 『징비록』의 내용을 참조한 것으로 보인다.

넷째, 1593년 초에 이루어진 조명연합군의 평양성 공격과 이어진 전투에 대한 기술은 매우 상세한 편이다. 공을 세우거나 전사한 쓰시마 출신 가신들의 이름을 일일이 열거하고 있는데, 특별히 오이시 아라카와 노스케(大石荒川之助)의 활약을 매우 상세히 언급하고 있다.

다섯째, 평양성 퇴각 이후 한성에 이르는 후퇴 과정을 기술하면서 1월 24일 한성에서 일본군이 민간인을 대량 학살하고 방화를 자행한 사건을 기록하고 있는데, 주목할 만한 기술이다.

여섯째, 한성에서 소 요시토시, 고니시 유키나가와 심유경 사이에 강화회담이 열렸고 이들을 대동하고 나고야(名護屋)에 가서 도요토미 히데요시를 면담하고 요시토시와 유키나가의 가신을 명에 파견했다. 히데요시의 명령에 의해 가토 기요마사가 포로로 잡힌 조선의 두 왕자와 신하들을 석방하였음을 기록하고 있다.

일곱째, 진주성 전투에 대해 비교적 상세히 설명하고 있는데, 소 요시토시가 참전한 6월 28일의 전투 상황에 집중되어 있다. 성에 처음으로 오른 가신 간노스케(勘之助)의 활약과 조선군의 저항과 성의 함락 상황이 상세하게 기술되어 있다. 진주성의 함락을 보고 일본의 강화 의지를 의심하는 심유경과 명의 판단에 대한 언급도 있는데 『징비록』을 참조했을 가능성이 높다.

여덟째, 1593년과 1596년 사이에 이루어진 명과 일본 사이의 강화교섭 과정에 대한 요약적인 언급이 이루어지고 있다.

아홉째, 1597년 2월에 정유전쟁이 발발했음을 기록하고 있는데, 이때 일본군이 남해안 일대에 둔영을 설치한 상황을 기록하고 있다. 그해 8월 7일 원균의 조선 수군과의 전투를 상세히 기록하고 있는데, 『징비록』 기록과 거의 일치한다.

열 번째, 같은 해 8월의 남원성 전투에 대해서도 상세히 언급하였는데, 이 전투 후 요시토시가 남해안에 머무르며 왜성을 축조했음을 보여주고 있다. 1598년 1월 조명연합군의 포위 공격으로 이루어진 울산성 전투에서 가토 기요마사의 군대를 도운 일에 대해서도 기록했다.

마지막으로 히데요시의 사망 소식을 전하고 노량 전투에서 이순신 장군이 이끄는 조선 수군과의 전투에 대해 언급하면서 끝을 맺고 있다.

『조선진기』는 조일관계를 주도했고 임진전쟁에 깊숙이 관여하면서 다수의 조선 전문가를 보유했던 쓰시마번에서 편찬한 자료로서 임진전쟁과 조선에 대한 높은 이해도를 보여준다. 개별 전투에 대한 상세한 기록에 더하여 임진전쟁의 큰 그림을 보여주는 기술도 다수 존재하여 일본이 바라본 임진전쟁을 이해하는 데 매우 유용한 자료라 할 수 있다.

동시대성이나 현장성이 높은 일기류는 아니지만, 기술 내용을 통해 쓰시마가 축적한 신빙성 높은 자료를 토대로 편찬된 것으로 판단되어 사료적 가치도 매우 높다. 주로 현장 상황에 대한 묘사에 치중하는 일기 및 비망록에서 보기 힘든 전쟁의 발발 과정, 강화협상의 과정, 최고 수뇌부의 동향 등 전쟁의 큰 그림을 살필 수 있는 매우 유용한 자료로 판단된다.

쓰시마번주인 소 요시토시가 고니시 유키나가와 일본군의 선봉인 1번대를 이루어 전쟁의 여러 단계에서 주도적인 역할을 수행했고 그러한 소 요시토시와 가신들의 역할을 중심으로 기술이 이루어졌음을 알 수 있다. 일본의 대표적인 임진전쟁 연구자인 기타지마 만지(北島萬次)가 임진전쟁 통사[1]에서 이 사료를 광범위하게 이용한 것도 이 때문이라고 생각한다.

종군 승려인 덴케이의 『서정일기(西征日記)』는 소 요시토시와 고니시 유키나가의 1번대와 동행한 서전의 6개월 동안의 기록으로 『조선진기』의 전반부에서 다룬 내용과 겹치는 부분이 존재하기 때문에 두 자료를 비교 검토하면 임진전쟁에 대한 이해를 높일 수 있을 것이다.

---

1   北島萬次, 『朝鮮日日記・高麗日記-秀吉の朝鮮侵略とその歷史的告發』, そしえて, 1982.
　　北島萬次, 『豊臣秀吉の朝鮮侵略』, 吉川弘文館, 1995.

『조선진기(朝鮮陣記)』

조선 정벌의 건

덴쇼(天正) 17년(1589) 기축년 봄에 히데요시(秀吉) 공은 조선이 아직 복종하지 않는 않은 데 분개하여, 고조부 실제는 증조부 요시토시(義智)[1]에게 명하여 말하기를 "조선왕으로 하여금 내조하게 하여 본조(本朝)가 통일된 것을 축하하게 하라. 그러면 양국의 관계는 한결같이 옛날에 따를 것이다. 만약 조선이 그것을 거부할 경우에는 곧바로 군대를 일으켜 칠 것이다."[2]라고 했다. 요시토시는 명을 받들고, 가신 유키 쓰기에몬 야스히로(柚木次右エ門康廣)[3]를 조선에 파견하여, 히데요시 공의 서한을 보냈지만, 조선왕은 그에 따르지 않았다. 야스히로가 돌아와 그 결과

1   요시토시(義智) : 소 요시토시(宗義智, 1568~1615). 쓰시마 소(宗)씨 20대 당주. 도요토미 히데요시의 명령을 받고 장인인 고니시 유키나가와 함께 조선과의 협상에 진력했고, 임진전쟁 때는 1번 부대의 선도역을 맡아 일본군의 최선봉으로 싸웠다.

2   덴쇼(天正) 17년(1589) …… 칠 것이다 : 이 부분의 기술에는 착종이 있다. 유키 야스히로는 요시토시의 가신이 아니라 소 요시시게(宗義調, 1532~89)의 가신으로, 그가 조선 국왕의 내조를 요구하는 서신을 가지고 조선과 협상한 것은 1587년 9월의 일이다(『선조수정실록(宣祖修正實錄)』 권21, 선조 20년(1587) 9월 1일 정해조). 아래의 요시토시와 소장로, 야나가와 시게노부가 조선으로 건너간 것은 1589년 봄이다.

3   유키 쓰기에몬 야스히로(柚木次右エ門康廣) : ?~?. 쓰시마도주 소 요시시게의 가신으로 임진전쟁 전 조선과의 협상에 진력했다. 『조선왕조실록』, 『징비록』에는 다치바나 야스히로(橘康廣)로 나오며, 일본 사료에는 유타니 야스히로(柚谷康廣)로도 나온다. 발음은 『나가사키현사(長崎縣史)』에 따랐다. 『센고쿠쓰시마국 인명사전(戰國對馬國人名辭典)』에는 '유즈야'로 읽었다.

를 보고했다. 히데요시 공은 크게 노하여 고니시 셋쓰노카미 유키나가(小西攝津守行長)[4]·가토 가즈에노카미 기요마사(加藤主計頭淸正)[5]를 시켜 쓰쿠시(筑紫)[6]의 병사를 이끌고 조선을 치려고 했다. 유키나가·기요마사는 명령을 받고 조선으로 가려고 했다. 요시토시가 청하기를 "제가 우선 조선으로 가서 히데요시 공의 명령을 유시하여, 국왕으로 하여금 내조하게 할 것입니다. 바라건대 유키나가·기요마사의 도해 시기를 늦추어 주십시오."라고 했다. 히데요시 공은 그 요청을 허락했다.[7] 요시토시는 소장로(蘇長老)[8]와 가신 야나가와 곤노스케 시게노부(柳川權之助調信)[9] 등을 데리고 조선에 가서, 한동안 동평관(東平舘)[10]에 머물면서 국왕 내조 건을 전했지만[11] 믿지 않았다. 그래서 먼저 통신사를 초청하여 함께 갈 것을 요청했지만, 통신사 [파견] 논의는 오랫동안 결정되지

......

4 고니시 셋쓰노카미 유키나가(小西攝津守行長) : 고니시 유키나가(小西行長, 1558~1600). 임진전쟁 때 일본의 선봉장으로, 부산성 전투를 비롯하여 여러 전투에 참가했으며, 한성을 가장 먼저 점령하고 평양도 함락했다. 조선 및 명과의 강화 협상에 중요한 역할을 했다.

5 가토 가즈에노카미 기요마사(加藤主計頭淸正) : 가토 기요마사(加藤淸正, 1562~1611). 임진전쟁 때 일본군 2번대를 이끌었다. 임진강 전투 후 함경도로 향하여 함경도를 점령하고 임해군과 순화군 등을 포로로 잡았다.

6 쓰쿠시(筑紫) : 여기서는 규슈의 총칭으로 사용되었다.

7 요시토시가 청하기를, …… 허락했다 : 『나가사키현사』 669쪽, 덴쇼(天正) 17년(1589) 3월 28일 서장.

8 소장로(蘇長老) : 게이테쓰 겐소(景轍玄蘇, 1537~1611). 임진전쟁 전후에 걸쳐 조선과의 외교에 활약한 임제종 승려.

9 야나가와 곤노스케 시게노부(柳川權之助調信) : 야나가와 시게노부(柳川調信, ?~1605). 일본 중앙정부와의 절충, 대조선 무역에 재능을 발휘하여 쓰시마 소씨의 중신이 되었다. 임진전쟁부터 조일 외교의 부활까지 번주 요시토시 및 겐소와 함께 쓰시마의 이익을 위해 노력했다.

10 동평관(東平館) : 조선시대에 일본 사신이 머물던 숙소로 현재 서울 종로구 인사동에 있었다. 임진전쟁 때 불탔고, 임진·정유전쟁 이후 조일국교회복 교섭 결과 조선에서 일본 사신의 상경을 허락하지 않으면서 1609년에 폐쇄되었다.

11 요시토시는 소장로(蘇長老)와 …… 전했지만 : 『선조실록(宣祖實錄)』 23권, 선조 22년 6월 30일 을사조.

않았다. 이에 앞서 정해년(丁亥年)[12]에 일본의 해적선이 조선국 전라도 죽도(竹島)[13]를 노략질하여 변장(邊將) 이태원(李太源)[14]을 살해하고, 그 밖에 조선인을 붙잡아 본조로 돌아왔다. 그 후에 해적이 배를 이끌고 와서 노략질했다. 이에 어떤 사람이, 일본이 반민(叛民)을 쇄환하도록 하여 성의의 여부를 보고, 그런 연후에 통신사를 논의하자고 하면서, 관사에 있는 자로 하여금 넌지시 전하게 했다. 요시토시는 곧바로 야나가와 시게노부를 본주(本州)로 보냈는데, 몇 달이 되지 않아 시게노부는 일본에 있는 조선의 변민(邊民) 10여 명을 붙잡아 와서 돌려주었다.[15] 조선왕은 명령을 내려 곧바로 참수하고, 요시토시에게 내구(內廐)의 말 1필을 상으로 주었다. 후에 요시토시를 인견하고 내전에서 연회를 베풀었는데, [요시토시 등은] 술을 올렸다. 그 후에 통신사 논의가 비로소 결정되어, 삼사(三使)가 일본에 가게 했다.[16]

덴쇼 18년(1590)경 봄, 요시토시는 삼사를 데리고 부산포를 출발하여 쓰시마로 돌아왔다. 그해 여름, 교토에 이르렀는데, 삼사는 다이토쿠지(大德寺)에 머물렀다. 이때 히데요시 공은 오다와라(小田原)[17]를 거쳐, 9월에 귀경했다. 요시토시는 히데요시 공을 오미(近江)[18] 하치만산(八

---

12 정해년(丁亥年) : 1587년(선조 20).

13 죽도(竹島) : 원문은 竹島 앞에 1자 궐이다. 『징비록』에는 손죽도(損竹島)로 되어 있다.

14 이태원(李太源) : 이대원(李大源)의 오자.

15 몇 달이 되지 않아 …… 돌려주었다. :『선조실록』24권, 선조 23년 2월 28일 경자 첫 번째 기사. 진도(珍島)의 거민 사을화동(沙乙火同)이 왜국에 투항하여 그들이 노략질하는 데 향도 노릇을 해 왔는데 일본에서 그를 쇄환시켜 왔으므로, 상이 인정전에 나아가 헌부례(獻俘禮)를 거행했다.

16 삼사(三使)가 …… 했다. :『선조실록』23권, 선조 22년 11월 18일 임술 첫 번째 기사. 황윤길(黃允吉)·김성일(金誠一)을 일본 통신의 상사·부사로, 허성(許筬)을 서장관으로 차출했다.

17 오다와라(小田原) : 현재 가나가와현(神奈川縣) 서부. 1590년 도요토미 히데요시는 자신의 중재를 거부한 오다와라의 호조씨(北條氏)를 정벌하고, 일본 전국을 통일했다.

18 오미(近江) : 현재의 시가현(滋賀縣).

幡山)에서 맞이하여 알현하고, 곧바로 교토로 따라 들어왔다. 이에 히데요시 공은 삼사를 주라쿠테이(聚楽亭)[19]에서 인견하고, 요시토시의 노고를 칭찬하며 참의(參議)[20]에 임명했다. 그것을 사양하니 시종(侍從)[21]에 서둘러 임명하고, 야나가와 시게노부를 쇼다이부(諸太夫)[22]로 삼았다. 그 후 이사(二使)가 보서(報書)를 받고 돌아갈 때, 히데요시 공은 요시토시에게 명하여 말하기를 "나는 군대를 일으켜 대명(大明)을 치려 한다. 조선왕은 병사를 이끌고 선도해야 마땅하다. 요시토시는 이 뜻을 조선왕에게 전달하라."라고 했다.[23] 요시토시는 명을 받들고, 삼사를 데리고 교토를 출발했다. 정사·부사에게 백은(白銀) 400냥을 하사했다.

덴쇼 19년(1591) 신묘 춘정월에 요시토시는 삼사를 데리고 쓰시마로 돌아왔다. 그달에 소장로·야나가와 시게노부를 시켜 삼사를 데려다주게 했다. 소장로·시게노부는 동평관에 머물면서 히데요시 공의 명을 조선왕에게 알아듣게 타일렀으나[諭], 믿지 않았다.[24] 그러나 삼사를 호

......

19 주라쿠테이(聚楽亭) : 도요토미 히데요시의 정청이자 저택으로 1587년 완공되었다. 교토의 궁궐터에 세웠다.

20 참의(參議) : 4위 이상의 위계를 가진 자 중에서 유능한 자를 뽑아 대신 등과 함께 조정의 공경 회의에 참가하게 했다. 참의 직에 있는 자는 위계가 4위여도 공경에 포함되었다.

21 시종(侍從) : 종4위하.

22 쇼다이부(諸大夫) : 4·5위에 있는 관리들의 총칭.

23 이때의 국서는 『선조수정실록』 25권, 선조 24년 3월 1일 정유조에 다음과 같이 실려 있다.
"사람의 한평생이 백 년을 넘지 못하는데 어찌 답답하게 이곳에만 오래도록 있을 수 있겠습니까. 국가가 멀고 산하가 막혀 있음도 관계없이 한 번 뛰어서 곧바로 대명국(大明國)에 들어가 우리나라의 풍속을 400여 주에 바꾸어놓고 제도(帝都)의 정화(政化)를 억만년토록 시행하고자 하는 것이 나의 마음입니다. 귀국이 선구(先驅)가 되어 입조(入朝)한다면 원려(遠慮)가 있음으로 해서 근우(近憂)가 없게 되는 것이 아니겠습니까. 먼 지방 작은 섬도 늦게 입조하는 무리는 허용하지 않을 것입니다. 내가 대명에 들어가는 날 사졸을 거느리고 군영에 임한다면 더욱 이웃으로서의 맹약(盟約)을 굳게 할 것입니다."

24 히데요시 공의 명을 …… 믿지 않았다. : 『선조수정실록』 25권, 선조 24년 4월 1일 병신조. 이날 선조가 시게노부와 겐소 등을 접견하였는데, 어떤 말을 했는지는 알 수 없지만 다음 기사가 참

송한 노고를 고맙게 여겨 시게노부에게 작(爵)을 하사했다. 이에 소장로 · 시게노부는 쓰시마로 돌아왔다.

그해 6월 요시토시는 다시 바다를 건너 부산으로 가서 변장에게 타이르기를 "일본의 간파쿠(關白)는 병선을 대대적으로 수리하여 대명을 치려고 한다. 귀국의 지방도 함께 어지러워질 것이다. 만약 귀국이 먼저 대명에게 보고하여, 화친을 청하고 통호(通好)하게 한다면, 환란을 모면할 수 있을 것이다."[25]라고 했다. 그러나 조선왕은 끝내 그 말을 믿지 않았다. 요시토시는 10여 일 동안 배에 머물다가 쓰시마로 돌아왔다. 곧바로 수도 교토로 올라가 이 내용을 히데요시 공에게 아뢰면서 조선의 사정을 자세하게 말하고, 또 조선의 국도(國圖)를 바쳤다.

히데요시 공은 그 말을 들으시고, 군대를 일으키는 논의를 비로소 결정했다. 요시토시를 선봉으로 삼고 미곡 1만 석, 백은(白銀) 1,000매 및 병기, 화약을 하사했다. 나머지 주고쿠(中國) · 시코쿠 · 규슈의 제후들에게 명하여 각기 전선을 준비하고 양식을 비축하며 군대를 동원하게 했다.

분로쿠(文祿) 원년(1592) 임진 춘3월 12일, 선봉장 고니시 셋쓰노카미

....

고가 된다. 그들은 상경한 윤3월 1일 김성일에게 "중국에서 오랫동안 일본을 거절하여 조공을 바치러 가지 못하였다. 도요토미 히데요시가 이 때문에 분하고 부끄러운 마음이 쌓여 전쟁을 일으키고자 한다. 만약 조선에서 먼저 명에 아뢰어 일본이 명에 조공할 길을 열어준다면 조선은 반드시 무사할 것이다." 라고 하였다.

25 "일본의 간파쿠(關白)는 …… 할 수 있을 것이다." : 소 요시토시가 실제로 조선의 변장에게 전한 내용과는 차이가 있다. 『징비록』에는 "일본은 대명과 통호하려 한다. 만약 조선이 그것을 전달해 주면, 매우 다행이다. 그렇지 않다면 양국은 우호를 잃게 될 것이니, 이것은 바로 큰일이다. 그러므로 고하러 온 것이다."라고 나오며, 비슷한 내용은 『선조수정실록』 25권, 선조 24년 5월 1일조 14번째 기사에 나온다. 조선 측 기록에는 일본이 명과 통호할 수 있도록 조선에게 주선을 요청하고 있는 데 비해,『조선진기』는 히데요시에게 명 침공의 의사가 있으므로, 그 전에 조선이 명과 일본의 통호를 주선하라는 내용으로 되어 있다.

유키나가는 병사 7,000명, 마쓰라 시키부쿄 시게노부(松浦式部卿鎭信)[26]
는 병사 3,000명, 아리마 슈리다이부(有馬修理大夫)[27] · 오무라 신파치로
(大村新八郎)[28] · 고토 야마토노카미(五嶋大和守)[29] 및 기타 군사, 도합 1만
8,100명이 한 부대[一列][30]가 되고, 가토 가즈에노카미 기요마사는 병사 1
만 명, 나베시마 가가노카미 나오시게(鍋島加賀守直茂)[31]는 1만 2,000명,
도합 2만 2,800명이 다른 한 부대가 되었다.[32] 또 구로다 나가마사(黑田長
政)[33], 오토모 요시무네(大友義統)[34], 시마즈 요시히로(嶋津義弘)[35], 후쿠시마
마사노리(福島正則)[36], 하치스카 이에마사(蜂須賀家政)[37], 조소카베 모토치

......

26 마쓰라 시키부쿄 시게노부(松浦式部卿鎭信) : 마쓰라 시게노부(松浦鎭信, 1549~1614). 히젠국(肥
    前國) 히라도(平戶)의 영주. 임진전쟁 때는 고니시 유키나가의 1번대에 소속되었다.

27 아리마 슈리다이부(有馬修理大夫) : 아리마 하루노부(有馬晴信, 1567~1612). 히젠국 시마바라(島
    原)의 영주. 임진전쟁 때는 고니시 유키나가의 1번대에 소속되었다.

28 오무라 신파치로(大村新八郎) : 오무라 요시아키(大村喜前, 1569~1616). 히젠국 오무라의 영주.
    임진전쟁 때는 고니시 유키나가의 1번대에 소속되었다.

29 고토 야마토노카미(五嶋大和守) : 고토 스미하루(五島純玄, 1562~94). 고토(五島)열도의 영주. 임
    진전쟁 때는 고니시 유키나가의 1번대에 소속되었다.

30 한 부대[一列] : 임진전쟁 때 1번대에 편성된 부대를 가리킨다. 1번대에 편성된 숫자는 1만 8,700
    명으로, 본문의 기술과는 조금 차이가 난다.

31 나베시마 가가노카미 나오시게(鍋島加賀守直茂) : 나베시마 나오시게(鍋島直茂, 1538~1618). 규
    슈지방의 영주, 사가번의 초대 다이묘. 임진전쟁 때는 가토 기요마사가 이끄는 2번대에 소속
    되었다.

32 도합 …… 되었다 : 임진전쟁 때 2번대에 편성된 부대. 1번대와 달리 실제 숫자가 일치한다.

33 구로다 나가마사(黑田長政) : 1568~1623. 지쿠젠국(築前國) 후쿠오카번의 초대 다이묘. 임진전
    쟁 때 3번대 주장으로 1, 2번대와는 다른 길로 북상했다.

34 오토모 요시무네(大友義統) : 1558~1605. 분고국(豊後國)을 지배하던 오토모씨의 당주. 임진전
    쟁 때는 구로다 나가마사와 함께 3번대로 참전했다.

35 시마즈 요시히로(嶋津義弘) : 1535~1619. 사쓰마의 영주로, 시마즈씨의 17대 당주. 임진전쟁 때
    는 4번대에 소속되었다.

36 후쿠시마 마사노리(福島正則) : 1561~1624. 어렸을 때부터 도요토미 히데요시를 섬겼으며, 임
    진전쟁 때는 5번대의 주장이었다.

37 하치스카 이에마사(蜂須賀家政) : 1558~1639. 아와국(阿波國)의 영주로, 임진전쟁 때는 5번대에

카(長宗我部元親)[38], 고바야카와 다카카게(小早川隆景)[39], 다치바나 무네시게(立花宗茂)[40], 모리 데루모토(毛利輝元)[41], 구키 요시타카(九鬼嘉隆)[42], 도도 다카토라(藤堂高虎)[43], 와키자카 무네하루(脇坂宗治)[44], 가토 요시아키(加藤嘉明)[45]도 각각 병사를 이끌고 10여만 명이 쓰시마로 왔다.[46] 기요마사 · 나가마사는 오지 않음. 히데요시 공은 모리 간파치(毛利勘八)[47]에게 쓰시마를 감독하게 했다.

요시토시는 가신인 소 사누키 도시시게[48](宗讚岐智順) · 니이 민부 도시노부[49](仁位民部智信) · 스기무라 우키치로 도시키요(杉村右吉郎智淸) · 야

....

소속되었으며, 정유전쟁 때 남원성 전투, 울산성 전투에서는 구원군의 일익을 담당했다.

38   조소카베 모토치카(長宗我部元親) : 1539~1599. 도사국(土佐國)의 영주로, 임진전쟁 때는 5번대에 소속되었다.

39   고바야카와 다카카게(小早川隆景) : 1533~1597. 모리씨(毛利氏)의 일원으로 임진전쟁 때는 6번대에 소속되었다.

40   다치바나 무네시게(立花宗茂) : 1567~1643. 모리씨(毛利氏)의 일원으로 임진전쟁 때는 6번대에 소속되었다.

41   모리 데루모토(毛利輝元) : 1553~1625. 아키국(安藝國)의 영주로 모리씨의 14대 당주. 임진전쟁 때는 6번대에 소속되었다.

42   구키 요시타카(九鬼嘉隆) : 1542~1600. 임진전쟁 때 일본 수군의 총대장.

43   도도 다카토라(藤堂高虎) : 1556~1630. 임진전쟁 때 수군을 이끌고 참전했다.

44   와키자카 무네하루(脇坂宗治) : 와키자카 야스하루(脇坂安治, 1554~1626)의 잘못으로 보인다. 임진전쟁 때 규슈에서 부산으로 수송을 담당했으나, 후에는 지상전에도 투입되었다.

45   가토 요시아키(加藤嘉明) : 1563~1631. 어렸을 때부터 도요토미 히데요시를 섬겼으며, 임진전쟁 때는 일본 수군의 부대장격으로 참전했다.

46   각각 …… 왔다 : 3번대에서 6번대까지와 수군을 이끈 장수들을 가리킨다.

47   모리 간파치(毛利勘八) : 모리 다카마사(毛利高政, 1559~1628). 도요토미 히데요시의 가신이자 크리스천 다이묘로 분고국 사이키번(佐伯藩)의 초대 영주. 임진전쟁 준비를 위해 도요토미 히데요시의 명령에 따라 쓰시마에 성을 쌓았고, 임진전쟁 때는 후나부교(舟奉行)로서 조선으로 건너왔다.

48   도시시게 : 『센고쿠쓰시마국 인명사전(戰國對馬國人名辞典)』에는 '도모시게'로 읽었다.

49   도시노부 : 『센고쿠쓰시마국 인명사전』에는 '도모노부'로 읽었다.

나가와 곤노스케 시게노부 등을 부장(部將)으로 삼고, 쓰시마의 병사 5,000명을 이끌었다.

4월 12일, 다른 장수들과 함께 바다를 건너 조선의 부산포에 이르렀다. 4월 13일에 부산성을 공격했는데, 부산 첨사 정발(鄭撥)이 막았다. 요시토시는 병사를 지휘하여 크게 싸웠다. 요시토시의 병사 후쿠다 야효에(福田彌兵衛), 나니와 다이스케(難波大助) 등이 분전하여 그것을 격파했다. 곧바로 성이 함락되었고, 정발은 전사했다. 유키나가는 군대를 나누어 서평포(西平浦)·다대포(多大浦)를 함락했는데, 다대포 첨사 윤흥신(尹興信)이 전사했다.

4월 14일, 요시토시·유키나가는 진군하여 동래에 쳐들어가[50] 부성(府城)을 공격했다. 부사 송상현(宋象賢)이 성의 남문에 올라 독전(督戰)했다. 요시토시의 병사 후쿠다 야효에가 먼저 올라가 온 힘을 다하여 싸웠다. 오우라 다테와키(大浦帶刀), 오우라 주베에(大浦十兵衛), 안도 시치베에(安藤七兵衛), 안도 가에몬(安藤加右衛門), 오이시 히코쿠로(大石彦九郎) 등이 목을 베는 공을 세웠고, 다카라베 슈리(財部修理), 사이가 가가쿠(西賀雅樂), 아비루 사콘(阿比留左近) 등이 전사했다. 전투 반나절 만에 성이 함락되었는데, 부사 송상현은 앉아서 칼을 받고 죽었다. 요시토시와 유키나가는 그가 [성을] 사수하려 한 것을 가상히 여겨, 사졸에게 명하여 관(棺)에 거두어[51] 성밖에 묻고 표(標)를 세워 알아볼 수 있게 했다. 유키나가의 병사 고니시 도노모노스케(小西主殿助)·기도 사쿠에몬(木戶作右工門) 등이 몇몇 수급을 베었고, 이 밖에 양산군주(梁山郡主, 조영규

......

50   쳐들어가 : 원문은 泊リ. 迫リ의 잘못.
51   거두어 : 원문은 歛. 斂의 잘못.

[趙英圭]) 및 장관군민(將官軍民) 중 죽은 자가 수만 명이었다.[52] 공격하지 않고 함락시킨 것이 11성이었다.

4월 15일, 요시토시와 유키나가는 사자를 나고야(名護屋)[53]에 보내 승전을 보고하니, 히데요시 공은 감장(感狀)[54]을 하사했다. 4월 22일의 문서. 전공을 기린 것이다.

그날[4월 15일] 밤, 요시토시의 병사 사고 나이젠(佐護內膳), 스즈키 산다유(鈴木三太夫), 아비루 시치에몬(阿比留七右ㅗ門)이 보졸(步卒) 10여 명을 이끌고 양산성에 이르러 화포(火炮)를 쏘니, 성안의 수비병이 모두 달아났다. 유키나가의 동생 고니시 도노모노스케와 가신 기도 사쿠에몬이 얼마 후에 와서, 곧바로 양산성을 [공격하여] 쉽게 손에 넣었다.

4월 18일, 밀양에 이르렀는데, 부사 박진(朴晉)이 도로를 막았다. 요시토시의 병사 오기 시카노스케(扇鹿之助)는 매복이 있음을 발견하고 달려 돌아와 알렸다. 요시토시와 유키나가[의 병사들]는 산의 뒤쪽에서 높은 곳에 올라 개미처럼 붙어 공격하니, 지키는 자가 바라보고는 모두 도망갔다. 박진은 급히 밀양으로 돌아가, 성을 버리고 도망갔다. 요시토시·유키나가는 길을 나누어 먼 길을 단숨에 달려가 여러 읍을 함락했다. 한 사람도 감히 막아 지키는 자가 없었다, 김해 부사 서예원(徐禮元)은 문을 닫고 성을 지켰지만, 유키나가가 급하게 공격하여 함락했다. 병사를 나누어 우도(右道)의 여러 읍을 함락했다. 요시토시와 유키나가는

......

52 4월 14일, ······ 수만 명이었다 : 『한국민족문화대백과사전』 등에는 동래 전투를 4월 15일로 적고 있는데, 『조선진기』와 『서정일기』에서는 4월 14일로 기록하고 있다. 『선조실록』에도 동래 전투가 4월 14일이라고 기록하고 있다. 『징비록』에는 4월 15일로 되어 있다.

53 나고야(名護屋) : 사가현 가라쓰시(唐津市). 1591년 도요토미 히데요시는 임진전쟁의 전진기지로 이곳에 성을 쌓고, 이듬해 이곳으로 왔다. 임진전쟁 중 나고야성이 본영이었다.

54 감장(感狀) : 전공 증명서.

밀양을 지나 청도·대구·인동·선산을 거쳐, 4월 24일 상주에 이르러 순변사(巡邊使)[55] 이일(李鎰)과 싸웠다. 이일의 군사는 고작 800~900명, 산에 의지하여 진을 치고 활을 쏘면서 막았다. 이에 요시토시는 후방을 공격하고, 유키나가는 전방을 공격했으며, 마쓰라·오무라·고토는 좌우를 협공했다. 요시토시의 전대(前隊)의 병사 오이시 아키치(大石阿吉), 후쿠다 야효에, 사이토 구나이(齋藤宮內), 히다카쓰 요에몬(比田勝四右ㄱ門)[56]이 곧바로 나아가 분전했는데, 오노 신주로(小野新十郎)가 먼저 수급을 얻었다. 이일의 병사는 패하여 달아났다. 이토세 이키(絲瀨壹岐), 이토세 야지로(絲瀨彌次郎), 하타시마 스케하치로(畑嶋助八郎), 호카이 요하치로(帆開與八郎)·다케다 신자부로(武田神三郎) 등은 목을 벤 공을 세웠다.

가토 가즈에노카미 기요마사는 뒤처져 조선에 들어와 배를 몰고 웅천으로 나아갔다. 육지에 올라 유키나가 등이 전공을 세웠다는 말을 듣고 심기가 심히 불편하였다.

4월 27일, 요시토시와 유키나가는 충주에 이르렀다. 가토 기요마사·구로다 나가마사·나베시마 등도 충주에 도착하여 요시토시·유키나가와 만났다. 이때 총병(摠兵) 신립(申砬)은 병사를 이끌고 탄금대 앞에 진을 쳤다. [탄금대는] 두 물줄기[兩水, 달천] 사이에 있는데 좌우에는 논밭이 많고 수초가 무성하여[57] 말을 달리기 불편했다. 요시토시·유

---

55 순변사(巡邊使) : 변방의 군무를 순찰하기 위해 파견된 특사.

56 히다카쓰 요에몬(比田勝四右ㄱ門) : 현재 쓰시마에 '히다카쓰'씨가 다수 있어서 '히다'가 아니라 '히다카쓰'로 읽었다.

57 탄금대 앞에 진을 …… 무성하여 : 원문을 한문으로 복원하면 "出陣于彈琴臺前 兩水間其地 左右多稻田"인데, 이 문장은 『징비록』의 문장을 그대로 따온 것이다. 그런데 『징비록』의 문장은 "出陣于彈琴臺前兩水間 其地左右多稻田(탄금대 앞 두 물줄기 사이에 진을 쳤다. 그곳 좌우에는 논밭

키나가는 단월역(丹月驛)[58]에서 길을 나누어 들어갔다. 그때 신립은 늪을 사이에 두고 진을 쳤는데, 그 사이에는 오직 작은 길 하나만 통하고 있었다. 신립의 병사가 길 입구를 지키며 활을 쏘면서 막았으므로 요시토시는 병사를 진군시킬 수 없었다. 오이시 아라카와노스케 도시히사(大石荒川助智久)[59]가 가지가 달린 창[鎌鎗]을 들고 곧바로 나아가, 작은 길을 지나 분전한 끝에 수급 3급을 얻었다. 신립의 병사들이 싸우지 않고 패하여 달아나자 요시토시는 장수들과 군사를 이끌고 추격하여 목을 벤 것이 수백 급이었다. 신립은 강물에 빠져 죽었다.

4월 30일, 유키나가와 기요마사는 길을 나누어 북으로 길을 나섰다. 요시토시는 유키나가와 함께 충주를 떠나 여주에 이르렀다. 강원도 조방장(助防將)[60] 원호(元豪)[61]가 군사 수백 명을 이끌고 여주의 북안을 지켰다. 강에는 배가 없어 요시토시와 유키나가는 건널 수 없었다. 그러는 사이에 강원도 순찰사 유영길(柳永吉)이 격문을 보내 원호를 불러 본도로 돌아가게 했다. 이에 요시토시와 유키나가는 병졸들에게 마을 민가와 관사(官舍)를 헐게 하여, 가옥[62]의 목재를 연결하여 긴 뗏목을 만들어

....

이 많고)"으로 끊어서 읽는 것이 문맥상 자연스럽다. 어느 것이 정확한지는 차치하고, 『조선진기』가 『징비록』의 문장을 바탕으로 하고 있음을 보여주는 사례라고 할 수 있다.

58 단월역(丹月驛) : 충북 충주시 법정동.

59 오이시 아라카와노스케 도시히사(大石荒川助智久) : ?~?. 1592년 평양성 전투에서 소 요시토시를 따라, 포위된 평양성에서 탈출로를 찾아냈다. 『조선진기』의 끝부분에는 1594년 호랑이를 잡은 공으로 상을 받았다고 기록되어 있다.

60 조방장 : 주장(主將)을 도와서 적의 침입을 방어하는 장수. 주로 관할지역 내에 있는, 무재를 갖춘 수령이 이 임무를 맡는다.

61 원호(元豪) : 1533~1592. 1567년 무과에 급제하여 내외직을 두루 거치다가, 1587년 전라우도 수군절도사로 재직 중 전라좌도에 침입한 왜구를 막지 못하여 인책, 유배되었다. 임진전쟁 때 강원도 조방장으로 패잔병과 의병을 규합, 여주 신륵사에서 적병을 크게 무찔렀다. 김화 전투에서 전사했다.

건넜다. 요시토시의 병사 야마시타 사마(山下左馬)·이와사 가몬(岩佐掃部) 등은 강을 반쯤 건넜을 때 강물에 떠내려가 죽었다. 원호는 이미 떠나고 강에는 지키는 사람이 한 사람도 없어 우리 병사는 모두 건널 수 있었다. 양근(楊根)[63]에서 용진(龍津)으로 건넜다.

5월 2일, 새벽에 들어갔다. [경성으로 들어가는] 길은 두 개 있다. 남대문은 거리가 800~900리[64]로 큰 하천이 있다. 동대문은 거리가 100여 리[65]이며 하천이 없다.[66] 이에 앞서 4월 30일 조선왕은 경성을 나와 서쪽으로 도망갔다. 유도장(留都將) 이양원(李楊元), 원수(元帥) 김명원(金命元)[67]이 잇달아 모두 도망가 성안에 한 사람도 없었다. 오전에 이르러 기요마사 등도 도착했다.

5월 4일, 요시토시는 야나가와 시게노부를 나고야에 보내 경성을 손에 넣은 것을 보고했다. 5월 6일·7일, 장수들이 경성으로 들어왔다. 히데요시 공은 감장(感狀) 5월 18일 문서을 요시토시에게 하사하여, 그 공을 기렸다. 요시토시가 경성에 있을 때, 조선의 병사가 나가마사의 가신 모리 다효에(森多兵衛)의 군영을 공격했다. 요시토시의 부장 니이 민부 지카오미(仁位民部近臣)·후루카와 고지로(古川小次郎)가 유키나가의 가신

---

62   가옥 : 원문은 屋村. 屋材의 잘못.

63   양근(楊根) : 지금의 경기도 양평군(楊平郡) 양평읍 양근리 지역.

64   800~900리 : 1리는 약 640m로 800~900리면 약 51만 2,000~57만 6,000m이다

65   100여 리 : 1리는 약 640m로 약 6만 4,000m이다.

66   남대문은 …… 하천이 없다. : 출발 지점을 명기하지 않아 이 부분의 정확한 의미를 파악할 수 없다. 대체로 일본군이 상륙한 부산부터 한성까지의 거리로 생각되지만, 남대문과 동대문까지의 도달 거리가 100리나 차이가 있고, 큰 하천의 유무도 이해하기 어렵다.

67   김명원(金命元) : 1534~1602. 임진전쟁이 일어나자, 순검사에 이어 팔도도원수가 되어 한강 및 임진강을 방어했으나, 중과부적으로 적을 막지 못하고 적의 침공만을 지연시켰다. 평양이 함락된 뒤 순안(順安)에 주둔해 행재소 경비에 힘썼다. 정유전쟁 때는 병조판서로 유도대장(留都大將)을 겸임했다.

고니시 야산베에(小西彌三兵衛)와 급히 달려가 이를 구원했다. 분전하여 이를 격퇴하고 수급 수십을 얻었다.

5월 11일, 요시토시 · 유키나가 · 기요마사는 경성을 떠나 북으로 향했다.

5월 18일, 임진[강]에 이르러, 임진[강]의 남쪽에 진을 쳤다. 김명원 · 신곡(申碏)[68] 등은 임진[강]의 북쪽에서 강여울을 지키며 강에 있던 배를 모두 거두어[69] 북안에 두었으므로, 장수들은 강을 건널 수 없었다. 강을 사이에 두고 서로 대치한 지 열흘이 지나도록 건너지 못했다. 장수들이 [강을 건너는 문제를 두고] 논의했는데, 그때 요시토시의 병사 나카하라 규나이 야스타다(中原久內安直)가 곧바로 나아가 강을 건넜다. 그는 용력(勇力)이 있었는데, 북안의 수비병과 싸워 그 자리에서 몇 명을 베었다. 이에 장수들이 병사를 이끌고 잇달아 나아가자, 북안을 지키던 자가 패하여 도망갔다. 바위 위에서 뛰어내려 강에 빠지는 모양이 바람에 흩날리는 잎새와 같았다. 미처 강에 투신하지 않은 자는 우리 병사가 뒤에서 장도(長刀)를 휘둘러 베었다. 모두 포복하고 슬피 울면서 칼을 받았고, 감히 저항하는 자가 없었다. 유키나가와 기요마사는 진군하여 황해도 안성역에 이르러, 각기 향할 곳을 논의했는데, 유키나가는 평안도, 기요마사는 함경도[로 가기로 하였다.] 요시토시는 유키나가와 함께 안성역을 출발하여 북으로 향했다.

6월 10일, 요시토시와 유키나가는 구로다 나가마사 등과 함께 진군

---

68   신곡(申碏) : 신각(申恪, ?~1592)의 잘못. 무과에 급제, 영흥부사 재직 때 파직되었으나 임진전쟁 때 다시 기용되어 한강을 지켰다. 양주 해유령(蟹蹦嶺)에서 일본군을 크게 무찔렀으나, 참소를 당해 처형되었다.

69   거두어 : 원문은 歛. 斂의 잘못.

하여, 마침내 대동강 남쪽에 이르렀다. 이일은 병사를 이끌고 얕은 여울을 찾아 막았다. 요시토시의 전대(前隊) 병사가 강 안으로 들어가자, 강 안 작은 섬의 백성들은 놀라 소리치며 달아났다. 이일은 급히 무사 10여 명을 시켜 섬으로 들어가 활을 쏘게 했지만 군사들은 두려워 선뜻 내려가지 못했다. 이일이 칼을 빼서 베려고 하자 군사들은 곧바로 나아갔다. 그때 요시토시의 병사는 흩어져 강기슭 가까이까지 다가갔다. 이일의 병사들이 갑자기 강궁을 쏘아 하타노 스케조(波多野助藏), 스도 겐시치(主藤源七), 구스 고에몬(久須五左エ門), 다구치 진시치로(田口甚七郎), 고쿠부 시로에몬(國分四郎右エ門)이 화살에 맞아 죽었다. 요시토시의 선봉대는 이기지 못하고 물러났고, 이일은 남아서 건널목을 지켰다. 이에 앞서 6월 11일, 국왕은 평양(平壤)을 나와 영변으로 향했고, 나머지는 모두 머물면서 평양을 지켰다. 우리 병사는 강을 사이에 두고 화포를 쏘았고, 성안에서도 화포를 쏘거나 활을 쏘았다. 요시토시는 제1진에 있었다.

6월 14일 동이 틀 무렵, [조선군이] 부벽루 아래 능라도에서 몰래 배를 타고 강을 건너,[70] 앞으로 나아가 요시토시의 진을 공격했다. 선봉대의 장수 스기무라 우키치로 도시키요가 급히 일어나 수하 병사[屬兵]를 지휘하며 다케오카 세쓰에몬(竹岡節右エ門)과 함께 힘을 다해 막았지만, 도시키요는 전사했다. 요시토시는 병사를 지휘하여 크게 싸웠는데, 직접 적 몇 명의 목을 베었다. 나카무라 헤이지(中村平次), 아비루 헤이에몬(阿比留平右エ門), 아비루 히코쿠로(阿比留彦九郎), 히라야마 쇼겐(平山將監)[71], 하타노 기치로(波多野吉郎), 나가자토 겐파(長里玄蕃), 나가자토 구

......

70 배를 타고 강을 건너 : 도강한 주체는 조선군인데, 주어가 생략되어 의미를 파악하기 어렵다. 『징비록』의 문장을 그대로 옮긴 데서 비롯된 것이다.

71 히라야마 쇼겐(平山將監) : 『센고쿠쓰시마국 인명사전』에 따르면 대동강 전투에서 싸운 가신

라(長里內藏), 나가자토 사마(長里左馬), 요시다 젠로쿠(吉田善六), 니이 사쿠에몬(仁位作右エ門), 요네다 마고자에몬(米田孫左エ門), 고토 하치로베에(古藤八郎兵衛) 등이 힘써 싸우다가 죽었다. 오우라 다테와키, 오우라 주베에, 미야하라 마타자에몬(宮原又左エ門), 아비루 도메야지로(阿比留彌次郎), 아사보 덴에몬(麻房傳右エ門), 오다 기자에몬(小田喜左エ門), 오다 진에몬(小田仁右エ門), 오다 지부에몬(小田治部右衛門), 사이토 쇼겐(齋藤將監), 가와카미 사도(河上佐渡), 오사 히코고로(長彦五郎), 고지마 고지로(小島與次郎), 오기 소자에몬(扇惣左エ門), 도요 젠자에몬(豊善左エ門) 등은 각각 목을 벤 공을 세웠다. 조선 병사들은 물러나, 배로 도망갔다. 이때 제2진의 장수 구로다 나가마사가 급히 강변으로 달려와 직접 전투를 벌였고, 그 사이 각 둔영(屯營)의 병사들도 잇달아 도착했다. 배 위에 있던 사람들은 우리 군사가 이미 뒤에서 공격해 오는 것을 보고 강 가운데에서 흩어져 배를 강가에 갖다 대지 못했고, 그 때문에 물에 빠져 죽은 자가 매우 많았다. 나머지 군대도 왕성탄(王城灘)의 난류(亂流)에서 건넜다. 이에 우리 병사는 물이 얕아서 [걸어서] 건널 수 있음을 알았다. 이날 저녁 무렵, 부대가 모두 여울을 통해 건넜지만, 여울을 지키는 자는 화살 하나도 쏘지 않고 모두 도망가고, 우리 병사는 모두 강을 건넜다. 장수들은 성안에 여전히 대비가 있을 것으로 의심하고 앞으로 나아가지 않았다. 이날 밤 윤두수(尹斗壽)·김명원은 성문을 열고 모두를 내보냈다.

6월 15일, 장수들은 두란봉(杜丹峯)[72]에 올라 한참 동안 관망하다가, 성이 비어 있고 사람이 없는 것을 알고, 곧바로 들어가 각기 성루를 개축

동에 히라타 나리유키(平田成幸)의 관도가 쇼겐(將監)이었다.

72 두란봉(杜丹峯) : 모란봉(牡丹峯)의 잘못.

하며 적을 막는 대비를 했다. 요시토시는 동성(東城)을 지켰다. 이때 조선왕 이연(李昖, 선조)은 대명에 원병을 청했다.

8도는 모두 무너지고, 국왕 이연은 북으로 도망가, 이미 수차례 대명에 원병을 요청했다. 이에 히데요시 공은 말하기를 "만약 명의 병사가 대거 오면, 이미 바다를 건넌 우리 병사가 13만 명에 달하지만, 대적하기 어려울지 모른다. 추가로 병사를 보내 구원할 것이다."라고 하면서 곧바로 병사 6만 명을 뽑아 바다를 건너게 했다.

7월 19일, 요동 부총병 조승훈(祖承訓)이 병사 5,000명을 이끌고 평양을 공격했다. 때마침 큰 비가 와서, 성안에서는 수비를 게을리했다. 칠성문에서 들어오는 요동 군대는 60~70명이었다. 성안은 길이 좁고 골목길이 많아서 말이 제대로 달릴 수 없었다. 오노키 누이도노노스케(小野木縫殿助)가 병사를 지휘하여 험하고 좁은 곳에 의지해서 화포를 쏘았다. 성에 들어온 병사는 모두 죽었다. 이에 유키나가·요시토시는 장수들과 성을 나가 교전했다. 사유격(史遊擊)[73]은 화포에 맞아[74] 즉사했다. 요시토시의 부장 소 사누키·니이 민부 등은 수하 병사를 지휘하여 크게 싸웠다. 사이토 에모스케(齋藤惠茂助), 오우라 사이조(大浦才藏), 하타노 사쿠에몬(波多野作右エ門), 하타노 히코주로(波多野彦十郎), 사고 나이젠(佐護內膳), 하쓰무라 시치사부로(初村七三郎), 나카무라 고효에(中村五兵衛), 오우라 가가(大浦加賀), 오우라 기치에몬(大浦吉左エ門), 히라야마 즈쇼(平山圖書), 누마다 신스케(沼田新助), 나가자토 야고로(長里彌五郎), 아비루 요효에(阿比留與兵衛), 고쿠부 젠자에몬(國分善左エ門), 시마 사마

---

73   사유격(史遊擊) : 사유(史儒, ?~1592). 명나라 요동성 유격대장으로 임진전쟁에 참전했다가 평양성 전투에서 전사했다.

74   맞아 : 원문은 中ニ. 中リ(あたり)의 잘못.

(嶋左馬), 다나카 산조(田中三藏), 우에노 도에몬(上野藤右エ門)[75], 아비루 스케로쿠(阿比留助六), 와카모쿠 헤이자에몬(若杢平左エ門), 야나가 헤이자에몬(屋永平左エ門), 도요타 가즈에(豊田主計), 오이시 겐에몬(大石源左エ門), 나가노 시치에몬(長野七右エ門), 사키 야조(佐岐彌藏), 히라타 이치베에(平田市兵衛), 호카이 요하치로(帆開與八郎), 아비루 겐파(阿比留玄蕃), 아비루 야효에(阿比留八兵衛)는 목을 벤 공을 세웠다. 요동의 군마가 많이 죽자 조승훈은 마침내 군대를 퇴각했다. 우리 병사는 급히 추격하지 않고, 뒤에 있던 군사 중에 진창에 빠져 스스로 빠져나오지 못하는 자는 모두 베었다.

8월 1일, 순찰사 이원익(李元翼)·순변사 이빈(李薲) 등이 병사를 이끌고 평양을 공격했다. 성북에서 진군했다. 장수들은 병사를 보내 이를 막았지만, 우리 병사 10여 명이 화살에 맞아 죽었다. 이에 장수들은 병사를 지휘하여 크게 싸우니, 조선군은 놀라 무너졌다. 강변에 용맹한 사졸이 많이 죽거나 부상을 입었다. 요시토시의 병사 도요타 다자에몬(豊田侈左エ門), 도요타 야고로(豊田彌五郎), 히라야마 마타조(平山又藏), 후쿠시마 야스케(福嶋八助), 오이시 히코쿠로(大石彦九郎), 오이시 진베에(大石甚兵衛), 오이시 우에몬(大石右エ門), 아미시로 스케사부로(網代助三郎), 우치야마 노리스케(內山典助), 오기 기치에몬(扇吉右エ門), 사사키 헤이자에몬(佐々木平左エ門), 사사키 간베에(佐々木勘兵衛), 히라야마 덴에몬(平山傳右エ門), 오다 기자에몬(小田喜左エ門), 아사보 덴에몬(麻房傳右エ門) 등이 목을 벤 공을 세웠다. 원익 등은 마침내 돌아가 순안(順安)[76]에 주둔했다.

....

75 우에노 도에몬(上野藤右エ門):『센고쿠쓰시마국 인명사전』에 따르면, 통칭 '도에몬'으로 불리는 요시토시의 가신에 구라노 시게미치(倉野茂通)가 있다.

76 순안(順安):평양시의 북서쪽에 위치한다.

9월, 대명의 유격장군 심유경(沈惟敬)[77]이 순안에 이르러 요시토시·유키나가에게 서신을 보내 물었다. "조선이 일본에 무슨 잘못한 일이 있기에 어찌하여 멋대로 군대를 일으켰는가?" 요시토시·유키나가는 그 서신을 보고 곧바로 회신을 보내 얼굴을 보고 논의할 것을 요구했다. 유경이 그곳으로 갔다. 요시토시·유키나가는 소장로 등을 이끌고 나가, 성북 10여 리[78] 밖 강복산(降福山) 아래서 만나, 유경에게 히데요시 공이 조선을 정벌하는 이유를 고했다. 유경은 곧바로 요시토시·유키나가와 화호(和好)를 논의한 후 약속하며 말하기를 "내가 돌아가서 황제 폐하께 보고하면 처분이 있을 것이다. 50일을 기한으로 잡아, 일본인은 평양 서북 10리 밖으로 나가 약탈하는 일이 없도록 하고, 조선인은 10리 안에 들어가 일본인과 싸우는 일이 없도록 하라."라고 했다. 곧바로 그곳 경계에 나무를 세워 금표(禁標)로 삼고 떠났다. 요시토시·유키나가는 성으로 돌아와 병사를 거두어들이고[79] 움직이지 않았다. 그러는 사이에 50일이 지났지만 유경은 돌아오지 않았다. 이에 요시토시·유키나가는 성을 공격할 기구를 대대적으로 수리하고, 병사를 일으켜 곧바로 진군하려 했다.

12월 초, 유경이 다시 평양에 와서 요시토시·유키나가에게 고하기를 "가까운 시일 내에 화호가 이루어질 것이다. 내가 이전에 공과 약속한 기한이 이미 지났으므로 아마 공은 나를 의심했을 것이다. 그래서 내가 먼저 여기 와서 고하는 것이다."라고 했다. 며칠 동안 머무르다가 다시

77　심유경(沈惟敬) : ?~1597. 상인 출신으로 일본 사정에 밝았다. 명 병부상서 석성과의 인연으로 임진전쟁 때 조선에 파견되어 고니시 유키나가 및 소 요시토시와 강화 협상을 진행했다. 그러나 농간을 부려 정유전쟁을 초래했다.

78　10여 리 : 1리는 약 640m로 10여 리이면 약 6,400m가 넘는다.

79　거두어들이고 : 원문은 歙. 斂의 잘못.

서로 서약하고 떠났다. 이때 대명은 병사를 일으켜, 병부 우시랑(右侍郎) 송응창(宋應昌)을 경략(經略)으로 삼아 병사를 요동에 주둔시키고, 이여송(李如松)을 제독군무(提督軍務)로 삼아 삼영(三營)의 이여백(李如栢, 좌협대장)·장세작(張世爵, 우협대장)·양원(楊元, 중협대장) 및 남방 장수[南將] 낙상지(駱尙志)[80]·오유충(吳惟忠)·왕필적(王必迪) 등을 이끌고 강을 건넜다. 병사의 수는 4만여 명이었다. 안주에 이르러 둔영을 설치하고 성 남쪽으로는 내려오지 않았다.[81]

분로쿠 2년(1593) 계사 정월 1일, 부총병 사대수(查大受)가 순안에 가서 일본인을 속여 말하기를 "천조(天朝)가 이미 화호를 허락하여, 심유경이 올 것이다.[82]"라고 했다. 우리 장졸들은 크게 기뻐했다. 1월 4일, 요시토시·유키나가는 가신 오우라 마고로쿠(大浦孫六) 요시토시의 병사. 후에 가쿠베에(格兵工)로 고쳤다·다케다 기치베에(武田吉兵衛) 유키나가의 병사에게 병졸 20여 명을 데리고 나가, 순안에서 유경을 맞이하게 했다. 사대수는 [그들을] 유인하여 함께 술을 마셨다. 그때 미리 숨어 있던 복병이 나타나 다케다 기치베에를 사로잡고,[83] 함께 간 병사를 베었다. 오우라 마고로쿠는 병사 두 명과 힘을 다해 싸워 포위를 벗어나, 야밤에 달려 평양으

......

80 남방 장수(南將) 낙상지(駱尙志) : 『조선진기』에는 '남낙상지(南駱尙志)'라고 되어 있지만, 『징비록』에 의거하여 남장, 즉 남방 장수라고 번역했다. 낙상지와 오유충은 저장성(浙江省) 출신이다.

81 안주에 이르러 …… 않았다 : 이 부분은 『징비록』의 '至安州下營於城南', 즉 '안주에 이르러 성의 남쪽에 진을 쳤다'는 내용을 바탕으로 한 것으로 보이는데, '성의 남쪽으로는 내려오지 않았다'고 한 것은 다음 문장에서 '명의 군대가 온 것을 처음 알았다'와 호응하기 위한 것으로 보인다. 『조선진기』가 『징비록』을 바탕으로 후대에 편찬된 것임을 알 수 있는 부분 중의 하나다.

82 심유경 …… 올 것이다 : 『징비록』 원문은 '沈遊擊且至'인데, 심유경은 이미 지난해 12월에 일본 진영에 왔다 갔으므로 '심유경이 다시 올 것이다'의 잘못으로 보인다.

83 사로잡고 : 원문은 궐자. 『징비록』에는 擒으로 기록되어 있다.

로 돌아왔다. 요시토시·유키나가는 비로소 명군이 온 것을 알았다.

　1월 5일, 명군이 평양에 와서 성밖에 진을 쳤다. 1월 6일, 조선의 장수 이일·김응서(金應瑞) 등이 동성(東城)을 공격했다. 요시토시의 병사가 화포를 쏘면서 막자, 이일 등은 군대를 물렸다. 이때 유키나가는 모란대의 군영을 지키고 있었는데, 이여송은 먼저 모란대를 공격하려 했다. 유키나가가 병사를 지휘하여 화포를 쏘면서 막으니, 명군이 감히 가까이 오지 못했다. 이에 여송은 오유충에게 모란대를 공격하게 하고, 나머지는 모두 평양으로 향했다. 야밤에 요시토시는 장수들과 함께 병사를 이끌고 나가 적을 습격했지만, 이기지 못하고 성으로 들어왔다. 요시토시의 병사 반 사쿠에몬(飯作右コ門)·나카무라 로쿠로(中村六郎) 등이 힘써 싸우다가 죽었다. 이때 평양의 장수들은 상의하여, 유키나가를 평양성으로 불러, 힘을 합쳐 결전을 벌이자고 했다. 그러나 명군이 평양성과 모란대 사이를 끊어 서로 통하지 못했다. 장수들은 포위를 뚫고 나가 모란대에 갈 수 있는 용감한 자를 뽑으려 했다. 요시토시의 병사 고쿠부 하야토(國分集人)[84]가 나아가 말하기를 "내가 사자가 되겠다."라고 하니, 장수들은 곧바로 하야토를 보냈다. 하야토는 단기(單騎)로 성을 나가, 곧바로 모란대(牡丹臺)로 갔다. 명군은 굳이 저지하지 않았다. 모란대에 가서 장수들의 명령을 유키나가에게 고했다. 유키나가가 답하기를 "나는 포위를 뚫고 평양으로 가고자 한다. 다른 장수들도 병사를 내어 나를 마중하라."라고 했다. 하야토는 그 말을 듣고 바로 돌아왔다. 명군은 굳이 저지하지 않았다. 이에 장수들은 병사를 보내 유키나가를 맞이했고, 유키나가는 모란대에서 철수하여 포위를 무너뜨리고 평양성에 들어왔다.

......

84　고쿠부 하야토(國分集人) : 원문의 集은 隼의 잘못.

1월 7일, 명군은 평양을 포위하고, 대포와 불화살로 공격했다. 화살이 성안으로 들어와 곳곳에 불이 붙어 숲이 모두 불탔다. 낙상지·오유충은 친병을 이끌고 개미처럼 붙어서 성에 올랐다. 성의 병사가 칼과 창[85]을 휘두르며 막았다. 요시토시의 병사 우치노 간노스케(內野勘之助), 가쓰야마 히코에몬(勝山彦右工門), 이와사 사에몬(岩佐左工門), 야마시타 요사쿠(山下與作), 우치야마 에몬(內山右工門), 우치야마 기스케(內山喜助), 히라야마 겐지로(平山源次郎), 히라야마 마고하치로(平山孫八郎), 다테이시 덴에몬(立石傳右工門), 다테이시 한베에(立石半兵衛), 기무라 오쿠에몬(木村奧右工門), 고지마 고로에몬(小島五郎右工門), 모리야 기베에(森屋喜兵衛), 오다 지부에몬(小田治部右工門), 신구 젠지로(神宮善次郎), 후루세 마고시치로(古瀨孫七郎), 오이시 겐자에몬(大石源左工門) 등은 목을 벤 공을 세웠다. 히라타 구나이(平田官[宮]內), 오이시 가와키치(大石河吉), 하타노 지카라(波多野主稅), 사이토 구나이(齋藤宮內), 사나도이 겐나이(佐奈豊源內), 에구치 사쿄(江口左京), 오우라 아지에몬(大浦味右工門), 소다 주에몬(早田忠右工門), 시게타 조에몬(重田如右工門) 등은 힘써 싸우다가 죽었다. 명군은 더욱 진군하여 앞에 있는 자가 떨어지면 뒤에 있는 자가 오르고, 물러서는 자가 없었다. 성의 병사가 버티지 못하므로 물러나 내성(內城)으로 들어왔다. 명군이 추격했다. 오이시 아라카와노스케가 칼을 휘둘러 50여 명을 베었다. 그때 성의 병사가 많이 죽거나 부상을 입었고, 원병은 오지 않았다. 요시토시·유키나가는 장수들과 논의하여, 적진의 약한 곳을 찾아 [그곳의] 포위를 무너뜨리고 도망하고자 했다. 그러나 [적이] 내성을 공격하여 화살을 비 오듯 쏘았으므

85　칼과 창 : 원문은 力槊. 『징비록』에는 '刀槊'으로 나온다. 여기서는 『징비록』에 따랐다.

로 감히 적진의 형세를 살펴보려는 사람이 없었다. [그때] 오이시 아라카와노스케가 갑옷을 벗고 욕의(浴衣)를 입고 높은 누각에 올라, 전신을 드러낸 채 적진의 형세를 자세히 살펴보고, 유키나가에게 보고했다. 유키나가는 아라카와의 용감함에 매우 감탄했다. 이때, 성의 병사가 화포를 난사하여 명군이 많이 죽거나 부상했다. 해가 저물자, 여송은 군사를 성 아래에 거두고 도망갈 길을 열었다. 그날 밤 유키나가는 장수들과 성을 나왔다. 요시토시가 후미였다. 황해도 방어사 이시언(李時言)[86]이 병사를 이끌고 추격하면서 후방에서 공격했지만, 미야카와 에몬(宮川右エ門) 등이 힘써 싸워 막았다. 기무라 사다스케(木村貞助), 다테이시 덴에몬(立石傳右エ門), 소데타니 지자에몬(袖谷次左エ門), 미야카와 기헤이지(宮川喜平治) 등이 전사했다. 그래서 이시언은 감히 가까이 다가오지 못하고, 다만 굶주리고 병들어 낙오한 자 60여 급을 베었다.

1월 8일, 요시토시는 장수들과 봉산에 도착했다. 그때 오토모 요시무네는 이미 도망가고 성안에 사람이 없었다. 그래서 밤새 내내 퇴각했다.

1월 9일, 서흥(瑞興)에 이르렀다. 나가마사의 가신 오가와 덴에몬(小川傳右エ門)이 그곳을 지키고 있었다. 1월 10일, 평산에 이르렀다. 1월 11일, 해주를 지나 구로다 나가마사와 만나 이틀간 병사를 쉬게 하고 개성에 이르렀다. 고바야카와 다카카게를 만나 이틀을 있다가 파주에 이르렀다. 구루메 히데카네(久留米秀包)와 만나 경성에 이르렀다.

1월 24일, 우리 군대는 명군에 내응할 것을 의심하고, 또 평양의 패배에 분개하여 경성 내의 민서(民庶)를 모두 죽이고, 공사의 여사(閭舍)를 불태웠다. 2월, 전라도 순찰사 권율(權慄)이 병사를 이끌고 행주산성에 진

....

86 이시언(李時言) : 원문의 '季時言'은 잘못.

을 쳤다. 2월 12일, 마시타 에몬 [나가모리](增田右ェ門長盛)·가토 도토미노카미 [미쓰야스](加藤遠江守光泰)는 2만여 명의 병사를 이끌고 공격했다. 요시토시는 후루카와 우마(古川右馬)·다와라 고로자에몬(俵五郎左ェ門) 등에게 그를 따르게 했다. 성의 병사는 나무와 돌을 던졌다. 마시타·가토는 크게 패했다. 요시토시·유키나가·다카카게가 가서 마중했다. 권율은 그것을 보고 깊이 추격하지 않고 성에 들어갔다.

3월, 경성의 장졸 10여 만 명은 한동안 전투를 중지하고 그냥 며칠을 보냈다. 가토 도토미노카미, 호소카와 엣추노카미 [다다오키](細川越中守忠興), 하세가와 도고로 [히데카즈](長谷川藤五郎秀一), 가스야 나이젠 [다케노리](糟谷內膳武則), 히네[노] 오리베 [다카요시](日根野織部高吉), 기무라 히타치노스케 [시게코레](木村常陸之助重茲)는 2만여 명의 병사를 이끌고 진주를 공격했다.[87]

4월, 심유경이 왕성(王城)에 와서 요시토시·유키나가와 화친에 대해 이야기를 나누었다. 장수들은 [강화] 논의를 하는 것이 옳다고 여겼다.[88] 이에 대명(大明)의 서일관(徐一貫)·사용재(謝用梓)[89]가 유키나가의 군영에 와서 강화를 논의했다. 요시토시와 유키나가는 심유경·서일관·사용재를 데리고, 4월 19일 다른 장수들과 함께 왕성을 출발했다. 5월 초하루 부산포에 도착하여, [군대를] 나누어 바닷가에 주둔했다. 서로 이어진 둔영[屯]이 16개였는데, 모두 산에 기대고 바다에 의지하

<hr>

87 가토 도토미노카미, …… 진주를 공격했다. : 여기에 등장하는 장수와 동원된 병사 수 2만여 명은 1592년 10월의 제1차 진주성 전투의 상황과 관련된 것으로, 모종의 착오가 있다.

88 장수들은 …… 여겼다 : 1593년 3월 한성의 일본군 식량저장고였던 용산의 창고가 명군에 의해 소실되자, 궁해진 일본군이 강화 협상을 재개했다.

89 대명(大明)의 …… 사용재 : 송응창과 심유경이 공모하여 황제의 칙사인 것처럼 위장하여 파견했다.

여 성을 쌓았다.[90]

5월 8일, 요시토시와 유키나가는 심유경·서일관·사용재를 데리고 부산포를 출발하여 나고야에 도착했다. 유경 등은 히데요시 공을 알현하고 화친에 대해 논의했고[91] 여러 차례 연회가 열렸다.

히데요시 공은 요시토시와 유키나가에게 "너희 가신으로 하여금 서일관·사용재를 데리고 명나라의 수도에 가게 하라."라고 명했다. 요시토시·유키나가는 명을 받들고, 유경 등과 함께 부산으로 와, 소다 시로베에(早田四郎兵衛)[92] 요시토시의 가신 , 고니시 히다노카미(小西飛彈守)[93] 유키나가의 가신 로 하여금 사용재·서일관과 함께 명나라 수도로 가게 했다. 기요마사(淸正)는 히데요시 공의 명을 받고, 그가 사로잡은 두 왕자 임해군(臨海君)[94]과 순화군(順和君)[95] 및 재신(宰臣) 황정욱(黃廷彧)[96], 황혁(黃赫)[97]

......

90 모두 산에 기대고 …… 쌓았다 : 남해안 각지에 있던 왜성을 가리킨다.

91 유경 등은 …… 논의했고 : 도요토미의 요구는 명 황녀를 일본의 후비(后妃)로 보낼 것, 감합무역의 재개, 조선 네 개 도의 할양, 조선 왕자 등을 인질로 보낼 것 등이었는데, 심유경은 도요토미가 일본국왕으로 책봉해 줄 것과 명에 대한 조공을 허락해 달라고 요구했다고 본국에 보고했다.

92 소다 시로베에(早田四郎兵衛) : 나가사키현 문화재에 쓰시마 호족인 소다씨에게 내린 조선국 고신(告身) 3통이 있으므로, '조전(早田)'은 '소다(そうだ)'로 읽었다.

93 고니시 히다노카미(小西飛彈守) : 나이토 조안/다다토시(內藤如安/忠俊, ?~1626). 독실한 크리스트교 신자이자 다도(茶道)로 유명하다. 1585년경부터 고니시 유키나가의 가신이 되어, 임진전쟁 때는 대명 강화 협상의 사신으로 북경에 갔다.

94 임해군(臨海君) : 선조의 장남으로, 영부사 김귀영과 칠계군을 데리고 함경도로 갔다.

95 순화군(順和君) : 선조의 6남으로, 장계군 황정욱과 호군 황혁, 그리고 동지중추부사 이기를 데리고 강원도로 갔다. 처음에는 강원도로 갔지만, 왜적이 강원도에 들어오므로 북쪽으로 길을 바꾸어 임해군과 함께 회령부로 갔다. 회령의 아전 국경인(鞠景仁)이 무리를 거느리고 배반하여 적이 들어오기 전에 먼저 왕좌와 수행원 등을 묶어놓고 적장에게 넘겼다.

96 황정욱(黃廷彧) : 원문에는 黃廷或으로 되어 있지만 黃廷彧의 잘못. 당시 종1품 판중추부사(判中樞府事)였다.

97 황혁(黃赫) : 원문에는 黃赤으로 되어 있지만 黃赫의 잘못. 황정욱의 아들로 당시 원임 승정원 우부승지였다. 『징비록』에는 호군으로 나온다. 호군은 중추부의 종2품 벼슬. 황혁의 딸이 순

등을 왕성으로 돌려보냈다.[98]

6월, 히데요시는 서신을 부산포에 보내 가토 기요마사, 고니시 유키나가, 요시토시, 모리 히데모토(毛利秀元), 고바야카와 다카카게(小早川隆景), 구로다 나가마사의 군대를 모두 진군시켜 진주성(晉州城)으로 가게 하려 했다. 병사는 모두 6만여 명이었다. 그때 명군은 전투에 쓸 배 700~800척을 마련하여 부산포에 들어와 아사노 단조(淺野彈正)[99]의 진을 공격했다. 아사노의 군대가 패하려 하자, 마사무네(正宗)가 힘써 싸워 구원했다. 명군 병사 중에 죽은 자가 매우 많았다. 아리타 스케에몬(有田助右ュ門)이 대포를 발사하여 적의 큰 배를 부쉈다. 배가 침몰하여 병사가 모두 죽었다. 명군 병사들이 도망갔다. 이에 장수들은 부산을 출발하여, 6월 21일 진주에 도착했다. 6월 22일 진군하여 성 아래로 접근했지만, 성 아래에 있던 황진(黃進)[100], 김준민(金俊民)[101], 이종(李宗), 장윤(張潤)[102] 등의 장수들이 굳게 지켜 함락하지 못했다.

6월 28일, 요시토시는 삼부교(三奉行)[103] 및 유키나가와 함께 진주에

....

화군 부인이어서 순화군에 딸려 강원도로 보내진 것이다.

98 왕성으로 돌려보냈다 : 임해군 일행이 한양으로 돌아온 것이 1593년 5월인 것처럼 되어 있으나, 실제로는 7월 22일이다.

99 아사노 단조(淺野彈正) : 아사노 나가마사(淺野長政, 1547~1611). 도요토미 히데요시 사후 중요 정무를 담당했던 오부교(五奉行) 중 한 사람이다.

100 황진(黃進) : 통신사 황윤길, 김성일을 수행하여 일본에 갔다 왔다. 이치 전투 등에서 승리했고, 김천일과 함께 진주성을 지키다가 전사했다.

101 김준민(金俊民) : 임진전쟁 때 거제 현령. 1593년 6월 제2차 진주성 전투에서 창의사 김천일, 충청병사 황진 등과 함께 분전하다가 전사했다.

102 장윤(張潤) : 임진전쟁 당시 의병으로, 제2차 진주성 전투에서 전사했다.

103 삼부교(三奉行) : 임진전쟁 때 한성에 주둔하면서 도요토미 히데요시의 명령을 받아 점령지 통치와 병참, 현지 상황 보고, 강화 협상 등에 관여하던 이사다 미쓰나리(石田三成), 마시타 나가모리(增田長盛), 오타니 요시쓰구(大谷吉繼)를 가리킨다.

도착했다. 그날 밤 요시토시의 가신 우치노 간노스케가 몰래 성의 북쪽으로 나아가 북문 옆에 숨어 있다가, 새벽에 성에 올랐다. 반 로쿠다이(伴六內)도 따라 올랐다. 간노스케가 거의 성 위에 접근하자, 지키던 병사가 돌을 던져 공격했다. 이때 석벽 아래에 있던 유키나가의 병사가 창을 던져 공격하니, 돌을 던지던 자가 창에 맞아 즉사했다. 수비병이 또 간노스케의 깃발[指物][104]을 뽑아 빼앗았지만 뱀눈의 문양이 있다, 간노스케는 마침내 성 위에 올랐다. 창의사(倡義使)[105] 김천일(金千鎰)의 군대가 북문을 지키고 있었는데, 전열이 흐트러져 먼저 무너졌다. 모리 히데모토의 군대는 산 위에 있었는데, 북문에 뱀눈 문양의 깃발이 있는 것을 보고 크게 일어나 성을 공격했다. 다른 부대도 함께 공격했다. 기요마사의 가신 이이다 가쿠베에(飯田覺兵衛)[106]가 가장 먼저 성에 올랐다. 성안이 크게 무너졌다. 요시토시의 병사 나카하라 규나이(中原久內), 미우라 오리베(三浦織部)가 성에 오르려 하니, 성의 병사가 급히 화살과 돌을 쏘았다. 오리베는 돌에 맞아 성 아래로 떨어졌고, 규나이는 불화살에 맞아 죽었다. 오우라 사이조(大浦才藏)가 뒤이어 올라가 적의 목을 베었다. 아비루 겐자에몬(阿比留源左エ門)[107], 후지 사쿠주로(藤作十郎), 신구 세이

....

104 깃발[指物] : 일본어로 사시모노(サシモノ)라고 하며, 옛날 싸움터에서 갑옷 위에 꽂거나 종자(從者)에게 들게 한 작은 깃발이나 장식물을 말한다.

105 창의사(倡義使) : 예전에 나라에 큰 난리가 났을 때 의병을 일으킨 사람에게 임시로 주는 벼슬을 이르던 말.

106 이이다 가쿠베에(飯田覺兵衛) : 이이다 나오카게(飯田直景, 1562~1632). 가토 기요마사의 가신으로 여러 전투에 참전했다. 진주성 전투에서는 귀갑차(龜甲車)를 만들어 공격하였으며, 축성술에도 뛰어났다.

107 아비루 겐자에몬(阿比留源左エ門) : 阿比留의 일본어 발음은 아히루, 아비토메, 아비루이 등 다양하지만, 아비루씨가 본래 쓰시마를 지배했던 씨족이자 현재도 쓰시마에 많이 분포한다는 것을 감안하여 여기서는 아비루로 읽었다.

자부로(神宮淸三郎)[108], 나카하라 진쿠로(中原甚九郎), 마스다 지로자에몬(益田次郎左エ門), 미야마 젠사쿠(三山善作), 다다 겐모쓰(多田監物), 나가세 소자에몬(長瀨總左エ門), 다테이시 사콘(立石左近), 이다 스케시로(井田助四郎), 이치노미야 스케고로(一宮助五郎), 이치노미야 사마(一宮左馬), 이치노미야 지로자에몬(一宮次郎左エ門), 데즈카 마고시치(手束孫七), 데즈카 지카자에몬(手束近左エ門), 하쓰무라 규베에(初村久兵衛), 사이토 에모스케(齋藤恵茂助), 아미자키 겐베에(網崎源兵エ), 다카마쓰 소시치(高松總七), 사이토 히코쿠로(齋藤彦九郎), 이누즈카 다로베에(犬束太郎兵衛), 니시야마 겐자에몬(西山源左エ門), 우에하라 사콘(上原左近), 유아사 도자에몬(湯淺藤左エ門), 유아사 마타고로(蕩淺又五郎), 사사키 간베에(佐々木勘兵衛), 고토 에몬(古藤右衛門), 이토세 야지로(絲瀨彌次郎), 다케다 간자부로(武田神三郎), 아미자키 반로쿠자에몬(網崎万六左衛門), 네가미메 히코시치로(根神目彦七郎) 등이 각각 목을 벤 공을 세웠다. 스즈키 모쿠노스케(鈴木杢之助), 다케오카 야타로(竹岡彌太郎), 오카다 효자에몬(岡田兵左エ門), 고토 마고사부로(古藤孫三郎), 아비루 간노조(阿比留勘之允), 아비루 히코스케(阿比留彦助), 아비루 사쿠베에(阿比留作兵衛), 시마 사마(島左馬), 고쿠부 고주로(國分小十郎), 오기 에몬(扇右衛門) 등이 전사했다. 성이 마침내 함락되었다. 요시토시는 간노스케와 로쿠다이의 무용에 대해 상을 내려 칼 한 자루를 간노스케에게 주었다. 간노스케도 로쿠다이에게 미쓰타다(光忠)[109]의 칼을 주었다. 간노스케는 장수의 명령을 기다리지 않고 몰래 나아가 제일 먼저 올랐다. 여러 장수들이 군대를 진군시킬

108 신구(神宮) : 신궁(神宮)의 일본어 발음은 진구, 가미야, 가나미야, 신미야 등 다양하지만, 현재 쓰시마에 거주하는 '神宮氏'는 대부분 신구라고 읽으므로, 여기서도 신구라고 읽었다.
109 미쓰타다(光忠) : ?~?. 가마쿠라시대에 활약한 일본도(日本刀)를 만드는 장인.

때 가장 먼저 오른 자는 이이다 가쿠베에였다. 그래서 이이다를 진주성의 선등(先登)으로 삼았다. 요시토시는 다른 장수들과 함께 군대를 남쪽[南邊]으로 물리고, 고니시·소다가 명나라 수도에 갔다가 돌아오는 것을 기다렸다. 심유경이 [중국에] 막 이르렀을 때, 진주가 함락되었다. 그러므로 명은 그것을 의심했다.[110] 고니시와 소다를 요동(遼東)에 머무르게 하면서 오랫동안 [일본에] 회답을 보내지 않았다.[111]

12월 7일, 고니사·소다는 북경(北京)에 들어갔다. 사마(司馬)[112] 석성(石星)[113]은 그들을 매우 후하게 대접했다. 그 후 두 사자는 성(省)[114] 안으로 들어갔고, 석성은 그들과 문답을 나눴다. 이에 마침내 화친이 이루어졌다.

분로쿠 3년(1594) 갑오 봄에 심유경은 고니시·소다를 데리고 와서 요시토시·유키나가에게 고하기를 "일본과의 화호(和好)가 이미 이루어졌다. 대명의 책사(冊使)가 올 것이다. 내가 먼저 그 사실을 고하는 것이다."라고 했다. 또 계사년(1593) 봄, 순안(順安)에서 사로잡은 다케다 기치베에(武田吉兵衛)를 돌려보냈다. 이에 요시토시는 야나가와 시게노부

110 명은 …… 의심했다 : 명이 의심한 것은 일본의 강화 의지인데, 『징비록』에 따르면, 명이 의심하게 된 첫 번째 이유는 위에서 언급한 진주성 함락이었다. 두 번째는 심유경이 고니시 유키나가와 함께 위조하여 가지고 간 항복 표문[關白降表]의 진위에 대한 의심이었다.

111 고니시와 소다를 …… 않았다 : 요동에 있던 명의 경략 송응창이 강화 실현을 위해서는 도요토미 히데요시가 명 황제에게 바치는 항복 표문[關白降表]이 필요하다고 주장하면서 이들을 요동에 머무르게 했다. 이에 심유경은 웅천으로 가서 고니시 유키나가와 함께 항복 표문을 작성하여 요동으로 돌아왔다.

112 사마(司馬) : 병부상서.

113 석성(石星) : ?~1599. 임진전쟁 당시 명 조정의 군권을 장악한 병부상서. 1592년 8월 심유경을 파견하여 일본과의 협상으로 시간을 벌면서, 연말에는 송응창과 이여송이 지휘하는 대군을 파견하여 평양을 회복했다. 벽제관 전투 후, 강화로 기울어 도요토미 히데요시를 일본국왕에 봉하는 책봉사를 파견했다.

114 성(省) : 병부를 가리킴. 고니시가 명의 신종 만력제와 만난 것은 12월 14일이다.

를 사자로 보내 나고야에 보고했다. 히데요시 공은 그 말을 듣고 크게 기뻐하시며 서신을 부산의 장수들에게 보냈다. 처음에 깃카와 시종(吉川侍從)[115]이 동래성에 있었는데, 깃카와가 귀국하고 요시토시가 그곳에 주둔하였다. 모리 재상(毛利宰相)[116]은 부산성에 있었는데, 모리가 귀국하고 유키나가가 그곳에 주둔하였다.

분로쿠 4년(1595) 을미 4월 26일, 히데요시 공은 이즈미군(出水郡) 사쓰마주(薩摩州)에 있다 1만 석의 땅을 요시토시에게 주었다.[117] 수년 동안의 전공에 대해 상을 내린 것이다. 요시토시는 미네 규자에몬(峰久左衛門)을 이즈미의 대관으로 삼았다.

같은 해(1595) 대명의 책사 이종성(李宗城)·양방형(楊方亨)이 한성에 도착했다. [그들은] 사자를 보내 우리 군대가 남쪽의 둔영에서 철수할 것을 요구했다. 이에 장수들은 먼저 웅천(熊川)의 몇몇 진(陣)과 거제의 장문(場門)[118]·어진포(蘓津浦)[119] 등의 여러 둔영을 철수하여 신의를 보였다. 평양에서처럼 속을지 모르므로[120] 천사(天使)가 우리 군영에 오면, 모

---

115 깃카와 시종(吉川侍從) : 깃카와 히로이에(吉川廣家, 1561~1625). 모리씨의 군대를 이끌고 벽제관 전투 등에 참가했고, 제1차 울산성 전투 때는 가토 기요마사를 구원하기 위해 출동하여 조선 및 명군과 싸웠다. 세키가하라 전투에서는 모리씨 존속을 위해 도쿠가와 이에야스와 내통했다.

116 모리 재상(毛利宰相) : 모리 히데모토(毛利秀元, 1579~1650). 임진전쟁 때 진주성 전투에 참가했으며, 정유전쟁 때는 모리씨의 군대 3만 명을 이끌고 우군의 총대장으로 출전했다.

117 이즈미군(出水郡) …… 주었다 : 1593년 제2차 진주성 전투 이전에 시마즈 다다타쓰(島津忠辰, 1565~1593)는 군사행동의 태만을 이유로 이즈미군의 영지를 몰수당했다.

118 장문(場門) : 장문(長門)의 잘못으로 보인다.

119 어진포(蘓津浦) : 『징비록』에는 소진포(蘇津浦)로 나온다. 거제도에 있는 송진포 왜성을 가리키는 것으로 보인다.

120 평양에서처럼 속을지 모르므로 : 1592년 9월 명·일 강화 교섭 때 심유경이 명 조정의 허락이 필요하다고 하면서 50일간의 휴전을 요구하여 일본 측이 그것을 받아들였는데, 이후 명이 군대를 동원하여 평양성을 공격한 사실을 가리킨다.

든 것을 약속한 대로 이행할 것이라고 전하였다. 8월에 양방형이 먼저 부산에 왔다. 장수들은 시일을 끌다가 곧바로 모든 둔영을 철수하고, 다시 정사(正使)를 요청했다.[121] 9월에 이종성[122]이 부산에 왔다. 이에 유키나가는 책사를 부산에 머물게 하고, 나고야로 갔다.

게이초(慶長) 원년(1596) 병신 봄 정월에 유키나가와 시게노부가 다시 부산에 왔다. 그 후 심유경이 사륭(謝隆)을 보내 이종성에게 말하기를, "히데요시 공은 실제로 책봉을 받을 의사가 없다. 종성 등을 유인하여 잡아 가두고 욕보이려고 한다."라고 했다. 종성은 매우 두려워하여 한밤중에 미복으로 도망갔다. 이튿날 아침에 요시토시는 장수들과 논의하여 시게노부를 사자로 보내 이를 히데요시 공에게 아뢰었다.

히데요시 공은 시게노부에게 명하기를 "양방형을 정사로 하고, 심유경을 부사로 하여 바다를 건너오면 된다."라고 했다. 시게노부는 조선으로 와서 히데요시 공의 명령을 장수들에게 전했다. 이때 장수들도 서생포(西生浦)·죽도(竹島) 등지의 둔영을 철수했다. 유키나가·요시토시 및 아리마·오무라·마쓰라·고토 등은 여전히 부산의 4둔영에 주둔했다. 이에 유키나가는 곧바로 양방형·심유경을 데리고 일본에 들어갔다. 심유경이 조선의 신하도 함께 갈 것을 요구하니, 조선왕은 황신(黃愼)·이봉춘(李逢春) 등을 보냈다. 요시토시는 곧바로 부산의 군영을 지

---

121 장수들은 …… 요청했다 : 이 문장은 앞뒤의 기술과도 맞지 않아 잘못이다. 그 원인은 『징비록』의 문장을 충실히 옮기지 않은 때문이다. 『징비록』에서는 "而倭遷延不卽盡撤 更請上使"로 되어 있는데, 이 문장에서 '불(不)'을 생략하고 궐자로 처리하면서 생긴 잘못으로 보인다. 명의 강화 조건은 '왜인은 한 사람도 부산에 머물지 않아야 명의 사신이 책봉하러 일본에 간다'는 것이었는데, 실제는 이때뿐 아니라 명의 사신이 일본에 간 후에도 부산의 4군영이 유지되었다.

122 이종성 : 원문에는 李宗誠(城). 『조선왕조실록』에는 李宗誠, 李宗城 두 쪽 모두 사용되며, 『징비록』에는 李宗誠으로 되어 있다.

키며 시게노부에게 유키나가를 따라가게 했다.

8월, 유키나가는 양방형과 함께 이즈미(和泉)의 사카이(堺)에 도착했다. 8월 29일, 후시미(伏見)[123]에 이르렀다. 이때 히데요시 공은 야나가와 시게노부를 보내 황신·이봉춘을 꾸짖기를 "우리는 조선의 왕자를 돌려보냈다. 조선은 왕자를 보내 감사해야 한다. 사신의 질(秩)이 낮은데, 이는 우리를 속이는[124] 것이다."라고 하여 황신은 왕의 명령을 전하지 못했다. 9월 2일, 책사는 후시미성에 들어갔다. 곧바로 일본국왕 인(印)을 주조하게 하고, 또 관복을 갖추어 입고, 심유경은 금인을 바치며 알현하고, 향연을 받고 숙소로 돌아갔다.

히데요시 공은 승려 조타이(承兌)[125] 등에게 대명의 서신을 읽게 했다. "봉하여 너를 일본국왕으로 삼는다."라는 말을 듣고, 크게 화를 내면서 말하기를 "나는 무략(武略)으로 이미 일본의 주인이 되었다. 저들의 힘을 빌리겠는가?"라고 하면서 곧바로 책사를 급히 돌아가게 했다. 그러나 그들이 빈손으로 돌아가는 것을 불쌍히 여겨 야나가와 시게노부를 보내 금은잡물(金銀雜物)을 주었다.

양방형·심유경은 황신·이봉춘과 함께 조선으로 돌아갔다. 이연(李昖, 선조)은 즉시 사신을 보내 그 일을 명의 수도에 치주(馳奏)했다. 조선의 장수 이원익은 요시토시 등과 싸우기로 결정했다. 대군이 아직 도착하지 않았는데, 먼저 부산성을 함락하려 했다. 심유경이 고하기를 "일본

---

123 후시미(伏見) : 현재 교토시 후시미구(伏見區) 모모야마(桃山) 구릉에 있었던 성으로, 도요토미 히데요시가 은퇴 후 기거하기 위해 쌓았으나, 그의 본성(本城)으로 변했다.

124 속이는 : 원문 謾. 여기서는 '속이다(謾)'보다 『징비록』에 있는 것처럼 '업신여기다(慢)'가 적절해 보인다.

125 조타이(承兌) : 사이쇼 조타이(西笑承兌, 1548~1608). 도요토미 정권의 고문 역할을 했던 임제종 승려로 법령과 외교, 종교 정책 등에 관여했다.

인은 심히 용맹하니, 당신이 이기기 힘들 것이다. 섣불리 전투를 했다가 이(利)를 잃으면, 후에 화(禍)가 생길 것이다."라고 했다. 이로 말미암아 이원익은 수상하게 여겨 출군하지 못했다.

게이초 2년(1597) 정유 봄[126]에 장수들은 바다를 건너 조선에 가서, 각각 둔영을 설치하고 오래 머무를 계책을 세웠다. 요시토시는 부산의 둔영을 나와, 웅천으로 옮겨 주둔했다. 2월, 우리 대군이 모두 바다를 건넜다. 구로다 나가마사, 모리 히데모토(毛利秀元), 다카하시 모토타네(高橋元種), 아키즈키 다네나가(秋月種長), 사가라 요리후사(相良賴房), 이토 스케타케(伊藤祐兵), 나베시마 나오시게, 시마즈 도요히사(島津豊久), 요시히로(義弘), 조소카베 모토치카(長宗我部元親), 이케다 히데우지(池田秀氏), 도도 다카토라, 나카가와 히데시게(中川秀成), 가토 요시아키(加藤嘉明), 간 미치나가(菅達長), 하치스카 이에마사(蜂須賀家政), 이코마 가즈마사(生駒一正), 와키자카 야스하루(脇坂安治), 비젠 주나곤 우키타 히데이에(備前中納言宇喜多秀家), 다케나카 시게토시(竹中重利), 가키미 가즈나오(垣見一直), 하야카와(早川)[127], 구마가이 나오모리(熊谷直盛)[128] 등과 기타 장졸 13만여 명이 조선에 이르러[129] 각 해변에 성을 쌓았다. 5월 1일, 히데요시 공은 거제도를 요시토시에게 하사했다. 조선의 남쪽에 있는데, 일본인은 이를 당도(唐島)라 이름했다.

8월 7일[130], 통제사 원균(元均)이 한산(閑山)의 수군을 이끌고 절영도에

......

126 봄 : 음력 1월부터 3월까지다.

127 하야카와(早川) : 고바야카와 히데아키(小早川秀秋, 1582~1602)로 추정되지만 확증이 없다.

128 구마가이 나오모리(熊谷直盛) : 원문에는 '모리(毛利)'라고만 기록되어 있지만, 정유전쟁 때 모리 씨의 부대 3만 명을 이끈 모리 히데모토(毛利秀元)이다. 이하의 장수들도 성명을 함께 표기했다.

129 13만여 명이 …… 이르러 : 정유전쟁 때의 총 출정군 수는 14만 1,500명이었다.

130 8월 7일 : 칠천량 해전이 8월 7일로 기록되어 있지만, 실제로는 1597년 7월 15일에 일어났다.

왔다. 이날 바람이 불고 물결이 일어났는데, 날은 이미 저물었다. 유키나가의 병사는 원균의 함선[131]에 접근하여 한가로이 배회하다가 번번이 피해 도망가고 맞붙어 싸우지 않았다. 밤이 깊어 바람은 거세졌다. 원균의 함선은 사방으로 흩어져 떠내려가, 어디로 가는지도 알 수 없었다. 원균은 남은 함선을 수습하여 가덕도로 갔는데, 군사들은 뭍으로 내려 물을 마셨다. 다카하시 슈젠 무네마스(高橋主膳統增), 쓰쿠시 고즈케노스케 히로카도(築紫上野介廣門)가 병사를 이끌고 섬에서 뛰쳐나가 엄습하여 장졸 400여 명을 베었다. 원균은 다시 물러나 거제 공천도(恭川島)[132]에 이르렀다. 이에 요시토시는 웅천의 둔영에서 나와 병사를 이끌고 배에 타고, 장수들과 함께 진군하여 한밤중에 공천도에 이르렀다. 조선군은 작은 배를 앞줄에 세우고 닻을 내렸다. 요시토시의 병사 스기무라 산자부로 도시히로(杉村讚三郎智廣)는 곧바로 나아가 앞줄의 작은 배를 빼앗으려 했지만, 다케오카 우쿄(竹岡右京)가 저지하면서 작은 배를 피해 옆에서 나아가 큰 배를 공격하게 했다. 일본 병사가 앞줄의 작은 배에 접근했을 때 배 안에서 불이 나서 우리 병사가 많이 타죽었다. 이에 각 군은 화포를 쏘면서 앞을 다투어 나아가 공격했지만, 조선 병사가 이를 막았다. 화살이 비오듯 하였다. 도도 사도노카미 다카토라(藤堂佐渡守高虎)는 분전하여 적선을 빼앗았다. 가신 도도 지로에몬(藤堂次郎左エ門) · 도도 신시치로(藤堂新七郎) · 도도 사쿠베에(藤堂作兵衛)가 각각 목을 벤 공을 세웠다. 한동안 교전한 후 우리 병사는 물러났다. 이튿날 새벽 장수들은 병사를 이끌고 한선(韓船) 수백 척을 향해 크게 싸웠다. 요시토시

131 원균의 함선 : 원문은 '元均力我艦卜'이지만, 원균의 함선의 잘못임.

132 공천도(恭川島) : 『선조수정실록』 1597년 7월에는 '고성(固城) 추원포(秋原浦)'로 나오고, 『징비록』에는 거제 칠천도(漆川島)로 나온다.

는 병사를 지휘하여, 오우라 사이조·다다 겐모쓰·사고 나이젠·우치노 간노스케·미우라 오리베 등과 함께 분전하여 배 2척을 빼앗았다. 오우라 사이조가 최고의 공을 세웠다. 야나가와 시게노부·스기우라 산자부로 도시히로는 배 1척을 빼앗았다. 그 밖에 가토 사마노스케(加藤左馬助), 후쿠하라 우마노스케(福原右馬助), 와키자카 나카쓰카사노쇼(脇坂中務少輔), 시마즈 마타시치로(島津又七郎), 모리 이키노카미(毛利壹岐守), 이토 민부타유(伊藤民部大輔), 아키즈키 사부로(秋月三郎), 사가라 구나이타유(相良宮內大輔), 다카하시 구로(高橋九郎), 아리마 슈리다이부(有馬修理大夫), 마쓰라 호인(松浦法印) 및 유키나가의 가신 고니시 야쿠로(小西彌九郎), 오카다 쇼고로(岡田少五郎)는 31척을 빼앗았다. 곧바로 불을 붙여 나머지 120척을 불태우니 조선군은 크게 무너졌다. 통제사 원균은 배를 버리고 기슭으로 올라갔다가 우리 병사에게 죽임을 당했고, 전라우수사 이억기(李億棋)[133]는 물에 뛰어들어 죽었다.

[조선군은] 한산에서 이미 패했다.[134] 요시토시·유키나가는 장수들과 함께 승기에 편승하여 서쪽으로 가서, 남해·순천을 차례로 함락했다. 요시토시·유키나가는 진군하여 두치진(豆恥津)[135]에 이르러 육지에 내려 남원으로 진군했다. 우키타 히데이에(宇喜多秀家)를 대장으로 삼고, 유키나가·요시토시를 선진(先陣)으로 삼았다. 시마즈 요시히로(島津義弘), 하치스카 이에마사(蜂須賀家政), 조소카베 모토나리(長宗我部元就),

---

133 이억기(李億祺) : 1561~1597. 원문의 棋는 祺의 잘못. 무과에 급제하여 함경도에서 야인 정벌에 공을 세웠으며, 임진전쟁 때는 이순신·원균 등과 함께 한산도 전투 등에서 활약했다. 정유전쟁 때 칠전량 전투에서 사망했다.

134 한산에서 이미 패했다 : 한산도에서 패한 것은 조선군이며, 일본군은 승리했다. 그런데도 이와 같이 표현한 것은 『징비록』의 '閑山旣敗'라는 문장을 부주의하게 인용한 때문으로 보인다.

135 두치진(豆恥津) : 섬진강 하구에 있던 나루터.

가토 요시아키(加藤嘉明), 이코마 [가즈마사](生駒一正) 등이 5만 명의 병사를 거느렸다.

8월 13일, 우리 병사는 남원성에 이르러 화포를 쏘면서 공격했다. 총병 양원(楊元), 전라병사 이복남(李福男), 남원부사 임현(任鉉), 조방장 김경로(金敬老), 광양현감(光陽縣監)¹³⁶ [이춘원(李春元)]이 굳게 지키고 화포를 쏘면서 대응했다.

8월 14일, 우리 병사는 총포(銃炮)를 가지고 교대로 공격했다. 8월 15일, 유키나가 · 요시토시는 장수들과 논의하여, 사졸들에게 성 밖의 잡초와 논의 벼를 베어 큰 다발을 만들게 하였다. 그리고 밤이 되자 다발을 운반하여 해자를 메우고, 앞을 다투어 성으로 올라갔다. 요시토시의 병사 아비루 마타자에몬(阿比留又左エ門) · 사이토 하치에몬(齋藤八右エ門) · 야마무라 요자에몬(山村與左エ門)은 각각 깃발을 잡고 먼저 성에 들어갔다. 성안에서 [조선군이] 화살을 아래로 쏘아, 다다 겐모쓰의 오른쪽 눈에 맞았다. 나리타네(成種)는 안색도 변하지 않고 하인[家丁]에게 그것을 뽑게 했다. 하인이 말하기를 "하늘을 보고 누우십시오. 다리를 얼굴 위에 놓고 뽑지 않으면 뽑기 어렵습니다."라고 했다. 나리타네가 꾸짖으면서 "대장부가 어찌 다른 사람의 다리를 얼굴에 받겠는가."라고 하면서 자신이 그 화살을 부러뜨리고 직접 뽑았다. 보는 자들이 모두 용사라고 칭찬했다. 요시토시의 병사 우치야마 겐파(內山玄蕃) · 오우라 다테와키 · 오우라 주베에는 목을 벤 공을 세웠다. 미야하라 히코고로(宮原彦五郎) · 사사키 우쿄(佐々木右京) · 우치야마 소자에몬(內山摠左エ門) 등이 전사했다. 이에 성은 마침내 함락되었다. 양원은 도망가고, 기타 장

....

136 광양현감(光陽縣監) : 원문은 陽縣監. 『징비록』에 따르면 光陽縣監으로서 이춘원.

수 3~4명이 전사했다. 남원이 이미 함락되자, 전주 이북은 몸에 붙은 꼬리처럼 와해되었다. 장수들은 군대를 철수했고[137] 요시토시는 거제도[138]에 진을 쳤다. 이때 장수들은 남해에 성을 쌓았는데, 공사가 끝나자 요시토시에게 지키게 했다. 유키나가는 순천성을 지켰고, 기요마사는 울산을 지켰다. 나머지 장수들은 사천 등지에 주둔했다. 선두에서 후미의 길이가 700~800리[139]였다. 같은 해 12월 양호(楊鎬)는 울산성을 공격했다.

게이초 3년(1598) 무술 정월, 유키나가는 순천을 출발하고, 요시토시는 남해를 출발하여 울산을 구원했다. [모리] 히데모토([毛利]秀元)·[고바야카와] 히데아키([小早川]秀秋)·[구로다] 나가마사([黑田]長政)는 3만의 병사를 이끌고 와서 울산을 후원했다. 양호는 원병이 온다는 소식을 듣고 낭패하여 도망갔다. 기요마사는 병사를 데리고 북으로 추격했다. 명군은 죽은 자가 1만여 명이었다. 이에 유키나가는 순천으로 돌아가고, 요시토시는 남해로 돌아왔다. 그때 유키나가는 명군이 크게 일어난다는 말을 듣고 순천·부산포를 유지하려 했다. 기요마사도 울산으로 가려고 했다. 이에 순천·울산의 장수들은 남해에 사자를 보내, 요시토시에게 남해를 떠날 것을 고했다. 요시토시는 그에 따르지 않고, 성을 사수하기로 결심했다. 그래서 장수들은 사자를 보내 아뢰고, 히데요시 공의 명령을 기다렸다. 요시토시도 시게노부를 보내 아뢰었다. 히데요시 공은 크게 노하여 말하기를 "대명의 대군이 오면 올 뿐이지, 무엇 때문에 성을 버리고 두려워 피하는가?"라고 했다. 곧바로 요시토시에게

137 장수들은 …… 철수했고 : 정유전쟁 때의 최종 목표가 남해안에 구축한 왜성을 거점으로 남해안 지역을 영구 영토화하는 것이었다. 예정된 퇴각이었다.

138 거제도 : 원문은 臣濟島. 巨濟島의 잘못.

139 700~800리 : 1리는 약 640m로 700~800리면 약 44만 8,000~51만 2,000m이다.

서장을 하사하여 3월 17일 서장, 그가 사수하기로 결심하고 다른 장수들의 논의에 따르지 않은 것을 기렸다. 장수들은 수년간 진중에 있으면서 벤 수급을 바쳤다. 히데요시 공은 크게 기뻐하며, 함께 교토 강변의 대불전 앞에 묻었다. 난 후에 조선인이 내빙할 때, 길이 대불을 지나 무덤 아래에 이르면 제문을 읽어 조의를 표했다.

같은 해(1598) 8월 18일, 히데요시 공이 훙거했다. 유서를 조선에 있는 각 군에 보내 본국으로 돌아오게 했다. 10월, 장수들은 각각 연해의 둔영을 철수하고 배에 올랐다. 요시토시도 남해에서 철수하여 배에 올랐다. 수로 제독 진린(陣璘)[140]은 통제사 이순신과 함께 남해의 경계에서 싸웠다. 요시토시는 사졸을 지휘하여 힘써 싸우면서, 마침내 다른 장수들과 함께 군대를 철수했다.

요시토시는 쓰시마로 돌아와, 병사들의 전공을 생각하여 각각 상을 내렸다. 요시토시가 조선에서 장수들과 산야에서 사냥할 때 아라카와 노스케(荒川助)는 동생 겐타로(源太郎)와 함께 큰 호랑이 한 마리를 찔러 죽인 공이 있으므로 별도로 상을 주었다.

....

140 진린(陣璘) : 원문은 '陣隣'이나 '陳璘'의 잘못.

고려일기

高麗日記

해제

『고려일기』는 1592년 3월 21일 규슈의 사가(佐賀)를 출발하여 대마도·부산을 거쳐 한성·개성·함경도까지 북진한 과정 및 1593년 2월 24일 경상도 김해 방면까지 철수한 과정을 일기 형식으로 기록한 일본 측 침략기록이다. 서두의 "너무 무료하여 …… 소유에게 읽게 해서 …… 절대로 보여주지 말아야 한다"고 한 진술로 보아, 애초부터 외부 공개를 금한 사적 비망록 성격이 강하다.

기타지마 만지(北島萬次)의 연구에 따르면, 일기에서 언급되는 '소유(宗祐)'는 필자의 집안에서 부인을 도와 살림을 맡던 가신으로, 본 일기는 다지리 아키타네(田尻鑑種)가 조선에서의 근황을 본가의 부인 앞으로 보낸 사적 보고로 작성되었을 가능성이 높다.

『고려일기』의 필자는 규슈 중북부 사가 출신으로 지쿠고(筑後, 후쿠오카현 남부) 지역을 다스리던 소영주였다. 임진전쟁에서는 가토 기요마사(加藤淸正)와 함께 일본군 2번대로 참전한 나베시마 나오시게(鍋島直茂)의 부장 나베시마 시게사토(鍋島茂里)로부터 직접 지휘를 받았다. 나베시마 나오시게 군(軍)의 총병력은 1만 2,000명 정도였는데, 그중 아키타네 휘하는 선발대 60여 명에 후발대가 11명, 그리고 이들이 탄 선박 1척이 일기 본문을 통해 확인된다. 아키타네와 아들 마타사부로(又三郎)는 1593년 2월(이하, 서력 연도를 제외한 월·일은 모두 음력) 이후 철수 과정에서 사망한 것으로 보인다. 사망 장소와 원인은 전혀 알려져 있지 않다.

원래『고려일기』는 다지리 가문의 원찰인 사가 이마리(伊萬里)의 신슈지(親種寺)가 소장한『다지리 가보(田尻家譜)』제8권에 「아키타네가 조선으로부터 자필 일기를 고향에 보냄(鑑種自朝鮮自筆之日記送故郷事)」이라는 제목으로 실린 글이다. 알려진 바로는 그 사본은 사가현립도서관과 도쿄대학사료편찬소에 각기 한 부씩 남아 있다고 한다. 기타지마는 이 가운데 전자를 저본(底本)으로 삼고 후자와 대조 검토한 일기문 전문을 학계에 소개했다. 본 국역에서도 기타지마가 소개한 사료를 번역 저본으로 활용했다. [北島萬次,『朝鮮日々記・高麗日記－秀吉の朝鮮侵略とその歴史的告発』, 그리에테, 1982년, 371~389면]

『고려일기』는 아키타네 부대의 전체 진군 경로를 날짜별로 확인할 수 있는 드문 기록이다. 기록에 따르면 일본군은 1592년 4월 12일 부산에 상륙한 후 다음 날부터 전투를 개시했다. 선봉을 맡은 1번대 고니시 유키나가(小西行長) 등이 부산 → 밀양 → 대구 → 상주 → 조령으로 북진하는 중로(中路)를 택하자, 한성 선점의 공을 다투던 2번대 가토 기요마사 등은 애당초 부산 → 경주를 거쳐 동로(東路)로 진군하고자 했으나 1번대에 뒤처진 것을 알고는 조령으로 진로를 바꾸어 4월 말에 충주에서 1, 2번대가 합류했다. 아키타네 부대가 부산 상륙 후 북진 대열에 참가한 것은 바로 이 무렵이라는 것이 확인된다. 일기 본문에 기술된 아키타네 부대의 침공 경로는 부산 상륙 → 경상도 북진 → 한성 점령 → 개성 → 함경도 진출 → 함경도 점령 → 철수까지의 전체 궤적을 확인할 수 있다. 또한 1592년 4월 말 충주 일대에서 1번대(고니시)와 2번대(가토)가 합류한 직후, 아키타네 부대도 북진 대열에 합류했음이 확인된다. 그리고 가토 기요마사와 나베시마 나오시게의 함경도 분할 점령, 가토의 북방 진출 과정, 왕자 생포 사건, 두 장군의 본진 이동 등이 날짜별로 명확히 드러난다.

『고려일기』에 등장하는 주요 전투 기사는 첫째, 임진강 전투다. 1592년 5월 18일 일기는 임진강을 사이에 두고 북쪽에 조선군, 남쪽에 일본군이 대치하는 상황에서 야음을 틈타 일본군이 기습공격을 감행한 내용이다. 또한 5월 28일 기사는 임진강 수상 전투에서 일본군이 대승을 거두고 마침내 도강에 성공한 내용을 담고 있다. 기타지마는 이 부분을 "백 년에 걸친 센고쿠(戰國)시대 쟁란을 통해 단련된 일본 측 군사력과 전투 기술의 우월함을 엿볼 수 있다"고 평가한다.

주목할 것은 5월 28일 일기의 후반부에서 일본군의 승리를 고대『일본서기(日本書紀)』에 실린 '진구황후(神功皇后) 삼한정벌 설화'에 빗대고 있는 점이다. 이 설화가 임진전쟁이나 근대 일본의 조선 식민지화 등에 두루 침략을 정당화하는 역사적 명분으로 활용되었다는 기존 통설과 실제로 군병들에게 만연한 일본 신국관(神國觀)을 재확인할 수 있을 것이다.

둘째, 북관대첩(北關大捷) 관련 기사다. 1592년 9월부터 이듬해 2월까지 함경도 북병사 정문부(鄭文孚)가 중심이 된 조선 의병이 일본군을 격파하고 부역(附逆)한 향리들을 처단했다. 1592년 10월 중순 일기는 이 북관대첩 가운데 함흥 전투를 다룬 내용이다. 나베시마 나오시게의 본진이던 함흥성을 지키기 위해 인근 지역의 일본군이 비상 출동한 점, 의병과 대규모 전투를 벌인 후 취한 수급 수에 따라 전공을 매긴 사실 등을 살펴볼 수 있다.

『고려일기』에서는 일본군의 군량미 고갈과 군정(軍政) 시행과 관련한 내용도 실려 있다. 1592년 5월의 거제 옥포 해전 패배 후 해상보급로 유지가 어려워진 일본군에게 군량미 확보는 아주 절실한 문제였다. 특히 함경도 방면으로 진군한 2번대의 경우 험준한 산악지대로 접어든 6월 이후는 군량이 거의 고갈된 상태에서 "칼날 같은 암벽"과 "올라도 올라도 끝이 없는 높은 산"을 계속 넘어서야 했다. 이미 6월 8일경부터 "좁쌀, 피 등으로 연명"했고, 6월 17일엔 그나마도 완전히 "바닥"나서 전부터 발병하여 가마 신세를 지고 있던 부대장 아키타네의 식사조차 마련하기 어려웠다고 한다. 이런 처참한 상황에 대한 사실적인 묘사가 『고려일기』의 사료적 신뢰성을 높여주는 한 원인일 것이다. 덕원성에 체류 중이던 7월 2일 인근 섬으로 피난 간 조선인들에게 통행증을 발급하여 본가로 돌아와 농사를 짓게 하거나, 7월 18일 지역 향리들을 반강제로 동원하여 아직 시기가 이른 금년산 작물을 세금으로 징수하게 한 등의 군정 관련 기사는 위와 같은 상황에서 벌어진 일이다.

기타지마는 이때 일본군에 부역한 향리들에게 당대 조선 사회의 경제 발전과 더불어 나타난 '지주적 토지소유자'로서의 성격이 있음을 지적하고, 이들 '토호·호장(戶長)·향리' 등 신흥 지주층과 기존의 '귀족적 대토지 소유자'들 및 '일반 양민·노비층' 사이에 빚어진 이중의 대립관계를 일본군이 점령정책에 이용한 측면이 있다는 구조적 시각을 제시한다. 또한 '귀순'한 향리층을 통한 '점령군'의 가혹한 지배와 수탈이 그 직후부터 폭증하는 민중봉기의 주요 계기가 되었다는 점도 지적하고 있다.

또한 조선 조정의 동향과 관련한 내용도 있다. 1592년 6월 1일 일기에는 대마도주(對馬島主) 소 요시토시(宗義智)가 조선인으로부터 입수했다는 개전 직후 조선 조정의 동향에 관한 전언(傳言) 정보가 보인다. 일본군의 부산 상륙 급보를 접한 조정에서 '국왕이 직접 일본군의 철병을 간청해야 한다', '명으로 가는 길목을 비워주고 군량을 지원함으로써 화를 면하자'는 등의 언쟁이 있었다는 기사는 신빙성이 극히 약하다. 다만 당시 일본군 내부에 이런 소문이 나돌았다는 사실 자체는 유념해도 좋을 것이다.

본 해제는 기타지마 만지(北島萬次)의 『朝鮮日々記·高麗日記-秀吉の朝鮮侵略とその歷史的告発』(そしえて, 1982년)이 밝힌 『고려일기』의 성격·학술적 논점 등을 참고하면서 작성하였다.

『고려일기(高麗日記)』

　　너무 무료하여 [아키타네] 부자[1]가 의논해서 도중에 있었던 일, 또한 배가 목적지에 도착하기까지의 정황을 일기로 남긴다. 소유(宗祐)[2]에게 읽게 해서 [내용을 알고 싶은 사람은 그에게] 듣도록 하라. 다른 사람에게는 [본 일기를] 절대로 보여주지 말아야 할 것이다.

　　덴쇼(天正) 20년(1592) 도당(渡唐)[3]하기 위해 출항한 날짜 및 여타 사항에 대해 대략을 기술한다.

　　하나. 3월 21일, 사가(佐賀)[4]를 출발하여 야마시로(山代)[5]에 도착했다.

　　하나. [나베시마(鍋島)] 헤이고로(平五郎)[6] 님이 3월 26일 이마리진(伊萬里津)[7]에서 출항하셨지만, 선박 건조가 잘 진척되지 않아 나베시마 마고

......

1　부자 : 다지리 아키타네(田尻鑑種)와 마타사부로(又三郎) 부자. 아키타네는 처음 오토모(大友) 가문을 섬겼으나, 오토모 가문과 나베시마(鍋島) 가문이 다투는 과정에서 류조지(龍造寺) 가문을 섬기게 되었다. 그 후 규슈 남부의 시마즈(島津) 가문과 내통하는 등 류조지 가문과의 불화도 있었지만, 결국 다시 류조지 가문을 섬기게 된다. 이후 류조지 마사이에(龍造寺政家)로부터 정권을 이어받은 나베시마 나오시게(鍋島直茂)를 섬기며, 임진전쟁에 참가해 종군기록 『고려일기(高麗日記)』를 남긴다.

2　소유(宗祐) : 미상. 다지리(田尻) 가문의 가신으로 추정된다.

3　도당(渡唐) : 조선으로 도해하는 것을 말한다.

4　사가(佐賀) : 현재의 사가현(佐賀縣) 일대. 다지리 아키타네가 섬기던 나베시마 가문의 영지.

5　야마시로(山代) : 현재의 사가현 이마리시(伊萬里市) 야마시로초(山代町).

6　헤이고로(平五郎) : 나베시마 시게사토(鍋島茂里, 1569~1610). 류조지 가문 가신의 아들로 태어나 나베시마 나오시게의 양자가 되었지만, 나오시게가 아들 가쓰시게(勝茂)를 낳게 되어 나베시마가를 상속하지는 못했다. 임진전쟁에서는 나오시게와 가쓰시게를 보필하며 전공을 세웠다.

7　이마리진(伊萬里津) : 현재의 이마리시 이마리강 하구에 존재했던 포구.

시치로(鍋島孫七郎)[8] 님과 우리 아키타네 부자가 3월 29일 구치노호시카
(口のほしか)[9]까지 배를 타고 나갔다.

하나. 동행할 부하들은 배 안이 비좁으므로 우선 선발대만 데려갔다.

다지리 젠조(田尻善藏), 다지리 산주로(田尻三十郎), 세토 구로베에
(瀨戸九郎兵衛), 고가 구라스케(古賀藏助), 도미나가 야쿠로(富永彌
九郎), 야시치자에몬(彌七左衛門), 시치로지로(七郎二郎), 노토미 시
치에몬노조(納富七右衛門尉), 나카야마 스케에몬노조(中山助右衛門
尉), 요시나가 시베에(吉永士兵衛), 에자토 로쿠자에몬노조(江里六
左衛門尉), 노다 로쿠에몬노조(野田六右衛門尉), 마와타리 야사부로
(馬渡彌三郎), 다키가와 니에몬노조(瀧河二右衛門尉), 나오스케자에
몬노조(直助左衛門尉), 미쿠리야 도고베에(三栗屋藤五兵衛), 소지로
(惣二郎), 야주로(彌十郎), 야지로(彌二郎), 고스케(古介), 겐시치로(源
七郎), 요사부로(與三郎)

사졸, 종자, 선장, 선원 도합 60여 명.

하나. 3월 그믐날, 구치노호시카에 묵었다. 숙주(宿主) 구로카와 인바
노카미(黑河因幡守)와 [아키타네] 부자가 함께 가볍게 담소했다.

하나. 4월 1일, 압선(押船)[10]으로 잇슈(壹州)[11]로 도해하고, 하제노우라
(初瀨浦)[12]에 배를 계류시켰다. 나베시마 마고시치로(鍋[島]孫[七郎]) 님도
그렇게 했다.

....

8   나베시마 마고시치로(鍋島孫七郎) : 나베시마 시게사다(鍋島茂貞, ?~?). 나베시마 가문의 중신.

9   구치노호시카(口のほしか) : 현재의 나가사키현(長崎縣) 마쓰우라시(松浦市) 호시카초(星鹿町).

10   압선(押船) : 노를 저어 항행하는 배.

11   잇슈(壹州) : 현재의 나가사키현 이키시(壹岐市).

12   하제노우라(初瀨浦) : 현재의 나가사키현 이키시 고노우라초 하제 어항(初瀨漁港)으로 추정된다.

하나. 4월 2일 아침, 고노우라(鄕ノ浦)[13]까지 갔으며, 마타사부로(又三郎)만 말을 타고 본진이 있는 유노우라(湯ノ浦)에 가서 문안을 올렸더니, 가슈(加州)[14] 님이 배로 부르셔서 가무를 베푸셨다.

하나. 4월 3일 아침, 조수(潮水)를 타고 유노우라에 아키타네가 도착했다.

하나. 4월 4일, 같은 곳에 묵었다.

하나. 4월 5일, 가슈 님이 배로 아키타네를 부르셔서 관례에 따라 가무를 베푸셨다.

하나. 4월 6일, 아키타네 부자와 나베시마 마고시치로(鍋[島]孫七郎) 님의 배를 군량미 운반을 위해 쓰미즈(津水)[15]로 보냈다. [나베시마 쪽에서는] 우에노 규베에(上野九兵衛)와 도다 아이스케(遠田相介)가 책임자로 승선했고, [아키타네] 부자 쪽에서는 세토 구로베에(瀬戶九郎兵衛)와 로쿠자에몬노조(六左衛門尉)가 승선했다.

하나. 같은 날 밤, 가토(加藤)[16] 님 병사와 우리 쪽 병사 사이에 싸움이 발생했다.

....

13   고노우라(鄕ノ浦) : 현재의 나가사키현 이키시 고노우라(鄕ノ浦).

14   가슈(加州) : 나베시마 나오시게(鍋嶋直茂, 1538~1618). 류조지 가문 가신의 아들로 태어나 류조지 가문을 섬겼다. 도요토미 히데요시의 규슈 정벌에서는 정벌군에 가담했고, 이를 계기로 류조지 마사이에 대신 나오시게가 사가 지방의 정권을 장악하게 되었다. 임진전쟁에서는 가토 기요마사 휘하의 2번대로 참전하여 조선 왕자 임해군과 순화군을 사로잡고, 조선 도공을 납치해서 일본으로 연행했다.

15   쓰미즈(津水) : 현재의 나가사키현 이사하야시(諫早市) 쓰미즈마치(津水町).

16   가토(加藤) : 가토 기요마사(加藤清正, 1562~1611). 현재의 나고야시(名古屋市)에서 태어나 어린 시절부터 도요토미 히데요시를 섬기며 많은 전공을 세웠다. 임진전쟁에서는 2번대로 참전하여 1번대 대장 고니시 유키나가(小西行長)와 전공을 다퉜다. 한성 함락 후에는 3번대 구로다 나가마사(黑田長政)와 함께 북상했고, 함경도에 도달한 뒤 압록강을 넘어 만주 남부에서 여진족과 전투를 벌이기도 했다.

하나. 4월 7일, 가슈 님, 헤이고로 님, 그 외 잇슈(壹州)[17]와 고슈(甲州)[18]의 부대가 쓰시마로 도해하셨다. [아키타네] 부자는 헤이고로 님이 쓰시던 진영으로 옮겼다.

하나. 4월 8일, 같은 곳에 묵었다. 데루모토(輝元)[19]와 다카카게(隆景)[20]가 유노우라에 도착하셨다.

하나. 4월 9일, 쓰시마에서 배를 보내 가슈 님의 고쇼슈(小性衆)[21]가 서둘러 [쓰시마로] 건너와야 한다고 전했다.

하나. 같은 날, 이노우에 마타에몬노조(井上又右衛門尉) 님이 아키타네의 진영에 들르셨다.

하나. 4월 10일, 같은 곳에서 아키타네가 다카카게의 배로 부하들을 거느리고 가서 문안을 올렸다.

하나. 4월 11일, 같은 곳에 묵었다. 이날 스기 쓰라나미(杉連並)가 오셔

......

17 잇슈(壹州) : 모리 가쓰노부(毛利勝信, ?~1611). 일찍이 도요토미 히데요시를 섬기며 유력 무장으로 활약했고, 규슈 북부 일대에 6만 석의 영지를 지배했다. 임진전쟁에는 4번대 대장으로서 시마즈 요시히로(島津義弘) 등 규슈 남부의 무장을 거느리고 참전했다. 주로 강원도에서 전투를 벌였으며, 제2차 진주성 전투에도 참전했다.

18 고슈(甲州) : 구로다 나가마사(黑田長政, 1568~1623). 오다 노부나가(織田信長)가 야습을 받고 자결한 혼노지의 변(本能寺の變) 이후 아버지 요시타카(孝高)와 함께 도요토미 히데요시를 섬겼다. 임진전쟁에서는 3번대를 이끌고 참전했다. 한성 함락 후에는 개성, 평양, 해주 등지를 공격하는 등 수많은 전공을 세웠다.

19 데루모토(輝元) : 모리 데루모토(毛利輝元, 1553~1625). 오다 노부나가와 대립하고 있었으나, 혼노지의 변 이후 도요토미 히데요시가 센고쿠시대의 패권을 장악하자 히데요시를 섬겼다. 임진전쟁에서는 6번대로 참전했다. 주로 후방인 경상도 지역에서 활동했으며, 무계(茂溪) 전투와 제1차 성주성 전투 등에서 조선군과 싸웠다.

20 다카카게(隆景) : 고바야카와 다카카게(小早川隆景, 1533~1597). 모리 가문의 분가인 고바야카와(小早川) 가문의 당주, 모리 데루모토의 삼촌에 해당한다. 임진전쟁에는 6번대 대장으로 참전하여 전라도 지역 공격을 맡았다. 이치(梨峙) 전투, 우척현(牛脊峴) 전투에서 패배하여 전라도 진격은 실패하였으나, 벽제관(碧蹄館) 전투에서 공을 세우기도 했다.

21 고쇼슈(小性衆) : 주군의 신변 잡무를 담당하는 병사들.

서 옛이야기를 나누었다.

하나. 4월 12일, 같은 곳에 묵었다.

하나. 4월 13일, 위와 같음.

하나. 4월 14일, 같은 곳에 묵었다. 오가와 이치자에몬(小河市左[衛門]) 님, 오가와 구로사부로([小河]九郞三郞) 님, 구라마치 에몬노조베에(倉町右衛門尉兵衛)[22], 나카야마 마타자에몬노조(中山又左衛門尉) 님, 후지야마 우콘(藤山右近) 등이 도착했다.

하나. 4월 15일, 같은 곳에 묵었다. 바바 노부카즈(馬場[信員]) 님, 우치다 가쓰이에(內田[勝家]) 님, 류조지 이에나리([龍造寺]家誠)가 도착했다. 아키타네 부자가 구경을 위해 가자모토(風本)[23]를 다녀왔다. 이날 데루모토, 다카카게가 가자모토까지 출항하셨다. 이날 선원 한 명이 도주했기에 [잡아서] 불에 태워 죽이셨다. 구경했다.

하나. 4월 16일, 같은 곳에 묵었다.[24]

하나. 4월 17일, 위와 같음. 이나사마루(いなさ丸)[25]가 당도했는데 아키타네 부자의 배를 쓰미즈에서 보았다는 통보가 왔다. 그리하여 마타사부로가 이나사마루에 승선하여 쓰시마로 도해할 것을 주변에 은밀히 상의했지만, 피치 못할 사정 때문에 그렇게 하지 않았다.

하나. 4월 18일, 같은 곳에 묵었다. 이나사마루는 새벽에 쓰시마로 출발했으며, 다카기 다로사부로(高木太郞三郞) 님, 고지마 마타베에(小嶋又

......

22 구라마치 에몬노조베에(倉町右衛門尉兵衛) : 류조지 다카노부(龍造寺隆信)의 직신(直臣).

23 가자모토(風本) : 현재의 나가사키현 이키시 가쓰모토초(勝本町).

24 4월 16일, 같은 곳에 묵었다 : 나흘 뒤인 4월 20일, 요코오 주고자에몬이 '가자모토에서' 와서 정보를 전했다고 한다. 즉 15일 가자모토로 이동한 것은 일시적이었고, 다시 유노우라로 돌아온 것으로 보인다. 4월 23일에는 유노우라에 배가 도착했다는 기사도 있다.

25 이나사마루(いなさ丸) : 배의 이름.

兵衛) 님, 그 외 헤이고로 님의 고쇼슈(小性衆)와 창을 든 종자 등 도합 50
여 명이 승선했다.

하나. 4월 19일, 같은 곳에 묵었다. 나베시마 마고시치로 님과 함께 사
냥을 했다.

하나. 4월 20일, 같은 곳에 묵었다. 이사하야(伊佐早)[26]의 병사가 여럿
도착했기에 아키타네 부자의 배에 관해 여러 사람에게 물었더니, 요코
오 주고자에몬(橫尾十五左[衛門])이 가자모토에서 와서 자세히 낭보를
전했으므로 더없이 기뻤다.

하나. 4월 21일, 같은 곳에 묵었다.

하나. 4월 22일, 위와 같음. 그런데 해시(亥時, 오후 9~11시)에 아키타
네 부자의 배가 하제노우라(初瀨浦)에 도착하고 로쿠자에몬노조가 돌
아왔으므로, 부자의 기쁨이 더할 나위 없었다. 그 배에 탄 인원.

다지리 사쿠마루(田尻作丸), 야마자키 사부로베에(山崎三郎兵衛),
모리 구로도(森藏人), 이시바시 조에몬노조(石橋調右衛門尉), 마쓰
오 소에몬노조(松尾早右衛門尉), 가네유키 다로에몬노조(兼行太郎
右衛門尉), 야마쿠마 구나이(山熊宮內), 마와타리 겐나이(馬渡源內),
다나카 쓰스케(田中津介), 오사 겐에몬노조(長源右衛門尉), 세토 구
로베에(瀨戶九郎兵衛), 마고베에(孫兵衛)

하나. 4월 23일, 오시(午時, 오전 11시~오후 1시) 무렵에 배를 유노우
라에 댔다. 드디어 짐을 배로 올려 다시 정리해서 실은 다음 이날 유노우
라에 묵었다.

26　이사하야(伊佐早) : 현재의 나가사키현 이사하야시(諫早市). 류조지 가문의 영지였다.

하나. 4월 27일[27], 진시(辰時, 오전 7~9시)에 나베시마 마고시치로 님과 함께 출항하여, 해시(亥時, 오후 9~11시)에 쓰시마의 후추(府中)[28]에 도착한 다음 배를 계류시켰다.

하나. 4월 25일, 순풍(順風)이 불어주지 않아서 같은 곳에 묵었다. 후추는 하명을 받은 정박지이다.

하나. 4월 26일, 미시(未時, 오후 1~3시)에 압선으로 출발하여 유시(酉時, 오후 5~7시)에 쓰시마의 긴노우라(琴浦)[29]에 도착했다. 뱃길로 24리[30] 정도일까.

하나. 4월 27일, 묘시(卯時, 오전 5~7시)에 긴노우라를 출발하여 도요사키(豊崎)[31]로 배를 향했는데, 묘켄노세토(妙見瀬戸)[32]에서 다치바나 사부로에몬노조(立花三郎右衛門尉)의 배가 맞바람으로 곤경에 빠졌기에 선원들이 여러모로 손을 써서 배를 안정시켰다. 그 무렵 나베시마 마고시치로 님의 배도 위험해졌다. 같은 시각 아키타네 부자의 배도 곤경에 처했는데, 가신들과 선원들이 모두 배에서 내려서서 밧줄을 묶어 끌어서 무사히 빠져나왔다. 그리하여 배들이 함께 도요사키 방향으로 밀고 들어갔는데, [때마침] 좋은 순풍을 만났기에 나베시마 마고시치로와 아키타네 부자가 의논하여, 가슈 님과 헤이고로 님이 이미 조선에 당도한 이상에는 어떻게든 배를 띄워 병력이 [조선으로] 건너가야 한다고 결

......

27　27일 : 24일의 오기(誤記)로 보인다.

28　후추(府中) : 현재의 나가사키현 쓰시마시(對馬市) 이즈하라초(嚴原町).

29　긴노우라(琴浦) : 현재의 나가사키현 쓰시마시 가미쓰시마마치(上對馬町) 긴노우라.

30　24리 : 1리는 약 640m로 24리면 약 15,360m이다. 이하 리 단위의 계산은 이에 따름.

31　도요사키(豊崎) : 현재의 쓰시마시 가미쓰시마마치의 일부.

32　묘켄노세토(妙見瀬戸) : 쓰시마 북부 와니우라(鰐浦) 북동쪽의 에비시마(海老島)와 쓰시마 사이의 해협.

정했다. 선장과 선원 이하는 해가 나 있을 동안에는 [조선에 당도하기] 어렵다고 했으나 바람도 쉬지 않고 불어주었기 때문에 미시(未時, 오후 1~3시) 무렵부터 후산카이[33] 쪽으로 갈 수 있는 곳까지 무리해서 나아갔다. [차츰] 바람도 잦아들어 압선으로 [노를 저었더니] 유시(酉時, 오후 5~7시) 무렵부터 고려(高麗)[34]의 산이 보였고, 해시(亥時, 오후 9~11시)에는 이윽고 후산카이 어귀로 노를 저어 들어갔다. 그런데 [이곳의] 실정을 몰라서 어찌할지 난처하던 참에 작은 배 한 척이 노를 저어 들어왔다. 서로 말을 나누어 보았더니 근처 사정을 잘 아는 도사(土佐)의 배 같았다. 어떻게든 동행하기로 하고, 앞장서서 노를 저어 서로의 불빛을 확인해가면서 축시(丑時, 오전 1~3시) 무렵에 후산카이로 들어간 다음 배를 계류했다.

하나. 4월 28일, 날이 밝아져서 정박한 주위를 둘러보니 일본 배 수천 척이 늘어서 있었으며, 그중에도 가슈 님의 성선(城船)[35] 두 척과 헤이고로 님의 흑선(黑船)[36]을 알아보고 배 안이 모두 크게 기뻐했다. 그래서 전마선(傳馬船)을 나카야마 스케에몬노조(中山助右衛門尉)와 다조 세이자에몬노조(多藏淸左衛門尉)에 보내서 상황을 물었더니, 세이자에몬노조도 작은 배에서 건너와서, 가슈 님은 한성 쪽으로 밤을 낮 삼아 향하실 생각이라고 했으므로, 나베시마 마고시치로와 의논하여 즉시 뭍으로 올라가 준비를 갖춘 뒤 이날 3리[37] 정도 이동해서 산가(山家)에 진을 쳤다.

33　후산카이 : ふさんかい. 부산해(釜山海).

34　고려(高麗) : 조선을 가리킨다.

35　성선(城船) : 당시 일본군의 대형 군함인 아타케부네(安宅船)를 가리키는 것으로 추정된다.

36　흑선(黑船) : 일본군의 중소형 군함인 세키부네(關船) 혹은 고바야부네(小早船)를 가리키는 것으로 추정된다.

37　3리 : 1리는 약 640m로 3리면 약 1,920m이다.

하나. 후산카이에서 올라와 성을 둘러본즉, 선봉 고니시 셋쓰노카미(小西攝津守)[38] 님, 하시바 쓰시마노카미(羽柴對馬守)[39] 님이 점령해서 당인(唐人)[40] 수백 명을 쳐죽이신 흔적이 아주 선명히 남아 있었다.

하나. 4월 29일, 큰비 탓에 강[41]을 건너기 어려웠으므로 전날과 같은 진에 묵었다. 그런즉 젊은 병사들을 내보내어 많은 당인을 잡아서 인부로 데려왔다. 세토 구로베에를 후산카이로 보내서 우구(雨具)와 그 외 필요한 물품을 가져오게 했다.

하나. 5월 1일, 고모카이(こもかい)[42]의 성을 지나 8리[43] 정도 이동해서 고니시 님 병사가 지키는 성에 진을 쳤다. 이날 요시나가 시베에(吉永土兵衛)가 철포(鐵砲)[44]로 오리를 잡아, 나베시마 마고시치로 님 등이 모여서 맛있게 즐겼다.

하나. 5월 2일, 8리 정도 이동해서 고도(古都)[45]의 가토 님 병사가 지키는 성에 진을 치고 군량미를 마련했다. 이날 노토미 시치에몬노조([納富]

38　고니시 셋쓰노카미(小西攝津守) : 고니시 유키나가(小西行長, 1558~1600). 교토의 상인 집안에서 태어났으며, 원래는 우키타 나오이에(宇喜多直家)를 섬겼다. 도요토미 히데요시가 모리가를 정벌하던 도중 히데요시를 섬기게 되었으며, 현재의 규슈 구마모토현(熊本縣) 우토시(宇土市) 일대에 영지를 하사받았다. 크리스트교 신자로 임진전쟁에서는 1번대로 참전하여 가장 먼저 한성을 점령한 뒤 평양까지 북상했다. 이후 명군의 참전으로 전쟁이 교착 상태에 빠지자 적극적으로 강회를 주선했다.

39　하시바 쓰시마노카미(羽柴對馬守) : 소 요시토시(宗義智, 1568~1615). 쓰시마를 지배하던 다이묘(大名). 도요토미 히데요시의 규슈 정벌 당시, 영지를 그대로 인정해주는 대신 조선을 복속시키라는 요구를 받았다. 조선과의 관계 악화는 쓰시마의 사활이 걸린 문제여서 전쟁을 막아보려 했으나, 결국 장인인 고니시 유키나가의 1번대에 속해 임진전쟁에 참전했다.

40　당인(唐人) : 조선인.

41　강 : 낙동강.

42　고모카이(こもかい) : 김해(金海).

43　8리 : 1리는 약 640m로 8리면 약 5,120m이다.

44　철포(鐵砲) : 화승총.

45　고도(古都) : 경주(慶州).

七右衛門尉)가 다리를 다쳐서 가마로 산을 넘었다.

하나. 5월 3일, 8리 이동해서 우리 쪽 다타라 모쿠스케(多々良杢助)가 지키는 성에 진을 쳤다. 노토미 시치에몬노조는 그 성에 맡겼다.

하나. 5월 4일, 8리 정도 이동해서 강가에 야영지를 세웠다.

하나. 5월 5일, 4리 정도 이동해서 가토 님 휘하 쓰다 산시로(津田三四郎) 님과 아마노(天野)가 지키는 성에 도착했다. 비가 내렸기 때문에 이날 [그 성에] 묵었고, 앞으로는 군량미를 전혀 구할 수 없다고 하여, 각자가 지참한 요대(腰袋)에 식량을 준비하라고 명했다. 이날 당인이 왔기에 글을 써서 한성까지의 길을 물어보니 엿새 정도 걸리는 여정이라고 했다.

하나. 5월 6일, 9리 정도 이동해서 진을 쳤는데, [달리 적당한 곳을] 찾지 못하고 볼썽사나운 비어있는 진에 들어가서 잠시 쉬려고 했으나 벼룩과 파리가 많고 너무 더러웠기 때문에, 나무 그늘에 자리를 펴고 저녁까지 아키타네 부자가 휴식을 취하며 그날 밤을 겨우 새웠다. 나베시마 마고시치로([鍋島]孫七[郎]) 님도 마찬가지였다.

하나. 5월 7일, 9리 정도 이동했는데 야영지 [부근에 사는] 당인들이 산속에서 다소 소란을 피우기에 가서 쫓아버리고 소, 말, 군량미 등을 취했다. 이날 중간에 큰 강이 있었는데, 류조지 로쿠로지로(龍[造寺]六郎二郎) 님, [류조지 로쿠로지로와 함께 문천성(文川城)을 지키던] 고지로지로(神代二郎) 님, 바바 노부카즈(馬場[信員]) 님, 우치다 가쓰이에(內田[勝家]) 님, 류조지 히코에몬(龍[造寺]彦右衛門) 님, 그 외 모두가 배로 도강했지만, 아키타네 부자, 나베시마 마고시치로 님은 얕은 곳을 찾아서 간단히 걸어서 건넜다.

하나. 5월 8일, 10리 정도 이동해서 큰 산을 넘은 뒤 개천 가에 야영지를 세웠다. 줄곧 비가 내리는 속에 풀을 끌어다가 엮은 진 안에서 "여산의 비 내리는 밤을 초암에서 보내다(廬山雨夜草庵中)."라는 시구를 떠올리고 쓸쓸해졌다. 하룻밤 묵었다.

하나. 5월 9일, 5리 정도 이동해서 산가(山家)에 진을 쳤다. 이날 중간에 큰 강의 다리를 건널 때, 가슈 님으로부터 아키타네 부자에게 감사하게도 한 통[의 서장]이 도착하여 읽어보았다. 가슈 님과 헤이고로 님은 5월 2일 한성에 들어갔으며, 조선 국왕은 그 사흘 전에 신하들과 함께 도망쳤다고 했다. 마사키 나가토노카미(眞崎長門[守])가 자세히 말씀해주셨다. 운 좋게도 일본으로 돌아간다[46]고 했으므로, 큰비 속에 우산 아래에서 마타사부로가 짧은 글을 적어 전했다.

하나. 5월 10일, 10리 정도 이동해서 산가에 진을 쳤다. 산속에 당인 수백 명이 있었는데, 젊은 병사들이 들이닥치자 [그들이] 반궁(半弓)을 쏴서 한바탕 전투를 벌였다. 뒤쫓아가서 물리치거나 몇몇을 쳐죽이고 포로로 잡기도 해서 소, 말, 군량미 등을 모조리 취했다.

하나. 5월 11일, 10리 정도 이동해서 오래된 성처럼 보이는 곳에 진을 쳤다.

하나. 5월 12일, 11리 정도 가서 개천 가에 야영했다.

하나. 5월 13일, 3리 정도 이동해서 한성에 들어갔다. 중간에 큰 강[47]이 있어서 배로 건너야 했으나 우리 병사들이 승선하지 못해서[48] 모두 고생했다. 미시(未時, 오후 1~3시)에 가슈 님의 진에 도착하여, 나베시마 마고시치로 님과 더불어 가슈 님 앞에 두세 명이 [인사를 드리러] 나갔더

46　운 좋게도 일본으로 돌아간다 : 원문은 'かほうめ日本渡海之由候条'. かほう를 果報로 추정하여 위와 같이 번역했다.

47　큰 강 : 한강.

48　우리 병사들이 승선하지 못해서 : 원문은 'こんたなと着渡候事難成して'. こんた를 此方, 着渡를 着到 · 着到狀과 유사한 의미로 추정하여 위와 같이 번역했다.

니, 대단히 기뻐하며 가무를 베풀어 주시고 여러 의논을 나눴다. 한성에 는 문(門)이 헤아릴 수 없이 많다고 했지만, [실제로는] 몇천, 몇만이라고 할 정도는 아니었으며, 서쪽, 남쪽, 동쪽은 큰 강이 두르고 있고 강기슭 은 산줄기의 끝이었다. 또한 서북쪽은 험준한 산이 우뚝 솟아 있었다.

하나. 5월 14일, 한성에 묵었으며, 한성에서 10리 정도 떨어진 선착장 에 헤이고로 님의 진이 있다고 했으므로, 나베시마 마고시치로 님과 우 리 부자는 함께 그곳으로 이동할 준비를 했다. 가슈 님이 들으시고 구 치이 진자에몬노조(久地井神左衛門尉) 님을 통해 "당분간 이곳에서 대기 하라. 헤이고로 님이 길을 바꾸시면서 [너희는] 이곳으로 돌아가 있으라 고 명하셨다. 곧 출발하게 될 터이니 기다려라."라고 말씀하셨으므로 지 시에 따랐다. 그때 헤이고로 님의 진에서 연락이 오길, 강 건너편에 당인 수백 명이 진을 치고 있어서 쳐부술 요량으로 먼저 강의 깊이를 알기 위 해 이토 한조(伊藤半藏)와 사부로시로(三郎四郎)를 앞세우셨지만, 큰 강 물을 버티지 못하고 두 명이 다 죽었다고 했다.

하나. 5월 15일, 한성에 묵었다.

하나. 5월 16일, 같은 곳에 묵었다. 헤이고로 님이 선진(先陣)[49]에서 한 성으로 올라오셨다.

하나. 5월 17일, 한성에 묵었다. 목장에 아직 길들지 않은 말들이 많이 있다는 이야기를 듣고 젊은 병사들을 보냈더니, 적갈색 말 두 마리를 잡 아서 끌고 왔다.

하나. 5월 18일[50], 한성에 묵었다. 이날 유시(酉時, 오후 5~7시) 무렵에

49　선진(先陣) : 최전방.

50　18일 : 이날의 전투를 '임진강 전투'라고 한다. 당시 일본군의 북진을 막기 위해 임진강에는 도 원수 김명원(휘하 병사 7,000명), 제도도순찰사 한응인(1,000명), 전 유도대장 이양원(5,000명)

구로다 고슈(黑田甲州)[51]의 선진에 적 수만 기(騎)가 강 너머에 진을 쳤다는 통지가 당도했고, 모든 부대가 말을 달려나가서 공격하면 적이 패배할 것이라는 상신이 연이었기에, 모두 쳐들어갔다. 마타사부로는 셋슈(攝州)[52]에 보내는 사자로 파견했다. 야음(夜陰) 속에서 낙오한 고쇼(小性)[53] 등은 서로 물으며 [주군의 위치를] 확인하는 자도 있었으며, 또한 묻지 않는 자도 있었다. 아키타네는 헤이고로 님과 마타사부로(又三[郎])를 눈앞에서 놓치고, 필시 자기 말이 늦었다고 생각하여 서둘러 1리 반[54] 정도 앞으로 달려나갔다. 그 기세가 워낙 맹렬하기도 했고 어둠이 짙었기 때문에 앞뒤 분간도 되지 않았으며, 특히 [자신이] 데리고 온 병사가 한 명도 따라오지 않아 어찌할 바를 모르고 있었는데, 마부 한 명이 달려와서 다른 부대는 모두 뒤에 있다고 했으므로 말을 되돌려 다른 부대가 이미 쳐들어가고 시간이 조금 지난 후 아키타네는 본진에 도착했다.

하나. 5월 19일, 한성에 묵었다. 아침 일찍 진을 옮기라는 연락이 있어서 준비했는데, 결정이 바뀐 것인지 옮기지 않았다.

하나. 5월 20일, 한성에 묵었다. 다카카게 님이 한성에 도착하셨으므로 헤이고로 님이 마중을 위해 파견되셨다. 마타사부로(又三[郎])도 동행

등 총 1만 3,000명 정도의 병력이 배치되었다. 평양으로 북진하던 일본군 2번대 가토 기요마사의 군세는 5월 10일 임진강에 도착하여 조선군과 대치했다. 한편 조선 진영에는 일본군의 전세가 불리하다는 헛된 보고가 이어졌고, 이를 믿은 행조(行朝, 파천-임금의 피난-중인 조정)에서도 도원수를 질책하며 속히 싸울 것을 명했다. 현장에서는 공격에 신중한 의견도 있었지만 임금의 군령을 따를 수밖에 없었고, 결국 일본군의 기습을 받아 제대로 싸워 보지도 못하고 패배했다.

51   구로다 고슈(黑田甲州) : 구로다 나가마사.

52   셋슈(攝州) : 고니시 유키나가.

53   고쇼(小性) : 주군의 신변 잡무를 담당하는 병사.

54   1리 반 : 1리는 약 640m로 1리 반이면 약 960m이다.

했다.

하나. 5월 21일, 한성에 묵었다. 고니시 부대와 선봉 부대는 오늘 진영을 바꿨다.

하나. 5월 22일, 한성에 묵었다.

하나. 5월 23일, 미시(未時, 오후 1~3시) 무렵부터 선진 쪽으로 진을 옮겼다. 7리 정도 이동해서 술시(戌時, 오후 7~9시)에 야영을 위해 진을 쳤다. 이날 밤 줄곧 비가 내렸기에, 오쿠타 규자에몬노조(大久田久左衛門尉)가 숙영지에 계신다는 소식을 듣고서 부자가 함께 잠자리를 빌리러 갔는데, 가슈 님이 이미 와 계시기에, 좁은 곳에서 겨우 그날 밤을 새웠다.

오늘 노토미 시치에몬노조(納[富]七[右衛門尉])가 나중에 따라왔다.

하나. 5월 24일, 같은 곳에 묵었다. 큰비가 내리는 가운데 겨우 야영지를 세웠다.

하나. 5월 25일, 5리 정도 이동해서 [임진] 강 주변에 야영지를 세웠다. 강 건너편에 적 수만 기가 대기하고 있어서 강을 사이에 두고 대치했다.

하나. 5월 26일, 헤이고로(平五[郞]) 님과 마타사부로(又三[郞])는 2리 정도 서쪽의 강가를 돌아서, 배를 마련하여 그 강을 건널 수 있는 준비를 했다. 아키타네는 원래 진에서 대기하고 있었다.

하나. 5월 27일, 아키타네도 같은 곳으로 진을 옮겼다.

하나. 5월 28일[55], 진시(辰時, 오전 7~9시)에 우리 쪽 소선(小船) 불과 30척으로 적선 수백 척이 늘어선 곳을 힘겹게 통과했다. 그 사이 고니시 님의 병사가 탄 소선 한 척이 적선으로 쳐들어갔다. 이어서 헤이고로 님의 배가 적선 사이로 밀고 들어가서 배 한 척을 빼앗고 당인을 남김없이 죽

....

55　28일 : 이날 전투를 특정할 수 없었다.

였으며, 또한 적선에 배를 붙여서 재빨리 올라타 순식간에 세 척을 빼앗았다. 이날 배를 지휘한 대장(大將) 진나이 주베에(陣內十兵へ)와 소노다 마고사부로(園田孫三郞) 두 사람의 분골쇄신은 달리 비할 데가 없었다. 이들을 선두로 하여 30척 정도의 배로 적선과 힘겹게 맞서서 이날 50척 정도를 나포하니, 남은 적선들은 모두 어디론가 도망쳐 사라졌다. 선봉이 무너지자, 강 건너편으로 이틀거리나 될 정도로 길게 이어졌던 수만의 당인들이 모두 도망쳐 사라졌다. 뭍에서도 가토 님, 가슈 님, 고니시 님, 구로다 님, 그 외 여러 부대가 각기 깃발을 앞세우고 강가로 밀려들어 그 큰 강을 건너셨다. 말을 탄 채로 속속 강에 뛰어들어 헤엄쳤기 때문에, 빠른 물살 속에서 많은 인마(人馬)를 잃었다. 하지만 여러 부대가 모두 강을 건너서 맞은편 물가에 진을 쳤다. 그 옛날 진구황후(神功皇后)가 신라를 퇴치할 때, 세상 모든 신들이 이키(壹岐) 섬에 모여서 간도리 다이묘진(楫取大明神)이 키를 잡고 다케토리노미코토(たけとりのミこと)가 상앗대를 잡아서 출항하셨다. 적(狄)의 무리도 해상으로 나와서 막았지만, 일본의 신력(神力)이 위세를 더해 신라를 복속시켰다. 진구황후는 여자의 몸으로 더욱이 회임 중이셨다. 일본으로 돌아오신 뒤 지쿠젠 우미(筑前宇瀰)의 해변에서 [후에 오진(應神)천황으로 불리게 되는 이가] 탄생하시어 우미하치만(宇美八幡)으로 나타나셨으므로, 그 옛날 일도 지금 같았으리라 생각했다.[56]

....

56 그 옛날 …… 같았으리라 생각했다 : 소위 '진구황후의 삼한정벌(三韓征伐)' 전설을 말한다. 이 전설이 처음 등장한 것은 8세기 초에 성립된 『고사기(古事記)』와 『일본서기(日本書紀)』로, 그 내용은 다음과 같다. "임신한 몸인 진구황후는 남편인 주아이 천황(仲哀天皇)과 함께 구마소(熊襲, 야마토 정권과 별개로 규슈 남부에 존재했던 세력)를 공격하려 했는데, 이때 구마소가 아닌 신라를 공격하라는 신탁(神託)을 받았다. 하지만 주아이 천황은 신탁을 무시한 채 구마소를 공격했고, 결국 구마소의 화살을 맞아 사망한다. 신벌(神罰)을 두려워한 진구황후는 신라를 공격하기로 했는데, 이미 산달이 가까웠으므로 배를 돌로 감싸 출산을 늦췄다. 그리고 진구황후와

하나. 5월 29일, 5리 정도 이동해서 옛 도읍에 진을 쳤다. 이곳을 가센호(かせんほ)[57]라 부른다고 한다.

하나. 6월 1일, 같은 곳에 묵었다. 젊은 병사들을 3리 정도 보내서 큰 절을 부수고 군량미 등을 취했다. 이날 쓰시마도주(對馬島主)[58]가 당인을 만나, 이번 싸움에 관해 들었다고 한다. 일본군이 부산포에 상륙했다는 소식이 한성에 당도하자 문신(公家), 무신(武家)들이 모여서 논의하기를, 왕이 나서서 [일본군의 철병을] 간절히 요청해야 한다는 의견이 있었으나 만약 불상사가 생기면 안 된다고 하여 중단되었다. 그렇다면 당(唐)[59]으로 가는 길목과 해변을 비워주고 양선(糧船) 등으로 일본군에 가세해서 조선국을 그대로 둬달라 양해를 구하자고 정했으나, 사자로 가겠다고 나서는 이가 없는 채로 시간이 흘러, 일본군이 한성 가까이 난입하자 바로 한성을 버리고 떠났다고 했다. 이곳 전장에서 대당(大唐) 경계에 있

일본군이 신라를 공격하자, 이를 두려워한 신라왕은 싸워보지도 않은 채 항복하고 앞으로 일본의 신하로서 공물을 바치기로 했다. 이에 백제와 고구려의 왕도 일본에 신종(臣從)하기로 했고, 이렇게 삼한을 정벌한 진구황후는 일본으로 돌아와 오진 천황(應神天皇)을 낳았다."

한편 13세기 후반 몽골의 일본 침략이 일어난 후, 위 전설은 오진 천황과 동일시되는 하치만신(八幡神)을 모시는 하치만신사(八幡神社)가 만든 『하치만우동훈(八幡愚童訓)』을 통해 재가공된다. 전체적인 줄거리는 비슷하나, 주아이 천황은 구마소가 아닌, 한반도에서 건너온 진린(塵輪)이라는 요괴를 물리치는 과정에서 사망했고, 이에 대한 복수로 진구황후가 삼한정벌에 나서게 되었다고 바뀌었다. 그리고 정벌을 준비하는 과정에서 스미요시묘진(住吉明神), 고라묘진(高良明神), 아즈미노 이소라(阿曇磯良)와 같은 신의 도움을 받은 것으로 각색된다. 또한 진구황후가 신라 복속의 증표로 신라왕궁 앞 바위 위에 '신라국의 대왕은 일본의 개다'라는 글을 새겼다는 설정도 추가된다.

이렇게 고대에 잉태하여 중세에 변형된 삼한정벌 전설은 하치만신사와 함께 일본인의 조선관에 영향을 주었다. 본문에 나오는 간도리다이묘진은 아즈미노 이소라를, 다케토리노미코토는 스미요시묘진 혹은 고라묘진을 가리키는 것으로 보인다.

57 가센호(かせんほ) : 개성부(開城府).

58 쓰시마도주(對馬島主) : 소 요시토시.

59 당(唐) : 명나라.

는 우초이(うちよい)[60]라는 곳까지는 대략 89리[61] 정도라고 한다.

하나. 6월 2일, 5리 정도 떨어진 곳의 큰 산에 소, 말, 군량미 등이 있다고 하여 젊은 병사들을 보냈더니, 적이 저항하여 다수가 부상을 당했다. 사이토(齋藤) 등도 상처를 입었다.

하나. 6월 3일, 같은 곳에 묵었다. 마쓰오 소에몬노조([松尾]相右衛門[尉])는 한성의 창고 경비를 맡은 자에게 딸려 보냈다.

하나. 6월 4일, 6리 정도 진을 옮기고, 큰 강가에 야영지를 세웠다.

하나. 6월 5일, 같은 곳에 묵었다. 적선 세 척이 이 강을 지났다. 우리 쪽에 배가 없었고, 어찌할까 하다가 육지에서 철포를 쏘아대고 있었는데 마침 헤이고로(平五[郎]) 님의 작은 배에 두세 명이 타고 다가가서 후미에 가던 한 척을 나포했다.

오늘 나리토미 주에몬(成[富]十[右衛門]) 님과 그 외 동행할 병력이 진영에 도착했다.

하나. 6월 6일, 6리 정도 이동해서 강가에 야영지를 세웠다.

하나. 6월 7일, 이 큰 강을 배로 건너는 사람도 있고 말을 타고 넘는 사람도 있었는데, 드디어 모든 부대가 건넌 후 2리 정도 이동해서 야영지를 세웠다.

하나. 6월 8일, 6리 정도 이동해서 야영지를 세웠다.

하나. 6월 9일, 같은 곳에 묵었다. 아키타네가 몸이 편찮았기에 산에 세운 진[山陣]에서 가마를 준비했다.

하나. 6월 10일부터 에안도(ゑあん道)[62]로 가는 길을 가토 님과 우리가

60　우초이(うちよい) : 의주(義州).

61　89리 : 1리는 약 640m로 89리면 약 5만 6,960m이다.

62　에안도(ゑあん道) : 함경도(咸境道).

함께 동북방을 향해 산을 넘었다. 아키타네가 가마를 타고 있어서 진을 바꾸었다.

하나. 6월 11일, 6리[63] 정도 이동해서 큰 산을 넘어 진을 쳤다.

하나. 6월 12일, 7리 정도 이동해서 전후좌우 모두 큰 산으로 둘러싸인 골짜기에 선봉대만 야영지를 세웠다.

하나. 6월 13일, 같은 곳에 묵었다.

하나. 6월 14일, 길을 잘못 들었기에 3리 정도 뒤로 돌아가 왼쪽에 있는 큰길로 올라가서 4리 정도 이동하여 야영지를 세웠다. 가슈 님과 가즈에노카미(主計頭)[64] 님은 애초부터 이쪽 길에 진을 치셨다. 이곳은 가간도(かがん道)[65]라는 지역[國]이었다.

하나. 6월 15일, 사람이 지날 수 없을 듯한[人倫不通] 큰 산을 넘고 5리 정도 동북방을 향해 산을 넘어서 야영지를 세웠다.

하나. 6월 16일, 높은 산을 6리 정도 넘어서 야영지를 세웠다.

하나. 6월 17일, 산기슭에서 5리 정도 되는 큰 산을 넘어 북쪽의 산 입구에 인가가 있었는데, 여기에 일부는 숙영지를 세우고 일부는 야영했다. 아키타네는 닷새(5일) 전부터 시작된 통증 때문에 가마를 타고 산을 넘었다. 칼날 같은 암벽 위에 히고(肥後)[66]와 히젠(肥前)[67]의 병력이 북적대며 어지럽게 몰려들어서 위아래 가릴 것 없이 내가 먼저 지나가겠다고 앞을 다투며 치고받았기 때문에 도저히 가마 같은 것이 지나갈 수 없

......

63 6리 : 1리는 약 640m로 3,840m이다.

64 가즈에노카미(主計頭) : 가토 기요마사.

65 가간도(かがん道) : 강원도(江原道).

66 히고(肥後) : 현재의 구마모토현(熊本縣) 일대.

67 히젠(肥前) : 현재의 사가현(佐賀縣)과 나가사키현(長崎縣) 일대.

었는데, 휘하의 사쿠노조(作之允), 사부로베에[三十三郎兵衛][68], 나카니시 구로베에(中西九郎兵衛), 그 외 병사들이 모두 전후좌우에 서서 밀어제치고 높은 산에 가마를 타고 올랐다. 그런데 지난 8일경부터 쌀이 전혀 보이지 않는 지역이었기에 좁쌀, 피 등으로 연명하고 있었다. 이마저도 오늘은 딱 바닥을 드러냈기 때문에, [가마를 맨] 인부들이 모두 지치고 허기져서 바위 위에 그냥 앉아 있었더니, 야마자키 사부로베에가 누군가에게 좁쌀을 조금 얻어 물을 끓여서 가마꾼들에게 먹였다. 아키타네의 식사는 마련되지 않아 어찌할지 생각하던 참에 오호 요시모리(於保慶守)의 부하가 와서 깨끗한 밥을 꺼내 식사를 마련해서 바쳤다. 조금 먹은 다음, 달이 밝았으므로 산봉우리를 오르기 위해 가마를 탔다. 그 산은 이국(異國)이나 본조(本朝)에도 달리 비길 데 없는 높은 산이었기에 올라도 올라도 끝이 없었다. 6월 17일 묘시(卯時, 오전 5~7시)부터 이튿날인 6월 18일 묘각 무렵까지 북쪽의 산 입구로 가마를 타고 내려왔다. 여기서 잠시 눈을 붙이고 마침내 그 산을 내려왔더니, 마타사부로(又三[郎])가 진에서 도시락을 준비하여 마중을 나왔다. 그 사람들을 따라서 진에 도착했다. 여기가 함경도 안변(安邊)의 도읍지라고 했다.

하나. 6월 18일, 같은 곳에 묵었다. 사방으로 젊은 병사들을 파견하여 군량미를 취하니 진중(陣中)이 안도했다.

하나. 6월 19일, 같은 곳에 묵었다. 6월 20일, 같은 곳에 묵었다. 6월 21일, 같은 곳에 묵었다. 6월 22일, 위와 같음. 6월 23일, 위와 같음. 6월 24일, 위와 같음. 6월 25일, 위와 같음. 6월 26일,[69]

68　사부로베에[三十三郎兵衛] : 원문대로라면 '미소 사부로베에', '산주 사부로베에' 등으로 읽을 수 있으나 불확실하므로 여기서는 사부로베에(三郎兵衛)라고 읽었다.

69　6월 26일, : 원문에서도 다음 줄에 26일자 기사가 이어지고 있어 오류로 보인다.

하나. 6월 26일, 3리 정도 이동해서 도온성(とをん城)[70]이라는 곳으로 진을 옮겼다. 함경도 안에 성이 13개소 있는데, 안쪽의 다섯 곳을 가토 가즈에노카미(加[藤]主計頭)[71] 님이, 입구 쪽 여덟 곳을 우리 부대가 지키도록 논의하여 정했다.

하나. 6월 28일, 같은 곳에 묵었다. 헤이고로 님이 오셔서 다지리 단고노카미(田[尻]丹[後]守)[72], 노토미 시치에몬노조(納[富七右衛門尉]), 마타사부로(又三[郎]), 류조지 요산자에몬(龍[造寺]與三左[衛門])[73] 님, 이케지리 우마노스케(池[尻]右[馬助])가 도온성을 지킬 것이라고 말씀하셨다.

하나. 6월 29일, 다지리 단고노카미(田[尻]丹[後]守) 부자가 [도온]성 안으로 이동했다. 가슈 님은 [함경도의] 안쪽 성으로 진을 옮기셨다. 나리토미 주에몬(成富十右[衛門]) 님, 고토 젠지로(後藤善二[郎])[74] 님, 류조지 시치로자에몬([龍造寺]七郎左[衛門])[75] 님, 후지쓰 부대(藤津衆)[76] 등은 가토 가즈에노카미(加[藤]主[計頭]) 님을 따라서 함경도의 끝 오란카이(をらんかい)[77]의 경계까지 나아가기로 결정했다.

....

70 도온성(とをん城) : 덕원성(德源城).

71 가토 가즈에노카미(加[藤]主計頭) : 가토 기요마사.

72 다지리 단고노카미(田[尻]丹[後]守) : 다지리 아키타네.

73 류조지 요산자에몬(龍[造寺]與三左[衛門]) : 류조지 노부나오(龍造寺信尙, ?~?).

74 고토 젠지로(後藤善二[郎]) : 고토 이에노부(後藤家信, 1563~1622). 원래 류조지 가문에 태어났으나(류조지 다카노부의 3남), 고토(後藤) 가문의 데릴사위로 보내졌다. 다지리 아키타네와 류조지가 사이에 갈등이 있을 때는 아키타네를 공격하기도 했다. 임진전쟁에서는 가토 기요마사에 종군하여 덕원성을 지키고, 압록강 이북을 공격하는 등의 활동을 했다.

75 류조지 시치로자에몬([龍造寺]七郎左[衛門]) : 류조지 이에하루(龍造寺家晴, 1555~1613). 훗날 성(姓)을 자신의 영지 이름에서 따온 이사하야(諫早)로 바꾸고 이사하야씨 초대 당주가 된다.

76 후지쓰 부대(藤津衆) : 류조지씨의 영지 후지쓰군(藤津郡)의 재지영주(在地領主)로 구성된 부대. 나베시마 사부로베에 휘하에 15명이 편성되었다.

77 오란카이(をらんかい) : 오랑캐. 즉, 여진족의 지역을 가리킨다.

하나. 7월 2일, 도온성에서 동쪽 바다에 섬이 많이 있었는데, 헤이고로(平五[郎]) 님이 궁리하셔서 일본인들이 건너다니며 [섬에 피신한 조선인들로부터] 군량미 등을 취해오게 하셨다. 그곳의 당인에게 엄한 명령을 내리셔서, 매일 100명, 200명 정도 나와서 통행증[札]을 받아 [성 안쪽의] 본가에 돌아와 살도록 하셨다.

하나. 7월 9일, 헤이고로(平五[郎]) 님은 6리 정도 안쪽의 고온성(高原城)[78]이라는 곳을 지키게 되어 진을 옮기셨다.

하나. 7월 10일, 도온[성]을 지키는 분들이 상의하시어 각 통로의 방비, 야간 순찰, 보수공사 등에 대해 [결정]하셨다.

하나. 7월 11일, 같은 곳에 묵었다. 7월 12일, 13일, 14일, 15일, 16일, 17일, 위와 같음.

하나. 7월 18일, 육백(六伯)[79]들을 불러들여 이 군(郡)의 세액 등을 물어서 정하고, 각자로부터 인질을 받아 감옥에 처넣은 다음, 올해분 작물에 대한 세금을 계속 독촉하자 규정대로 모였기 때문에 군량미가 끊이지 않게 되었다. 산 넘고 바다 건너 숨어있던 당인들에게 [귀환] 명령과 금칙을 엄하게 내리셨으므로 모두 본가로 돌아와 성안이 북적였다.

하나. 8월 상순 무렵까지 에안도를 빠짐없이 점령해서 모두 각 성에 들어가 지키게 되었다.

하나. 9월 11일, 가토 가즈에노카미(加藤主計[頭]) 님이 안헨(あんへん)[80]이라는 [함경도의 남쪽] 입구에 있는 성[口城]을 치셨다. 지난 7월 하순

......

78 고온성(高原城) : 고원성. 11월 18일자에 '고온(かうおん)'으로 기록되어 있으므로, 다지리 아키타네는 '高原'을 '고온'으로 읽고 있음을 알 수 있다.

79 육백(六伯) : 육방(六房), 즉 향리를 가리킨다.

80 안헨(あんへん) : 안변(安邊).

무렵, 안쪽 군(郡)[81]에서 가토 가즈에노카미(加[藤]主[計頭]) 님이 계략으로 조선[高麗] 왕자 두 명을 생포하여 지키고 계셨는데, [왕자들도 지금] 안헨이라는 성에 있다.

하나. 9월 25일, 가슈 님의 지시에 따라 도온성을 고토 젠지로 님에게 넘기고, 우리 병력은 모두 헤이고로(平五[郎]) 님의 거성인 고온으로 이동했다.

하나. 각 성의 방비[82][는 아래와 같음.]

하나. 도온성, 고토 님.

이 사이 3리
하나. 문천성(文川城)[83], 류조지 로쿠로지로([龍造寺]六郎二郎) 님, 고지로 지로(神代二郎) 님.

이 사이 4리
하나. 고온, 헤이고로(平五[郎]) 님.

이 사이 3리
하나. 에이혼(ゑいほん)[84], 류조지 시치로자에몬([龍造寺]七郎左[衛門]) 님, 류조지 히코에몬([龍造寺]彦右衛門) 님, 아네가와 헤이에몬노조(姉川平へもん[尉])[85] 님, 마쓰라 다로(松浦太郎)[86] 님.

이 사이 7리
하나. 덴헨(てんへん)[87], 바바 다로지로(馬場太郎二郎) 님, 바바 시키부노쇼([馬場]式部[少輔]) 님, 나베시마 사부로베에(鍋嶋三郎兵[衛]) 님.

·······

81 안쪽 군(郡) : 임해군과 순화군은 함경도 회령군에 피신해 있던 중 일본군의 포로가 되었다.

82 각 성의 방비 : 이 시기 나베시마 나오시게의 본진은 함흥에 있었다. 그리고 함흥을 비롯한 덕원, 문천, 고원, 영흥, 정평, 홍원 등 각지에 나오시게의 가신들이 배치되었다. 한편 가토 기요마사는 안변에 본진을 두고 있었다.

83 문천성(文川城) : 아키타네가 '문천'을 어떻게 읽었는지는 알 수 없다.

84 에이혼(ゑいほん) : 영흥(永興).

85 아네가와 헤이에몬(姉川平へもん) : 아네가와 후사야스(姉川房安, ?~?).

86 마쓰라 다로(松浦太郎) : 마쓰라 노부아키(松浦信照, ?~?).

87 덴헨(てんへん) : 정평(定平).

하나. 하미혼(はミほん)[88], 가슈(賀州)[89] 님.
이 사이 4리

하나. 고온(こうおん)[90], 나리토미 주에몬(成[富]十[右衛門]) 님.
이 사이 9리

하나. 10월 중순 무렵[91], 하미혼의 당인들이 폭동[92]을 일으켜서 여러 마을의 검사(檢使)[93] 수십 명을 죽인 후 산속으로 숨어들었기에, 다음날 나리토미 주에몬(成[富]十[右衛門]) 님이 거성 고온에서 하미혼(함흥)으로 이동했다. [의병들이] 성의 병력 50여 명을 죽인 후 하미혼 서쪽의 큰 산에 농성하며 하미혼의 무리들을 불러들이니, 적 수만 명이 봉기하여 일본군을 에워싸고 반궁(半弓), 부진궁(不盡弓)을 쏘아대므로 치열하게 방어전을 펼쳐서 조금 물리치고 적 백 명 정도를 죽이셨다. 또한 아군도 5, 6명 사망했다. 해가 저물어서 서로 물러섰다고 한다. 각 성으로 [급보가] 도달하자 헤이고로(平五[郎]) 님, 류조지 로쿠로지로([龍造寺]六郎二郎) 님, 고지로 지로([神代]二郎) 님이 성의 수비 병력을 든든히 남겨 두고 하미혼으로 넘어가서 도울 방책을 논의하셨다. 마타사부로(又三[郎])나 아키타네 모두 성을 지키는 것이 중요하다는 분부가 있었지만, 이번만큼은 꼭 함께 싸우고 싶다고 끝까지 말씀드려서 11월 4일 고온을 떠나 11월 6일 하미혼에 도착했다.

……

88　하미혼(はミほん) : 함흥(咸興).

89　가슈(賀州) : 가슈(加州)의 잘못. 즉 나베시마 나오시게.

90　고온(こうおん) : 홍원(洪原).

91　10월 중순 무렵 : 이하에 묘사되는 전투는 북관대첩의 공방전을 기록한 것이다. 1592년 9월 함경도 의병장 정문부가 거병하여 1593년 2월까지 일본군과 전투를 치르며, 일본군의 손에 넘어간 관북(關北)지역을 회복하는 데 큰 공을 세웠다.

92　폭동 : 의병투쟁을 가리킨다.

93　검사(檢使) : 기타지마 만지(北島萬次)는 검사를 대관(代官), 즉 일본군 대신 일정 지역을 다스리던 직책으로 보고, 이들을 7월 18일자의 육백(六伯=六房, 향리)으로 추측했다(앞의 책, 388쪽). 이 의견에 따른다면, 조선인 향리들이 일본군의 하수인으로서 조선인을 통치하는 역할을 담당하고 있었고, 의병이 일어나자 일본군에 협력한 이 향리들이 죽임을 당한 것으로 볼 수 있다.

하나. 11월 10일, 묘시(卯時, 오전 5~7시)에 출격하여 적들이 있는 산중
으로 쳐들어갔다. 선봉은 오가와 이치자에몬 님, 두 번째는 헤이고로(平
五[郎]) 님, 세 번째는 가슈 님이 맡으시는 것으로 결정되었다. 각 진영에
서 병장기를 단단히 정비하고, [부대 구분을 위한] 각양각색의 말 깃발
[馬印]이나 각자의 허리 깃발을 찬 다음 출발했다. 그런데 이미 10월 초
무렵부터 계곡과 봉오리 모두 평지까지 대설이 내려 쌓이고, 큰 하천과
개천 모두 얼음이 얼어붙어, [물이] 깊은 곳으로는 살얼음을 밟고 들어
갈 수 없었고, [따라서] 바위 같은 얼음 위를 줄곧 타고 건너 하미혼에서
북서쪽을 향해 밀고 들어갔으나 당인 선봉대와는 마주치지 않았다. 가
슈 님이 계신 곳으로 [적군] 수만이 들이닥쳤으니 헤이고로(平五[郎]) 님
도 [나베시마 나오시게가 있는 곳으로] 돌아오라는 명령이 있었으므로
오가와 이치자에몬(小[河]市左[衛門]) 님과 함께 가슈 님이 계신 곳으로
이동했다. 또 다른 쪽 계곡 사이에서 당인 수천 명이 나타나 두 갈래로
갈라진 파란 깃발을 내걸고 아군이 소(小)부대인 줄로 알고 공격해 왔으
나, 헤이고로(平五[郎]) 님이 말고삐를 당겨 맞서며 기치를 앞세우니 [모
두가] 말 머리를 나란히 하여 반격했다. 당인이 반궁, 부진궁을 쏘아대
고 창과 몽둥이를 휘두르면서 크게 아우성을 치는 등 엄청난 전투였지
만, 모두 칼을 빼 들고 달려 나가서 마구 베었더니 버티기 힘들어진 적이
패배했다. 이에 [적의] 소지품과 함께 수급을 취하셨다. 당인들을 포위
해 가니 도망치지 못하고 되돌아서는 것을 혹은 말에서 뛰어내리며 쓰
러뜨리거나, 혹은 칼을 빼앗아 승부를 결정지었다. 이날 [적의] 소지품
과 함께 수급을 취한 합계, 헤이고로(平五[郎]) 님과 오가와 오가와 이치
자에몬(小[河]市左[衛門]) 님 곁에 500 정도가 모였다. 마타사부로는 말타
기가 일품이어서 높은 산으로 말을 달려 당인 장수 한 명의 수급을 취했

다. 그 장소에 함께했던 자들은 첫째가 마부 소지로(惣次郎), 둘째가 가네유키 다로에몬노조(兼行太郎右衛門[尉])와 그 외 보병들이었다. 또한 승마가 능숙하지 못한 자들은 [직접 현장을] 보지는 못했으나 마타사부로가 갑옷의 검은 등 장식[母衣] 사이로 [핏물이 묻어서] 검붉은 칼끝을 드러내니 그것을 보고는 모두가 뒤쫓아가서 헤이고로(平五[郎]) 님 곁에 모였는데, 험하고 높은 산 위에서 기특한 공을 세웠다고 각자에게 상을 내리셨다. 마타사부로(又三[郎])의 가신 중에서도 기라 시베에(吉良士兵衛), 모리 구로도, 나오스케자에몬노조 등이 적의 수급을 취했다. 이시이 마고로쿠(石井孫六) 님도 지위가 높은 적의 수급을 취하셨다. 그리고 가슈 님 앞쪽으로도 당인이 대거 몰려들어 이 또한 치열한 전투가 있었지만 쫓아가서 적진을 무너뜨리고 700여 정도를 죽였으니, 두 곳 모두 기세가 보통이 아니었다. 아군은 고온(홍원), 하미혼(함흥), 덴헨(정평), 에이혼(영흥), 고온(고원), 문천, 도온(덕원) 7곳의 성에 수비 병력을 든든히 남겼기에 이날의 총병력은 불과 3,000여 기(騎) 정도였는데, 적 1만 5,000 정도를 가볍게 퇴치했다. 이야말로 옛날 당토(唐土)[94]의 주(周)나라 무왕(武王)이 2만여 명의 병사로 은(殷)나라 주왕(紂王)의 억만 기를 멸망시키고 800년 치세를 이어나간 것과 마찬가지라고 할 만하다.

하나. 11월 12일, 고온(홍원) 길목에 당인 수만이 모여 있다고 하여 앞으로 뛰쳐나갔는데, [당인이] 버티지 못하고 산속으로 도망쳤으므로 모조리 불을 놓고 [함흥으로] 돌아왔다. 추위가 세차고 해가 졌기 때문에 부하들이 고생했다.

하나. 11월 13일, [함흥에] 체류했다. 11월 14일에 헤이고로(平五[郎])

94　당토(唐土) : 중국.

님, [류조지] 로쿠로지로([龍造寺]六郎二郎) 님, [고지로] 지로([神代]二郎)
님이 하미혼(함흥)을 출발하여 11월 16일에 원래 [방비를 맡았던] 성에
도착하셨다.

하나. 11월 18일, 하미혼에서 승리했다는 소식을 보고하기 위해 무타
요에몬(牟田與右衛門) 님을 [가토 기요마사가 있는] 안헨(안변)으로 보내
셨다. 도중에 풀숲에 숨어있던 당인들과 맞닥뜨렸는데 요에몬은 당인
궁녀를 모신 자들에게 되쫓겨[95] 고온(かうおん)[96]으로 돌아와서 헤이고로
(平五[郎]) 님에게 자세히 보고드렸다. 다음날 11월 19일, 인시(寅時, 오전
3~5시)에 출격하시어 마을을 쳐부수고 당인들을 허다히 죽이셨다.

하나. 12월 20일, [병참 지원을 요청하기 위해] 시모무라 쇼운(下村生
運)을 한성에 있는 부교슈(奉行衆)[97]에게 보냈다. 여러 성에서 화승총(手
火矢)을 10정씩 보내주셨다. 아키타네 쪽에서는 나카오 신나이(中尾新內)
와 도나이(藤內)[98]를, 마타사부로 쪽에서는 겐자부로(源三郎)와 고사부로
(興三郎)를 보냈다.

하나. 12월 25일, 오쿠 사에몬노조(大久左衛門尉) 님이 하미혼(함흥)에
헤이고로 님의 사자로 넘어오셨다. 12월 30일 귀성(歸城)하셨는데 나카
야마 마타자에몬노조(中山又左衛門[尉]) 님과 함께 오셨다. 아키타네 및
아네가와 헤이에몬노조(姉川平右衛門尉) 님, 이케지리 우마노스케(池尻

......

95 당인 궁녀를 모신 자들에게 되쫓겨 : 원문은 '唐人の王女れきれきニついておつかへされ'인데 '王女'
　　를 '궁녀'로,' おつかへされ'를 '追い返され'로 이해하여 위와 같이 번역했다.

96 고온(かうおん) : 고원(高原).

97 부교슈(奉行衆) : 정무 담당자들.

98 도나이(藤內) : 이 사료에 흔히 사용되듯이 성명의 약칭일 수 있으나 자세한 사항은 알 수 없다.
　　위에서는 성씨로 이해하여 '도나이(とうない)'로 번역했다. 단, 성씨일 경우 '후지우치'로 읽을 여
　　지도 있다.

[右馬助]) 이 3명은 선박 담당[舟番]을 맡아서 [남쪽으로] 내려가는 일이 매우 중요하다고 말씀하셨다.

하나. [이듬해 1593년] 정월 초하루, [류조지] 시치로자에몬([龍造寺]七郎左[衛門]) 님이 고온(고원)으로 나오셨다. 1월 2일, 헤이고로님이 당인들을 데리고 가슈 님의 사자로 가토 가즈에노카미(加[藤]主[計頭]) 님의 거처로 가셔서 [앞으로의] 방책을 논의 후, 1월 6일 고온(고원)으로 돌아오셨다. 나카야마 마타자에몬노조(中[山]又左[衛門尉]), 오쿠타 규자에몬노조(大久[田]久左[衛門尉])가 동행하셨다.

귀진(歸陣) 중 묵은 곳에서의 일기

하나. (1593년) 정월 10일, 고원성을 사시(巳時, 오전 9~11시)경에 출발했다. 헤이고로(平五[郞]) 님이 성 밖까지 배웅해 주셔서 작별 인사를 드렸다. 그 외 젊은 병사들을 여럿 반 리(半里) 정도까지 내보내 주셨다. 마타사부로도 그러했다. 이날 도온(덕원)에 유시(酉時, 오후 5~7시)에 도착했다. 마을에 숙소를 잡아 잠자리에 누웠더니 너무 따뜻해서 이날 밤 큰 눈이 오는 줄도 몰랐다.

하나. 1월 11일, 큰 눈이 내렸으므로 도온(덕원)에 체류하며 집안에 전해 내려오는 가무를 베풀었다. 아네가와 헤이에몬노조(姉川[平右衛門尉]) 님, 다구라 겐로쿠(田藏源六)[99], 이케지리 이 3명은 1리 정도 진을 옮겨서 마을에서 하룻밤 묵었다.

하나. 1월 12일, 도온(덕원)을 오시(午時, 오전 11~오후 13시) 무렵에

99　다구라 겐로쿠(田藏源六) : 오후나부교(御船奉行, 선박 관리자)의 우두머리.

출발하여 위 3명이 진소(陣所)를 둔 마을에 이날 밤 묵었다.

하나. 1월 13일, 묘시(卯時, 오전 5~7시)에 진소를 나섰다. 다구라 겐로 쿠가 안헨(안변)성의 가토 님에게 가서 보고를 올렸고, 10리[100] 정도 가서 술시(戌時, 오후 7~9시) 무렵에 낡은 기와집에서 하룻밤 묵었다.

하나. 1월 14일, 높은 산을 넘었다. 엄청난 대설이 내려 쌓여서 인마(人馬)가 모두 견디기 힘들었고 길도 분간할 수 없는 산길을 계속 헤쳐나가 폐가에서 하룻밤 묵었다.

하나. 1월 15일, 진소를 새벽에 나섰다. 3리 정도 이동했는데, 이케지리 우마노스케가 복통을 일으켜서 야영했다. 아키타네는 1리 반 정도 더 가서 큰 강가에 야영했다. 그 강은 원래 나룻배로 건넜다고 하는데 얼음 두께가 3척 정도나 되어 말도 간단히 건넜다. 그날 밤은 내 휘하의 병사 들만으로 진을 쳤기에 대단히 쓸쓸했다.

하나. 1월 16일, 진시(辰時, 오전 7~9시) 무렵 출발했다. 7리 정도 가서 대두장(大豆藏)이라는 곳에서 하룻밤 진을 쳤다.

하나. 1월 17일, 진시에 출발했다. 7리 정도 가서, 사쓰마(薩摩)의 부대 가 진을 친 기누호이(きぬほい)[101]라는 성에 도착했는데, [이미] 성에 불을 지르고 철수한 후였다. 어찌할 방도가 없는 채로 1리 반 정도를 더 가서 강가에 진을 친 흔적이 있는 곳에 묵었다.

하나. 1월 18일, 인시(寅時, 오전 3~5시)에 출발했다. 13리 정도 가서, 사쓰마 부대의 혼고(北鄕) 님이 계신 성에 유시(酉時, 오후 5~7시)에 도 착했는데, 이곳도 [이미] 퇴각했기에 기와집이 타고 남은 볼썽사나운 곳

......

100 10리 : 1리는 640m로, 10리면 6,400m이다.

101 기누호이(きぬほい) : 김화(金化).

에 하룻밤 묵었다.

하나. 1월 19일, 한밤중에 1리 정도 가서 한성 근처에 당도했는데, 한성에서 3리쯤 거리로 보이는 곳에 유시(酉時, 오후 5~7시) 무렵 여러 산에서 당인들이 튀어나와서, [아키타네의] 뒤를 따르던 이케지리 우마노스케의 병력과 맞부딪혔다. 개중에는 부상을 당한 자도 여럿 있었지만 모조리 물리치고 무사히 한성 내 창고에 술시(戌時, 오후 7~9시)에 도착했다.

하나. 1월 20일, 별 탈 없이 한성 내 창고에 체류했다.

하나. 1월 21일, 위와 같음.

하나. 1월 22일, 위와 같음.

하나. 1월 23일, 안코쿠지(安國寺)[102]가 출발하신다기에 강가까지 갔지만, 날짜가 미루어져서 강가의 빈집에 하룻밤 진을 쳤다. 이날 비가 내렸다.

부기(付), 1월 23일, 한성에 있던 당인들을 모두 죽이고, 성 밖의 집들을 불태웠다.

하나. 1월 24일, 안코쿠지가 출발하셔서 동행했다. 큰 강을 걸어서 건넜다. 찬 바람이 드세서 모두 고생이 말할 수 없었다. 강에 떠내려간 사람도 여럿 있었다. 이날 밤 목산(초山)이라는 성 기슭에서 하룻밤 진을 쳤다.

하나. 1월 25일, 묘시(卯時, 오전 5~7시) 무렵 출발하여 다 사쿄(田左京)[103] 님이 계신 성에 도착해서 야영했다. 이날 도중에 당인 수백 명이 나

______

102 안코쿠지(安國寺) : 안코쿠지 에케이(安國寺惠瓊, 1537~1600). 모리 가문(毛利家)을 섬겼던 외교승. 임진전쟁에서는 고바야카와 다카카게의 부대에 속해 조선으로 건너왔으며, 전라도 지방을 지배했다.

103 다 사쿄(田左京) : 다(田)는 도다(戸田), 우키타(浮田) 등을 줄여 쓴 것이며, 사쿄(左京)는 사쿄노다이부(左京大夫), 사쿄노스케(左京亮) 등을 줄여 쓴 것이다. 임진전쟁에 참전한 일본 무장 중에서 이런 조건들을 만족하는 인물로는 오다 도모하루(小田友治, 1568~1604)가 있으나, 다 사쿄

타나 근처 산들에 자리를 잡기에 안코쿠지에게 [신호] 깃발을 올렸고, [안코쿠지가] 1리 정도 후퇴하여 산으로 숨은 덕분에 인부 한 명 다치지 않고 무사히 통과했다. 그때 아키타네도 수행했다.

하나. 1월 26일, 인마를 쉬게 하고 체류했다. 이날 아키타네가 아끼던 매도 집게손가락을 할퀴고 도망쳤다.

하나. 1월 27일, 묘시(卯時, 오전 5~7시)에 출발했다. 후쿠시마 사에몬노조(福嶋左衛門[尉])[104] 님이 계신[105] 성 기슭에 야영했다. 이날 밤, 비 같은 눈이 계속 내려서 모든 이가 푹 젖었다.

하나. 1월 28일, 날이 샌 후에 출발했다. 7리[106] 정도 가서 이코마(いこま)[107] 님이 지키는 부성(付城)[108]에 하룻밤 야영했다.

하나. 1월 29일, 진시(辰時, 오전 7~9시)에 출발했다. 4리 정도 가서 하치스카 아와노카미(蜂須賀あわの守)[109] 님이 계신 성에 도착하여 야영했다.

....

(田左京)가 오다 도모하루를 가리키는지는 확실하지 않다.

104 후쿠시마 사에몬노조(福嶋左衛門[尉]) : 후쿠시마 마사노리(福島正則, 1561~1624). 어린 시절부터 도요토미 히데요시를 섬기며 각종 전투에서 활약했다. 임진전쟁에서는 5번대 대장으로 경기도 공략에 공을 세웠다. 전후에는 1600년 세키가하라 전투에서 동군(도쿠가와 이에야스 측)에 가담하여 공을 세워 49만 석에 달하는 영지를 하사받아 히로시마번(廣島藩) 초대 번주가 되었다. 그러나 1619년 번성 수리 등의 이유로 개역(改易)되었고 1624년 사망했다.

105 후쿠시마 사에몬노조(福嶋左衛門[尉]) 님이 계신 : 경기도 죽산(竹山).

106 7리 : 1리는 약 640m로, 7리는 4,480m이다.

107 이코마(いこま) : 이코마 지카마사(生駒親正, 1526~1603). 처음에는 오다 노부나가의 가신으로 활약했으나, 오다 사후 도요토미 히데요시의 가신이 되었다. 임진전쟁에는 5번대로 참전하여 후쿠시마 마사노리와 함께 경기도 공략에서 활약했다. 1600년 세키가하라 전투에서는 서군(이시다 미쓰나리 측)에 가담했다가 패배했고, 1603년 다카마쓰(高松)에서 향년 77세로 사망했다.

108 부성(付城) : 본성에 부속한 성. 이코마 지카마사는 경기도 음죽(陰竹), 즉 현재의 이천시 남부를 지키고 있었다.

109 하치스카 아와노카미(蜂須賀あわの守) : 하치스카 이에마사(蜂須賀家政, 1558~1639). 도요토미 히데요시를 섬기며 규슈 정벌 등에서 공을 세웠으며, 1586년 아와국(阿波國) 18만 석을 영유했다. 임진전쟁에 출병하여 조선 각지에서 군공을 세웠다. 1600년 세키가하라 전투에서는 동군

하나. 2월 1일, 날이 샌 후 출발했다. 아와노카미 님의 부성(付城)을 나카무라 우콘(中村右近) 님이라는 분이 지키셨다. 이날 날씨가 나빠서 난처하던 참에 성 밖의 집을 빌려서 진을 쳤다. 눈비[雪雨] 속에 아주 정신이 없었다.

하나. 2월 2일, 눈이 내렸으므로 같은 곳에 묵었다.

하나. 2월 3일, 진시(辰時, 오전 7~9시)에 출발했다. 4리 정도 가서, 아와노카미 님의 부성으로 호소카와 사콘(細川左近) 님이 지키시는 성에 도착하여 야영했다. 진군할 때 진을 친 곳에서 1리 정도 안쪽이다.

하나. 2월 4일, 날씨가 나빠서 같은 곳에 묵었다.

하나. 2월 5일, 한밤중에 출발했다. 6리 정도 가서 조소카베(長宗亀)[110] 님의 부성 기슭에서 야영했다. 조소카베 님의 진영과 가까웠다.

하나. 2월 6일, 진시(辰時, 오전 7~9시)에 출발했다. 2리 정도 가서 조소카베 님의 부성 기슭에 야영했다.

하나. 2월 7일, 진시에 출발했다. 4리 정도 가서 도다(戶田)[111] 님의 거성에 도착하여 야영 채비를 하던 참에 도다 님이 성내로 들어오라고 하셔서 아키타네, 이케지리 우마노스케, 다조 겐로쿠(田雜[源六])가 성내에 숙

측에 가담했고, 전후에도 영지를 보전했다. 만년에 정무를 아들에게 물려주고 은거하였으며, 1639년 향년 81세로 사망했다.

110 조소카베(長宗亀) : 조소카베 모토치카(長宗我部元親, 1539~1599). 오다 노부나가와 동맹을 맺고 시코쿠(四國)를 통일한 뒤, 도요토미 히데요시에게 복속했다. 임진전쟁에는 약 3,000명의 병력을 이끌고 출병하였으며, 정유전쟁 때는 약 1만 3,000명을 이끌고 참전했다. 히데요시 사후 세키가하라 전투를 앞두고 1599년 향년 61세로 사망했다.

111 도다(戶田) : 도다 가쓰타카(戶田勝隆, ?~1594). 처음에는 오다 노부나가를 섬기고 이후 도요토미 히데요시의 가신이 되었다. 시코쿠 정벌 후 이요국(伊予國) 오즈(大洲) 7만 석의 영지를 하사받아 다스렸다. 임진전쟁에는 약 3,900명의 병력을 이끌고 출병하였으며, 전선에서 병을 얻어 귀국 도중 사망했다. 후계자가 없어 가문은 단절되었고, 그의 영지는 훗날 도도 다카토라(藤堂高虎)에게 넘어갔다.

영했다.

하나. 2월 8일, 안코쿠지가 늦어져 같은 성에 묵었다.

하나. 2월 9일, 묘시(卯時, 오전 5~7시)에 출발했는데, 길을 중간쯤 가서부터 비가 쉬지 않고 내렸으나 종일 비옷도 걸치지 못한 채 흠뻑 젖어버려서, 5리 정도 가서 낡아빠진 기와집에서 하룻밤 묵었다.

하나. 2월 10일, 모리 [데루모토] 님의 거성 가이네(かいね)[112]라는 곳까지 2리 정도 갔으나 숙영지는 없었기에 강가에 야영했다.

하나. 2월 11일, 군량미를 조달하기 위해 같은 곳에 묵었다.

하나. 2월 12일, 어제 내린 비로 큰 강의 물이 불어서 건너지 못하고 같은 곳에 묵었다.

하나. 2월 13일, 같은 곳에 묵었다. 그런데 이날 한밤중부터 비가 내려서 야영으로 밤을 새울 수가 없었다. 위아래 할 것 없이 모두 흠뻑 젖어서 버려진 기와집을 찾아들어 이날 밤을 새웠다.

하나. 2월 14일, 날씨가 조금 맑아졌기에 사시(巳時, 오전 9~11시)에 출발했다. 3리 정도 가서 제쇼보(せしやうはう)[113]의 성 기슭에 있는 당인들이 사는 곳에 숙영했다. 그런데 성의 군사들이 와서 당인들의 집에 진을 치는 것은 규율에 위배되니 어서 나오라고 하기에 모두 난처해진 참에 [아키타네가] 또 끼어들어 양해를 구하고 그대로 진을 쳤다.

하나. 2월 15일, 날씨가 그다지 좋지 않았으나 출발했다. 그런데 강물

---

112 가이네(かいね) : 개령(開寧). 현재의 김천시 개령면.

113 제쇼보(せしやうはう) : 미야베 게이준(宮部繼潤, 1528~1599). '제쇼보'는 그의 방호(坊号) '젠쇼보(善祥坊)'를 가리킨다. 처음에는 아자이 나가마사(淺井長政)를 섬겼으나 이후 오다 노부나가와 도요토미 히데요시의 휘하에 들어가 활약했다. 히데요시의 명으로 이나바국(因幡國) 돗토리성(鳥取城)의 성주가 되었으며, 규슈 정벌 등에서도 공을 세웠다. 임진전쟁 때에는 출병 기록이 명확하지 않다. 1599년 향년 70세 무렵에 사망했다.

이 깊어서 건널 수 없었기에 또 [같은 곳으로] 되돌아가서 묵었다.

하나. 2월 16일, 사시(巳時, 오전 9~11시)에 출발했다. 3리 정도 가서 강가에 야영했다.

하나. 2월 17일, 배가 부족하기에 뗏목을 만들어서 위아래 사람들의 짐을 보냈다. 사람이 타거나 짐 실은 말은 모두 헤엄치게 했는데 안코쿠지 측의 배가 한 척 [과적 때문에] 가라앉아 소수 인마가 떠내려가서 죽었다. 짐은 더 말할 것도 없다. 그날 밤, 다조 겐로쿠(田雜源六) 님의 병사와 이케지리 님의 병사의 뗏목이 가라앉아서 거의 죽을 뻔했는데, 구조선이 출동하여 한 명도 잃지 않았다.

하나. 2월 18일, 묘시(卯時, 오전 5~7시)에 출발했다. 다음 성까지 9리 정도 앞둔 곳에 도착하여 [정탐을 위해] 병사들을 내보냈는데, 소수 병력으로는 지나갈 수 없는 길이라고 했다. [결국] 길을 반 정도 가서 야영했다. 이날 밤 아키타네가 타는 말을 도둑이 훔쳐서 조금 끌고 갔는데 이를 알아채고 쫓아가서 되찾았다.

하나. 2월 19일, 같은 곳에 묵었다. 이날 밤 술시(戌時, 오후 7~9시)가 끝나갈 쯤에 다시 도둑이 들어 승마용 말을 노리고 풀숲 그늘에 숨어있는 것을 발견했다. 어디로 향할지 가늠하며 기다렸더니, 자시(子時, 오후 11시~오전 1시) 무렵에 말 옆으로 다가가서 고삐를 끊고 있는 것을 목격하고는 쫓아가서 쳐죽였다. 첫 칼[初刀]은 덴에몬(傳右衛門) 님이었다.

하나. 2월 20일, 고바야카와 부대와 동행하여 묘시(卯時, 오전 5~7시)에 출발했다. 8리 정도 가서 다이코(たいこ)[114]라는 성에 도착했다. 이날 나중에 오는 인부들에게 당인들이 들러붙어서 아키타네의 인부 한 명이

114 다이코(たいこ) : 대구(大邱).

죽었다.

하나. 2월 21일, 다음 목적지로 출발하려고 했으나 동행할 병력이 없어서 가지 못하고 다이코에 묵었다.

하나. 2월 22일, 한밤중을 지나서 출발했다. 자센(ちやせん)[115]이라는 성으로 히토야나기(一柳) 님이 지키시는 곳에 5리 정도 산을 넘어서 미시(未時, 오후 1~3시)에 도착했다. 이날 큰 언덕에서 당인들과 마주쳐 [당인들이] 반궁을 쏘고 돌을 던졌지만, 아군은 한 명도 잃지 않았다.

하나. 2월 23일, 달이 뜰 무렵 출발했다. 미란키(ミらんき)[116]라는 성으로 핫토리 우네메(服部采女) 님이 지키시는 곳에 도착하여 야영했다.

하나. 2월 24일, 8리 정도 가서 나루터가 있는 고모카이(김해)라는 곳에, 히젠(肥前)의 배가 계류된 곳으로 도착했다.

하나. 2월(원문) 20일까지는 고모카이에 묵었다.

이상, 지금까지 아키타네의 자필이다.[117]

....

115 자센(ちやせん) : 청도(清道).

116 미란키(ミらんき) : 밀양(密陽).

117 20일까지는 …… 자필이다 : 아키타네 일행은 그 직후 김해에서 배를 타고 일본으로 귀환한 것으로 보인다.

서정일기

西征日記

해제

『서정일기』는 교토(京都)의 하나조노 묘신지(花園妙心寺)의 승려 덴케이(天荊)가 제1차 조선침략(文祿の役) 당시 일본군 1번대의 고니시 유키나가(小西行長, ?~1600)와 소 요시토시(宗義智, 1569~1615)를 수행하며 남긴 진중일기로, 한문으로 기록되어 있다. 일기는 일본군 선발대가 쓰시마(對馬)에서 침공을 준비하던 1592년 3월 12일부터 덴케이가 한성에 머무르고 있던 8월 10일까지 약 5개월간의 상황을 담고 있다. 각 일자별로 서두에 날씨를 언급하고 있어, 이 자료가 현장에서 작성되었음을 알수 있으며, 따라서 종전 후 편찬된 다른 기록에 비해 현장성이 매우 높은 자료로 평가된다.

덴케이는 일본군 1번대 소속으로 부산진 상륙부터 서울 입성까지의 침공로에서 목격한 전투 상황, 포고문과 외교 교섭 문서 작성 등 다양한 업무를 상세히 기록하였다. 전쟁 이전에 두 차례 조선을 방문한 경험으로, 덴케이의 조선 관찰과 설명은 비교적 정확한 편이다. 주요 임무는 조선 조정에 제안서를 작성하고 점령지 백성을 위무하는 포고문 작성등 문필 업무였지만, 전쟁 중 전략적 논의에도 참여하여 조언을 제공하기도 했다. 또한, 일본군이 새로운 조선지도를 검토하거나 주요 포로를 심문할 때도 자문 역할을 맡았다. 이처럼 전쟁 현황과 1번대 지휘부 동향을 살필 수 있어 사료적 가치가 높은 자료로 평가된다.

『서정일기』는 상세한 기록물은 아니지만, 덴케이가 1번대 다이묘들의 부하였고, 외교사절 경험을 가진 점에서 그의 기록은 신뢰도가 높다. 일본 대표 임진전쟁 연구자인 기타지마 만지(北島萬次)의 통사에서도 『조선진기(朝鮮陣記)』와 함께 집중적으로 활용되었다.[1]

사본은 마에다 육덕회 존경각 문고(前田育德會尊經閣文庫), 국립공문서관 구 내각문고, 도쿄대학사료편찬소 등 여러 기관에 소장되어 있으며, 활자본으로는 『속속군서류종(續々群書類從)』(제3권, 국서간행회, 1907) 및 『호 다이코 정한비록(豊太閤征韓秘錄)』(成歡社, 1894)에 실려 있다. 본 국역사업에서는 『호 다이코 정한비록』 제1에 수록된 『서정일기』를 저본으로 번역작업을 했다. [『西征日記』(日本國立國會圖書館デジタルコレクション) 松本愛重 編, 『豊太閤征韓秘錄』 第1集, 成歡社, 明27.10. https://dl.ndl.go.jp/pid/773087]

『서정일기』에는 전쟁 준비와 초기 동향, 한성 점령, 전쟁 중 다양한 활동과 경험이 상세히 기록되어 있다. 일본군이 쓰시마와 이키(壹岐)에서 대부대를 동원하고 이동하는 과정과 이로 인해 발생한 지역 황폐화 상황이 생생하게 담겨 있으며, 4월 13~14일 부산진과 동래성 전투를 시작으로 기장, 양산, 밀양, 인동 등 주요 전투 과정이 순차적으로 서술되어 있다. 전쟁 초기에는 중앙정부와의 충돌 양상도 나타난다. 덴케이는 4월 24일 상주에서 조선 조정이 파견한 순변사(巡邊使) 이일(李鎰)이 이끄는 부대와 일본군 선봉대의 격돌을 기록하였다. 이는 임진전쟁에서 중앙정부 파견 부대와 일본군 선봉대가 최초로 맞붙은 사례로 평가된다. 이어 1번대가 문경을 거쳐 충주에 도달한 후, 가토 기요마사(加藤清正) 지휘의 2번대와 연합하여 탄금대(彈琴臺)에서 신립(申砬) 장군의 군대와

---

1   北島萬次, 『朝鮮日日記·高麗日記-秀吉の朝鮮侵略とその歷史的告發』, そしえて, 1982.
      北島萬次, 『豊臣秀吉の朝鮮侵略』, 吉川弘文館, 1995.

교전한 전투 과정도 상세히 담겨 있다.

아래에서는 『서정일기』의 주요 내용을 간략히 소개하고자 한다.

첫째, 전쟁 준비 과정에 해당하는 쓰시마와 이키에서의 일본군 동향을 상세히 기록하였다. 짧은 기간에 대부대를 동원하여 좁은 지역에서 주둔하고 이동했기 때문에, 그들이 통과한 지역은 황폐화를 피할 수 없었으며, 그 참상은 조선에서 벌어진 전쟁 상황을 연상시킨다.

둘째, 임진전쟁 최초의 전투라 할 수 있는 4월 13일과 14일 부산진·동래성 전투를 기점으로 본격적인 전쟁 서술이 시작되며, 이후 기장, 양산, 밀양, 인동에 이르는 전투 과정이 순차적으로 전개된다.

셋째, 4월 24일 상주에서는 조선 조정이 파견한 순변사 이일이 이끄는 부대와 일본군 선봉대가 충돌한 사건이 기록되어 있다. 이는 임진전쟁에서 중앙정부 파견 부대와 일본군 선봉대가 처음으로 맞붙은 사례로 평가되며, 일기에서는 사건 개요가 비교적 정확히 기술되어 있다.

넷째, 문경을 거쳐 충주에 도달한 1번대는 가토 기요마사 지휘의 2번대와 연합하여, 삼도도순변사로 급파된 신립 장군의 군대와 탄금대에서 치른 전투 과정이 상세히 기록되어 있다. 이 전투에서 신립 장군이 패했다는 소식은 즉시 조정에 전해졌으며, 조선 조정은 충격 속에서 선조의 몽진 준비에 나서야 했다.

다섯째, 덴케이는 새롭게 입수한 조선지도를 검토하거나 향후 침공로를 논의하는 자리에서 종군승으로서 자문 역할을 수행하였다. 이러한 역할은 서울 점령 후 중국어 통사를 포로로 심문하며 중국으로의 침공로 정보를 수집하는 과정에서도 이어졌다. 또한 종군승들이 주요 포로 심문과 군사적 의사결정 과정에서 중요한 역할을 한 사례도 기록되어 있다.

　여섯째, 충주 전투 승리 후 일본군 1번대와 2번대는 다시 길을 달려 한성으로 진격하였으며, 한강을 건너 5월 4일 서로 경쟁하며 한성에 입성하는 모습이 기록되어 있다. 이어 5월 13일 덴케이는 한성에서 파주부로 이동하여 조선 국왕을 회유하기 위한 편지를 작성하였다. 이는 전투를 치르지 않고 조선의 항복을 받아내려는 일본군의 의도가 담긴 서한으로, 동시에 임진강 전투에서 강력히 저항하는 조선군을 회유하기 위한 편지도 작성되었다.

　일곱째, 덴케이는 한성에 체류하는 동안 주군 소 요시토시의 대리인과 자주 접촉하며, 다이묘와 서울 연락망 내에서 중요한 역할을 수행하였다. 당시 한성에는 다수의 다이묘가 머물렀고, 쓰시마도 연락사무소를 두었으며, 덴케이는 이를 자주 방문하였다. 히데요시의 명령을 집행하는 삼부교(三奉行)의 한성 입성 소식도 전하고 있다.

　여덟째, 덴케이는 한성에서 조선 민중과 접촉하며 점령지의 상황을 자세히 기록하였다. 특히 술집을 운영한 조선인 이효인(李孝仁)과의 친밀한 교유를 통해 일본군에 저항하는 조선인에 대한 정보를 제공받았고, 민중 위무를 위한 포고문 작성 등 문필 업무를 수행하였다. 이효인은 후에 이마무라 신스케(今村新助)라는 일본 이름을 가지게 되었으며, 약 반년에 걸친 일본군 한성 점령기간 동안 덴케이는 이 같은 부역자와 친밀한 관계를 유지하였다.

　마지막으로, 다수의 다이묘들이 종군승이나 의승의 보좌를 받았는데, 한성에서 여러 다이묘 부대가 함께 주둔하는 동안 종군승들 간 교유도 빈번히 이루어졌다. 덴케이의 참전은 가족 참전과도 연결되어, 그의 조카와 종형제와 한성에서 상봉하고 함께 제사를 드린 기록도 남아 있다.

『서정일기』는 8월 10일에 종료되는데, 덴케이가 조기에 일본으로 돌아갔는지는 확실하지 않으나, 해당 일기에 병중에 누워 있었다는 기록으로 보아 조기 귀환 가능성을 추정할 수 있다. 이와 같이 『서정일기』는 일본군 1번대의 전쟁 수행 과정과 전략적 활동, 민중과의 교류, 개인적 경험까지 폭넓게 담은 귀중한 사료로 평가된다.

『서정일기(西征日記)』

덴쇼(天正) 20년(1592), 임진(壬辰) 3월 12일, 고니시 셋슈(小西攝州)[1]가 이키(壹岐)[2]·히라도(平戶)[3]·아리마(有馬)·오무라(大村)[4]의 부대를 이끌고 바다를 건너, 쓰시마 후추(府中)[5] 포구에 배를 정박시켰다.

3월 13일, 맑음. 야나가와 야슈(柳川野州)[6]가 나를 데리고 고니시 셋슈를 만났다. 이날 태수(太守)[7]가 나에게 수행할 것을 명령했다. 이후 10일간은 별일이 없어서 기록하지 않았다.

3월 23일, 맑음. 셋슈는 육로로 쓰시마의 도요사키(豊崎)[8]에 이르렀고,

......

1   고니시 셋슈(小西攝州) : 고니시 유키나가(小西行長, 1558~1600). 히라도 출신 무장으로 도요토미 히데요시 휘하에서 조선 침공의 제1진 선봉장을 맡았다. 원문에 니시 셋슈(西攝州), 고 셋슈(小攝州), 셋슈(攝州)로도 표기되어 있다. 번역문에서는 고니시 셋슈로 통일하여 표기한다.

2   이키(壹岐) : 일본 나가사키현(長崎縣)에 있는 섬. 임진전쟁 때 일본군이 거쳐 가는 거점이었다.

3   히라도(平戶) : 일본 나가사키현 서북부에 있는 섬이다.

4   오무라(大村) : 오무라 요시아키(大村喜前). 히젠국(肥前國, 오무라번[大村藩]. 지금의 나가사키현 오무라시 일대)의 영주로, 임진전쟁 당시 출정하여 평양까지 진출하였으며, 충주 전투와 순천성 전투 등 여러 전투에 참가했다.

5   후추(府中) : 이즈하라(嚴原).

6   야나가와 야슈(柳川野州) : 쓰시마 종가(宗家)의 가신인 야나가와 시게노부(柳川調信). 원문에 야나기 야슈(柳野州), 야슈(野州)로도 표기되어 있다. 번역문에서는 야나가와 야슈로 표기한다.

7   태수(太守) : 소 요시토시(宗義智, 1568~1615). 쓰시마 소(宗)씨 20대 당주. 도요토미 히데요시의 명령을 받고 장인인 고니시 유키나가와 함께 조선과의 협상에 진력했고, 임진전쟁 때는 1번 부대의 선도역을 맡아 일본군의 최선봉으로 싸웠다.

8   도요사키(豊崎) : 무로마치(室町)시대 초기부터 에도시대 전기(前期)에 걸쳐 존재했던 쓰시마(對馬) 8개 군(郡) 가운데 하나. 쓰시마 가장 북단에 위치하며, 현대 행정구역으로 보면 가미쓰시마초(上對馬町) 북부와 가미아가타초(上縣町)의 일부에 해당한다.

태수는 후추에서 기다리고 있었다. 이후 4일간은 기록하지 않았다.

　3월 28일, 맑음. 나는 유시(酉時, 오후 5~7시) 끝 무렵, 잇쿄안(一盧菴)에서 간토쿠인(乾德院)으로 옮겨 순풍을 기다렸다. 선주가 배를 띄울 준비를 하지 않아 하룻밤을 묵었다.

　3월 29일, 맑음. 태수가 육로로 도요사토(豊邑)에 있던 누선(樓船) 흔히 미야마루(宮丸)라고 부른다. 에 이르렀고, 한낮에 후추 포구를 출발해서 자시(子時, 오후 11시~오전 1시)에 오우라(大浦)[9] 요라군(與良郡)의 안 에 배를 댔다. 진시(辰時, 오전 7~9시)에 뱃머리를 돌려 오카타우라(大方浦)로 들어갔다. 자시부터 가는 비가 내려 다음날 신시(申時, 오후 3~5시)가 되어 그쳤다.

　3월 그믐날, 아침에 비, 저녁때 맑음. 한낮에 오카타우라에서 출항하여, 가모세우라(加毛瀬浦)에 배를 정박했으나, 파도에 배가 흔들려 편히 잠들지 못했다. 심심풀이로 짧은 시를 읊었다.

　　만약 배의 신(神)이 계시다면 이 배를 잘 지켜주실 텐데,

　　어찌하여 파도가 일어 내 잠을 깨우는가.

　4월 초하루, 맑음. 묘시(卯時, 오전 5~7시)에 가모세우라를 출발하여 유시(酉時, 오후 5~7시)에 이즈미우라(泉浦)에 이르렀다. 내가 동자와 하인을 데리고 어부의 집 문을 두드렸더니, 낚시하는 노인과 아내가 재빨리 도망가, 마을 빈집들의 자물쇠를 걸어 잠갔다. 한 노승이 나를 데려가 이장(里長)의 집에서 묵게 했다. 낡은 돗자리 한 장을 깔고 동자와 함께 베개를 베고 누웠다. 자시(子刻, 오후 11시~오전 1시)에 노승이 와서 안부를 물었다. 내가 "아직 닭도 울지 않고, 개도 짖지 않았는데, 노승께서는 어떻게 이렇게 일찍 일어나셨습니까?"라고 물었다. 그랬더니 노승

....

9　　오우라(大浦) : 쓰시마의 서북쪽에 있는 항구.

이 웃으면서 "공께서는 잘 모르시군요. 날마다 군리(軍吏)[10]가 와서 닭과 개를 잡아 가죽을 벗기고 털을 뽑는데 어떻게 제대로 아침을 알릴 수 있겠습니까!"라고 말했다. 나는 이 말을 듣고 탄식할 수밖에 없었다.

4월 2일, 맑음. 이즈미우라를 출발하여 미시(未時, 오후 1~3시)에 오우라에 이르렀다. 이날 고니시 유키나가의 군사가 태수의 군사와 사사로이 싸워, 고니시 유키나가의 군사 장본인 한 사람의 목을 베고, 태수의 군 또한 장본인 한 사람의 목을 베어 머리 둘을 한 곳에 걸어 양 군이 화해하고 흩어졌다. 이때 태수는 와니우라(鰐浦)[11]에 있었고, 고니시 유키나가는 군영에 있다가 직접 창을 들고 싸움이 벌어진 곳으로 나왔다.

4월 3일, 맑음. 고니시 유키나가가 태수의 군영을 방문했다.

4월 4일, 인시(寅時, 오전 3~5시)부터 비. 집에서 부친 편지와 기요스(靑州, 靑洲)[12] 술 한 병이 도착했다. 나 또한 두 통의 편지를 한 봉투에 넣어 조주 슈사이(長壽主宰)[13]에게 보냈는데, 약간의 돈을 넣은 봉투는 집안 형님에게 답한 것이다.

4월 5일, 흐리다 맑다 함. 사스나(佐須奈)[14]의 승려가 술병을 들고 찾아왔다.

4월 6일, 맑음. 세야(省也)의 북당(北堂)을 방문했는데, 마을이 모두 군영이 되어 있었다. 벽을 부수고 마루를 치워 무릎을 디밀 자리조차 없어

10   군리(軍吏) : 군대의 경리행정사무를 담당하는 관리이다.

11   와니우라(鰐浦) : 중세부터 기록에 보이는 포구(津湊)로, 쓰시마 섬의 북단에 위치한다. 조선반도로 건너가는 해상교통의 거점이었다.

12   기요스(靑州, 靑洲) : 靑은 淸의 오기로 보인다. 기요스(淸州)는 아이치현(愛知縣) 북서부지역의 지명이다.

13   조주 슈사이(長壽主宰) : 미상.

14   사스나(佐須奈) : 쓰시마 북동쪽 가미아카타군(上縣郡) 가미아가타초(上縣町)에 있는 항구 마을이다.

가여웠다. 신시(申時, 오후 3~5시)에 태수가 배를 포구로 옮겼는데, 700여 척의 배가 모두 그를 따랐다.

4월 7일, 아침 맑음, 저녁 무렵 비. 조선에서 보낸 사자의 배 두 척이 왔다. 한 척에 두 명, 또 한 척에 세 명, 모두 다섯 명이 파도에 흔들리며 왔다. 이날 와키자카 나카쓰카사(脇坂中務)[15]가 오우라에 와서 병선을 살펴보았다.

4월 8일, 아침에 비가 내리다가 맑아짐. 한낮에 센소(仙巢)[16] 노인의 초대에 응해 배를 옮겨 타 담소를 나누었다. 돌아오기 전에 반 구절의 게문[半偈][17]을 지어, [부처님의] 탄생을 축하했다.[18]

노인이 화답하여 말했다.

4월 9일, 맑음. 상륙한 다음 슈메(主馬) 공이 우리 배의 창가에 [배를]

....

15　와키자카 나카쓰카사(脇坂中務) : 와키자카 야스하루(脇坂安治, 1554~1626). 일본 오미(近江), 현재 시가현(滋賀縣) 출신의 무장으로 관위는 종오위하중무소보(從五位下中務少輔). 임진전쟁 당시 도요토미 히데요시 휘하의 무장으로, 일본 수군을 이끌었으나, 옥포·당포·한산도 해전에서 이순신에게 패배하여, 일본군의 제해권 상실에 큰 영향을 주었다.

16　센소(仙巢) : 일본의 임제종 승려 게이테쓰 겐소(景轍玄蘇, 1537~1611). 지쿠젠국(筑前國) 출신이며, 1580년 쓰시마의 소 요시시게(宗義調)의 초대로 쓰시마로 건너가 암자 이테이안(以酊庵)을 창건하고 기거했으며, 임진전쟁이 일어나자 당시 1번대였던 고니시 유키나가(小西行長)의 휘하에서 참모 신분으로 종군했다.

17　반 구절의 게문[半偈] : 불교 경전에서 사용하는 짧은 경구나 시 형태의 글귀인 게문의 절반을 말한다.

18　축하했다 : 이날은 4월 8일, 즉 사월초파일로 석가탄신일이기 때문에 승려였던 센소는 게문을 지어 부처의 탄생을 축하한 것으로 보인다.

대고 술잔을 권했다. [그에게] 민가를 찾아 씻고 싶다고 요구했다. 돌아오는 길에 두 조카의 배에 올라 각각 잔을 권했다. 취하여 누선에 올랐다.

4월 10일, 맑음. 저녁 무렵에 야나가와 야슈(柳川野州)가 나를 초대하여 배에서 저녁밥을 먹었다.

4월 11일, 맑음. 바람이 동북쪽에서 불어왔다. 태수의 병선은 출항하고자 했으나, 고니시 셋슈의 병선은 출항하지 않으려고 했다. 그래서 순풍이었지만 돛을 펴지 않았다.

4월 12일, 맑음. 병선 700여 척이 진시(辰時, 오전 7~9시)에 오우라를 출발하여 신시가 끝날 때쯤 부산에 도착했다. 태수는 곧바로 기슭에 올랐고, 나도 그를 따랐다. 초경(初更)[19] 이후에 배에 올랐다.

4월 13일, 흐렸다가 맑음. 묘시(卯時, 오전 5~7시)에 부산성(釜山城)을 포위하고 진시(辰時, 오전 7~9시)에 성을 함락시켰다. 성 안의 모든 군사의 목을 베고, 바로 동래(東萊)에 이르러 성에서 반 리(里)[20]쯤 떨어진 곳에 주둔했다. 오시(午時, 오전 11시~오후 1시)에 부산 진영으로 돌아왔다. 오늘 밤 태수가 나에게 부산의 진영을 지키라고 말했다.

4월 14일, 흐렸다가 비가 내리다가 함. 묘시(卯時, 오전 5~7시)에 부산을 출발하여 진시(辰時, 오전 7~9시)에 동래성(東萊城)을 포위했고, 곧바로 성을 함락시켰다. 목이 베인 자가 3,000여 명이고, 포로가 500여 명이었다. 조선군이 두려워하며 "동래로 온 [일본] 군사들이 모두 아무렇지

---

19 초경(初更) : 해가 진 직후.

20 반 리(里) : 약 320m. 일본은 9~16세기 말까지 대개 1리가 약 640m였는데, 1594년 이후 4㎞ 정도로 크게 늘었다. 약간의 차이는 있지만 기본적으로 근대까지 이어졌고, 근대 이후 1리(1척 30.3㎝)는 3,927m로 확정되었다.

도 않게 성을 뛰어넘었다. 날개가 있는 것인가, 신인가 귀신인가 모르겠다.”라고 했다고 한다. 나는 태수의 명령에 따라 부산에서 머물렀다.

4월 15일, 맑음. 동래 동남쪽에 성이 있는데 기장(機張)과 수영(水營)이라고 한다. 두 성을 이날 함락시켰다. 나는 유시(酉時, 오후 5~7시)에 동래성에 도착했다.

4월 16일, 가는 비. 양산성을 함락시켰다.

4월 17일, 맑음. 관군이 묘시(卯時, 오전 5~7시)에 동래를 출발하여 사시(巳時, 오전 9~11시)에 양산을 지나, 밀양(密陽)[21] 동쪽 50리[22] 정도에서 묵었다. 이날 밀양을 함락시켰다.[23] 두예(杜預)[24]가 말하길 “병사의 위세가 성한 것이 비유하자면 파죽(破竹, 대나무를 쪼개는 것)과 같다. 여러 개로 갈라진 후에는 칼을 대기만 해도 쪼개지니 다시 손을 댈 필요가 없다.”라고 했는데, 진실로 그러하다!

4월 18일, 맑음. 오시(午時, 오전 11시~오후 1시)에 밀양으로 들어갔다. 성안의 창고에 스스로 불을 질러, 누각, 문, 복도만 남아 있었는데, 매우 웅장하고 아름다웠다.

4월 19일, 맑음. 밀양을 출발하여 6~7리[25] 정도에 역참이 있어서 오늘 밤 이곳에서 묵었다.

4월 20일, 맑음. 역참을 출발해서 2리[26] 남짓에 성이 있었다. 이름을 쓰

......

21 밀양(密陽) : 경상남도 낙동강 동쪽 내륙에 자리잡은 오랜 도시로 동북쪽에 심산준령이 위치해 있고 서남쪽으로 낙동강이 흐른다.

22 50리 : 약 32㎞.

23 이날 …… 함락시켰다 : 아침 6시 무렵 동래성에서 출발해 밀양 동쪽에서 묵은 다음, 같은 날 밀양읍성까지 함락시켰다는 내용으로 보인다.

24 두예(杜預) : 222~285. 중국 삼국시대 위(魏), 서진의 정치가, 저술가. 자는 원개(元凱)이며 경조윤(京兆尹) 두릉현(杜陵縣) 사람이다. 동오를 정벌하고 중국 재통일에 기여했다.

25 6~7리 : 1리는 약 640m로 6~7리면 약 4,000m이다.

26 2리 : 1리는 약 640m로 2리면 약 1,280m이다.

 성 서쪽으로 3리[27] 정도에 성이 있었는데, 대공(大工)[28]이라 했다. 두 성이 같은 날 무너졌다.

4월 21일, 맑음. 대공의 서쪽으로 3리 정도 떨어진 촌가(村家)에서 묵었다. 인동성(仁同[29]城)이 패망했다.

4월 22일, 맑음. 촌가를 출발해서 사시(巳時, 오전 9~11시)에 인동성으로 들어갔다. 태수를 대신하여 방(榜)을 써서 이르기를,

> 영(令) 큰 글자. 흩어진 백성은 속히 본래의 집으로 돌아가서 남자는 밭을 갈고 모를 심고, 여자는 뽕을 따고 누에를 치고, 사농공상(士農工商) 각각 가업을 닦아라. 만약 우리 군사가 법을 어기고 너희의 일을 방해하면 반드시 벌할 것이다.
>
> 연 월 일　　　　　　　태수 재판(在判)

라고 했다.

4월 23일, 맑음. 인동을 출발하여 3리 정도에 강이 있었다. 말의 배 절반까지 [강물이] 찼다. 나는 태수를 따라 배를 탔다. 전군이 말을 타고 물을 가로질러 건넜다. 오시에 선산(善山)[30]에서 2리[31] 정도 지나 시골집에서 묵었다.

4월 24일, 맑음. 촌가를 출발하여 오시에 상주성(尙州[32]城)에 들어갔

27　3리 : 1리는 약 640m로 3리면 약 1,920m이다.

28　대공(大工) : 『서정일기』(『續續群書類從』 3卷, 國書刊行会, 1907에 수록)에는 '工'자 위에 '丘カ'(구인가)라고 되어 있다. 구(丘)자이면 대구가 된다.

29　인동(仁同) : 경상북도 구미지역의 옛 지명이다.

30　선산(善山) : 경상북도 구미지역에 있는 지명이다.

31　2리 : 1리는 약 640m로 2리면 약 1,280m이다.

32　상주(尙州) : 사벌주(沙伐州)라고도 하며, 신라의 광역행정구역인 9주 5소경의 한 주(州)이다. 주치(州治)는 지금의 상주시이고 10개 군 31개 현이 소속되어 있으며 직접 관할하는 현은 3개이다. 현재의 경상북도 북서부 일대 및 충청북도 일부이다.

다. 성 안의 병사와 대장 이욱(李旭)[33]이 싸움에 져서 도망가고, 종사관(從事官)[34] 박호(朴虎)[35] · 윤섬(尹暹)[36]은 죽었다. 관군이 북쪽으로 추격해서 300여 명의 목을 베었다. 태수는 성안에 진을 쳤다. 나는 성의 서쪽으로 반 리[37] 정도 떨어진 곳에서 묵었다.

4월 25일, 맑음. 진시에 태수의 진영을 방문했다가 사시(巳時, 오전 9~11시)에 숙소로 돌아왔다.

4월 26일, 맑음. 인시(寅時, 오전 3~5시)에 상주(尙州) 숙소에서 출발하여 오시(午時, 오전 11시~오후 1시)에 함상(咸尙)[38]을 지나 유시(酉時, 오후 5~7시)에 문경(聞慶)[39]에 이르렀다. 문경은 성에 스스로 불을 지르고 패망했다.

4월 27일, 맑음. 인시(寅時, 오전 3~5시)에 문경을 출발하여 진시(辰時, 오전 7~9시)에 안보(安保)[40]를 지나 오시(午時, 오전 11시~오후 1시)에 충

....

33 이욱(李旭) : 순변사(巡邊使) 이일(李鎰, 1538~1601)의 오기이다. 조선 중기의 무신으로 임진전쟁 당시 상주 전투에서 왜군과 싸웠으나 패전하여 조선군 방어선이 무너졌고, 이후 충청 일대 방비를 재정비하며 국방체계의 복구에 힘썼다. 전란 후에는 평양 수복전 등에 참여하고 군사제도 정비에 기여했으며, 사후 좌찬성(左贊成)에 추증되었다.

34 종사관(從事官) : 조선시대 각 군영(軍營) 등에 딸린 주장(主將)을 보좌하던 관직이다.

35 박호(朴虎) : 1567~1592. 밀양 출신으로 임진전쟁 당시 종사관으로 참전했다.

36 윤섬(尹暹) : 1561~1592. 조선 전기에 교리, 정언, 지평 등을 역임한 문신. 1592년 임진전쟁이 일어나자 순변사 이일의 종사관이 되어 싸우다가 상주성(尙州城)에서 전사했다.

37 반 리 : 약 320m.

38 함상(咸尙) : 경상북도 상주지역의 옛 지명인 함창(咸昌)의 잘못. 조선시대 경상도 북부의 교통 요지로 문경과 상주를 잇는 남북의 도로와 보은과 용궁(龍宮)을 잇는 동서의 도로가 발달했고, 부근에 덕통역(德通驛)이 있었다.

39 문경(聞慶) : 경상북도 북서부에 위치하며, 임진전쟁이 일어나자 한성으로 통하는 새재(鳥嶺)로 인해 적의 주력이 이곳으로 진격해 왔는데, 이때 이곳의 관병(官兵)이 대구(大丘)를 방어하기 위해 파견되었다.

40 안보(安保) : 조령과 충주 사이에 현재 온천으로 알려진 수안보나 안부역(안보역) 부근의 대안 보 일대 두 곳 중 한 곳으로 보인다.

주(忠州)에 이르렀다. 한성에서 장군이 와서 수만 명의 병사를 이끌었다. 부(府)의 북쪽 반 리 정도의 송산(松山)에 진을 쳤다. [조선] 관군이 깃발을 들고 말을 달려 송산의 진으로 향했으나 패주했다. 다이슈(對州)[41]와 고니시 셋슈의 군사가 북쪽으로 쫓아가 3,000여 명의 머리를 베고, 수백여 명을 포로로 잡았다. 대장 신립석(申砬石)[42]이 죽었다. 먼저 [성에] 오른 것은 다이슈였다. 이날 밤 다이슈는 성에서 5정(町)[43] 정도 가서 진을 쳤고, 나는 성안에 있었다.

4월 28일, 아침에 맑고 저물 때 흐림. 오시에 고니시 셋슈가 태수의 진영을 방문했다. 센소(仙巢)와 나를 불러 조선지도(朝鮮地圖)를 논의했다.

4월 29일, 아침에 맑고 저물 때 흐림. 진시(辰時, 오전 7~9시)에 충주를 출발하여 오시에 가흥(嘉興)을 지났다. 가흥의 서쪽으로 두 갈래가 있어, 1군이 길을 잃어, 어떤 자는 서쪽으로 가고, 어떤 자는 동쪽으로 갔다. 저녁때가 되자, 맹렬한 우레에 억수 같이 비가 쏟아져 가까운 곳에 있는 큰 산의 모습도 보이지 않았다. 도롱이도 없고 삿갓도 없고 어두워서 길가에 앉아 날이 새기를 기다렸다.

5월 초하루, 비 오다 맑다 함. 신시(申時, 오후 3~5시)에 여주(驪州)에 도착했는데, 물이 불어서 건널 수 없었다. 각각 뗏목을 만들어서 건넜다. 선군(先軍)은 저쪽 물가에 있고, 후군(後軍)은 이쪽 물가에 있

......

41 다이슈(對州) : 원문에 태수(太守)로도 나오며, 쓰시마 소(宗)씨 20대 당주 소 요시토시(宗義智, 1568~1615)이다. 이후 원문을 그대로 반영하여 다이슈로 표기한다.

42 신립석(申砬石) : 신립(申砬, 1546~1592)의 오기로 보인다. 신립은 1592년 임진전쟁이 발발하자 삼도순변사로 임명되어 유성룡 휘하에서 군사를 모집하고 충주로 이동했다. 조령과 탄금대에서 전략을 논의했는데, 열세에도 불구하고 배수진을 치고 기병을 활용하려 했고, 결국 왜군의 공격으로 참패했다. 신립과 부장 김여물 등은 남한강에 투신해 순절했다. 뒤에 영의정에 추증되었고, 시호는 충장(忠壯)이다.

43 5정(町) : 1정은 약 109m로 5정이면 약 545m이다.

어서 물을 사이에 두고 진을 쳤다.

5월 2일, 맑음. 우리들은 뗏목을 만들어 강을 건넜다.

5월 3일, 맑음. 여주를 출발하여 3리[44]쯤에서 물이 불어 건널 수 없었다. 촌민이 모두 배를 감췄는데, 우리 군사가 53척을 찾아내어 병사들을 건너가게 했다. 나는 진시에 나루터에 도착했고, 술시(戌時, 오후 7~9시)에 강을 건너 강가에서 묵었다. 진시(辰時, 오전 7~9시)에 가토[45]가 한성으로 들어갔다.

5월 4일, 맑음. 오시(午時, 오전 11시~오후 1시)에 우리들은 한성에 들어갔다. 여장을 풀지 않고, 고니시 셋슈를 보았다. 고니시 셋슈가 병사 한 명을 보냈는데, 안내를 위해서였다. 태수의 진영에 갔다가 돌아와 왕궁 동남쪽 저잣거리에 숙소를 마련했다.

5월 5일, 맑음. 사시(巳時, 오전 9~11시)에 고니시 셋슈의 부름에 응해 그의 진영에 도착했다. 대명(大明)의 통역관[通事]이 있었는데 문자를 조금 알았다. 고니시 셋슈가 나에게 명령하여 필담을 했다. 대명의 이수(里數), 하천의 대소(大小), 길의 평험(平險)에 대해 그가 대체로 대답했다. 그가 물으면 내가 답하고, 내가 물으면 그가 답했다. 종이 10여 장이 검게 될 정도였다. 그 자리에 센소, 짓케이(竹溪)가 있었다. 한낮에 가토 공이 왔다. 서로 고맙다고 인사를 하고 신시(申時, 오후 3~5시) 끝 무렵에 숙소로 돌아왔다.

......

44 3리 : 1리는 약 640m로 3리면 약 1,920m이다.

45 가토 : 가토 기요마사(加藤清正, 1562~1611). 임진전쟁 때 일본군의 2번대를 이끌었다. 임진강 전투 후 함경도로 향하여 함경도를 점령하고 임해군과 순화군 등을 포로로 잡았다.

의 성문에 방(榜)을 세워 백성들에게 보게 하고 한성으로 돌아오라고 했다.

5월 6일, 맑음. 사시에 다치모토(立本) 공(公)[46]이 [인편에] 편지를 보내와서 즉시 그 사람을 따라 공의 진영을 방문했다. 지난날의 일을 이야기하며 시간을 보냈다. 공의 소개로 가토(加藤) 공을 보았다. 그 자리에 아리마(有馬)[47], 오무라(大村) 두 사람이 있쬤다. 서로 술잔을 주고 받다가 이윽고 취해서 돌아갔다.

5월 7일, 맑음. 궁궐 안에 들어가니 궁전이 모두 초토화되어 함양(咸陽)과 같다고 할 만했다. 근방에는 [관원들이 아침 조회를 기다리던] 대루원(大漏院)만 남아, 실로 불에 타버린 한 떨기 풀 같았다.

5월 8일, 맑음. 태수의 진영을 방문했다 돌아오는 길에 조카 병사[俗姪兵]의 숙소에 들렀다. 한낮에 야나기 우마(柳右馬)가 새로 빚은 술을 가지고 왔다. 도쿠아(德阿) 또한 술병을 들고 왔다.

5월 9일, 폭우. 시를 지어 센소 노인에게 보냈다.

오늘 아침 누룩으로 새 술을 빚으려 하네.

새로 빚은 술이 익으면 자네에게 따를 것이네.

그대가 술이 있다면 살아있는 동안 나를 불러 함께하라.

예로부터 줄곧 이것이 무덤을 적시지는 않았으니.

노인이 탁주와 서책 두 묶음을 주어서 태수의 곳간에 넣었다.

5월 10일, 비. 종일 적적했다. 병량미 78석을 태수의 창고에 수납했다.

5월 11일, 비. 숙소를 이전 숙소의 서쪽 3정(町)[48] 정도 거리에 옮겼다.

......

46 다치모토(立本) 공(公) : 가토 기요마사의 가신 사이토 도시무네(齋藤利宗 : 1567~1647).

47 아리마(有馬) : 아리마 하루노부(有馬晴信, 1567~1612). 히젠국(肥前國, 현재의 나가사키현 일대) 출신 다이묘로 임진전쟁 당시 2,000명의 병력을 이끌고 1번대로 출정하여 부산을 공격했다. 그 후 약 6년간 조선에서 활동하다 1598년 철군과 함께 귀국했다.

48 3정(町) : 1정(町)은 약 109m로 3정이면 약 327m이다.

부하[佐] 가노(狩野)의 숙소와 서로 가까워졌다. 오늘 밤 가노의 숙소에서 묵었다.

5월 12일, 비. 태수가 진을 이전 진영 북쪽으로 1정[49] 정도 되는 곳으로 옮겼다. 오시(午時, 오전 11시~오후 1시)에 진영을 방문했다.

5월 13일, 맑다가 흐리다가 함. 한낮에 야나가와 야슈가 객사를 찾아와 셋슈의 명령을 전했다. 즉각 서둘러 준비하여 야나가와 야슈를 따랐다. 유시(酉時, 오후 5~7시)에 파주부(坡州府)에 도착했다. 한성에서 8리[50]

5월 14일, 맑다가 흐리다가 함. 진시(辰時, 오전 7~9시)에 파주부 객관에 있었다. 야나가와 야슈를 대신해서 편지를 썼다.

일본국에서 보내서 온 선봉(先鋒) 히쇼쇼겐(秘書少監)[51] 다이라노 시게노부(平調信)[52]는 삼가 조선국 모(某) 대인족하(大人足下)께 여쭙니다. 신(臣)은 앞서 귀국에 사자를 보내 귀국 조정에 두 번 세 번 오늘의 일을 말씀드렸습니다. 그러나 귀국이 신의 말을 받아들이지 않았습니다. 그래서 오늘과 같이 된 것입니다. 불상사가 아니라 당연한 일입니다. 지금 우리 전하께서 전쟁을 일으킨 것은 오히려 귀국을 원망해서가 아니라 오직 대명(大明)에 원한을 갚기 위해서입니다. 엎드려 바라건대 국왕의 가마를 한성으로 돌리시기 바랍니다. 대명과 강화를 맺는 것이 바로 신 등이 바라는 것입니다. 그러나 강화가 이루어지지 않는다면 이는 홀로 귀국만의 죄가 아니라, 천명(天命)이라 할 만합니다. 잘 살펴주십시오. 황공합니다.

......

49 1정 : 약 109m이다.

50 8리 : 약 5,129m이다.

51 히쇼쇼겐(秘書少監) : 관직명.

52 다이라노 시게노부(平調信) : 야나가와 야슈.

사시(巳時, 오전 9~11시)에 임진강(臨津江)에 도착했다. 조선인이 강의 서쪽에 진을 쳤다. 우리 군은 강의 동쪽에 있었다. 동쪽이 산, 서쪽이 평원이었다. 적이 다섯 군데에 진을 쳤는데, 많은 곳은 4,000~5,000, 적은 곳은 1,000~2,000 정도였다. 병사들에게 대비하게 했는데, 구슬처럼 이어져 4~5리[53] 정도 끊임이 없었다. 우리 군사는 가토의 병사들이었다. 강의 동쪽 가에 있었는데 [가토의 병사들이] 활을 쏘고 돌을 던졌다. 이 때문에 편지를 주려고 했지만 그럴 수 없었다. 오시(午時, 오전 11시~오후 1시)에 파주부로 돌아왔다.

5월 15일, 맑다가 흐리다가 함. 강가에 있었던 가토의 군이 진을 풀고 물러났다. 이에 편지를 주고받을 수 있었다. 적군이 편지를 받아 본영으로 돌아갔다. 잠시 뒤 편지를 돌려보내며 말하기를, "설령 강가에서 죽는다 하더라도 화친은 하지 않겠다. 다만 대장이 와서 함께 의논한다면 몰라도."라고 했다. [조선국에 보낸] 편지에 말하기를,

......

53   4~5리 : 1리는 약 640m로, 4~5리면 약 3,000m 내외이다.

게 알렸습니다. 신 역시 조정의 신하에게 보냈습니다. 그러나 귀국 번신(藩臣)이 국경을 막아 우리가 도로를 지나가지 못하게 했을 뿐 아니라 전쟁을 일으켰습니다. 그래서 우리 군이 그것을 격파하고 마침에 상주에 이르러 편지를 조정 신하께 드렸습니다. 감히 답신을 주지 않고 오히려 국왕이 이미 한성을 나왔다고 들었습니다. 그래서 모든 장수의 병사들이 한성으로 들어갔습니다. 이것을 보니 무릇 조선을 멸한 것은 조선이고 일본이 아닙니다. 살펴주십시오. 신이 가만히 생각하니 국왕의 가마를 한성으로 되돌려 대명에 강화를 요청하십시오. 바로 귀국의 계략으로는 이보다 좋은 게 없습니다. 이렇게 하면 우리 군사의 진을 풀고 반드시 한성 밖에서 명령을 기다리겠습니다. 만약 이것을 못 믿겠다면 인질을 보내 증거로 삼겠습니다. 그런즉, 일본은 대명과 화친을 하고 귀국 또한 나라를 회복할 것입니다. 그렇지 않으면 귀국은 오랫동안 나라를 잃을지 또한 알 수 없습니다. 엎드려 족하께서 심사숙고하시길 바랍니다. 오늘 강가에 있으면서 회답을 기다리니 속히 보내주십시오. 몸조심하십시오.

연호 월 일　　　이름

라고 했다.

5월 16일, 맑다가 흐리다가 함.

진시(辰時, 오전 7~9시)에 파주를 출발해서 진시가 끝날 무렵 임진강에 도착했다. 강 위에 있으면서 편지를 썼다. 편지에서 이르기를,

재차 아룁니다. 어제 편지를 드려 강화의 일을 알렸습니다. 귀국이 그것을 믿지 못하는 것은 당연한 것 같습니다. 우리 군사가 만리 풍파의 어려움과 강산의 험준함을 지나 바로 한성으로 들어갔는

데, 지금 이유 없이 강화를 하고자 하니 귀국이 못 믿는 것은 또한 마땅합니다. 신이 귀국을 위해 그것을 해명하겠습니다. 우리 전하께서 길을 빌려 대명을 치고자 하여 비록 모든 장수가 명령을 받들어 이곳에 왔지만 이곳에서 수천 리를 지나 대명에 들어가고자 하지 않았습니다. 따라서 먼저 귀국과 화친하고 후에 귀국의 한 말씀을 빌려 대명과 강화를 맺고자 합니다. 귀국 또한 대명에 한 말씀 해서 일본과 화의를 맺게 한다면 삼국이 평안하게 되니 이보다 좋은 계책은 없습니다. 모든 장수가 노역을 면하고 모든 백성이 다시 살아나는 것이 우리 모든 장수의 의견입니다. 전하 또한 귀국과 더불어 통교를 끊고 싶어하지 않습니다. 귀국이 인호의 도리를 잃어 우리 군사를 막았기 때문에 우리 군사는 또 전쟁을 했던 것입니다. 신이 헛되이 귀국의 큰 직분을 받았는데 어찌 큰 은혜를 잊겠습니까. 나라의 명을 받들어 모든 장수들의 앞장을 섰기 때문에 멈출 수 없었습니다. 지금 마음을 다하고 다해 여러 차례 알렸습니다. 족하께서 이것을 살피십시오. 또한 이것을 믿지 않아도 이 또한 괜찮습니다. 요시토시(義智)[54], 유키나가(行長)[55] 두 사람이 쓴 한 장의 편지를 전합니다. 몸조심하십시오.

연호 월 일

라고 했다.

어제 쓴 편지와 두 사람[56]이 쓴 한 장의 편지, 세 통을 한꺼번에 조선 병사에게 전했다. 작은 배를 저어 와서 편지를 받아 갔다. 미시(未時, 오

---

54 요시토시(義智) : 소 요시토시(宗義智).

55 유키나가(行長) : 고니시 셋슈, 즉 고니시 유키나가.

56 두 사람 : 소 요시토시와 고니시 유키나가.

후 1~3시)에 갑사(甲士) 한 명이 배를 타고 와서 "소생들은 사사로이 회보를 드릴 수 없어 승정원(承政院)[57]에 여쭙고 회보를 드리겠습니다. 양국은 본래 서로 원한이 없는데, 누가 강화를 바라지 않겠습니까. 3일 후에 다시 돌아오겠습니다."라고 했다.

5월 17일, 아침에 흐리고 저물 때 맑음. 진시(辰時, 오전 7~9시)에 파주를 출발해서 미시(未時, 오후 1~3시)에 한성에 들어갔다. 야나가와 야슈가 곧바로 고니시 셋슈의 진영에 와서 강화의 일을 보고했다. 나는 나의 숙소로 돌아갔다. 저물 무렵 다이센(大川) 화상이 왔고, 나의 숙소를 방문했다.

5월 18일, 흐리다 맑았다 함. 진시(辰時, 오전 7~9시)에 태수의 진영을 방문했다. 숙소를 이전 숙소에서 북쪽으로 5정[58]쯤 되는 곳으로 옮겼는데, 태수의 진영과 가까웠다. 오시(午時, 오전 11시~오후 1시)에 다치모토가 가토를 대신해서 문서를 보내, 나와 센소를 불렀다. 곧장 심부름꾼을 따라 다치모토 본영으로 갔다. 가토가 병을 핑계로 나타나지 않아서 종일 본영에 있으면서 잡다한 이야기를 했다. 다이센 화상이 같이 있었다. 자리에서 일어나 센소는 나의 숙소로 돌아갔고, 나는 다이센을 따라 그의 숙소로 갔다가 저녁때 치는 종소리를 듣고 돌아왔다. 오늘 아침 임진강에서의 약속을 어기고 조선군이 강을 건너 물 위에 있는 우리 진을 에워쌌다. 파주의 군이 물 위에 있는 진을 구원하러 와서, 분발하여 조선군을 쳤다. 한성에 있던 여러 장수가 깃발을 앞세우고 말을 달려 임진강으로 오다가 한성에서 3리[59]쯤 떨어진 곳에서 조선군이 패주했다는 것을 듣고 바로 기를 돌려 한성으로 돌아갔다.

....
57   승정원(承政院) : 조선시대 왕명의 출납을 관장하던 관청.

58   5정 : 1정(町)은 약 109m로 5정이면 약 545m이다.

59   3리 : 1리는 약 640m로 3리면 약 1,920m이다.

5월 19일, 비. 고니시 셋슈와 태수가 조선군이 흩어진 병사들을 모았다는 것을 듣고 갑자기 또 임진강으로 갔다. 모든 군이 다 따라갔고, 나는 한성에 있었다.

5월 20일, 가랑비. 오시(午時, 오전 11시~오후 1시)에 오우라 다이라(大浦平) 공이 조선 지도를 가지고 왔다. 잡다한 이야기로 시간을 보내다 돌아갔다. 태수에게 귀향을 보고해 주겠다고 약속했다.

5월 21일, 조금 흐림. 다치모토의 요청에 따라 두 글을 지었다.

경내의 백성과 외롭고 의지할 데 없는 사람들[60]에게 타이른다. 나는 우리 전하의 명령을 받들어 이곳을 관리하는데, 반드시 가혹한 정치를 없애고 좋은 정치를 펴고, 도탄에 빠진 백성을 구할 것이다. 속히 살던 집으로 돌아와 각각 가업을 닦아라. 의심하지 말라. 의심하지 말라.

연호   성명

경내의 문무 관료에게 제시한다. 나는 우리 전하의 명령을 받들어 이 경내를 안무(按撫)한다. 내가 비록 아둔하지만 반드시 경내에 선정을 베풀 필요가 있다. 각자 본래의 집으로 돌아가 자신의 직분에 충실하면 반드시 그 재능에 따라 직분을 줄 것이다. 먼저 복종하는 자는 상을 줄 것이고, 복종하지 않는 자는 벌할 것이니, 잘 생각하라.

연호   성명

5월 22일, 맑음. 별일 없었다. 하인이 밭을 뒤져 살구와 참외를 따왔다. 조선의 흩어졌던 백성들이 시장으로 돌아와 술을 팔았는데, 나에게 술

------

60 외롭고 의지할 데 없는 사람들 : 원문은 '鰥寡狐獨'. 여기에서 狐는 孤자의 오기이다.

한 병을 주었다.

5월 23일, 천둥에 비. 시를 지어 다이센(大川) 화상에게 보내려 했는데, 인편이 없어서 그만두었다. 시는 다음과 같다. 오늘 밤 모모타씨(桃田氏)가 술을 가지고 왔다.

한번 헤어지고 세월이 쏜살같이 20년,

누가 이 땅이 전쟁의 북새통[兵塵]이 될 거라고 알았을까.

천지가 모두 전쟁터가 되었네.

어느 강산에 내 몸을 둘까.

5월 24일, 맑음. 사나이(左內)의 집안사람이 녹두를 가져왔는데 [질이] 매우 좋았다. 시를 지어 관아의 벽에 썼다.

물어보자꾸나, 한성 사람들아!

흥망성쇠가 몇천 년이던가?

단군과 기자(箕子)는 지금 어디에 있는가.

오늘 다시 완전히 새롭게 된 것을 알지어다.

5월 25일, 맑음. 곤야(艮也)가 임진강으로 가서 태수의 진을 방문했다. 스야마 하야스케(洲山早介)가 다카카게(隆景)[61]와 무네토라(宗虎)[62]를 따라 경상도(慶尙道)로 갔다. 나에게 와서 짧은 글을 부탁하기에 곧바로 써서 주었다.

......

61 다카카게(隆景) : 고바야카와 다카카게(小早川隆景, 1533~1597). 임진전쟁 당시 6번대 대장으로 참전하여 전라도지역의 공격을 맡았다. 이치(梨峙) 전투, 우척현(牛脊峴) 전투에서 패배하여 전라도 진격은 실패하였으나, 벽제관(碧蹄館) 전투에서 공을 세우기도 했다.

62 무네토라(宗虎) : 다치바나 무네시게(立花宗茂, 1567~1643). 임진전쟁 당시 8번대 장수로 조선에 출병, 벽제관 전투, 진주성 전투, 울산성 전투 등에서 소수 병력으로 기습과 전술을 활용해 조·명 연합군을 여러 차례 격퇴했으며, 마지막에는 노량 해전에서 고니시 유키나가의 구출 작전에 참여했다.

5월 26일, 비. 별일 없었다.

5월 27일, 반쯤 갬. 오토모 효에몬(大伴兵右衛門)[63]이 소주 한 병을 주었다. 임진강의 조선 병사가 싸움에 져서 달아났다. 쓰시마(對馬), 고니시 셋슈의 병사가 강을 건너 북쪽으로 뒤쫓았다. 조카 사나이가 상처를 입어 한성으로 돌아갔다.

5월 28일, 반쯤 갬. 오시에 조카 사나이가 녹두를 가져왔다.

5월 29일, 반쯤 갬. 별일이 없었다. 유시에 오토모 효에몬이 조선인의 글을 보내와, 내가 대신 답했다.

5월 그믐날[64], 맑음. 태수의 루스(留守)[65]를 방문했다. 그 사람이 술을 준비해서 시간을 보내고 돌아왔다. 신시(申時, 오후 3~5시)에 다이센 화상의 숙소를 방문했다. 담소를 나누다 저녁 종소리를 듣고 돌아왔다.

6월 초하루, 아침에 흐리고 저물 때 맑음. 다이센 노인이 나의 숙소를 방문했다. 지난 5월 20일에 지은 시에 대해 오늘 이야기했다. 다이센이 화답한 것은 두 편이다.

6월 2일, 반쯤 갬. 오시(午時, 오전 11시~오후 1시)에 오토모 효에몬이 조선인의 글을 나에게 보여주었다. 그 글에 공자와 맹자의 말을 빌려 오륜(五倫)과 오상(五常), 형법(刑法)에 대해 이야기했다. 내가 곧바로 빨리 써서 말하기를,

"군신 · 부자 · 부부 · 형제 · 장유의 오륜, 인의예지[신]의 오상(五常), 예악형정(禮樂刑政)의 법은 천지 사이에 해와 달이 내리비추는

......

63 오토모 효에몬(大伴兵右衛門) : 미상. 원문에는 오토모 효(大伴兵), 효에(兵衛)라고도 표기되어 있다. 번역문에서는 오노모 효에몬으로 통일하여 표기한다.

64 그믐날 : 조선에서는 6월 초하루.

65 태수의 루스(留守) : 태수가 부재중일 때 그 자리를 대신한 가신을 말한다.

서
정
일
기

곳이면 모두 알고 있다. 그런데 네가 지금 이것을 언급하는 것은 일본만이 그것을 모른다고 생각해서인가? 금수에 비유하는 것 또한 불손하다. 천지가 개벽한 이래 수억, 수조 년인데, 어찌 공맹의 말을 기다린 연후에 행할 것인가. 너는 어떻게 생각하는가? 다시 타이르는 바이다."

라고 했다.

이날 오시에 조선인 이효인(李孝仁)이 떡국[湯餠]을 가지고 나에게 왔다. 목면 10필로 사례했다.

6월 3일, 맑음. 처자식과 재물을 잃은 조선 백성이 100명 혹은 10명, 5명이 [연서로 자신들의 사정을] 글로 써서, 태수의 루스에게 하소연했다. 루스가 나에게 넘겨주어 내가 각각 글을 써서 답했다. 오시(午時, 오전 11시~오후 1시)에 조선인 술집을 한다. 매일매일 문안했다. 이름이 이효인이다. 이 소주와 막걸리[黃醪]를 가지고 와서 나에게 바쳤다. 잠시 후에 길이가 몸의 절반 가량 되는 융복(戎服)누런색에 홍록(紅綠)이 있었다. 을 가지고 와서 나에게 주었다. 세 번 거절했는데, 계속 청하고 그만두지 않아서 마침내 그것을 받았다.

6월 4일, 별일 없었다.

6월 5일, 맑음. 조선인 이효인이 폭도[反冦] 9명의 이름을 나에게 보여주어서 태수의 루스에게 보고했다. 루스는 곧바로 9명을 사로잡아 비젠 사이쇼(備前宰相)[66] 공께 보냈고, 공은 곧바로 형벌을 주었다. 엔시치(塩

66 비젠 사이쇼(備前宰相) : 우키타 히데이에(宇喜多秀家, 1572~1655). 임진전쟁에 참전하여 점령과 통치를 맡았으며, 이후 조선에 주둔하며 일본군 총대장으로 활동했다. 1593년 벽제관 전투에서 명군을 격퇴했으나 행주산성 전투에서 패하고 부상을 입었으며, 진주성 공격에서 전과를 세운 뒤 귀국했다. 이후 국내에서 검지를 실시하고, 1597년 재차 출병해 남원성 전투에 참여했으며, 1598년 귀국해 고다이로(五大老)의 한 사람으로 임명되었으나 그해 8월 도요토미 히데요

七) 공이 나를 찾아왔다.

6월 6일, 맑음. 식사 때 효인이 술과 안주를 베풀었다. 오시(午時, 오전 11시~오후 1시)에 오토모 효에몬이 찾아와서 이야기가 주인(朱印)[67]에 이른 뒤에 나의 객사 옛 주인의 노비 4명이 왔다. 옛 주인처럼 나를 섬기겠다고 해서 나는 이것을 받아들였다. 효인이 조선 내외의 벼슬아치 이름과 벼슬의 이름을 적은 책[官案]과 달력[曆書]을 가지고 왔다.

6월 7일, 반쯤 갬. 별일 없었다.

6월 8일, 맑음. 묘시(卯時, 오전 5~7시)에 효인이 술을 가지고 와서 나에게 바쳤다. 오시(午時, 오전 11시~오후 1시)에 태수의 루스오토모 효에몬이다.를 방문했다. 이어서 무네타테(宗建) 숙소에 들렀다. 또 나를 청해서 식사를 했다. 돌아오는 길에 조카 사나이의 집을 방문했다. 조카는 종기가 매우 심해서 조금 있다가 돌아왔다.

6월 9일, 맑음. 오시(午時, 오전 11시~오후 1시)에 효인이 술을 가지고 왔기에, 나도 현미 한 섬을 보냈다.

6월 10일, 맑음. 조카의 숙소에서 죽을 쒔다. 엔시치가 찾아오고, 무네타테가 왔다.

6월 11일, 맑음. 신시(申時, 오후 3~5시)에 사촌형 겐자에(源左衛)가 술을 가지고 왔다.

6월 12일, 맑음. 엔시치 공이 와서 이야기가 이어 일본 군병에 이르렀는데, 어제 한성에 들어간 장수가 18명이라고 했다. 효인이 술을 가지고 왔다.

......

시는 사망했다.

67　주인(朱印) : 붉은 도작이 찍힌 공적 문서이다.

6월 13일, 맑음. 오시(午時, 오전 11시~오후 1시)에 오토모 효에몬이 방찰(榜札)의 초안을 가지고 왔는데, 일본으로 보내는 서신의 초안이었다. 뜻이 통하지 않아 도저히 읽을 수 없었다. 나에게 글을 고치라고 명령해서 고쳤다.

6월 14일, 맑음. 오토모 효에몬이 글을 가지고 왔는데, 통역관을 구하는 글이었다. 오시(午時, 오전 11시~오후 1시)에 붓 만드는 사람이 와서 붓 세 쌍(三双)을 샀다. 효인이 아침밥을 베풀었다.

6월 15일, 맑음. 사스나(佐須奈) 사콘(左近)이 술을 베풀었다. 엔시치, 야쓰지(津次)가 찾아왔다. 시장 사람들이 술과 안주를 베풀었다. 신시(申時, 오후 3~5시)에 다케모토 겐모쓰(武本監物)[68]가 술을 가지고 왔다. 초경(初更, 오후 7~9시 사이)에 엔시치 공이 와카(和歌)의 첫 구[發句]를 보내왔다.

> 일본 쪽도 그리운 오늘 밤이로구나
>
> 나는 곧바로 와카와 한시 두 가지를 가지고 답했다.
>
> 와카 : 고려 · 중국의 달도 청량하구나
>
> 한시 : 달빛이 청량해서 하늘 만리까지 비추는구나. 다음날 또 이어서 두 구절을 보내왔는데, 나는 답을 하지 못했다.

6월 16일, 맑음. 태수의 루스 오토모 효에몬이 조선 여성을 두고 일본 취객과 언쟁했다. 오늘 밤 후루야 기치에(古屋吉衛)가 어머니의 부고를 듣고, 나에게 와서 제사[弔祭]를 청해서 내가 돌아가신 어머니를 이름하여 묘센(妙鮮)이라고 했다.

6월 17일, 맑음. 무네타테를 불러 후루야의 돌아가신 어머니를 제사

....

68 다케모토 겐모쓰(武本監物) : 다케모토 겐모쓰노스케(武本監物助).

지냈다. 사이쇼(宰相) 공이 사자를 모든 진영에 보내 병량미를 점검했다. 효인이 거듭 술을 가지고 왔다.

6월 18일, 맑음. 엔시치 공이 와서 잡담을 했다. 시장 사람들이 수단(水團)[69]을 베풀었다. 전하께서 태수에게 주인[장](朱印[狀])을 내리셨다.

6월 19일, 맑음. 별일 없었다. 해 질 무렵에 진린(塵林)이 술을 가지고 왔다.

6월 20일, 맑음. 사이쇼 공의 봉공인이 문서 하나[單書]를 들고 오토모 효에몬에게 왔다. 오토모 효에몬이 나를 불러 이것을 읽게 했다. 곧바로 사이쇼 공을 대신하여 답서를 썼다.

6월 21일, 맑음. 찌는 듯한 더위가 심했다. 진시(辰時, 오전 7~9시)에 엔시치 공이 글과 맛 좋은 과일을 보냈다. 신시에 효인이 술을 보냈다. 해질 무렵에 효인이 짧은 글을 가지고 왔다. 글의 내용은 대략 "80세가 넘은 어머니가 오랜 병으로 6월 20일에 돌아가셔서 성문을 나가 장사 지내고자 한다."는 것이었다. 주씨의 네 아들을 따라나갈 자로 지목하여, 내가 부교닌(奉行人)에게 고해 성문을 나가는 것을 허락받았다. 23일에 장사를 치렀고, 나는 승려 한 명을 보냈다.

6월 22일, 맑음. 전하[70]의 부교닌이 와서 다시 쌀 창고를 열었다. 그 사자 중에 나의 이름을 알고 있는 자가 있어서, 나를 대청으로 불러서 만났다. 노슈(濃州)[71]에 있을 때부터 알았기 때문이다. 히토쓰야나기(一柳)와 마키무라(牧村) 두 장수 휘하에 있던 사람이다.

......

69　수단(水團) : 쌀가루나 밀가루를 반죽하여 경단같이 만든 다음, 끓는 물에 삶아 냉수에 헹군 후 꿀물에 넣고 실백을 띄운 음식.

70　전하 : 도요토미 히데요시.

71　노슈(濃州) : 일본의 옛 국명인 미노국(美濃國)의 약칭. 도산도(東山道)에 속하며, 대부분이 현재의 기후현(岐阜縣) 남부에 해당하고, 일부는 아이치현(愛知縣) 도요타시(豊田市)에 포함된다.

6월 23일, 맑음. 다이슈 휘하의 병사로 한성에 있던 자가 평안도(平安道)로 갔었는데, 태수가 평양을 함락시켰다는 것을 전해 주었다. 오시에 효인이 녹두를 가지고 왔고, 술을 가지고 왔다. 해질 무렵에 사고사(佐護左)가 술 한 병을 보냈다.

6월 24일, 맑음. 조카 사나이의 집안사람[家裏者]이 나에게 요청해서 죽을 준비했다.

6월 25일, 맑음. 오시(午時, 오전 11시~오후 1시)에 노슈 아야노(綾野)[72] 구와하라 헤이시로(桑原兵四郞)가 찾아왔다. 내가 동쪽의 여러 고장을 두루 다닐 때 서로 안면이 있었다. 옛이야기로 시간을 보내다가 돌아갔다. 나는 진을 방문한 김에 마키무라 효부(牧村兵部)[73] 공의 진영을 찾아 서적과 자앙(子昻)[74]의 묵적을 많이 보고 저녁 종소리를 듣고 돌아왔다. 효인이 술과 안주를 보냈다.

6월 26일, 맑음. 오시(午時, 오전 11시~오후 1시)에 효인이 술을 가지고 나에게 왔다. 엔시치 공과 류겐(龍源) 주지가 방문해서 종일 바둑을 두었다.

6월 27일, 맑음. 사시(巳時, 오전 9~11시)에 태수의 루스를 방문했다. 오시에 엔시치 공의 초대에 응해 진영으로 갔다. 저녁밥을 먹었다. 유시(酉時, 오후 5~7시)에 효인이 밀주(蜜酒)를 가져와서 나에게 권했다.

6월 28일, 아침에 맑고, 저녁 때 비. 효인이 술을 가지고 와서 나에게

72 　아야노(綾野) : 현재의 기후현(岐阜縣) 다지미시(多治見市) 부근.

73 　마키무라 효부(牧村兵部) : 마키무라 도시사다(牧村利貞, 1546~1593). 관위는 종오위하병부대보(從五位下兵部大輔). 센고쿠시대부터 아즈치모모야마(安土桃山)시대에 걸쳐 활약한 무장이자 다이묘(大名). 도요토미 히데요시를 섬기며 고니시 유키나가 등과 함께 조선에 출병했고, 진주성 전투 중 병사했다.

74 　자앙(子昻) : 조맹부(1254~1322). 중국 원나라의 화가·서예가·문인.

권했다.

6월 29일, 조금 흐리고, 저물 때 가랑비. 오토모 효에몬이 와서 이야기를 나누다가 해가 떨어지고 돌아갔다.

6월 그믐날, 맑음. 별일이 없었다. 효인이 술을 가지고 왔다. 효인에게 모시옷 한 벌을 주었다.

7월 초하루, 맑음. 효인이 해장술[卯酒]과 떡을 올렸다. 한낮[午日]에 사고 시치(佐護七)의 집안사람인 나가사키 신자[에몬](長崎神左[衛門])이 술과 배를 가지고 왔다. 해질 무렵 효인이 또 술을 가지고 왔다.

7월 2일, 맑음. 태수의 루스를 방문했다. 평양 진영에서 사자가 왔다. 곤야(艮也)가 돌아왔다. 효인이 술을 가지고 왔다.

7월 3일, 맑음. 효인이 은(銀)을 주었다. 한낮에 엔시치 공이 와서 이야기를 나누었다.

7월 4일, 맑음. 별일 없었다. 쇼인(松隱)의 기재(忌齋)를 지냈다. 루스 오토모 효에몬이 술을 보내고, 사나이(左內)가 술과 안주를 보냈다.

7월 5일, 맑음. 친척들을 불러 돌아가신 아버지의 명복을 비는 불공을 올렸다.

7월 6일, 한낮에 비. 별일 없었다.

7월 7일, 맑음. 별일 없었다. 묘시(卯時, 오전 5~7시)에 효인이 술과 안주를 가지고 왔다. 낮에 시장 사람이 술을 가져왔다.

7월 8일, 맑음. 오시(午時, 오전 11시~오후 1시)에 오 하야토(大隼人)가 술을 보냈다.

7월 9일, 맑음. 조카 사나이가 사망한 아버지 기일에 명복을 비는 불공을 준비했다.

7월 10일, 비가 오락가락함. 조카 사나이가 사망한 어머니의 명복을 비는 불공을 준비했다. 효인이 또 아침 식사를 보냈다.

7월 11일, 조금 흐림. 오우라(大浦) 고부(戶部)의 집 하인이 술과 올이 가늘고 고운 삼베 한 필을 가져왔다. 고부의 우란분회(盂蘭盆會)[75]를 열었다.

7월 12일, 맑음. 태수의 루스를 방문했다. 오토모가 어제 저물녘에 난데없이 날아온 화살에 맞았다. 나는 태수의 진영에서 바로 숙소로 왔다. 서북쪽 산의 골짜기 물이 조용하고 잔잔했다. 산이 높고 험하여 흥취가 있어 즐길 만했다. 시장 사람이 술을 가지고 와서 올렸다. 나는 취중에 시를 썼다. 쓰시마의 소에몬(摠衛門)이 왔다.

<blockquote>
산은 사라지고 한줄기 물만이 남았으니

200년 만에 나라가 망했구나.

잠시 머리를 돌려 바라보니

동해가 뽕밭으로 바뀌었네.
</blockquote>

7월 13일, 조금 흐림. 곤야(艮也)가 불공을 준비했다.

7월 14일, 맑음. 조카 사나이가 불공을 준비했다.

7월 15일, 맑음. 가사(袈裟)를 입지 않고, 우란분회를 행했다.

7월 16일, 반쯤 갬. 별일이 없었다. 이시다 지부쇼유(石田治部少輔)[76], 마시타 우에몬노조(增田右衛門尉)[77], 오타니 교부쇼유(大谷刑部少輔)[78] 세

......

75 우란분회(盂蘭盆會) : 양력 7월 또는 8월 15일 전후에 조상과 부모의 영혼을 위로하는 행사.

76 이시다 지부쇼유(石田治部少輔) : 이시다 미쓰나리(石田三成, 1560~1600). 도요토미 히데요시 휘하의 관리로, 임진전쟁 당시 오타니 요시쓰구(大谷吉繼) 등과 함께 조선에 파견되어 한성에 주둔하며 점령지 통치를 맡았다. 그는 군량 조달과 병참 관리에 능했으나, 전쟁의 장기화와 비효율적인 지휘체계에 비판적이었다. 1597년 정유전쟁 때는 일본 본토에서 후방 행정을 담당하며 강화 교섭을 추진했으나 실패했다. 전쟁 후 도요토미 정권에서 중심인물로 부상했으나, 세키가하라 전투에서 패해 처형되었다.

77 마시타 우에몬노조(增田右衛門尉) : 마시타 나가모리(增田長盛, 1545~1615). 관위는 종오위하우

사람이 한성으로 들어갔다. 땅을 분할하는 사자였다.

7월 17일, 아침에 맑고, 저물 때 흐림. 쇼 조스(省藏主)[79]가 왔다. 고향 이야기를 하며 하룻밤 묵었다.

7월 18일, 반쯤 흐림. 효인이 술을 가지고 와서 쇼(省)에게 권했다.

7월 19일, 마쓰오(松尾)씨가 왔다. 고향 이야기를 하고, 저녁공양[藥石]을 준비했다.

7월 20일, 비. 별일 없었다. 마시타에게 곤야[80]를 보내 나를 대신하여 예를 표하게 했다.

7월 21일, 비. 별일 없었다. 곤야가 릿켄(立縣) 공의 쌀 다섯 섬을 받았다.

7월 22일, 반쯤 갬. 마시타, 이시다, 오타니의 하인 세 사람이 왔는데 태수의 창고를 점검했다.

7월 23일, 맑음. 마키무라(牧村) 공이 병량미를 주기로 약속해서 인마(人馬)를 보냈는데, 아니었다. 다시 후일을 기약했다. 삼사(三使)[81]의 심부름꾼이 와서 부족한 재물을 점검했다.

7월 24일, 별일 없었다. 오늘 밤 소주(宗壽) 가형(家兄)이 술을 보냈다.

7월 25일, 맑음. 효인이 술을 가지고 와서 나에게 선물했다. 나 또한

위문소위(從五位下右衛門少尉). 임진전쟁 때 이시다 미쓰나리(石田三成), 오타니 요시쓰구(大谷吉繼)와 함께 조선에 건너가 한성에 주둔했다. 부교(奉行)로서 점령지의 행정과 군수 업무를 담당했으며, 벽제관 전투와 행주산성 전투에도 참전했다.

78 오타니 교부쇼유(大谷刑部少輔) : 오타니 요시쓰구(大谷吉繼, 1559~1600). 1592년 임진전쟁이 발발하자 선박 조달과 군수 물자 수송을 담당하며 큰 공을 세웠다. 그해 6월, 도요토미 히데요시의 명으로 이시다 미쓰나리·마시타 나가모리 등과 함께 조선에 건너가 전황 보고와 조선 장수들의 지휘를 맡았다. 1593년에는 명나라 사신을 수행해 귀국하여 히데요시와의 회담을 주선했으며, 이후 진주성 전투에서 승리한 뒤 귀국했다.

79 쇼 조스(省藏主) : 미상.

80 곤야 : 원문에는 艮子로 되어 있는데, 앞서 나온 艮也의 오기로 보인다.

81 삼사(三使) : 마시타 나가모리, 이시다 미쓰나리, 오타니 요시쓰구.

담비 가죽[貂皮] 모자 두 개, 양가죽으로 만든 옷[羊裘], 담비 가죽으로
만든 옷[貂裘] 각 한 벌을 베풀었다.

7월 26일, 맑음. 효인이 '국부인(國夫人)의 계집종과 사내종이 식량과
옷을 구하러 성 밖으로 나갔다'고 알려주었다. 내가 사람을 보내 남녀
노비 한 명씩을 사로잡았다.

7월 27일, 반쯤 흐림. 사이쇼(宰相) 공이 어제 잡은 계집종과 사내종을
불러 국왕과 부인, 왕자의 행방을 추궁했다. 계집종과 사내종이 "국왕이
도망간 곳을 알지 못합니다. 다만 국부인과 모형(母兄)[82]이 도망간 곳은
알고 있으니, 살려주면 그곳을 알려드리겠습니다."라고 했다.

7월 28일, 별일 없었다.

7월 29일, 별일 없었다. 쓰에(津江)에 이어 조슈(趙州)[83]가 찾아왔다. 효
인이 술을 가지고 왔다.

7월 그믐날, 맑음. 조선군이 우리의 [한강] 하구 진영을 침략하려고 했
다. 우리 군이 공격하자 도망갔다. 마시타 우[에몬노쇼조](增田右金吾)
휘하의 무사 료안(旅菴)이 왔다. 그는 문자를 조금 알았다. 내가 첫 구절
로 "고려의 부채는 땅에 버려지고, 나뭇잎은 일본 바람으로 나부낀다."
라고 읊었는데, 이어지는 대구[聯句]가 20여 수였다. 출정해 있는 동안의
기이한 시회(詩會)이다.

8월 초하루, 가랑비. 효인이 술을 가지고 왔다.

8월 2일, 반쯤 흐림. 마시타가 나에게 옷 한 벌을 내렸다. 한쪽은 가는
갈포[細葛]이고 한쪽은 시지라(縮羅)[84] 흰색였다. 두보(杜甫)의 단오 선물

......

82   모형(母兄) : 한 어머니에게서 태어난 형이라는 뜻이다.

83   조슈(趙州) : 엣슈(越州)의 오기로 보인다.

84   시지라(縮羅) : 장력을 달리하는 2종의 날실, 또는 두께가 다른 2종의 날실, 또는 2종의 다른 조

로 자꾸 사양할 수 없었다. 곤야를 시켜 책 12부를 선물했고, 곤야 또한 옷을 받아왔다.

8월 3일, 맑음. 별일 없었다. 효인이 이름을 일본식으로 바꿨다. 이마무라 신스케(今村新助)라고 불렀다. 마시타 공이 그에게 이름을 지어주니, 효인이 마시타 공을 뵙고 여름 옷 한 벌을 하사받았다.

8월 4일, 맑음. 효인이 술과 떡, 과일을 보냈다. 오기(扇) 총병이 술을 가지고 왔다. 오늘 고기 굽는 냄새가 시중 삼 리까지 풍겼다.

8월 5일, 맑음. 시를 지어 마시타가 준 옷에 감사했다. [공은] 곧바로 손수 쓴 편지를 보내왔다.

8월 6일, 맑음. 별일 없었다. 마쓰오 마타베(松尾又兵)가 찾아왔다. 세이야(省也)가 왔다.

8월 7일, 맑음. 고니시 셋슈가 평안도에서 한성으로 들어왔다. 다이슈는 평안도에 머물렀다. 우스겐 기치베(臼玄吉兵), 조로쿠 나이칸(長綠內勘)이 평안도에서 왔다.

8월 8일, 아침에 흐리고, 저물 때 맑음. 우스겐 기치베, 조로쿠 나이칸을 청해서 칼을 준비하고, 면을 가지런히 썰었다.

8월 9일, 맑음. 조카 사나이와 오토모 효자에몬 두 사람이 각각 풀솜[綿子] 11근(斤)을 야나가와 곤(柳權)[85]이 요구하여 그 종자를 통해 건네주었다.

8월 10일, 맑음. 별일 없었다. 병이 중해서 종일 누워있었다. 집에 보내

....

직(組織)를 이용하여 줄무늬 모양으로 짜고, 미지근한 물에 담가 직물 표면에 오글오글 잔주름이 잡히게 하거나 오목함과 볼록함을 나타낸 것.

85　야나가와 곤(柳權) : 야나가와 시게노부. 생애 초기에는 야나가와 진자부로(甚三郎), 후기에는 곤노스케(權之助)로 불렸다.

는 편지[家書] 두 통을 썼다.

이경복(李景福) 이부영(李富榮) 이대복(李大福) 이득종(李得宗)

정원종(鄭元宗) 정예종(鄭禮宗) 정효종(鄭孝宗) 달물이(達勿尹)

신가응이(臣加應伊)

장운익(張雲翼)[86]　　　　　　의사[醫者] 오변(吳抃)

낙양(洛陽)은 한양성(漢陽城)을 말한다.

개성부(開城府)는 평양성(平壤城)을 말한다. 이 말은 틀렸다. 평양성(平壤城)은 곧

왕검성(王險城)이다.

86　장운익(張雲翼) : 조선시대 형조판서, 공조좌랑, 평안도 목민관 등을 역임한 문신으로, 1597년
　　정유전쟁 때 이조판서로서 접반사(接伴使)가 되어 명나라 제독 마귀(麻貴)를 영접하고, 그와 함
　　께 울산 싸움에 참전하였다.

조선일일기

朝鮮日日記

해제

『조선일일기』는 규슈 분고(豊後, 현재 오이타현) 지역의 영주로 일본군의 감찰을 담당한 군목부(軍目付) 오타 가즈요시(太田一吉)를 수행한 의승(醫僧) 교넨(慶念)이 정유전쟁기인 1597년 여름 조선에 건너와 참전하고, 이듬해 벌어진 울산성 전투 이후 부산을 통해 귀국할 때까지 약 9개월간 현장에서 기록한 일기다. 임진전쟁 관련 사료 중에서도 그 가치가 매우 높은 것으로 평가받는다.

이 일기는 정유전쟁 시기의 대표적인 전투인 칠천량 해전, 남원성 전투, 울산성 전투 등을 비교적 상세하게 기록하고 있으며, 다른 일본 무사들의 종군기와 달리 자신의 전공을 과장하지 않고, 일본군의 잔학 행위와 그로 인해 초래된 조선 민중의 고난과 참상을 객관적이고 생생하게 전하고 있다. 이러한 비판적·반성적 서술은 임진전쟁 관련 일본 기록에서는 보기 드문 특징으로, 많은 연구자들의 주목을 받았다.

『조선일일기』는 1권 1책으로 구성되어 있으며, 교넨이 설립하고 주지로 있던 오이타현 우스키시 안요지(安養寺)에 소장되어 있다. 제1본은 교넨이 현장에서 기록한 것을 귀국 후 정서한 청서본으로, 표지 일부가 누락되어 있으며, 본문은 헨타이가나(變體假名)가 섞인 묵서로 기록되어 있다. 와카(和歌)를 포함한 독특한 서술 형식을 갖추고 있으며, 각 와카 앞에는 사서(詞書)가 붙어 있다. 제2본은 감색지 표지가 붙어 있는데 외제는 없고 내제만 존재한다. 본문 뒤에 제1본에는 보이지 않는 출발일과 귀국일에 관한 내용이 기록되어 있다. 이 일기를 학술적으로 처음 소개한 나이토 슌포(內藤雋輔)는 제1본을 초고본(草稿本), 제2본을 전사본(傳寫本)으로 명명한 바 있다.

그러나 이후의 학술적 검토를 통해서 제1본은 교넨이 전쟁터인 조선에서 메모한 것을 귀국한 후 청서(淸書)한 청서본이라는 의견이 제시되어 널리 받아들여지고 있다. 제2본은 제1본의 전사본으로 보는 것이 타당한데, 청서본 완성 후 상당 시간이 지난 뒤인 18세기 초에 전사가 이루어진 것으로 추정되고 있다. 이 전사본은 청서본에 비해 한자가 많이 사용되었다는 점이 기술상의 특징이라 할 수 있다. 19세기에 들어서도 다양한 사본이 만들어졌는데, 일부가 남아서 오이타현립도서관과 도쿄대학사료편찬소 등에 소장되어 있다.

1960년대에 들어와서 등사본과 활자본이 잇따라 등장함에 따라 연구자뿐 아니라 일반인도『조선일일기』를 쉽게 접할 수 있게 되었고 이 자료에 대한 관심이 커지고 연구가 활성화되는 계기가 마련되었다. 등사본은 안요지 소장 원본을 사이키사담회(佐伯史談會)와 쓰루오카(鶴岡)향토사연구회의 향토사가들이 사진촬영한 후 탈초한 것을 등사하여 1964년에 배포한 것인데, 한자 사용을 늘린 청서본을 저본으로 한 것이었다. 배포가 제한적일 수밖에 없었던 등사본의 한계를 극복한 것이 1965년에 이루어진『조선일일기』의 활자본 간행이었다. 청서본을 저본으로 전사본(등사본)의 한자를 오른쪽에 부기한 것이었다. 이는 단행본 형태가 아니라『조선학보』35집 게재를 통해서 이루어졌는데, 나이토 슌포가 작성한 상세한 해제를 동시에 실어서『조선일일기』에 대한 이해를 크게 높일 수 있었다.[1]

이 자료의 사료적 가치에 공감하는 일군의 일본 학자들이『조선일일기』를 집중적으로 연구하는 연구회를 조직하여 장기간에 걸친 공동연구를 통해 기존 판본을 보완 및 수정했고 그 결과를 단행본으로 출간했다. 이 단행본의 3~123면에 교감한 『조선일일기』가 두주·보주와 함께 실려 있다.[2] 이 간본의 출간은 『조선일일기』 연구뿐 아니라 임진전쟁사 연구에 크게 기여한 것으로 평가받고 있다. 본 국역사업에서도 이 간본을 저본으로 삼으면서, 동시에 초고본 및 전사본(등사본)과의 비교를 통해 완성도 높은 번역을 위해 노력을 기울였다.

저자인 교넨은 일본불교 종파의 하나인 정토진종(淨土眞宗)의 안요지(安養寺) 승려로 현재의 오이타현 우스키(臼杵)에 거주하던 중 오타 가즈요시의 부름을 받아 주군의 의승 및 자문역으로 종군했다. 참전 당시 62세의 고령이라 처음에는 고사하였지만 결국 영주의 요청을 수락하지 않을 수 없었고 정유전쟁의 참상을 현장에서 목격할 기회를 갖게 되었다. 오타 가즈요시는 소영주였고 수백 명의 병력을 이끌고 참전하였지만, 그의 역할이 일선에서 전쟁을 수행하는 다이묘들에게 명령을 전달하고 감독하는 것이었기 때문에, 오타를 수행하는 교넨 역시 주군을 통해 전쟁 수행 상의 일부 고급 정보에 접할 수 있었다.

임진전쟁 시에 다수의 승려들이 다이묘들의 자문역 등으로 종군하였는데, 그 다수는 선종 승려들이었고, 교넨처럼 소수지만 정토진종 승려인 경우도 존재했다. 정토진종은 가마쿠라시대에 등장한 신불교 종파의 하나로 교조가 신란(親鸞)인데 본산인 혼간지(本願寺)를 중심으로 강력한 문도 조직을 구축하고 내부 결속력도 매우 높아서 오다 노부나가

1   『朝鮮學報』(35輯, 1965)에 『朝鮮日日記』 원문의 활자본(55~154면)과 나이토 슌포(內藤寯輔)의 해제 「僧慶念の「朝鮮日日記」について」(155~167면)가 함께 실렸다.
2   朝鮮日々記研究會 編, 『朝鮮日々記を読む-眞宗僧が見た秀吉の朝鮮侵略』, 法藏館, 2000.

와 같은 통일권력이나 지방의 다이묘 세력과 대립하기도 했다.

도요토미 히데요시가 통일권력으로 등장하여 근거지로 삼았던 오사카성도 원래는 혼간지 세력의 근거지였는데 히데요시가 이것을 접수하여 건설한 것이었다. 임진전쟁에서 정토진종이 수행한 역할에 대한 탐구가 이루어졌는데, 교넨의『조선일일기』에는 그에 대해 살펴볼 수 있는 많은 기술이 존재한다. 침략의 대본영인 나고야(名護屋)에는 진종(정토진종)의 도장이 설치되어 있었는데, 이는 병사들의 숙소로도 이용되었던 것으로 보이며 전쟁에서 진종이 수행한 역할을 엿볼 수 있는 대목이다.

교넨이 처음으로 상륙한 부산에서 진종 사원을 방문하여 예배했다는 기술에서 알 수 있듯이 전쟁의 와중에 조선에서 일본불교의 사찰 건립이 이루어진 것으로 보인다. 이러한 사찰의 역할이 어떠한 것이었는지, 예를 들면, 이런 사찰들과 조선 민중과의 접촉이 이루어졌는지에 대한 후속 연구가 이루어질 필요가 있을 것이다.

교넨의 일기 서술에서 보이는 진종의 영향은 전장의 참상을 기술한 그의 반성적 관점에서 잘 드러난다. 이 부분은 군공의 증거를 남길 목적으로 기록된 무사들의 기록과 가장 큰 차이점이라 할 수 있다. 이러한 점에서 저자의 불교적 관점에 대한 이해는 이 일기의 이해에 필수적인 요소라 할 수 있다.

이 일기의 서술에 보이는 주요 특징을 기술하면 아래와 같다.

첫째, 교넨은 정유전쟁 시 모리 히데모토(毛利秀元)가 지휘하고 가토 기요마사 등이 참여한 일본군 제2군의 진군로상에서 벌어진 주요 전투와 조선 인민의 모습을 현장에서 목격하고 상세하게 기술하고 있다. 정유전쟁의 주요 전투인 칠천량 해전, 남원성 전투, 울산성 전투 등을 상세히 묘사하고 그 과정에서 목격한 조선 민중의 고난과 참상을 생생하게 기술했다. 특히 정유전쟁에서 특별히 고조된 일본군의 방화 · 살육 · 코베기 등의 잔학행위를 목격한 대로 상세하게 묘사하고 있다. 일본군의 잔학행위에 대한 교넨의 이러한 비판적 관점과 반성적 관점의 토대에는 깊은 불교적 세계관과 인생관이 자리잡고 있었다는 점을 부정할 수 없을 것이다.

전쟁 수행 중에 광범위하게 전개된 일본군 및 일본 상인들에 의한 조선인 납치와 인신매매 양상에 대해 구체적으로 기술한 점도 주목할 필요가 있다. 전쟁 진행 중에 노예 상인들이 조선 깊숙이 진출하여 노골적으로 존재감을 드러내고 있는 것은 매우 충격적인 모습이라 할 수 있다. 이에 더하여 전쟁 수행의 한가운데에 파고든 일본 상인들의 적극적인 상업 활동을 보여주는 기술도 다수 보인다. 교넨의 일기는 전쟁 중 일본 군대의 내부 사정을 보여주는 다수의 기술을 포함하고 있다. 일본군이 조선에서 맞닥뜨린 추위가 특별히 동절기에 상당한 곤란을 초래했음을 알 수 있다. 이와 결합하여 거론되는 다른 큰 문제는 식량 조달과 식수 확보의 어려움이었다. 이러한 문제는 비교적 전쟁 초기부터 제기된 것으로 일본군의 발목을 잡는 가장 큰 장애물의 하나였고 작전의 전개에도 영향을 미쳤는데, 정유전쟁 때도 상황이 크게 바뀌지 않았고, 대규모 조명 연합군에 포위되어 치른 울산성 전투에서 절정에 달했다고 볼 수 있다. 이러한 상황이 일본군 내에서 나타나는 염전(厭戰) 및 전쟁 비판 움직임의 토대가 되었음을 보여주고 있다.

또한 전쟁 중에는 전투 요원에 더하여 축성 및 물자 수송 등을 위해 많은 작업부가 동원되어 이들이 직면한 어려움도 매우 컸는데, 전쟁 참여 계층 간에 나타나는 처우의 차별상을 살펴볼 수 있는 대목이라 할 수 있다.

　교넨 일기의 서술에서 보이는 또 하나의 특징은 330수의 와카가 포함된 것이라 할 수 있다. 교넨은 직접 목격한 사건을 기술한 후 자신의 감정을 일본의 전통시 와카(和歌)로 표현하였는데, 당시 일본 교양인의 취미를 보여주면서 서술문에서 표현하기 힘든 저자의 복잡미묘한 감정의 상태를 엿볼 기회를 제공하고 있다. 번역을 진행하면서 이 시가 포함된 서술 부분은 가장 세심한 주의를 기울여야 했다.

　끝으로 교넨의 일기를 잘 이해하기 위해서는 같은 부대에서 같은 시기에 걸쳐 종군한 오코우치 히데모토(大河內秀元)의 『조선기(朝鮮記)』와 대조하여 일정, 사건의 전개를 비교 검토할 필요가 있다. 동일한 사건을 바라보고 기술하는 관점이 기록자에 따라서 매우 다른 것을 발견하고 그의 일기가 지닌 의의를 새삼 되새길 수 있을 것이다.

　『조선일일기』는 일본 연구자들에게도 난이도가 매우 높은 사료였기 때문에 앞에서도 지적했듯이 '조선일일기연구회(朝鮮日日記硏究會)' 등의 장기간에 걸친 공동연구 과정을 거쳐 판본과 주석의 보완이 이루어졌다. 국내에서는 1997년에 일본어학 전공자에 의해 『조선학보』에 실린 활자본을 저본으로 한 국역본이 출간된 바 있다.[3] 이 번역본이 언론 기사나 일반인들에게 이용되어 『조선일일기』의 이해와 나아가 임진전쟁 이해에 기여한 점은 부정할 수 없을 것이다. 그러나 면밀한 검토 결과, 해석이 난해한 부분이 누락된 경우도 있고 잘못 번역된 부분도 있었다. 또한 본문에 포함된 역주도 『조선일일기』를 제대로 이해하기에는 아쉬운 점이 있었다. 지난 30여 년간 일본에서 이루어진 『조선일일기』 연구

3　케이넨 저·신용태 역주, 『임진왜란종군기』, 경서원, 1997. 본 국역사업에서는 일본의 여러 용례를 참고하여 케이넨(慶念) 대신 교넨으로 읽는 것이 타당하다고 판단했다.

의 성과를 반영하고 개인 번역이 지닌 한계를 극복할 수 있는 노력이 필요하였다.

　기존 번역의 미비점 보완과 극복을 목표로 설정한 새로운 역주·표점·교감 작업이 국내의 임진전쟁 연구에서 일본 사료의 활용도를 제고하여 연구를 활성화하고 일반인의 임진전쟁에 대한 이해를 높이는 데 기여하며 나아가 국립진주박물관의 '임진전쟁자료 국역사업'의 성가를 높이는 데에도 기여하게 될 것이다.

『조선일일기(朝鮮日日記)』

안요(安養)¹ 주지 교넨(慶念)² 62세

반승(伴僧) 료신(了眞)³

일복(一僕) 마타이치로(又市郎)⁴

게이초(慶長) 2년(1597) 6월 24일부터

일일기(日日記)⁵

이번에 오타 히슈(太田飛州)[6] 님으로부터 고려(高麗)[7]에 동행하라는 말씀을 들었는데, 아무리 생각해도 모를 일이다. 늙은 이 몸은 출진(出陣) 같은 일은 전혀 모른다. 익숙하지 않은 여행은 상당히 무리다. [성주님의] 몸을 보살피는 일 때문만이라면[8], 젊은 사람을 데려가시라 말씀드렸

......

1   안요(安養) : 안요지(安養寺). 오이타현(大分縣) 우스키시(臼杵市) 이치하마(市浜)에 있는 정토진종(淨土眞宗) 혼간지파(本願寺派)에 속한 사원으로, 이 글의 필자인 교넨이 연 사원이다.

2   교넨(慶念) : 도토미(遠江) 가케가와(川掛) 성주의 아들로, 혼간지 겐뇨(顯如) 아래서 출가하여 우스키로 와서 안요지를 세웠다.

3   료신(了眞) : 미상.

4   마타이치로(又市郎) : 미상.

5   일일기(日日記) : 저자가 붙인 이 책의 이름으로 보인다.

6   오타 히슈(太田飛州) : 오타 가즈요시(太田一吉, ?~1617). 분고(豊後) 우스키 성주로 정유전쟁 때 군 감독관[軍目付]으로 종군했다. 통칭은 히다노카미(飛彈守).

7   고려(高麗) : 조선을 가리킨다.

8   몸을 …… 때문만이라면 : 당시 승려들은 촌락민들의 존경과 신망을 얻기 위해 의사나 점성술사, 주술사 등의 역할을 함께 했다.

지만, 꼭 동행을 부탁한다고 명령하시어 난처하기 그지없다. 특히 고려는 추운 나라라고 하고, 파도 넘어 만리의 해로이니, 두 번 다시 돌아올 수 있다는 보장도 없다. 늙은 나에게는 전대미문의 일이므로, 처음으로 일일기(日日記)라는 것을 만들고, 변변찮은 교카(狂歌)[9]를 지어 후세의 웃음거리 재료로라도 삼을까 한다. 한번 읽은 후에는 불 속에 던져넣어 버리기 바란다.

6월 24일, 출항하여 사가노세키(佐賀關)[10]에 [성주님이 탄] 배가 도착했다. 그날 저녁에 하시모토 덴주로(橋本傳十郞)[11]의 영접을 받으며 그럭저럭 보내고 있는데, 도사(土佐) 공[12]을 태운 배가 도착하여, [우리 성주님과] 대면한 것을 읊는다.

우스키에서 와서 사가노세키에 정박한 저녁 무렵에

벌써 도사 공과 만나게 되었구나.

그런데 아들 하치로(八郞)는 배를 놓쳐 사가노세키까지 오지 못했다. 그래서 조금 더 이승에서 이별할 시간을 가질 수 있었을 텐데 하면서 남몰래 흘리는 눈물이 멈추지 않고 한탄하는데, 생각지 않게 밤중에 와서 실컷 이별을 하니 지금은 마음도 편안해졌다. 그날 새벽에 가미노세키(上關)[13]에서 배를 타러 가던 도중에 손에 손을 잡고 선착장까지 동행했을 때, 이별이 너무도 아쉬워 다음과 같이 읊고 배를 타고 출항했다.

......

9 교카(狂歌) : 狂哥로도 쓴다. 골계나 해학을 주된 테마로 하는 시가. 여기서는 자신의 일상을 읊은 시가라는 의미이다.

10 사가노세키(佐賀關) : 현재의 오이타현에 있다.

11 하시모토 덴주로(橋本傳十郞) : 미상.

12 도사(土佐) 공 : 도사를 영유하던 조소카베 모토치카(長宗我部元親).

13 가미노세키(上關) : 사가노세키의 가미노우라(上浦)를 가리킨다.

두 번 다시 돌아올 기약도 없이

지금 이렇게 헤어지는 늙은이의 근심이여.

그런데 세키사키(關崎)[14]를 지나 구니사키(國東)[15] 해안가에 다다랐을 때 뒤를 돌아보니, 우스키 쪽은 멀리 안개가 끼어, 너무나 아쉬운 생각에 [읊는다.]

남겨두고 온 아내와 자식의 한숨을 생각하니

불어오는 바람이 몸에 사무친다.

6월 25일, 구니사키 해안가의 다케다진(竹田津)[16]에서 [읊는다.]

이른 새벽 종소리와 함께 출발한 배는

어느새 정박지인 다케다진에 닿았다.

6월 26일, 새벽에 성주님이 급히 작은 배를 준비하여 도사 공과 함께 타고 앞으로 나아갔다. [그래서 읊는다.]

성주님은 급한 사정으로 다른 배를 타고 가셨다.

이로써 먼 뱃길이 시작되는구나.

6월 27일 아시야(芦屋)[17] 여울, 아카마가세키(赤間が關)[18]는 들르지 않고 서둘러 지나가면서 [읊는다.]

이곳이 말로만 듣던 아시야 여울이구나.

고쿠라항[19]과 아카마가세키는 그냥 지나만 왔네.

......

14 세키사키(關崎) : 사가노세키의 돌출부를 가리킨다.

15 구니사키(國東) : 오이타현 북동부에 위치한 반도.

16 다케다진(竹田津) : 구니사키 반도 북쪽에 있는 항구.

17 아시야(芦屋) : 현재 후쿠오카현(福岡縣) 온가군(遠賀郡)에 있는 항구로, 무로마치시대에 견명사 (遣明使)의 기항지로 유명했다.

18 아카마가세키(赤間關) : 시모노세키(下關)의 다른 이름. 우스키에서 아시야로 가기 전의 기항지 인데, 여기서는 기항지가 바뀌어 있다.

19 고쿠라항 : 小倉港. 후쿠오카현 기타큐슈시(北九州市)에 있는 항구. 혼슈와 규슈 사이를 흐르는

6월 28일, 나고야(名護屋)[20] 항구는 말로만 듣던 곳이다. 특히 오늘은 [신란 스님의] 기일[御明日][21]이므로 필시 절에서 법회가 열리고 있을 것이다. 구경하고 싶었으나 빨리 배를 출발시키라고 하므로 그대로 닻을 올리고 출발할 때, 배에서 바라보면서 읊는다.

천수각(天守閣)[22]은 구름 위에 우뚝 서 있고

기와지붕이 늘어서 있는 나고야 항구여.

그러는 사이 이키(壹岐)[23]로 배를 타고 가는 도중에 큰 섬이 있어서 다른 사람에게 물었더니, 저것이 바로 겐카이지마(玄海島)[24]라고 한다. 가라토마리(唐泊)[25]는 이 겐카이지마와 멀지 않은 곳에 있으므로 이렇게 읊었다.

겐카이지마(玄海島)라는 말을 들으니 아득하다고 생각했지만

의외로 가까운 가라토마리로다.

6월 29일, 저녁 이키에 도착했다. 배 안에서 이렇게 읊었다.

....

간몬(關門) 해협에 가깝다.

20 나고야(名護屋) : 사가현(佐賀縣) 가라쓰시(唐津市)에 있는 항구. 임진전쟁 때 도요토미 히데요시의 본영이 있었다.

21 기일[御明日] : 고메이니치라고 읽는다. 일본 정토진종의 개조 신란(親鸞)의 기일로 매달 법회가 열렸다. 신란의 기일 이외에도 본서에서는 전임 당주인 겐뇨(顯如)의 기일인 24일과 전전임 당주인 쇼뇨(證如)의 기일인 13일이 중시된 반면, 정토종의 개조 호넨(法然)의 기일인 25일은 법회가 열리지 않았다.

22 천수각(天守閣) : 성 안에서 가장 높은 망루. 성주의 지휘소로 중추적인 역할을 담당했다. 여기서는 도요토미 히데요시의 본영인 나고야성의 천수각을 가리킨다. 1591년 규슈의 다이묘들이 축성을 시작하여, 1592년 완공했다. 5층 건물로, 금박을 입힌 기와가 사용되었다.

23 이키(壹岐) : 쓰시마와 규슈 사이에 있는 섬.

24 겐카이지마(玄海島) : 하카타만(博多灣) 입구에 있는 섬.

25 가라토마리(唐泊) : 후쿠오카현 하카타만 입구의 이토시마(絲島) 반도에 있는 항구. 한반도로 가는 항로의 기항지로 유명하다. 여기서는 임시 숙소라는 의미로도 쓰였다.

배가 도착한 곳은 가자모토라는 곳이었다. 성(城)도 있다.

7월 1일, 가자모토에서 목욕을 하려고 목욕탕에 올라가 보았더니, 물이 탁하고 깨끗하지 않았다. 어찌할까 생각했지만, [몸에] 옴이 올라 너무 가려워서 목욕탕에 들어가 이렇게 읊었다.

7월 2일에 쓰시마로 가려고 새벽에 출발하여 15리(里)[28](9.6㎞)쯤 갔을 때, 바람이 세고 파도가 높아 곧바로 돌아가려 했으나 돛이 부러졌다. 또 어떤 배는 선체를 감싼 장갑(裝甲)이 떨어져 나가고, 어떤 배는 무기를 떨어트릴 정도였다. 간신히 가자모토로 돌아왔을 때 [읊는다.]

7월 3일, 날씨가 좋지 않아 가자모토 앞바다에 계류하였는데, 파도에 흔들려서 너무나 괴로운 나머지, 용왕님께 들어주시라고 이렇게 읊는다.

7월 4일, 바람이 불어 말뚝으로 배를 고정했지만, 파도가 높아 밤새도록 자지 못했다. 만사를 생각하며 한탄하다가 새벽에 잠깐 졸았는데, 내

......

26　호칭마저 …… 어울리는 : 지명인 '이키(壹岐)'는 일본어로 기개나 기세가 있다는 뜻이다.

27　가자모토(風本) : 현재 이키의 가쓰모토(勝元)로, 일본군의 중계기지였다.

28　리(里) : 9세기에서 16세기 말까지 일본에서 1리는 약 640m이다.

조선일일기

모습을 꿈에 보고 읊었다.

7월 5일, 새벽부터 순풍이 불어, 아직 캄캄한 와중에 배를 저어 쓰시마에 도착했을 때 [읊는다.]

7월 6일, 쓰시마의 도요사키(豊崎)[29]라는 곳에서 성주님의 배를 따라잡아 서로 기뻐했다. 그날 밤은 모든 배가 1리 정도 나아갔는데, 다음 날 새벽에 [조선으로 진군을] 명하실 것이라 했다. 포구 이름이 만남의 포구라는 오우라(大浦)[30]는 과연 이름 그대로이므로 [읊는다.]

7월 7일, 동틀 무렵에 정박지를 출발하여 한낮에 부산해(釜山海)에 도착하였기에 [읊는다.]

7월 8일, 죽도(竹島)[31]로 가시려고 뱃머리를 돌렸는데, 적선[番船]이 나타나 사쓰마(薩摩)의 배 8척을 빼앗아 불태워 버렸으므로 부산해로 돌아오셨다.[32] 그런데 적선은 기세를 올리며 부산해 항구의 입구를 막고

......

29 도요사키(豊崎) : 쓰시마 동북쪽에 있는 항구. 소씨(宗氏)의 거관(居館)이 있었다.

30 오우라(大浦) : 쓰시마의 서북쪽에 있는 항구. '오우라'는 '만남의 포구[逢浦]'라는 의미이기도 하다. 성주를 만난 것을 가리킨다.

31 죽도(竹島) : 김해의 낙동강에 있는 섬.

있었다. 오늘 밤은 필시 적선이 항구 안으로 들어와 화전(火箭)을 쏘고 투화전(投火箭)으로 배를 불태우러 올 것이라고 하여 경계를 엄중하게 했다. 배를 갈아탈 때 이렇게 읊었다.

7월 9일, 부산해 시내로 올라가 구경하였는데, 각지[諸國]에서 온 상인[33]을 보고 [읊는다.]

7월 10일, 적선이 가라시마(から嶋)[34] 입구와 근처 섬들에 와 있었는데, 가토(加藤) 공[35]과 휴가(日向)[36], 사쓰마[37], 아와(阿波) 공[38], 도사 공, 히다노

......

32 7월 8일, …… 돌아오셨다 : 8일 다대포에서 조선 수군과 일본 수군이 해전을 벌였지만, 사쓰마 배가 참전했다는 기록은 여기밖에 없다.

33 각지[諸國]에서 온 상인 : 원문은 '제국(諸國)의 상인(商人)', '제국(諸國)의 매매인(賣買人)'이다. 여기서 말하는 제국이 '국가'가 아니라 '지역'임은 말할 필요가 없지만, 이 상인이 조선의 상인인지 일본의 상인인지는 확정할 단서가 없다. 다만, 일본군이 점령하고 있는 부산에서 조선 상인이 활보한다는 것은 상상하기 어려우므로, 일본 각지에서 온 상인으로 해석하는 것이 타당해 보인다. 이때가 일본군의 공격 초기임을 감안하면, 부산포 왜관에 있던 항거왜인(恒居倭人)으로 추정되며, 이후에는 일본에서 노예상인 등도 조선에 왔다.

34 가라시마(から嶋) : 거제도를 가리킨다.

35 가토(加藤) 공 : 가토 요시아키(加藤嘉明, 1563~1631). 도요토미 히데요시의 가신. 임진전쟁 때 일본 수군의 부대장으로 1,000명의 수군을 이끌고 참전했다.

36 휴가(日向) : 시마즈 도요히사(島津豊久, 1570~1600), 다카하시 모토타네(高橋元種, 1571~1614), 이토 스케타케(伊東祐兵, 1559~1600) 등 휴가의 다이묘를 가리킨다.

37 사쓰마 : 시마즈 요시히로(島津義弘, 1535~1619). 임진전쟁 때는 4번대 소속으로 1만 명을 동원했다. 정유전쟁 때는 노량 해전에서 고립되어 있던 고니시 유키나가를 구출했다.

38 아와(阿波) 공 : 아와 도노(阿波殿). 현재의 도쿠시마현(德島縣)인 아와(阿波)에 본거를 둔 하치스카 이에마사(蜂須賀家政, 1558~1639)를 가리킨다. 그는 남원성 전투, 울산성 전투에서 구원군의 일익을 담당했다.

카미(飛彈守) 공을 위시한 군대가 적선을 빼앗고 불태워, 남김없이 죽였다. 그리하여 적선은 마침내 물러났다. 도도(藤堂) 공[39]이 수군 대장이었지만, 처음에 공을 세우지 못했다. 전군(全軍)이 나서서 거둔 승리를 통해 수군의 형세가 바로잡혔다. [그래서 읊는다.]

7월 11일, 부산해에 [내가 속한] 진종(眞宗) 도량[41]에서 오라고 해서 찾아갔더니, 참으로 뛰어나고 자애로운 본존불이 안치되어 있었다. 하시노보(端坊)[42]의 아미타여래가 아랫사람과 이야기하시는 듯한 모습에 감명 깊게 공손히 배례하면서 [읊는다.]

7월 12일, 배에서 내리지 않았다. 그런데 아침저녁으로 이야기를 나누는 사람이라고는 다른 종파의 사람, 세간의 사람 혹은 무사들 모임이므로, 특별히 기쁘지도 않고 관심도 없어 [읊는다.]

7월 13일, 법의(法儀)에서 멀어져 방심하는 자신을 나무라며 [읊는다.]

---

39 도도(藤堂) 공 : 도도 다카토라(藤堂高虎, 1556~1630). 칠천량 전투에서 원균이 이끄는 조선 수군을 섬멸했고, 남원성 전투, 명량 해전에도 참가했다.

40 적선을 …… 잃었도다 : 가토 공의 수군은 공을 세웠고, 도도 공은 면목을 잃었다는 의미이다.

41 진종(眞宗) 도량 : 과거 부산에 있던 고덕사(高德寺)로 보인다. 고덕사는 오다 노부나가(織田信長)의 가신이었던 오쿠무라 가몬노스케(奧村掃部介)가 1588년 부산에 와서 세운 정토진종의 사찰이다.

42 하시노보(端坊) : 현재의 야마구치현(山口縣) 야마구치에 있는 혼간지파 사원.

43 서원(誓願) : 자기가 하고자 하는 일을 신불에게 맹세하고 그것이 이루어지기를 기원함.

7월 14일, 부산해에서 죽도로 뱃머리를 돌렸을 때 비가 와서 날씨가 좋지 않았다. 이엉을 덮은 선실에도 물이 새어들어, 더욱 고향이 그리워 견딜 수 없어서 [읊는다.]

7월 15일, 죽도에 도착했는데, 아득히 멀리 [고향의] 산과 바다를 떠나와 버렸구나. 이런 근심스러운 상황에서 늙은 이 몸이 어떻게 버텨낼 수 있을까? 그저 다만 하루속히 극락왕생을 바랄 수밖에 없다. 덧없는 세상을 살아가기에 이럴 것이다. [그래서 읊는다.]

7월 16일, 오늘은 미리 정한 [나의] 기일[明日][45]이다. 필시 부모 형제가 모여 내 이야기를 할 것이라고 생각하니 너무나 슬픈 나머지 이렇게 읊으며 소매를 적신다.

7월 17일, 뜻하지 않게 거울을 들고 내 모습을 보았는데, 어이쿠! 언제 이렇게 늙은이가 되어 버렸을까 생각이 들었다. 옛날 말씀에 거울에 모습을 비추었더니 웬 모르는 늙은이를 만났다고 하였는데, 그 말씀이 조

44　쇼묘(稱名) : '나무아미타불'이라고 염불을 외는 것.

45　기일[明日] : 저자인 교넨이 종군을 위해 집을 떠난 날짜를 자신의 기일로 정한 것으로 추정되나, 정확한 의미는 파악할 수 없다.

금도 틀리지 않는다. 처량하여 [읊는다.]

화려했던 모습을 노목(老木)은 모르겠지

오늘의 볼썽사나운 몰골이로다.

7월 18일, 비는 계속 내리고 어디 갈 데도 없다. 그저 마음을 달래주는
신심을 북돋워서 아미타의 서원(誓願)을 만나는 기쁨밖에는 없다.

비할 바 없는 가르침을 만난 자신을 생각하고 있노라니

소매에 눈물을 적시누나.

7월 19일, 그런데 전생에 무슨 인영이 있어 이 나라까지 와서 이처럼
어쩔 수 없는 몸이 되었는가. 괴롭다고 한탄하다가, 다시 생각을 바꾸어
비참한 마음이 되는구나. 아미타의 구제를 받은 기쁨을 느끼지 못해서
[읊는다.]

무슨 일이든 전생의 인연이라고 생각하면서도

마음은 끝없이 방황한다.

7월 20일, 무료한 나머지 인간 세상의 번뇌를 담아서 여러 가지 소망
을 읊어본다.

끝도 없는 소망을 언제 이룰 수 있을까

아미타를 만나 뵐 다대포(多大浦)⁴⁶ 포구에 걸린 새벽달.

7월 21일, 내 마음이 우둔하여 바로 지금 일도 모르는 덧없는 몸이기
에 한탄스럽다. 지금 이 순간도 분별하지 못하는구나라고 생각하며 [읊
는다.]

무상한 세상사를 한탄하는가

아침 이슬에 맺힌 덧없는 몸.

......

46 다대포(多大浦) : 大浦의 일본어 발음인 '오우라'는 '만남의 포구'를 의미이기도 하여, 아미타불
    과 만난다는 의미로 함께 사용했다.

7월 22일, 왠지 모르게 흐르는 눈물을 멈추지 못하고, 감추려 하지만 다른 사람이 볼까 부끄러워서 이렇게 읊는다.

뜬금없이 먼저 나오는 것은 눈물이구나

덧없는 늙은 몸이기에.

7월 23일, 오늘 밤은 벌써 겐뇨(顯如)[47] 스님의 기일 전날 밤이다. 그런데 불전의 장식은 어찌하며, 꽃은 어떻게 구할 것인가. 마음만은 간절하지만, 변화 많은 세상에 어쩔 도리가 없기에 탄식하면서 읊는다.

저녁 꽃 아래의 잡초여 어떠니

이런 마음을 너만은 헤아려주겠지.

7월 24일, 오늘의 선지식(善知識)님[48]의 자비는 산과 바다를 기울여도 남음이 있다. 그 모습 한시도 잊지 않고 더욱 감사하게 생각하며 [읊는다.]

그 모습 옆에 계시어 언제나 잊지 않으리

그 자비심은 온 세상을 채우고도 남으리.

7월 25일, 내 신세와 견주어 보아도, 세상에는 허다한 고통을 가진 사람들뿐이다. 그러고 보면 내 마음의 수행이 부족한 때문이라고 생각을 바꿔 이렇게 읊는다.

마음속으로부터 애처로운 생각이 든다,

나보다 아랫사람을 볼 때는 더욱.

7월 26일, 보통 때와는 달리 몸이 불편했는데 감기에 걸려 괴로웠다. 이런 때 고향에 있으면 나이 든 처자가 모여 어쩔 줄 몰라 하며 마음 아

......

47 겐뇨(顯如) : 1543~1592. 정토진종 혼간지파 제11대 당주.

48 선지식(善知識)님 : 본래는 올바른 가르침을 베풀어 불도로 인도하는 스승이라는 의미인데, 일본의 각 종단에서는 당주를 가리킨다. 여기에서는 겐뇨를 가리킨다.

파할 텐데…… 하고 탄식하며 베개를 기울여 눈물을 훔치며 이렇게 읊
는다.

7월 27일, 고통스러워 밤에도 자지 못했다. 새벽에 잠시 졸았는데 악
몽을 꾸었다. 아플 때는 여러 가지 꿈을 꾸게 되는데, 이것도 마음이 어
리석기 때문이라고 깨닫고 다음과 같이 읊는다.

7월 28일, 일본의 고향에서 자식들의 소식을 자세하게 적은 서신을 받
아 기뻤다. 오늘은 또 [신란 스님의] 기일이므로 기쁨이 더하다. 병도 거
의 나았으므로 즉흥적으로 노래를 읊는다.

7월 29일, 죽도를 출발했다. 성주님은 수군의 감시역이 되셔서 적국
(赤國)[49] 쪽으로 진군하셨다. 가는 길마다 적선이 머무는 섬, 불에 타 파
괴된 적선, 연이은 섬에는 산이 솟아 있다. 마음을 말로 다 표현할 수 없
어 이렇게 읊는다.

......

49　적국(赤國) : 도도 다카토라의 전기인 『고잔공실록(高山公實錄)』 권6에 "규슈군기(九州軍記)에
　　다이코(太閤) 히데요시 공이 일찍이 쓰시마의 영주 소 요시토시(宗義智)에게 명하여 조선의 지
　　도를 요구하셨다. …… 부산포에 거주하는 일본인이 많았다. 이를 여왜(麗倭)라고도 하고 왜호
　　(倭戶)라고도 한다. 그들에게 자세하게 지도를 만들라고 했다. 지리의 험하고 편함, 거리의 원
　　근을 적어 5색(色)으로 채색하여 바쳤다. 히데요시 공은 바다를 건너는 장수들에게 그것을 하
　　사하고 그 토지를 외우게 했다."라고 기록되어 있다. 전라도와 부산에서 전라도까지의 해안선
　　을 적국(赤國), 동래 이북의 경상도를 백국(白國), 충청도를 청국(靑國)이라 했다.

뒷산들이 끝도 없이 이어져 있구나.

7월 그믐날, 오늘 밤은 엄청나게 아파서 어떻게 할 수 없구나. 이대로 죽을 게 분명하다. 참으로 이 나이까지 경험하지 못한 괴로움이니, 어떻게 할 수 없음에 이렇게 읊는다.

예순둘의 세월을 돌아보아도

오늘 밤과 같은 때는 없어라.

8월 1일, 드디어 병이 더욱 심해져 참을 수 없게 되었다. 고통은 인간 세계의 업보다. 그러나 종군하는 몸이기에 이리도 고통스러워하는 모습을 다른 사람에게 보이는 것도 부끄럽다. 이번에 다시 살아 돌아가서 나이 든 처자식과 회포를 풀 수 없겠다는 생각이 든다.

고통은 이루 헤아릴 수 없으니

말로 다 표현할 수 없도다.

8월 2일, 밤중에 약을 달여 먹었더니 신통하게도 복통이 가라앉아서, 식사도 조금씩 할 수 있게 되어 기력이 생겼다. 고마워라, 부처님의 지극한 자비다. 참으로 이렇게 빨리 기력을 회복할 수 있을까 기뻐하며 읊는다.

좋은 약도 부처님의 은덕이 있어야

얼른 듣는 거로구나.

8월 3일, 가라시마[거제도]의 여러 명소를 지나 적국(赤國)의 강[50] 입구로 들어가 보니 끝도 없는 큰 강이다. 배 수천 척을 줄지어 세워도 어느 쪽에도 닿지 않을 곳이다. 끝도 없으므로 이렇게 읊는다.

소문으로 듣던 고성(固城) 포구가 여기런가

....

50 적국(赤國)의 강 : 섬진강.

5리(里)든 10리든 거침없이 들어가는구나.

8월 4일, 재빨리 배에서 내려 너나 할 것 없이 남에게 뒤질세라 재물을 빼앗고 사람을 죽이며 서로 쟁탈하는 꼴이라니[51], 차마 눈 뜨고 볼 수 없는 심정이다. [그래서 읊는다.]

죄도 없는 사람의 재물을 빼앗으려고

벌떼처럼 소란스러운 모습이여.

8월 5일, 집집마다 불을 질러 연기가 나는 것을 보고, 앞으로 겪을 일이 걱정되어 읊는다.

빨간 나라[赤國]라고 하지만 불에 타 검붉게 피어오르는 연기는

그들의 타오르는 분노 같구나.

8월 6일, 산도 들도, 성(城)은 말할 필요도 없이 모두 불태우고, 사람을 베어 죽인다. [살아 있는 사람은] 쇠줄과 대나무로 목을 묶어 끌고 간다. 부모는 자식 걱정에 한탄하고, 자식은 부모를 찾아 헤매는 비참한 모습을 처음 보았다. [그래서 읊는다.]

산도 들도 불타는데 무사들의 소리 요란하니

아수라 전장이 바로 여기로다.

8월 7일, 이것저것 노략질한 재물을 보고 [저도 모르게] 탐을 낸다. 스스로 한심하게 여겨져, 이래서는 극락왕생도 어렵다고 생각되어 읊는다.

부끄럽구나, 보는 것마다 탐내며

......

51 재빨리 …… 꼴이라니 : 오타 가즈요시의 가신 오코치 히데모토(大河內秀元)의 『조선기(朝鮮記)』에는 "육군과 수군이 모두 노량(鷺梁)에 상륙하여 …… 산 아래 계곡으로 난입하여 남녀승속(男女僧俗)을 매우 많이 생포했다."라고 하고, 남원 의병장 조경남(趙慶男)의 『난중잡록(亂中雜錄)』에는 "시마즈(島津) 군대가 곤양(昆陽)에 주둔하면서 금오산 아래 노량 등지를 수색하여 살해하고 약탈했다. 공사(公私)의 집들이 모두 불탔다."라고 기록하고 있다.

같은 날, 내 마음을 돌아보니 너무나 한심하다. 그러나 죄업이 깊고 무거워도 무겁게 여기시지 않고, 산란방일(散亂放逸)[52]에도 버리지 않으시는 것이 아미타의 서원이시니 [그래서 읊는다.]

8월 8일, 고려인 아이를 사로잡고 부모를 베어 죽이니, 다시는 서로 보지 못하게 되었다. 그 울부짖음이 마치 지옥의 귀신이 닦달하는 것 같다.[53] [그래서 읊는다.]

8월 9일, 휴가국(日向國)[55] 사도하라(佐土原)[56]의 야마다 사이스케(山田才介) 공[57]을 찾아뵈었다. 그런데 놀랍게도 나와 같은 정토진종(淨土眞宗)의 문도라고 한다. 오랫동안 만나지 못하였으므로 밤을 새워도 기쁨을 다 나누지 못했다. [그래서 읊는다.]

8월 10일, 배에 오른 후 40일 동안 머물던 선실에서 나와 말을 타고,

52 산란방일(散亂放逸) : 마음이 어지럽고 방탕함.

53 고려인 아이를 …… 같다 : 일본군의 조선인 약탈과 납치 행위를 묘사한 것이다.

54 어린 새가 …… 이별할 때 : 『공자가어(孔子家語)』 안회(顏回)에 나오는, 네 마리의 새가 어미와 이별하고 둥지를 떠났다는 고사에서 인용한 것으로, 부모와 자식이 이별하는 모습을 설명한 것이다.

55 휴가국(日向國) : 현재의 미야자키현.

56 사도하라(佐土原) : 현재 미야자키현 미야자키시에 속해 있다.

57 야마다 사이스케(山田才介) 공 : 미상.

내륙으로 진군하는 성주님과 동행했다. [그래서 읊는다.]

　　이제껏 머물던 바다 위 거죽집을 나와

　　갈아탄 말의 발걸음도 파도치는 것 같구나.

8월 11일, 저녁때 민가에 연기가 피어오르는 것을 보며, 모든 곡식과 재물이 불에 타 없어진 일을 읊는다.

　　탄식이 절로 나는구나, 오곡이 모두 불에 타

　　연기로 변한 자리에서 하룻밤을 지샜네.[58]

8월 12일, 남원(南原)으로 넘어가는 높은 산[高山][59]은 일본에서도 여태껏 보지 못한 높은 산이다. 바위는 크고 삐쭉한 것이 칼과 같다. 여기에 또 무시무시한 폭포가 있다. 이 폭포는 보고 있으면 온몸에 소름이 끼쳐, 마치 지옥으로 가는 산이나 저승의 강이라고 할 만하다. 사람의 다리도 말발굽도 견딜 수 없다. [그래서 읊는다.]

　　소름이 끼치는구나, 저승길의 산이라고 해야 할까

　　구름 위로 솟은 봉우리를 넘어가도다.

8월 13일, 남원성 5리 밖에 진을 쳤다. 이 성을 함락하기 위해서는 어떻게 하면 좋을지 저녁에 성 가까이 쳐들어가 보았다. 대명인(大明人)[60] 5, 6만 명 정도가 성안에 있다고 한다. [그래서 읊는다.]

　　적국(赤國)의 성도 굳건하게 버티고 있다 들으니

　　각 진영은 [오히려] 기뻐하며 휴식을 취한다.

8월 14일, 초저녁부터 퍼붓는 비는 마치 폭포수가 떨어지는 것 같다.

....

58　오곡이 …… 지샜네 : 남원으로 진격하는 와중에도 방화와 약탈, 생포 등이 있었음을 알 수 있다.

59　높은 산[高山] : 지리산(智異山)을 가리킨다.

60　대명인(大明人) : 명의 부총병(副總兵) 양원(楊元)이 지휘하는 조명 연합군을 가리킨다.

급한 대로 비를 막는 기름종이로 막사를 덮었지만, 비 쏟아지는 소리가
공포스러울 정도이다. 잠을 이룰 수 없다. 『이세모노가타리(伊勢物語)』[61]
에 나오는 귀일구(鬼一口)[62]가 바로 이런 것이구나 생각했다. [그래서 읊
는다.]

인정사정없이 세차게 퍼붓는 비는

귀일구 이야기를 실감케 하는구나.

8월 15일, 시요리(仕寄)[63]를 준비하여, 내일 새벽에 공격해 들어간다고
한다. 성벽 바깥쪽에 딱 붙어 있다가, 이윽고 저녁이 되자 각 진영에서
쏘는 철포(鐵砲)[64]와 화살[半弓]에 오히려 우리 병사들이 죽어 나가는 것
을 보고 이렇게 읊는다.

성을 향해 쏘는 철포와 화살에

뜻밖의 사람이 죽는구나.

결국 그날 밤사이에 성을 공격하여 함락했다. 히슈(飛州) 공의 부하들
이 제일 먼저 성내로 들어갔으므로, 말할 필요도 없이 포상의 주인(朱
印)[65]을 받을 것이다.

8월 16일, 성안의 사람들은 남녀 모두 남김없이 죽여서 생포한 사람이
없다. 하지만 소수 목숨을 건진 사람도 있을 것이다. [그래서 읊는다.]

무참하구나, 한 치 앞도 모르는 덧없는 세상이라고 하지만

......

61 『이세모노가타리(伊勢物語)』: 헤이안(平安)시대의 작자 미상 설화집.

62 귀일구(鬼一口) : 『이세모노가타리』 제6단에 나오는 설화로, 여자와 함께 큰비를 피해 폐가에
    들어갔는데 그날 밤 그곳의 귀신이 여자를 한입에 삼켰다는 이야기이다.

63 시요리(仕寄) : 성을 공격할 때 방어나 공격을 위해 사용하는 장비로 대나무 등을 다발로 묶은
    것. 이것을 운반하는 데는 촌락에서 징집된 부마루(夫丸)라는 농민이 동원되었다.

64 철포(鐵砲) : 화승총, 조총을 가리킨다.

65 주인(朱印) : 붉은 도장을 누른 증명서로, 영지 인정이나 해외 도항을 허가할 때 등 중요한 사안
    에 사용되었다.

남녀노소가 모두 죽어 사라졌도다.

8월 17일, 어제까지는 죽을 줄 몰랐는데, 오늘은 이리도 쉽게 변하는 세상사에 따라 덧없는 연기가 되어 버리니, 이것이 어찌 남의 일이겠는가? [그래서 읊는다.]

사람들아 보게나, 이게 어찌 남의 일이겠는가

오늘뿐인 목숨이로다.

8월 18일, 성안으로 진영을 옮겼다. 날이 밝고 성 밖을 보니, 길가에 죽은 사람이 모래알처럼 많다. 차마 눈 뜨고 볼 수 없는 기분이다. [그래서 읊는다.]

남원성을 나와 둘러보니

눈 뜨고 볼 수 없는 광경이로다.

8월 19일, 이곳도 성처럼 세운 집인데 모두 산야로 도망갔다. [그래서 읊는다.]

오늘도 다시 모르는 곳의 빈집에서

하룻밤을 지샐 일이 처량하구나.

8월 20일, 적국(赤國) 부중(府中)[66]에 도착했다. 여기서 사흘 남짓 머물면서 교토(京都)에서 보낸 사자(使者)[67]를 만나 작전을 의논하셨다. 앞으로 수도까지 들어가고자 하나 곧 날이 추워질 터이므로, 빨리 여기서부터 길을 나눠 이동하자는 것이었다. [그래서 읊는다.]

여기는 아직 부중(府中)이다

적국(赤國)의 민가들이 보인다.

......

66 적국(赤國) 부중(府中) : 전주(全州)를 가리킨다.

67 사자(使者) : 파견된 인물은 알 수 없다.

8월 21일, 남원에서 부상당한 사람이 많아 이곳저곳으로부터 약을 요청하는 이가 끊이지 않는다. 찾아봐달라는 사람도 많다. 너무 힘들어서 이렇게 읊는다.

사람들은 저마다 고통스러워하는데

내 몸 하나 감당하지 못하는 것이 한스럽구나.

8월 22일, 간밤에는 고향 사람들과 그리운 처의 모습을 꿈에서 자세히 보았다. 참으로 다시 한번 귀국하고 싶은 일념으로 이렇게 읊는다.

꼭 한번 돌아가려는 염원에

어지러운 마음이 꿈으로 나타났구나.

8월 23일, 아아, 오늘 밤은 고향에 있었다면 보은 법회[68]를 열 터인데, 이런 곳에 있으니 한심하고 비참하여 이렇게 읊는다.

광대하신 그 은덕을 기리는 저녁이다

마음으로 우러러도 어리석은 일은 아니겠지.

8월 24일, 오늘이 [겐뇨 스님의] 기일인데, 이런 움막집에서 어떻게 하나 한탄만 하고 있다. 그러나 한 점 의심 없는 신심이므로 내심은 기쁘다. [그래서 읊는다.]

은덕을 다 갚을 수는 없다

오직 신심만이라고 가르치셨다.

8월 25일, 가을의 기나긴 밤이 되니 더욱 고향이 그리워 잠도 못 이루고 한탄스럽다. 절실한 생각에 읊는다.

긴 가을밤에 쉬이 잠에서 깨는 것이 원망스럽구나

깔고 누운 한쪽 소매가 이슬과 눈물로 젖는다.

......

68   보은 법회 : 정토진종에서 부처의 은혜에 감사하는 염불 법회. 여기서는 혼간지파 11대 당주 겐뇨(顯如)의 기일(24일) 전날 열리는 법회를 가리킨다.

8월 26일, 이렇게 괴로운 여정이지만 수도[69]에 당도하면 기쁠 것이다. [그래서 읊는다.]

　　이 괴로움을 서방정토로의 여행이라고 생각하면

　　그야말로 기쁘기 한량없구나.

8월 27일, 감사하기 그지없는 [신란 스님의] 기일 전야이므로, 움막 안에서 은혜로운 날을 기뻐했다. [그래서 읊는다.]

　　진실한 선지식은 만나기 어렵다

　　가르침을 못 받으면 본래의 번뇌 가득 찬 세상일 뿐.

또 이 진영에서 군사회의가 열렸다. [아군 배가 정박한] 항구 쪽으로 간다고 결정되어, 병사들이 기뻐했다. [그래서 읊는다.]

　　돌아간다고 생각하는 마음의 기쁨은

　　날아오를 것 같구나.

8월 28일, 한밤중에 이곳 군영을 철수하고 청국(靑國)[70]으로 행군한다. [신란 스님의] 기일이지만, 감사의 말씀도 올리기 어렵다. [그래서 읊는다.]

　　영원히 지옥에 떨어질 몸이지만

　　상인(上人)[71]께서 인도해주시는 덕분이로다.

여기 부중(府中)을 출발하여 가는 도중에 길가에서도 산야에서도 남녀를 불문하고 모두 베어 죽인 모습이 차마 눈 뜨고 볼 수 없다. [그래서 읊는다.]

......

69　수도 : 원문은 ミヤコ(都, 미야코). 정토진종에서 '미야코'는 '서방정토'라는 의미로도 쓰인다. 그러므로 이날 교카(狂歌)에서 교넨이 기쁘다고 한 것은, 전쟁이 끝나서 귀국할 수 있기 때문이라는 해석과 서방정토에 왕생하는 여행이라고 생각했기 때문이라는 해석이 가능하다.

70　청국(靑國) : 충청도를 가리킨다.

71　상인(上人) : 고승에 대한 경칭.

8월 29일, 여기는 머물 만한 숙진(宿陣)이 없다. 들과 산에서 이슬에 젖어가며 한밤을 새웠다. [그래서 읊는다.]

9월 1일, 오늘로 벌써 9월에 접어들었다. 원래 오늘부터는 국화꽃을 보며 즐기고 불전에도 바친다. 정성 들여 키웠던 것들이 생각나서, 고향을 그리며 이렇게 읊는다.

9월 2일, 주군은 여느 때와 달리 복통으로 식사도 제대로 못하신다. 상태가 어떤지 맥을 짚어 보았는데, 그저 음식만 조심하시면 될 것 같다. [그래서 읊는다.]

9월 3일, 청국으로 가는 길이 얼마나 먼지, 하루에 14~15(9~9.6㎞)리 정도를 사람의 기력도 말발굽도 견디지 못할 정도로 달려갔다. 완전히 기진맥진한 후 큰 나무 아래서 한밤을 새운다고 한다. [그래서 읊는다.]

......

72　가는 길마다 …… 없구나 : '베어 죽인 모습', 교카의 '사지가 제대로 붙어 있는 이가 없다'는 등의 표현은 일본군에게 코나 귀 등이 베여나간 모습을 묘사한 것으로 보인다. 『조선기(朝鮮記)』 8월 25일조에는 "대장이면 머리를 그대로, 그 밖은 모두 코를 베어, 소금과 재로 절여 항아리에 넣는다."라고 기록되어 있다.

9월 4일, 청국의 집들을 둘러보니 너무 볼품이 없다. 곡물창고도 휴식할 곳도 참으로 불편하다. [그래서 읊는다.]

청국(靑國)의 관문이라는 곳을 둘러보니

[이름처럼] 생기가 없는 모습이로다.

9월 5일, 내일 다시 진영을 옮긴다는 지시가 떨어졌다. 이곳은 유서 깊은 곳이므로 인부[73]도 말도 쉬도록 하다못해 하루나 이틀 머물렀으면 좋겠는데, 머무르지 않고 바쁘게 진군한다.[74] [그래서 읊는다.]

내일 다시 진영을 옮긴다는 소문이 들린다

사람들의 고통이 걱정스럽다.

9월 6일, 강을 건너야 하는데 고생이 많겠다고 하시는 말씀을 듣고 두려워했는데, 수심도 얕고 돌도 없어 편하게 건넜다.[75] [그래서 읊는다.]

고려의 강이라면 듣기만 해도 두려워했는데

뜻밖에 얕은 여울이로세.

9월 7일, 오래된 성이 있던 곳에 진을 치고, 관문의 모습을 보고 이렇게 읊는다.

여기도 옛날에는 성이었던 듯하나

비워두어 황폐해진 폐가 같구나.

9월 8일, 앞에도 뒤에도 버려진 들판에 진을 쳤는데, 이런 곳은 소도

------

73 인부 : 원문은 '夫丸(부마루)'. 이 시대의 부마루란 촌락에서 징집된 농민을 중심으로 한 비(非)무사층을 가리킨다. 전쟁 때 물자 운반 등에 동원되었고, 공성전 때는 엄호나 장비 운반 등 실전에도 참가했다. 임진전쟁 때 사쓰마번에서 동원된 부마루의 수는 3,900명으로, 전체의 약 30%에 이르렀다.

74 9월 5일, …… 진군한다 : 5일에는 문의(文義)에 도착했다.

75 9월 6일, …… 건넜다 : 6일에는 청주(靑州)에 도착했다.

말도 먹이가 없어 힘들겠다고 생각하고 이렇게 읊는다.

생각지도 않던 야영을 하는구나.

9월 9일, 진천(鎭川)을 향해 가신다는 말을 들었다. 조금은 항구에 가까워진 것이다.[76] 그래서 더욱 기쁜 생각이 들어 이렇게 읊는다.

눈앞에서 목천(木川)으로 가는 길을 헤매다가

진천으로 가는 것이 기쁘구나.

9월 10일, 여기서 하루나 이틀 머무시면서 사람과 말을 쉬게 하신다고 하므로 읊는다.

이 마을에 잠시 머물면

진천까지 가는 것은 쉬운 일이다.

9월 11일, 오늘 밤 꿈에 고향에서 나이든 처자식과 담소를 나누었는데, 마치 생시인 듯 너무 생생했다. 너무나 안타까운 마음에 [읊는다.]

서로가 생각하는 마음이 통했나 보다

너희들 모습이 환영으로 떠오른다.

9월 12일, 가을바람이 초라한 흙집을 세차게 때려, 방석에 앉아 있으니 더욱 쓸쓸하여 밤새 잠을 못 이룬다. 풀벌레 소리 시끄러운데, 여러 상념에 잠겨 한밤중에 [읊는다.]

그렇지 않아도 자주 눈이 떠지는 가을밤에

선잠을 깨우는 귀뚜라미 소리.

......

76 조금은 항구에 가까워진 것이다 : 항구의 원문은 船戶로, 항구나 갈림길을 가리킨다. 여기에서의 항구가 구체적으로 어디를 가리키는지 파악하기 어렵지만, 일본군이 진지를 구축하고 있던 부산포로 보인다. 이날 읊은 교카(狂歌)를 보면, 9월 5일 문의(현재의 청주)에 도착한 일본군이 경기도로 향하는 목천(木川) 쪽이 아니라 퇴각하는 진천 쪽으로 선회하기로 결정한 것을 항구에 가까워지는 것이라고 생각한 것으로 봐서 이렇게 판단할 수 있다.

9월 13일, 오늘은 은혜로우신 전임 당주님[77]의 기일이다. 그분이 손수 적은 명호(名號)[78]를 목에 걸고 다니니, 너무 감사한 마음에 [읊는다.]

아무리 우러러도 다하지 못하니

아미타의 공덕을 나누어 주시기 때문이라.

9월 14일, 이 주둔지에서 우리 배가 정박해 있는 곳[79]으로 철수한다는 말을 들어, 사람들이 기뻐하는 것은 말할 필요도 없고 소와 말까지 기운이 솟는 모양이다. [그래서 읊는다.]

철수라는 말을 듣자마자 대군도 기뻐하고

말의 걸음걸이에도 힘이 솟는구나.

9월 15일, 이곳은 지난 7일에 통과했던 곳이다.[80] 적국과 청국을 뒤로 하고, 본래 있던 진영에 도착한 것을 기뻐한다. [그래서 읊는다.]

기쁘게도 본래의 진영에 도착했다

항구도 가까워졌다고 생각하니 더욱 기쁘다.

9월 16일, 생각지도 않게 벼를 베어 볏단으로 지붕을 이으니, 잠자리로 새어드는 십육야의 달빛에 흥이 나서 읊는다.

여기도 잠시 머무는 임시 거처

77 전임 당주님 : 혼간지 제10대 당주 쇼뇨(證如)를 가리킨다. 이때 제11대 당주 겐뇨도 이미 사망했으므로 실제로는 전전임 당주다.

78 명호(名號) : 이름, 지위, 명칭 등의 의미로 고대부터 사용되었다. 불교에서는 부처나 보살의 이름을 가리키는데, 그것에는 특별한 힘이 있어 그것을 듣거나 외우면 공덕이 쌓인다고 믿었다. 특히 정토교에서는 아미타불의 명호를 외우면 극락왕생할 수 있다고 여겼다. 본래 정토진종에서는 10자 혹은 8자, 6자, 4자의 명호도 있었지만, 혼간지파 8대 당주 렌뇨(蓮如, 1415~1499)에 이르러 '나무아미타불'의 6자 명호가 정착했고, 이전에 비단에 쓰던 것도 종이에 써서 발급했다. 필자인 교넨은 쇼뇨(證如)에게 10자 명호를 받았다.

79 정박해 있는 곳 : 부산을 가리킨다.

80 이곳은 …… 곳이다 : 7일에 진을 쳤던 고성(古城) 터로 생각된다.

9월 17일, 여기는 오래된 집이 있는 곳이다. 그러나 작은 솔밭에 움막을 짓고 하룻밤을 보낼 막사를 설치했으므로, 흥이 나서 읊는다.

9월 18일, 산속 계곡에 좌우할 것 없이 무서운 바위들이 솟아 있다. 마치 [당나라 백거이가] 숲속에서 술을 데워 바위 위에서 시를 읊는다[81]고 했던 옛 정경이 바로 이런 모습일 것이다. [그래서 읊는다.]

9월 19일, [이 지역의] 오래된 도시[古都][82]에 도착했다. 이곳에서 병사도 우마(牛馬)도 쉬면서 5~6일간 머무른다[83]고 하여 기뻐서 [읊는다.]

9월 20일, 우마의 사료와 사람의 식량 등 여러 가지를 모으는 것을 보았다. 또 가는 길의 여울 목에는 물이 빠져 수많은 나뭇가지에 수초가 걸려 있다. [그래서 읊는다.]

......

81 숲속에서 …… 읊는다 : 백거이(白居易, 772~846)의 "숲속에서 붉게 물든 나뭇잎 태워 술을 데우고, 이끼 낀 바위를 치우고 시(詩)를 새기네(林間暖酒燒紅葉 石上題詩掃綠苔)"에서 따왔다.

82 오래된 도시[古都] : 상주를 가리킨다.

83 5~6일간 머무른다 : 그런데 이어진 기사에서도 알 수 있듯이 이튿날 20일에 출발했다. 이렇게 예정을 바꾼 것은 조선군이 이미 상주 부근까지 추격했기 때문으로 보인다.

9월 21일, 샤구추[84]라는 곳에 머물렀다. [그래서 읊는다.]

진영을 멈추자

기뻐하는 사람들의 모습.

9월 22일, 이번에 진을 친 곳은 산중에 있는데[85], 바로 아래는 큰 강[86]이다. 내려가 물을 긷기가 매우 어렵다. 특히 오늘은 길이 나빠, 우마도 인부도 밤늦게까지 돌아오지 않는다. 또 [내일] 새벽에 진영을 옮기게 되었는데, 이렇게까지 할 필요가 있을까 생각하며 두 사람의 고충이 너무 염려되었다. 료신(了眞) 사문(沙門)은 세상을 등지고 불도에 들기 위해 내가 있는 안요지(安養寺)에서 지내고 있었는데, 생각지도 않게 늙은 내가 도해(渡海)하게 되면서 함께 따라오겠다고 했다. 여러 번 만류했지만, 일자천금(一字千金)의 덕(德)[87]을 생각해서인지, 아니면 관음보살은 효도를 위해 보관(寶冠)에 아미타를 이고 계신다고 하니[88], 이런 예의를 지키는 것인지 모르겠다. 익숙지 않은 일들, 예를 들어 봉우리에 올라가 막사를 지을 재목을 짊어지고 오거나 계곡에 내려가 물을 긷고, 땔감을 마련하고 나물을 캐며, 어떤 때는 내가 탄 말의 고삐를 잡는 등, 승려인지 속인인지 구별도 되지 않을 정도로 고통이 매우 심했다. 이것이야말로 석가모니께서 과거에 아사선인(阿私仙人)[89]을 섬겨 난행(難行), 고행(苦行)을 하시고, 마침내 불도(佛道)에 이르신 것도 이랬을 것이라고 하면서

84　샤구추 : 어디인지 알 수 없다.

85　이번에 …… 산중에 있는데 : 산중에 진을 친 이유는 알 수 없지만, 조선군의 추격이나 현지 주민의 습격 같은 이유를 생각할 수 있다.

86　큰 강 : 낙동강 상류를 가리킨다.

87　일자천금(一字千金)의 덕(德) : 스승의 은혜가 두터운 것을 비유하는 말.

88　관음보살은 …… 하니 : 『무량수경(無量壽經)』에 관음보살과 세지보살(勢至菩薩)이 중생을 정토로 인도하기 위해 스승과 부모에 보은하라고 권했다고 한다.

89　아사선인(阿私仙人) : 석가가 탄생할 때 그 관상을 보고, 그가 도를 이룰 것을 예언했다는 선인.

함께 눈물을 흘리며 서로 얼굴을 마주했지만, 어쩔 수 없이 이렇게 지낼 수밖에 없는 사정은 필시 다른 사람의 소매도 적실 것이라고 생각한다. [그래서 읊는다.]

그리고 마타이치로(又市郎)라는 자는 7~8세부터 손수 길러온 사람이다. 늙은 나를 도우라고 데리고 왔지만, 밤낮 가리지 않고 무슨 일에든 싫은 기색이 없이 응해주는 것은, 본문(本文)[90]에 사제(師弟), 주종(主從), 부부(夫婦)의 인연은 삼세(三世)의 기연(機緣)이 있기 때문이라고 전하고 있는 바와 같다. 싯다르타[悉達] 태자께서 단특산(檀特山)[91]에 오르셨을 때 차닉(車匿)이라는 사인(舍人) 한 사람을 데리고 가셨는데, 태자를 모셔 드리고, 석가모니가 출가하신 후 남아 있던 의복 등을 왕궁으로 가져가 드린 일도 있다. 전생으로부터의 인연을 범부(凡夫)가 어떻게 알겠는가? 이 두 사람 없이는 이 늙은 몸은 한 걸음도 걸을 수 없다. [이 두 사람을 데리고 오게 해 주신 아미타불의] 무한한 자비만큼 감사한 일은 좀처럼 없다. [그래서 읊는다.]

그런데 이 깊은 산속의 진영에서 날이 새기 전에 다른 곳으로 이동한다고 출발하셨지만, 산이 깊고 큰 강 주변이어서 안개 때문에 어디로 가

....

90 본문(本文) : 사제와 주종, 부부는 삼세의 인연이라는 말이 어느 전적에 실려 있는지 알 수 없다.

91 단특산(檀特山) : 석가모니가 고행을 했던 산.

야 할지 몰라, 이렇게 읊는다.

　　산속 깊이 피어오르는 아침 안개에

　　디딜 곳을 몰라 헤매는 말발굽.

　9월 23일, 오늘 저녁은 [겐뇨 스님의] 기일 전날 밤인데, 성주님께서 미안하지만 밤에 같이 있어 달라고 부르셔서, 스승의 은혜에 감사하는 법회를 열 수 없어 매우 슬픈 생각이 들었다. 밤이 이슥해지고 돌아와 이렇게 읊는다.

　　이래저래 눈물짓게 하는 저녁이구나

　　그 은혜를 생각하니

　　허무하게도 그 은덕을 점점 잊어버리고

　　불가에 머무르는 것이 괴롭구나.

　9월 24일, 새벽에 진을 옮기므로, [겐뇨 스님의] 기일인데도 [겐뇨 스님의] 은덕에 보답하여 감사의 예도 올리지 못했다. 이렇게 하다가는 필시 악도(惡道)[92]에 빠질 것이다. 한심한 생각이 들어 깜짝 놀라 읊는다.

　　만약 이렇게 해서 아미타의 가르침을 만나지 못하면

　　우치(愚痴)[93]의 눈물에 잠겨 죽을 것이다

　　마음도 어찌할 바 모르는 몸이므로

　　더욱 아미타불의 공덕에 의지해야 하는 것을.

　9월 25일, 9월도 끝에 접어드니 찬 공기에 서리가 내리고 밤에 매우 추운데, 새벽부터 진영을 옮기는 바람에 추위 때문에 몸이 감각을 잃어 말 한 마디 하기도 매우 어렵다. 아침 거센 바람이 몸에 스며들므로, 이렇게 읊는다.

....

92　악도(惡道) : 현세에 악을 저지른 자가 사후에 가는 곳. 지옥, 아귀, 짐승.

93　우치(愚痴) : 삼독(三毒)의 하나. 진리를 분별하지 못하는 어리석은 마음, 혹은 그 상태.

가을이 지나고 메마른 겨울이 다가오는 세찬 밤바람에

소매도 옷자락도 서리가 맺혀 있네.

9월 26일, 매일 아침마다 진영을 옮기는데[94], 아침 찬 바람 거칠고 세차게 몰아치니, 오로지 나 혼자 있는 듯한 느낌이 든다. [그래서 읊는다.]

늙은이의 기력이 솟지 않는 아침 저녁에

계곡의 바람이 더욱 몸에 사무치는구나.

9월 27일, 신란 상인의 기일 전날이지만, 이런 움막 안에서는 감사의 말씀을 드리는 것도 꺼려지는데, 우리 절이었으면 얼마나 좋을까 하고 흐느끼며 이렇게 읊는다.

자비가 분에 넘치는 오늘 밤이로구나

그렇게 생각하면서도 지내는 세상.

9월 28일, 신란 상인의 기일이어서 그 은혜에 보답하여 감사하는 법회를 열었다. 그렇지만 아미타불의 구제를 믿는 신심결정(信心決定)[95]이 없으면 헛된 것이라고 마음속을 돌아보고 반성했다.

분골쇄신해서 정성을 다해야 하는데

진정한 마음이 없으면 무슨 소용 있으랴

세상에 믿고 의지해야 할 아미타불이 없어라

[서방정토가 있는] 서산으로 기울어가는 한 줄기 달빛.

9월 29일, 이곳은 매우 잘 만들어진 훌륭한 산성이지만, 비우고 물러나야 하므로 아무 소용이 없다.[96] [성안에] 쌀과 그 밖의 것들이 제법 있

....

94   진영을 옮기는데 : 이날은 신녕(新寧)에 진을 쳤다.

95   신심결정(信心決定) : 아미타불의 무한한 자비와 지혜를 믿고 자신의 구제와 왕생을 그 힘에 맡기는 것을 의미한다. 정토진종에서 가장 중시하는 말이다.

96   이곳은 …… 없다 : 산성도 있고 식량도 충분한데도 신녕에서 철수한 이유는 조선의 축성 방식이 일본의 전투 기술에 맞지 않았기 때문이라는 지적이 있다.

다. 병사들이 모두 기뻐했다. [그래서 읊는다.]

9월 그믐날, 이곳[97]에 머무르면서 [격렬한 전투가 벌어져] 죽이거나 생포한 젊은 사람의 숫자를 헤아릴 수 없다. 가토 공의 부하 중에도 뛰어난 사람이 많이 죽었다. 사방으로 군대를 보냈다. [그래서 읊는다.]

10월 1일, 이 근방에 특히 당인(唐人)[99]이 많다고 하여, 가토 공이 순회를 하느라 헛되이 하루를 보냈다. 빨리 항구로 돌아가지 않고 제멋대로 행동한다고 다른 사람들도 쑤군거렸다. 온 산과 계곡을 샅샅이 수색했다. [그래서 읊는다.]

10월 2일, 음력 시월의 지나가는 비가 내렸다. 밤부터 짐을 꾸려 기다렸는데 날씨가 나빠 머물렀다. 그런데 낮부터 날이 개어 출발했다. [그래서 읊는다.]

10월 3일, 이곳은 특별한 곳이므로, 여기서 항구까지 갈 양식을 준비하라는 명령이 내렸다. 함께 벼를 찧어 우마에 싣고 가기로 했다. [그래

......

97 이곳 : 영천.

98 에구텐 : 이튿날에도 여전히 영천에 머물고 있어, 어디인지 알 수 없다.

99 당인(唐人) : 조명 연합군을 가리킨다.

서 읊는다]

10월 4일, 이곳 경주에 머물며 사람들도 쉬면서 식사도 준비했다. 또 이곳에 매우 훌륭한 성문도 있고 성도 있지만, 모두가 도망갔으므로 남아 있는 것은 모두 태우고 파괴했다. 이곳에 범종(梵鐘)[100]이 있다. 너비는 5심(尋)[101], 높이는 1장(丈)[102] 남짓이다. 바람이 아주 거세고 추운 곳이다. 때때로 고향에 있는 사람들이 꿈에 보이므로 읊는다.

10월 5일, 저녁부터 바람이 거세어, 밤에도 잠을 이루지 못했다. 마음을 풀 길이 없어 고향 걱정만 하며 지새운 새벽에 어머님이 주신 향합(香盒)에서 은을 꺼내와서 본다. 이 유품을 아들 하치로에게 주면서 말하기를, "이것은 너희 엄마한테 준 것보다 크다."고 농담을 했다. 꿈인지 환영인지 잠시나마 위안을 받았는데, 무서운 밤의 광풍에 꿈을 깬 것이 한없이 원망스럽다. 못내 아쉬운 잠에서 깨어나, 그렇지 않아도 눈물이 많은데, 소매의 눈물을 짜내고 베개도 젖을 것 같아 이렇게 읊는다.

......

100 범종(梵鐘) : 성덕대왕신종(일명 에밀레종)을 가리킨다.

101 심(尋) : 5~6척. 1척(尺)은 약 30㎝.

102 1장(丈) : 약 3m.

10월 6일, 아직도 여기[103]에 머무른다. 고향의 벗들이 그립다. 언제 만날 수 있을까 생각하며 밤에 잠 못 이루고 이렇게 읊는다.

친한 벗들이 그리워

긴 밤 잠시도 눈을 붙이지 못하고.

10월 7일, 울산까지 가는 길이 멀어, 도중에 한밤을 샜다. 조릿대와 수숫대 등을 주워 모아 막사를 지었는데, 거센 바람이 부는 쪽에 등을 대고, 앞에는 불을 지피거나 해서 찬 바람을 막으면서 한밤을 지냈다. 그런데 고향에 있는 신도들의 신심은 어떨까? 방심은 큰일이다. 이러한 내 생각을 언젠가 만나 서로 이야기하며, 신심결정(信心決定)하여 함께 극락왕생해야 할 것이다. [그래서 읊는다.]

[고향] 신도들의 신심은 여전하려나?

이런 마음을 언제 알아주리.

10월 8일, 오늘 항구[船戸]에 도착한다고 하여, 모든 병사의 기쁨은 말로 다 표현할 수 없다. 나 자신의 기쁨이야 더욱 비할 바 없다. 길에서 벌써 고향에서 온 서신, 히슈 공에게 루스(留守)가 보낸 소식[注進][104] 등을 실은 쾌속선이 왔다는 소식을 듣고, 길을 서둘러 빨리 편지를 보려고 한없이 마음이 조급해졌다. [그래서 읊는다.]

울산에 도착하자마자 고향 자식들의

편지를 읽는 것이 더없이 기쁘구나.

10월 9일, 어제부터는 고향의 처자식과 손자들이 모두 무사하다는 소

......

103 여기 : 경주를 가리킨다.

104 소식[注進] : 8월 15일 남원성 함락 때 오타 가즈요시의 군대가 제일 먼저 입성한 것에 대한 상장[感狀]. 남해안 지역에 왜성(倭城) 축성을 지시하는 명령 등이 전달되었으며, 이와 함께 편지 등이 전달되었을 것으로 보인다.

식을 들어, 빨리 직접 보고 싶다는 바람이 더욱 깊어졌다. 기뻐서 밤에 잠도 못 이룬다. 기쁨의 눈물은 한이 없다. [그래서 읊는다.]

같은 날, [얼마 전에] 일본에서는 태풍과 홍수가 있었다는 사실을 부재중인 성주님을 대리하는 가신들이 보낸 서간을 받아보고 알았다. 우리 절의 도량들은 어떻게 되었을까? 안절부절 걱정하고 있노라니, 점점 더 나쁜 생각이 들어 이렇게 읊는다.

10월 10일, 도대체 자식들이 편지는 보냈는데, 바람이 얼마나 불었다거나 물이 얼마나 불었다는 말이 없는 것이 무척 무심하다. 참으로 쉬운 일인데 하면서, 너무나 무심하다는 생각에 원망스러워서 이렇게 읊는다.

같은 날, 비록 자식들은 젊어서 그런 생각을 못하더라도, 신도들은 이번 전갈 편에 편지 한 통은 보내주었어야 했다. 얼마나 원망스러운지 한탄하면서 읊는다.

10월 11일, 고향 사람을 원망하며, 그 무엇도 소용없다는 생각이 들고 한탄만 깊어져 이렇게 읊는다.

10월 12일, 내 마음을 다잡고 그렇다 치더라도 이렇게까지 탄식할 일인가 하고 생각하고, [이렇게 읊는다.]

탄식 말자고 생각을 하면서도 먼저 흐르는

남 모를 눈물들을 그 누가 알 것인가.

10월 13일, 황공하옵게도 아미타불이라고 쓴 것을 목에 둘렀는데, 손이 너무 더러운지라 삼가 두렵기도 하지만, 큰 자비가 있으심을 느끼며 [이렇게 읊는다.]

청명치 못한 제 곁에 함께 계신 아미타불님

이 세상의 끝까지 따라가겠나이다.

10월 14일, 아미타불의 본원(本願)인 대자대비가 황송하기 이를 데 없어서 나도 모르게 읊어본다.

원래부터 넓디 넓은 서원(誓願)이기에

맑은 사람 탁한 사람 아무도 버리지 않네.

10월 15일, 여러 가지 소원이 많아서 번뇌를 끊기 어려운지라 [읊는다.]

어둠 속에서 어리석은 내 마음 헤맬지라도

아미타불 서원은 영원토록 빛나리.

10월 16일, 정해진 운명이라고 밤새도록 다짐해 보지만 내 자신이 평범하고 보잘것없는 사람인지라 다짐한 것을 자꾸 잊어버리니 한심하기 짝이 없구나. 어떻게 이를 글로 써서 평소에 바랬던 왕생을 이룰 수 있을까 생각하며 이렇게 읊는다.

불법에 담긴 그 많은 말씀들을 마음속 깊이

새겨 두지 못하는 내가 원망스럽네.

10월 17일, 만약 이 아미타불의 힘으로 극락정토에 가지 못한다면 내생(來生)의 세상에서는 하염없이 번뇌만 할 것이라고 탄식할 새도 없었다.

명도(冥途)[105]의 어둠에서 헤매일 것이리라

언제까지나 큰 은혜로 가득한 불법(佛法)의 바다

마를 일이 없으며 그 끝조차 없도다.

10월 18일, 애초에 이 인간세계뿐 아니라 옛날에도 불법을 따르고 있었지만, 아미타불의 대자대비를 완전히 믿지 못하는 인간의 마음 때문에 이리저리 떠도는 범부(凡夫)[106]가 되어버렸다. 만약 또 믿지 못하여 윤회하게 된다면 그 고통에서 벗어날 수 없을 것이다.

세상을 거쳐 어렵게 만나게 된 불법(佛法)을 따라

이 몸 버리더라도 아까움이 없도다.

10월 19일, 본원의 존귀함이 너무나 감사히 생각되어, 애초에 이 가르침을 따르지 못하고 불법 수행을 소홀히 했다면 어떻게 고통의 바다를 건널 수 있겠는가라고 마음속에 새기며 [읊는다.]

무한한 기쁨 나눠주고 계시는 불법(佛法)의 배를

소홀히 수행해선 타지 못하리라.

10월 20일, 그렇다 치더라도 이렇게 감사한 가르침을 듣고도 잘 이해하지 못한다면 세상 이치를 모르는 사람이 되겠구나 하고, 그 은혜에 감사하며 읊어본다.

모든 자비를 남김없이 주시는 아미타불님

그 명호(名號)를 모르는 인간의 어리석음.

......

105　명도(冥途) : 사람이 죽어서 간다는 영혼의 세계.

106　범부(凡夫) : 번뇌에 얽매여 생사를 초월하지 못하는 사람.

10월 21일, 이 세상은 고통에 또 고통을 더하여 죄를 지을 뿐이다. 어떻게 하면 우리도 하루속히 극락의 기쁨을 얻을 수 있을까. 얼른 고귀한 몸이 되기를 마음속으로 기도한다.

10월 22일, 이토록 서둘러 염불하라고 가르쳐주시는 부처님의 말씀을 듣고도, 그것을 보지도 듣지도 않는다면, 방황에 방황을 쌓으며 살아갈 수밖에 없지 않겠는가.

10월 23일, 참으로 안타깝기 그지없다. 이 보잘것없는 집에서 제사를 모셔도 될지 걱정하다가 급히 마음을 먹고 이 집을 새로 고쳐서, 오늘 저녁에 제사를 모실 수 있었던 것은 그저 부처님의 자비로움 덕분이다. 더욱더 황공한 마음 이를 데 없어, 눈물을 글썽이며 아미타불의 덕망에 감사드린다.

10월 24일, 무릇 부처님의 뜻과 함께 잠을 이루고 부처님의 뜻과 함께 일어나라는 가르침으로 매일을 보낸다.

10월 25일, 나의 마음을 되돌아보니 전생에 어떠한 약속이 있었길래 이렇게 고통스러운 수행을 하는 것일까. 한스럽다고 탄식하며 이렇게 읊는다.

약속이라도 있었으면 나았지 허무하게도

마음만 번민하며 기도할 뿐이라네.

같은 날, 새벽녘에 어머니가 돌아가셨을까. 사실은 꿈을 꾼 것이었지만 혹시나 하는 마음에 이렇게 읊어본다.

어머니께서 허무한 세상으로 가신 것일까

눈물에 목이 메여 꿈이라 생각하네.

같은 날, 앞에서 읊은 시에 덧붙여 지은 시다. 번민하는 내 마음이라고 생각하며 내 자신에게 주는 교훈으로 삼았다.

번민이라고 알면서도 세상은 무상하다네

세상 이치 모르고 소매를 적신 눈물.

10월 26일, 바라는 바가 많이 이루어졌기 때문에 이제 극락으로 맞아주십사 기도하며 읊은 시다. 별다른 뜻은 없다. 11월 즈음[107]에 간다면 구름이 끼어 있어도 그 빛이 땅까지 떨어질 터이니 얼마나 황공한 일인가. 이 기도는 무수히 많은 것 중에 하나지만 이것이야말로 인과(因果)의 약속이라고 생각하니 너무나도 복받쳐 올라 이렇게 읊는다.

저세상으로 안락한 그 나라로 맞아주소서

아무도 모를 테지 나의 이런 기도를.

....

107 11월 즈음 : 원문은 '霜月此比'. 음력 11월 26일경으로 이는 일본의 정토진종(淨土眞宗)을 처음 세운 고승(高僧) 신란(新鸞, 1173~1262)의 기일을 기려 혼간지(本願寺)에서 보은강(報恩講)이 열리는 시기를 말한다.

같은 날에 귀한 가르침을 만나 받들게 되었다. 이는 신심(信心)을 기쁨으로 여기고 끊임없이 수행했기 때문이다.

10월 27일, 제사를 모시고 나니 더욱더 감사한 마음에 불법의 시를 읊어드리고 싶은 마음이 들었다. 너무나도 큰 기쁨을 삼가 아뢰며 이렇게 읊는다.

같은 날, 여래의 흥세(興世)를 만나기 어렵고, 보살의 승법(勝法)을 마주하기 어려워졌다고 설법을 했다. 많은 사람들 가운데 이런 내가 불법(佛法)의 기쁨을 아뢸 수 있다니. 다만 또 규율을 어긴 것은 아닌지 다시 한번 되돌아보며 [읊는다.]

10월 28일, 불법(佛法)은 무량억겁(無量億劫)[108]이 지나도 만나기 어려운 가르침이다. 짧은 이 세상을 살겠다고 정해진 가르침을 어기는 것은 아무리 생각해도 한심한 일이다.

같은 날에 "유능상칭여래호(唯能常稱如來號)" 즉 언제나 오직 아미타여래의 명호를 외라고 써있는 부분을 읽으며 그 기쁨을 이렇게 읊어본다.

---

108 무량억겁(無量億劫) : 헤아릴 수 없이 긴 시간.

<blockquote>
괴로움 없이 넓은 서원의 은덕 만난 몸이니
여래님의 명호를 항상 읊조리거라.
</blockquote>

10월 29일, 참으로 도읍지로 올라가 불법의 뜰에 있을 수 있다면 그 얼마나 기쁠까 하고 생각해 본다. 이렇게 한심스러운 변방의 나라에 와 보니, 보는 이도 듣는 이도 모두 자기가 가진 탐욕을 그대로 행하고, 아침저녁 할 것 없이 분노로 하루를 보낸다. 불교의 세 가지 보물 즉 부처와 신과 승려를 말하는 자가 전혀 없다. 모두 지옥, 아귀, 축생의 세 가지 길로 들어가 괴로워하게 될 것이 한탄스러울 뿐이다.

<blockquote>
함께 해야 할 불법의 넓은 뜰에 있지 못하고
힘겨운 세상으로 와버린 현실이여.
</blockquote>

같은 날에 비록 머나먼 바닷길을 건너 이곳에 왔다 할지라도, 마음만은 예전에 내가 있던 절에 머물며 부처님 앞에서 참회의 기도를 드리고 있다고, 깊은 슬픔과 비탄 속에서 이렇게 읊는다.

<blockquote>
멀리 저 멀리 저 바다와 산들이 가로막아도
마음만은 여전히 옛적 절에 있다네.
</blockquote>

상월(霜月)[109] 1일, 벌써 이번 달은 정토진종을 세우신 스님이 돌아가신 달이다. 아! 고향으로 돌아가서 함께 수행하던 분들과 법당에 모여서 기쁨을 나누고 싶다는 마음만으로 기도드린다. 홀로 슬픔을 견디기 어렵기에 이렇게 읊어본다.

<blockquote>
달, 별, 구름도 그리고 안개조차 변함없는데
혼자서 저 하늘을 쓸쓸히 바라보네.
</blockquote>

같은 날, 어떻게 해도 이 불사(佛事)에는 참여하지 못할 것이다. 정말이

---

109 상월(霜月) : 음력 11월.

지 안타깝기 이를 데 없다. 그렇지만 내 몸이 내 뜻대로 되는 것이 아니고 불법을 지켜야 하는 규율이 있으니, 슬픔 속에서도 이런 생각은 하지 말고 참아야 한다.

> 마음을 다해 깊고 깊은 생각을 했다는 것을
>
> 신께선 아시겠지 슬피 우는 눈물도.

11월 2일, 서리 내리는 긴 밤인지라 자꾸만 잠에서 깨어 밤새도록 여러 가지 생각을 하게 된다. 이를 탄식하며 이렇게 읊는다.

> 말하고 싶네 잠 못 이루는 까닭 물어나 볼까
>
> 이리 흐르는 눈물 무엇 때문인지를.

같은 날, 밤이 길더라도 그래도 잠깐이나마 잠이 들면 옛 고향 아이들을 꿈속에서라도 만나고, 잠시나마 마음을 달랠 텐데 라며 읊는다.

> 잠이 든다면 꿈에라도 볼 텐데 그리운 옛날
>
> 더욱더 잠 못 드는 긴 밤이 야속하네.

11월 3일, 잠들지 못한 것이 베개 탓이 아닌가 하고 뒤척이다가 또 눈물을 흘린다. 여러 이유로 사람을 원망하고, 되지 않는 일들을 한탄하다가 읊어본다.

> 베개 탓으로 생각한 것조차도 부끄럽구나
>
> 흘러내리는 눈물 마를 새가 없다네.

같은 날, 점점 더 잠이 안 오는데, 그 쓸쓸함과 함께 소매도 이불도 눈물로 젖어버려서 더욱더 잠 못 들게 되었다. 고향 친구를 생각하자 너무나 보고 싶어 읊어본다.

> 길고 긴 밤에 자꾸만 잠을 깨다 새벽이 되면
>
> 그 어느 때보다도 오랜 벗 생각나네.

11월 4일, 너무나도 폭풍이 거세게 불어 몸에 스며드니 그래도 그리

운 것은 고향인 듯하다. 늙은 몸에 추위가 스며드는 것이 고통스러워 이렇게 [읊는다.]

　　가면 갈수록 고향이 그리워지는 늙은 몸 위해

　　차가운 폭풍이여 조용히 불어다오.

　같은 날, 잠들지 못한 채 새벽녘이 되었다. 하늘을 바라보니 기러기들이 날아가고 있었다. 그 모습을 보니 그래도 부럽구나, 마음먹은 대로 어디를 향해 가는 것일까 하고 생각했다. 물어볼 수만 있다면 물어보고 싶었다. 또 소식을 전해달라고 부탁이라도 하고 싶었다. 너무나도 괴로운 나머지 이렇게 읊었다. 그저 생각나는 대로 읊은 것이긴 하지만 여기에 적어둔다. 거칠고 우스운 시지만.

　　소식 전하리 전할 길이 있다면 작히 좋을까

　　마음대로 하늘 나는 저기 저 기러기여.

　11월 5일, 한심스럽다. 이 늙은 몸이 혼자 탄식하는 게 스스로 생각해도 한심스러워 마음을 달래며 여러 가지로 마음을 고쳐먹었다. 그러나 눈물이 멈추지 않기에 [읊는다.]

　　세상 사람들 그중에도 슬픔이 있을 터이지

　　나 혼자만이 하는 수행이 아니기에.

　같은 날, 부끄럽구나. 나도 결국 번민에 빠져버렸다고 생각하니 무상한 마음이 들었다. 이렇게 번민에 빠진 사람은 나 혼자밖에 없을 것 같았다. 그러나 겐지(源氏)의 부인인 뇨산노미야(女三宮)[110]가 "[괴로움이 불에 타서 연기가 된다면 누구의] 연기가 더 나는지 비교해 보라."고 말

110 뇨산노미야(女三宮) : 무라사키 시키부의 『겐지모노가타리』에 등장하는 가공의 인물. 스자쿠인(朱雀院)의 셋째 딸로, 히카루 겐지의 아내가 된다.『겐지모노가타리』제2부의 시작에 해당하는 「와카나(若菜)」편 이후부터 중심인물로 등장한다.

한 것이 생각나서 이렇게 읊는다.

> 나만큼 깊이 번민하는 사람이 있을 것인가
>
> 괴로움의 연기를 나와 비교해 보라.

11월 6일, 수염을 자르는데 하얀 수염이 가득한 것을 보고 이렇게 급격히 하얗게 센 것이 올해 들어서라는 생각이 들었다.

> 수염에 내린 오래 된 하얀 눈을 세어보자니
>
> 이번 한 해 동안에 쌓이고 또 쌓였네.

같은 날, 머리가 너무나 하얗게 센 걸 보고 고마치(小町)[111]가 읊은 시의 심상을 떠올렸다. 고마치는 나이가 많이 들면 초로의 시절이 그리워진다고 했는데 지금 내 처지와 똑같은 것 같다. 참으로 한심스럽다.

> 무상하구나 보내고 맞이하던 그 세월들을
>
> 내 초로의 시절로 돌려주고 싶구나.

11월 7일, 서리 내리는 밤이 무섭도록 추웠는데 새벽이 되니 얼어붙을 만큼 더 추워졌다. 집안에는 몸을 따뜻하게 할 만한 곳도 없는지라 너무 고통스러워 이렇게 읊는다.

> 살을 에이는 매서운 찬 서리가 내리는 밤은
>
> 새벽이 더 괴롭고 허리도 쑤셔온다.

같은 날, 역시 저녁 무렵에 밤이 되면 더 춥고 고통스러워질 것이라 생각하고 있는데 벌써 서리가 내리는 것을 보고 이렇게 읊는다.

> 차디찬 서리 두렵지는 않으나 몸을 에어 와
>
> 새벽이 될 때마다 더 굽어지는구나.

11월 8일, 과연 어떠한 인연이었을까. 잘 모르는 조선 땅에 군대를 배

111　고마치(小町) : 오노노 고마치(小野小町, ?~?). 헤이안시대 전기(9세기경)의 여성 가인(歌人).

치하고, 이 나라의 흙바닥 위에서 기거하게 된 것은 옛날부터 운명 같은 약속이 있었기 때문이라 생각되어 이렇게 읊는다.

이 나라와는 인연이 있었겠지 오래 전부터

오늘밤도 차디찬 잠자리에 눕는다.

같은 날, 이런 전생의 인연을 생각해 봐도, 아미타불의 본원(本願)은 참으로 존귀하여 다른 부처의 가르침에도 없는 것이다. 왜냐하면 이렇게 보잘것없는 범부라 할지라도 한결같은 신심(信心)으로 기원한다면, 누구나가 바라는 극락세계로 맞아주시어 일곱 보배로 장식한 장엄한 연꽃 의자에 앉아 무한한 기쁨과 즐거움을 누릴 수 있기 때문이다. 그 것을 생각하면 이렇게 고통스럽게 흙바닥에서 기거하는 괴로움도 잊을 수 있으니, 이 또한 기쁘지 아니한가. 이 기쁨을 이렇게 읊어본다.

휘황찬란한 보석으로 꾸며진 사방정토에

찬연하게 빛나는 극락세계 가보자.

11월 9일, 이처럼 부처가 없는 세상에 살고 있어도, 아미타불은 우리를 버리지 않는다고 약속하셨기에 어느 곳 어떤 곳이라도 찾아오셔서 거두실 것이다. 그렇기에 이토록 비천한 몸이지만 아미타불을 따르는 신심(信心)만은 결코 어리석은 것이 아니다. 이렇게 부족한 몸이지만 극 락세계로 같이 데려가 주시기를 기도하며 읊는다.

저를 찾아와 맞아주시옵소서 극락세계로

이렇게도 비천한 내 한 몸이지만은.

같은 날, 이렇게 한량없는 자비를 베풀어 주심에도 불구하고 이를 소 홀히 섬기고 소홀히 공경한다면 고통의 바다에 빠져서 온몸이 얼어붙 는 얼음의 지옥에 침몰하여 다시는 이 세상 위로 떠오르지 못할 것이다. 방심하지 않도록 주의해야 한다. 또한 이 시는 『무량수경』[112]에서 언급한 "하부군생위지중담(荷負群生爲之重擔)" 즉 중생이 가진 모든 고통의 짐을 대신 받아서 인도해 주신다는 가르침을 읊은 것이다.

중생들이여 무겁게 짊어진 짐 이리 주거라

이 아미타불의 뜻 어찌 모르겠는가.

11월 10일, 이 생각 저 생각 하다 보니 밤새도록 뒤척이다가 끊임없이 옛날 생각이 나서 잠 못 이룬다. 정말 언제가 되면 이런 마음을 고향 사람들에게 말해줄 수 있을까 하고 그냥 읊어본다.

그리워하다가 잠 못 드는 새벽녘 이 내마음을

언제쯤 되어서야 들려줄 수 있을까.

같은 날, 아무리 고민해도 이 세상은 생각대로 되는 게 아니라는 것을 나 자신도 알면서도 어쩔 도리가 없어 괴로워하며 생각나는 대로 읊어 본다. 가능하다면 세상에서 가장 괴로운 조선 전쟁에서 떠나고 싶다는 생각을 모든 다이묘(大名)[113]가 하는 것 같다.

생각한 대로 안 되는 세상이니 원망스럽네

언제까지 이곳에 있어야 할 것인가.

11월 11일, 오른쪽 왼쪽 할 것 없이 대장장이와 목수의 쇠망치 소리, 손도끼를 쓱쓱 가는 소리가 들리는데, 특히 새벽녘에는 그 소리가 더 크게 들려서 잠을 이룰 수 없다. 한밤중부터 두들겨대는 소리가 들려오는데 이를 시로 읊는다.

끊길 새 없이 대장장이와 목수가 두드려대는

112 『무량수경』 : 한국불교 정토신앙(淨土信仰)의 근본 경전.『대무량수경(大無量壽經)』 또는 『대경(大經)』이라고도 한다.

113 다이묘(大名) : 11세기 이후 일본 국토가 분할될 때 사유지에 지배권을 행사하던 무사의 우두머리를 가리킨다.

같은 날, 누구에게나 괴로움은 있겠지만, 특히 저 사람들은 기력도 없을 만큼 힘들어 보여서 이렇게 읊어본다.

11월 12일, 정말이지 철포, 깃발 다는 사람, 대장장이, 하급무사, 뱃사공, 인부에 이르기까지도 안개를 가르고 산으로 올라가 벌목을 하고, 저녁에는 별을 보며 늦게 돌아온다. 그럼에도 불구하고 방심하면 맞거나 아니면 적에게 목을 잘린다. 그렇게 죄도 없는데 다른 일을 핑계 삼아 목을 잘라 네거리에 세워두기도 한다.

같은 날, 그래 어쩔 수 없지. 결국 내 전생의 인과(因果)로 인해 일어난 일들이니 말이다. 그러나 생각지 못했던 일이 일어나면 내 잘못은 접어두고 마음속으로 엉뚱한 사람을 원망하는 경우가 있다. 이는 속세에서 자주 있는 일이기는 하지만 그래도 역시 이런 일을 당하면 억울할 것이다.

11월 13일, 어떠한 사람이라도 잘 보기 바란다. 부처의 앞이라고 하면서도 삼악(三惡)[114]이 바로 눈앞에 있지 않은가. 어쨌든 잘못이 있는 자야말로 감옥에 넣고 물을 먹이고, 목에 쇠사슬을 채워 묶고, 달군 쇠를 대는 일은 이 허망한 세상에서 자주 일어난다. 조심해야지 만약 방심한다

......

114 삼악(三惡) : 악인이 죽어서 간다는 세 가지 괴로운 세계.

면 내세에서는 이러한 처벌을 당한다고 생각해야 한다.

삼악(三惡)은 절대 멀리 있지 않다네 바로 눈앞에

과오를 저지른다면 감옥에 갈 수밖에.

같은 날, 내세가 있다는 것을 깨닫지 못하고 하고 싶은 대로 하며 죄를 짓고 만다. 그렇기에 이 세상에서도 이와 같은 고통을 겪는다. 미래를 깨닫고 내세를 걱정하는 자라면 모든 것이 이루어지는 세상은 아닐지라도 결코 잘못은 저지르지 말아야 한다.

내세에 있을 고통 알지 못하고 내가 저지른

죄로 인해 결국은 지옥으로 간다네.

11월 14일, 어찌 되었든 모든 인간세계의 모습은 삼독(三毒), 즉 탐욕의 죄 이외에는 별다른 것은 없는 듯하다. 무사(侍)를 필두로 하여 재물을 탐하고 억지로 남의 재보(財寶)를 빼앗으려는 궁리 외에 중요한 건 하나도 없다.

무사들은 내일은 모른다고 늘 말들 하지만

탐욕심에 어두워 불평밖에 없더라.

같은 날, 이렇게 내일을 알 수 없는 험난한 세상이니 우선 편하게 있으라고 하지만, 마음속에는 모두 악한 마음으로 가득 차 있다. 밤새도록 사람을 다그쳐서 돌을 쌓게 하고, 성의 축조도 마찬가지이다. 사람의 물건을 빼앗으려는 궁리는 오직 탐욕에서 비롯된 것이다.

밤을 새워서 돌을 끌게 하고 성을 쌓는 건

오롯이 탐욕에서 비롯됐을 것이다.

11월 15일, 참으로 백성은 어떻게 되든 안중에 없는 모양이다. 왜냐하면 밤낮 구별 없이 사람을 과도하게 혹사시키고 조금이라도 잘못하면 즉시 심하게 처벌하고, 올무로 묶어서 때리는 것은 어쨌든 죄업을 만드는 일이다.

같은 날, 이런 일들을 생각하고 있자니 지옥은 저 멀리에 있는 것이 아니다. 바로 눈앞에 보이는 일을, 죽은 후에 겪게 될 고통을 꿈에서도 알지 못하고 지내는 것이 한심스럽다.

11월 16일, 앞에서 읊은 시와 같은 심상으로 읊는다. 산에 기어 올라가서 큰 나무를 베게 하고, 가져온 나무가 가늘면 다시 베어오게 시킨다. 다시 산으로 쫓아 보냈다가 잡히면 명나라 사람에게 목을 잘려서 생각지도 않게 죽게 된다. 또 쓸모없게 된 자는 숨어서 도망친 자도 있다. 그저 내가 전생에 만든 죄업이라고 생각할 수밖에 없다. 안타깝기 짝이 없는 일이다.

같은 날, 이와 같이 죄업이 적히는데도 불구하고, 작은 실수 하나 없도록 혹사당하고 이 멀리 끌려와서도 한순간의 틈도 없이 괴롭힘을 당하는 것은 정말이지 인간의 삶이라고는 볼 수 없다.

11월 17일, 덴카(天下)[115]님께서 명령서[御朱印]를 보냈다. 조선에서 귀

______

115　덴카(天下) : 도요토미 히데요시.

국하는 일정을 잘 조절해 인부(人夫) 한 사람도 남겨 두지 않도록 주의하여 배를 타라는 것이었다. 참으로 황공한 말씀이라고 모든 사람들이 기뻐했다.

방방곡곡에 있는 백성들까지 가엽게 여겨
다이코(太こう)[116]가 보내신 명령서 아니던가.

같은 날, 이와 같은 일은 백성을 가엽게 여기셨기 때문인데, 정작 관리들은 그런 생각도 없이 백성들을 가혹하게 다루고 먹을 것이 없을 때마다 산으로 쫓아내 버리니, 이 얼마나 한심한 일인가. 이 마음을 읊어 본다.

다이코(太こう)께서 어여삐 여기셨던 이 백성들을
이렇게 버리다니 참으로 고약하다.

11월 18일, 만 리의 파도를 넘어 이곳 조선까지 이렇게 많은 사람들이 출진한 것은 단지 각자가 짊어져야 할 덧없는 세상 때문이다. 높은 사람이나 천한 사람이나 하나도 다르지 않다. '이 한탄스러움이 없다면 이 세상은 마음 편한 곳일 텐데'라고 생각해 본다. 다른 사람들의 일을 마치 내 일이나 되는 듯 생각하며 말해도 소용없는 것까지 읊어본다.

열 명의 왕들 그중에 한 명 빼고 아홉 명 왕이
여기 조선의 땅에 와서 모여있다네.

같은 날, 참으로 이와 같은 고통이 없었으면 좋겠다. 이러한 곳에 왜 와서 이렇게 괴로워하는 것일까. 어쨌든 괴로운 세상을 서둘러 얼른 벗어나고 싶다는 바람뿐이다. 하필이면 노후에 이러한 괴로움을 만난 것이 더욱 한탄스럽다.

....

116 다이코(太こう) : 太閤. 도요토미 히데요시.

11월 19일, 일본에서도 장사꾼들이 굉장히 많이 왔는데, 그중에는 사람을 팔고 사는 자도 와서 뒤쪽 진영의 맨뒤를 쫓아다니며, 남녀노소를 가리지 않고 사들였다. 그리고는 밧줄로 목을 묶은 다음에 다 앞으로 몰아서 걷게 했는데, 잘 걷지 못하면 뒤에서 지팡이로 몰아세우고 두들겨 때리는 모습이 마치 지옥의 하수인인 아방나찰(阿傍羅刹)[117]이 죄인을 잡아들이면 이런 모습일까 하고 생각되었다.

이렇게 사람을 사 모아 마치 원숭이를 묶어 끌고 다니다가, 그들에게 소와 말을 끌게 하거나 짐을 지게 하는 등, 괴롭히는 모습은 그저 보고 있기만 해도 괴로울 지경이다.

11월 20일, 그중에서도 특히 소름 끼치는 것은, 배를 대는 부두에서 각 진영마다 소 등에 무거운 짐을 산더미처럼 실은 다음에 끌고 와서는 본진에 도착하면 소 같은 건 아무짝에도 쓸모없다며 그 자리에서 죽여 가죽을 벗기고 먹어 치우는 광경이다. 이것이야말로 축생도(畜生道)[118] 아닌가 하고 생각할 뿐이다.

....

117 아방나찰(阿傍羅刹) : 지옥에 존재한다고 전해지는 옥졸(獄卒, 지옥의 간수). 현세에서 악행을 저지른 사람이 지옥에 떨어질 때, 그들은 이 존재들에 의해 염마왕[閻魔] 앞으로 끌려가며, 그곳에서 수백, 수천만 년 동안 끝없는 고문과 책망[呵責]을 받는다고 한다.

118 축생도(畜生道) : 불교에서 말하는 육도(六道) 가운데 하나로 악업(惡業)의 결과로 죽은 뒤 태어나는 짐승의 세계, 즉 어리석음과 탐욕에 사로잡힌 존재들이 윤회하는 세계를 뜻한다.

이처럼 여러 가지 참담한 모습을 보자니, 그저 인간 세상만큼 무섭고 어리석은 것은 없는 것 같다.

11월 21일, 오늘부터 정토진종(淨土眞宗)을 세우신 스님이 돌아가신 달로 접어든다. 특히 오늘부터는 감사하는 마음을 잊지 말고, 다 함께 그 은혜에 감사하는 법회를 열어 보은을 숭상해야 하는 것이 법도이다. 허나 이 전쟁터의 초라한 거처에서는 따르기 어렵기에, 이를 탄식하다 가 그저 이렇게 잊지 않고 마음속으로나마 감사하고자 한다. 그래서 여러 가지 일들을 읊조려 보지만 여간 조심스러운 게 아니다. 함께 이야기 나눌 승려도 없기 때문에 붓가는 대로 써내려가 보았다. 이 글들은 늙은 내가 이 조선에 배치된 부대에서 경험한 보기 드문 일을 적은 것이다. 또 한 언제 높은 파도를 헤치고 고국 땅으로 돌아갈 수 있을지 불확실하기 때문에, 이 보은의 시간 속에서 우리 마음속에서 생각한 것들을 고향의 아이들에게 보여주기 위한 것이기도 하다. 경전에도 이미 "자신교인신 (自信敎人信) 난중전교난(難中轉敎難) 대비전보화(大悲傳普化) 진성보불은 (眞成報佛恩)"이라고 했다. 즉 "내 자신이 먼저 믿음으로써 남을 믿게 해 야 한다. 이는 어려운 일 중에서도 더욱 어려운 일이지만 여래의 대자대 비는 이런 방법으로 전해져서 많은 사람을 구원했다. 그러니 내 자신이 믿는 것이 바로 부처에게 보은하는 길이다."라고 하신 것이다. 이를 쉽 게 풀어서 시로 만들어 보았다.

또한 불경[119]에 "11월 21일부터 이를 읽고 사람들에게 믿음을 전하라."

고 하신 것을 다음에 읊는 시의 첫머리에 차용하여 "오늘부터는"이라고 시작했다. 아, 내 고향에 돌아간다면 동료 승려들을 매년 찾아가 서로 같이 신심을 닦을 터인데 하면서 탄식한다. 그 눈물이 소매를 적시다 못해 너무 젖어서 말릴 수 없는 지경까지 되어버렸다. 여기에는 일반 중생만 모여 있고, 같이 수행하는 승려가 전혀 없기 때문에 나의 신심도 자꾸만 얕아지는 것 같다. 보잘것없는 시지만 읊어본다.

오늘부터는 중생도 가르치고 내 자신 역시

신심을 닦아 함께 안락한 세상으로.

이렇게 생각하고 시를 읊었으나, 함께 신심을 나누고 같이 이야기할 동료 승려가 없기 때문에 많이 지은 시 중에 이것만 적어 봤다. 이 또한 참으로 안타까운 일이다. 그렇다 해도 기쁜 마음으로 우리의 신심을 바치는 것이 결코 어리석은 일은 아니다. 생각지도 못했던 이런 전쟁터에 와서 중생들만 만나다보니 내 마음이 혼탁해진 탓인지 나의 힘이 미치지 못하는 것 같다.

나의 신심을 그대로 지켜내고 그러고 나서

중생 이끄는 것을 보은이라 하노라.

이는 "진성보불은(眞成報佛恩)" 즉 진정으로 부처의 은혜에 보답하는 방도에 대해 설명한 구절을 시로 읊은 것이다. 그러나 이렇게 고귀한 권화(勸化) 즉 불교를 믿지 않는 사람을 설득하여 불도에 들게 함으로써 넘치는 기쁨으로 경배 올린다는 것이 쉬운 일은 아니다. 그런데 이렇게 어려운 기회를 만났음에도 불구하고 이를 소홀히 여겨서 잘못을 저지른다면 들어도 안 들은 것만 못하다. 또 한 번 말하지만, 이 시는 사람이

......

119 불경 : 원문은 御文. 혼간지파 8대 당주 렌뇨(蓮如, 1415~1499)의 법어(法語)를 가리킨다.

신심을 얻는 것이 바로 부처에게 보은하는 것이라는 의미를 적은 것이
다. 앞에 있는 시를 말하는 것이다. 그리고 같은 날에 읊은 시가 또 있는
데, 신심을 얻음으로써 기뻐하는 것은 어려운 일 가운데서도 어려워 이
보다 더 어려운 것은 없다는 내용인데, 바로 다음의 시이다.

진정 진실로 부처님의 은혜를 기뻐하는 이

드문 것 중에서도 가장 드문 것이다.

11월 22일, "불인석가불개오(不因釋迦佛開悟) 미타명원하시(彌陀名願何
詩)"라는 구절을 시로 쉽게 풀어 써보았다. 이는 "석가모니가 깨달음을
얻지 않으셨다면 아미타불이 그 명호와 서원을 과연 언제 받을 수 있었
을까."라는 의미이다. 바로 이를 읊은 시[이다.]

석가모니의 가르침을 따르지 않았다면은

아미타불 이름을 들을 수 있었을까.

같은 날, 이는 대경(大經) 즉 무량수경(無量壽經)에 있는 말씀이다. "아
이자비애민(我以慈悲哀愍) 특류차경지주백세(特留此經止住百歲¹²⁰)"라는
말씀이다. 그 의미는 모든 불도의 길이 끊어진 지금 자비와 애민(哀愍)
의 마음으로 그저 이 경전만은 계속 이 세상에 두겠다는 것으로, 석가모
니가 미륵에게 하신 말씀이다. 이 얼마나 감사한 말씀인가. 염불을 하면
그 공덕이 삼세(三世)의 세상 즉 전생, 이생, 내세까지 미친다는 불경의
구절을 시로 읊어본다.

삼세에 걸친 불법(佛法)의 넓은 공덕 그중에서도

말세까지 미치는 미륵의 서원이여.

같은 날, "삼세제불호념경(三世諸佛護念經)"이라는 구절을 시로 읊어

----

120 特留此經止住百歲 : 저본에는 '止'가 누락되어 있어 이를 보충해서 기입했다. 다만 저본에서도 이
　　뒤에 이어지는 부분에서는 'とゝむる事しちうして'라고 '止'에 해당하는 부분이 명기되어 있다.

본다.

삼세의 모든 부처가 지켜주신다는 것은, 마음속 깊은 곳으로부터 아미타불을 따르고 그 명호를 왼다면 지켜주신다는 뜻이다. "나무아미타불"이라고 입으로 왼다면 모든 대지의 신들이 그를 존경하고, 또한 모든 사물에 그림자가 따라다니듯 밤낮을 가리지 않고 따라다니며 지켜준다는 의미인데, 이는 아미타경에 잘 나와 있다. 이렇게 부처가 삼천세계 어디든지 오셔서 약속을 지키고 수호해 주심을 의심한다면 그야말로 참으로 어리석은 짓이다.

11월 23일, 오조(五祖) 즉 다섯 분의 고승이 동한(東漢)에 태어나 서방세계로 왕생하는 법을 가르치셨다는 부분을 시로 읊었다. 오조(五祖)란 법조(法照), 소강(少康), 담란(曇鸞), 도작(道綽), 선도(善導) 이 다섯 분의 고승을 말한다. 이들은 모두 당나라 때의 인물들이다.

같은 날, 호넨(法然)[121]과 신란(親鸞)[122]이 널리 전파하지 않았더라면 지금 존재하지 않았을 것이라고 적힌 부분을 시로 읊는다.

......

121 호넨(法然) : 헤이안시대 말기부터 가마쿠라시대 초기의 일본 승려. 히에이잔(比叡山)에서 천태종 교학을 공부하고, 1175년에 오로지 아미타불의 맹세를 믿고 '나무아미타불'이라고 염불하면 사후에는 평등하게 왕생할 수 있다는 전수(專修)염불의 가르침을 설파하여 후에 일본 정토종의 종조로 추앙받았다. 호넨은 방호(房號)이고 위(諱)는 겐쿠(源空)이다.

122 신란(親鸞) : 1173~1263. 가마쿠라시대 전반부터 중기에 걸친 일본의 불교가. 신란 성인으로 존칭되며, 가마쿠라 불교의 하나인 정토진종의 종조로 여겨진다.

불법을 가르치셔 불도로 인도한 것.

같은 날, "예로부터 전해져온 이 가르침을 계승하지 않는다면 우리가 어찌 해탈의 길을 찾아갈 수 있겠는가."라고 말씀하신 구절을 이 시에 담아 본다. 참으로 지금 불도로 이끌어 주신 분들의 가르침이 없었더라면 어떻게 우리 같은 범부가 쉽게 왕생을 구할 수 있겠는가. 우리에게 주어진 규율을 잘 지키고 받들어 이제 극락으로 가고 싶은 소망을 이루어 보자고, 신심의 기쁨을 이렇게 읊어본다.

이들 선승이 태어나 가르치지 않으셨다면
삶과 죽음의 해탈 어찌 알았겠는가.

11월 24일, "비본사지식권(若悲本師知識勸[123]) 미타정토운하입(彌陀淨土云何入)"이라고 말씀하신 구절을 쉽게 풀어서 설명 드린다. 이는 "만약 선승이 불도의 가르침을 주시지 않았더라면 아미타불의 정토에 어떻게 들어갈 수 있을까."라는 뜻이다. 참으로 세상 끝에서 태어난 범부인 내가 어떻게 깨달음을 얻을 수 있을 것인가. 이를 생각하면 선승들께서 가르침을 통해 불도로 이끌어주심이 한없이 감사할 따름이다.

그런데 만약 선승들의 가르침 없었더라면
아미타의 정토에 내 어찌 갈 것인가.

같은 날, '어석(御釋)'이라는 해설서에는, "평등의 비가 모든 세상을 적시고자 해도 불신의 무딘 돌은 젖지 않는다."라고 쓰여 있다. 이 말씀은 선승들이 이 땅에 오셔서, 아미타불 본원(本願)의 은혜의 비를 내려서 초목을 성장시킨 것처럼 중생들이 신심의 기쁨으로 가득찰 수 있도록 불도의 길로 이끄신다 하더라도, 그 기쁨을 알지 못하고 모른 척하는 것을

------

123 若悲本師知識勸 : 저본에는 '若悲本師知識願'이라고 되어 있으나 '若悲本師知識勸'으로 수정했다.

돌에 비유한 것이다. 이를 이렇게 시로 읊어 본다.

같은 날, 지금까지 숙선개발(宿善開發) 즉 전생의 수행에 의해 저절로 생겨난다는 신심을 얻기 위해 노력했으나 이루어지지 않았다. 그러니 그보다도 더 오랫동안 수행해야 얻을 수 있다는 '타력불법(他力佛法)'을 어찌 구할 수 있겠는가. 왜냐하면 이미 대경(大經)에도 "과거이증(過去已曾) 수습차법(修習此法) 금득중문(今得重聞) 즉생환희(則生歡喜)"라고 해서, 이미 과거에 불도의 가르침을 공부한 뒤에 지금 또 다시 공부해야만 비로소 기쁨을 얻을 수 있다고 되어 있기 때문이다. 이렇게 전생에서 수행하지 않은 사람이 다른 사람들에게 불법을 훌륭하게 가르치고 그 기쁨을 알리는 역할을 할 수 있겠는가. 내 전생에 있었던 일들을 잘 생각해보고 깨달음을 얻기 위해 다음과 같은 시를 읊어 본다.

11월 25일, 신란 스님이 쓰신 「정신게(正信偈)」에는 "여래소이흥출세(如來所以興出世) 유설미타본원해(唯說彌陀本願海)"라는 구절이 있는데, 다음 시는 이것을 풀어서 쓴 것이다. 석가여래가 이 세상에 오신 것은 그저 아미타불의 본원을 설파하기 위해서라는 뜻이다. 만약 이렇게 하시지 않았다면 어찌 말세의 우둔한 인간이 고귀한 불법을 들을 수 있었겠는가. 나뿐만 아니라 다른 사람도 모두 그 기쁨을 아뢰고 있었는데, 그 마음을 이렇게 읊어본다.

같은 날, "필지멸도원성취(必至滅度願成就)" 즉 열반에 이른다는 서원이 반드시 이루어진다는 말씀을 다음과 같이 풀어 적었다.

같은 날, 이렇게 아미타여래께서 여러 모습으로 힘쓰시고, 석가여래께서도 계속해서 세상에 나타나셔서 심신을 가지라고 말씀하셨다. 그럼에도 불구하고 무심결에 세속적인 일만 생각하느라 염불을 하지 않는다면 두 부처님의 자비에서 벗어나게 될 것이니, 이는 참으로 자신을 소중히 여기지 않는 것이다.

11월 26일, "능발일념희애심(能發一念喜愛心)"이라는 구절을 풀어서 적어 본다. 이는 일념(一念) 즉 아미타불의 구원을 믿고 한번 염불하는 마음을 일으킬 수 있다면 번뇌를 끊기 전에 열반에 이를 수 있다는 것이다. 신심이 없다면 어찌 빨리 왕생을 이룰 수 있겠는가 하고 생각하며 이렇게 읊어본다.

같은 날, 아미타불의 명호를 외는 데에는 남녀 귀천의 차별도 없고 일상생활 어디서든지 해도 된다고 말씀하신 것을 풀어 적는다. 우리 같은 범부들을 위해 우리에게 맞는 본원을 세워주셨다는 것을 만약 믿지 않거나 감사하지 않는다면 그 결실 또한 얻을 수 없을 것이다.

같은 날, 대비대원의 바닷물에 번뇌의 강물들을 모두 쏟아내니 바닷물의 맛으로 하나가 되었다는 구절을 이렇게 풀어 본다.

여러 죄업을 이 강물 저 강물에 빗대 말하면

강물이 흘러흘러 하나의 바닷물로.

11월 27일, 여러 번 다시 태어난다고 해서 홍서(弘誓)[124] 즉 아미타불의 본원을 만날 수 있는 것이 아니고, 가령 억겁의 시간이 흐른다 해도 참된 신심을 얻을 수 있는 것은 아니라는 말씀을 이렇게 읊어본다.

아미타 본원 여러 생을 거쳐도 만날 수 없고

억겁을 기다려도 신심 얻기 어렵네.

같은 날, "적획신심원경숙연(適獲信心遠慶宿緣)"이라는 구절은 만약에 혹시라도 신심을 얻었다면 그것은 숙연(宿緣) 즉 전생의 수행에 의한 것이라는 말씀인데, 그 말씀을 이렇게 시로 읊어 본다.

먼 옛날부터 이어진 숙연(宿緣)으로 아미타불의

대자대비 만난다면 한없이 기쁘리라.

같은 날, 같은 경문의 마지막 구절에 "만약에 의심의 쇠그물에 걸려 의심에서 헤어나올 수 없게 된다면 억겁의 긴 시간 동안 방황하지 않으면 안 된다."라는 부분이 있는데 이를 시로 읊어본다. 신심이 없다는 것은 결국 의심하는 것과 같다고 하셨다. 여기에서는 의심을 쇠로 만든 그물에 비유하셨는데, 그물에 걸려 헤어나오지 못한다는 것은 나락(奈落)의 고통에 빠져 만겁 억겁이 걸려도 빠져나올 수 없다는 뜻이다. 그러니 이때라도 신심을 일으켜 영원한 기쁨을 얻지 못한다면 어떻게 하겠는가. 마음속 깊숙한 곳을 잘 되돌아보고 마음을 잘 다스려야 할 것이다.

124 홍서(弘誓) : 중생을 구제하겠다는 부처의 서원.

11월 28일, "타력(他力)의 심신[125]을 얻은 사람을 존경하고 또한 크게 기뻐한다면 곧 나의 진실한 친구이다."라며 교주세존(敎主世尊)께서 칭찬하신 말씀을 이렇게 시로 읊는다.

같은 날, "석가와 아미타불께서는 자비의 부모이시며, 갖은 종류의 선교방편(善巧方便)을 하시여 우리에게 무상(無上)의 신심을 일으키게 하셨다."라는 구절에 대해 적는다. 이처럼 부처님께서 중생을 가엽게 여기시어 아버지와 어머니가 되시고 우리를 교화하기 위해 다양한 방법을 구사하시어 이렇게 보잘것없는 우리에게 믿음을 주셨다. 그리고 극상의 깨달음을 얻게 해주신 것은 아무리 감사해도 이루 다 표현할 길이 없다. 그럼에도 불구하고 제대로 믿지 않는다면 그것은 목석보다도 못한 것이다. 깊은 감사와 기쁨을 올려야 한다.

같은 날, "여래의 두 가지 회향(廻向)[126]의 은덕이 광대하고 영험한바, 왕상회향(往相廻向)의 은혜로 인해 다시 환상회향(還相廻向)을 하게 된다."고 하신 말씀을 이렇게 풀어 적는다. 더더욱 부처님의 자비를 공경

---

125 타력(他力)의 심신 : 아미타불의 본원력(本願力)에 의해 주어지는 신심(信心), 즉 아미타불이 세운 서원(誓願)의 힘으로부터 중생에게 주어지는 참된 믿음을 말한다.

126 회향(廻向) : 여래가 중생에게 덕을 베풀고 구원하는 것을 말한다. 중생이 정토로 왕생하는 것을 왕상회향(往相廻向), 예토(穢土)로 돌아가서 이타교화(利他敎化)하는 것을 환상회향(還相廻向)이라고 한다.

하고자 열심히 마음속을 다스린다. 어느 종파에서든 당연히 마음을 다
스려야 할 것이다. 이렇게 적어 두는 것은 오래 사시는 분들이 조금이라
도 마음을 흐트러트리는 일 없이 마음을 한 곳으로 다잡아 유지하고, 긴
장을 늦추지 말기를 바라는 마음에서 붓 가는 대로 이렇게 적어 두었다.

무애광(无碍光)의 두 가지의 회향에 죄는 사라져

깨달음을 얻게 한 은혜는 끝이 없네.

11월 29일, 이번에 열릴 법회에는 아무도 와 주시지 않을 것 같았다.
그래서 쓸쓸하게 혼자 감사하며 칠일 밤낮[一七日][127]을 보내야만 하나
한탄하고 있었는데, 뜻밖에도 와주신 분이 계셔서 칠일 밤낮 동안 서로
부처님의 크신 은혜에 대해 이야기를 나누고 보은강(報恩講)을 개최했
다. 이렇게 부처님의 자비를 만났구나 하고 더더욱 기뻐하며 이렇게 읊
조린다.

한탄스럽게 생각하던 마음을 바꿔준 친구

함께 이야기하고 기뻐한 많은 불법.

같은 날, 이렇게 해서 이번에 와준 친구를 만나니 이 덧없는 세상의 하
찮은 일들을 잊게 되었다. 이는 역시 부처님의 자비가 한없이 크기 때문
이라고 기쁘고 황송하게 생각되어 이렇게 읊는다.

친밀함으로 여기로 와주셔서 뵙게 되었네

덧없음을 잊게 한 불법의 말씀이네.

같은 날, 이처럼 여러모로 생각지도 못한 작은 오두막으로 옮기게 된
것도 아무리 생각해도 신기한 일인 것 같아 이렇게 읊었다.

신기하다고 생각하는 것조차 어리석구나

......

127 칠일 밤낮[一七日] : 불교 각 종파에서 종조(宗祖)의 기일에 맞춰 열리는 법회인 '보은강(報恩講)'
    을 7일 밤낮으로 개최하는 것을 말한다.

부처님의 은혜를 깊이 받은 이 몸을.

11월 30일, 강의 얼음을 바라보니 말로 들었던 것보다 더 추운지라 서둘러서 우선 이렇게 적는다.

들을 때보다 보고 나니 더욱더 몸이 얼었네

우습게 볼 수 없는 얼음강이로구나.

같은 날, 배를 부두 입구까지 내보내기 위해 뱃사람들이 얼음을 깨기 시작했지만, 뱃길이 점점 더 막혀 배가 다닐 수 없게 되었다. 세상에나 자칫하면 뱃사람들도 지쳐서 죽어버릴 것 같아 우선 이렇게 적는다.

뱃사람들도 지쳐 쓰러지겠네 강물 파도의

왕래를 가로막은 꽁꽁 얼은 저 얼음.

12월 1일, 강가의 작은 오두막이었기에 문이나 벽도 없었다. 폭풍이 격렬하게 불어와서 몸을 에어 오는데 이를 이렇게 읊어 본다.

옷 입은 채로 강바람 몰아치는 오두막에서

내 마음 쏟아내네 한 쪽 소매를 베고.

같은 날, 너무나 추운지라 '아, 지금 고향에 있다면' 하고 이 생각 저 생각에 잠기자니 애가 탄다. 고향이 보고 싶은 마음을 이렇게 [읊는다.]

멀리 고향을 생각하고 있자니 보고 싶어서

애타도록 그리며 옷 입은 채 잠드네.

12월 2일, 방바닥이 너무 차갑고 추워서 몸에서 따뜻한 곳이 없을 정도이다. 모두 덧없다는 생각이 들어 이렇게 읊는다.

실로 이렇게 차디찬 방바닥에 잠을 청하니

눈물 젖은 소매가 얼음이 되어버렸네.

같은 날, 이렇게 있으면 설령 오래 살려고 마음을 먹는다 해도 몸이 버텨주지 않을 것 같다. 덧없는 세상에서 바람마저 차갑고 매섭게 불어오니 과연 무슨 생각을 하며 견뎌낼 수 있을까.

이렇게 해서 살아갈 수 있을까 안 될 터이지

바람과 얼음으로 덮인 늙은 몸이여.

12월 3일, 강에 언 얼음을 보니 강 표면이 얼음으로 온통 뒤덮여 있어서, 저쪽에서 이쪽으로 말을 타고 건너는 것이었다. 너무나도 끔찍하고 말도 안 되는 광경을 보고 이렇게 읊는다.

아아 무섭다 홍련(紅蓮)과 대홍련(大紅蓮)의 지옥의 얼음[128]

이 나라의 강물은 그곳이 아니겠나.

같은 날, 강도 계곡도 모두 얼어붙어서 길어서 마실 물도 없다. 참으로 어찌할 도리가 없는 상황을 보고, 우선 이렇게 [읊는다.]

어찌하리오 여울도 강도 모두 얼어붙어서

손으로 퍼서 마실 물조차도 없으니.

12월 4일, 산도 절벽도 마을도 강도 모두 완전히 눈에 덮여서 길을 가는 사람도 어찌할 도리가 없는 상황이다. 차마 눈 뜨고 볼 수 없는 광경이었다.

산에는 눈이, 골짜기는 고드름이 길을 막으니

곳곳에서 사람들 탄식하는 모습이여.

같은 날, 온 세상이 눈으로 하얗게 보이는 것을 보고 생각이 떠올라서 [읊는다.]

하얀 천처럼 눈 덮인 산들이여

[그 위에] 말려서 입을 승복도 없네.

128 홍련 …… 얼음 : 팔한지옥(八寒地獄)의 홍련지옥과 대홍련지옥을 말한다.

12월 5일, 쌓인 눈을 걱정하며, 산(山)사람들[129]은 어떻게 지낼지 너무나 마음이 아파 즉흥으로 읊었다.

내려 쌓이는 눈 속에 [그나마 눈이 덜한] 나무 그늘도 있구나

조심스레 길을 헤매며 돌아오는 산사람들.

같은 날, 땔감을 배에 싣고 큰 강[130]을 향해 이쪽으로 얼음 위를 [배를 끌며] 건너오는 것을 보고, 힘든 현실은 눈앞에 있는데 도대체 어찌하면 좋을지 생각하며 [읊는다.]

장작 실은 배가 얼음 위를 건너는 위태로움이여

근심스레 바라보는 사람은 더욱 괴롭구나.

12월 6일, [벌채한 나무를 운반하는] 인부도 말도 그야말로 힘들어할 것이라고 산봉우리들을 보며 [읊는다.]

산마루마다 눈이 내려 쌓였으니

나무꾼의 고단함이 몸에 스며드네.

같은 날, 배들을 정박해둔 모습을 보니, 닻과 [배들을 묶는] 밧줄이 뱃전에 매달려 있었다. 얼음과 고드름이 마치 구슬을 꿴 듯한 모양이었으므로 이렇게 [읊는다.]

이게 사실인가

배에 달린 고드름이 수정 구슬을 엮은 듯하구나.

12월 7일, 참으로 지금껏 본 적 없는 광경이었다. 강 위의 얼음을 배가 지날 수 있도록 큰 도끼로 깨고 땔감을 실은 허름한 배를 지나가게 하려는 것을 보자니, 간담이 서늘했다. [그래서 읊는다.]

......

129 산(山)사람들 : 울산 근교의 산에서 벌채 중인 일꾼들로 추측된다.

130 큰 강 : 울산 태화강.

본적 없던 일이로세

얼음 깨는 뱃사람의 노고에 내 몸도 타들어 가네.

같은 날, 너무나 거센 바람에 침실 틈새도 버티지 못했다. 그렇지 않아
도 볼품없는 오두막이 더욱 망그러져, 폭풍이 몸에 사무치는 것을 느끼
며 이렇게 [읊는다.]

거센 바람이 침실 틈새로 몰아치니

눈덩이가 함께 밀어닥치네.

12월 8일, 눈이 쌓인 광경을 보고 고향에 대한 그리움에 너무도 마음
이 쓸쓸하여, 원망스러운 마음으로 이렇게 읊었다. 이리 읊조리는 것도
야기(八木)의 사노 님(佐野殿)[131] 말씀 중에 "참으로 세상 사람들은 이 눈
을 여흥 삼아 술을 마시며 즐기겠지만, 아아 내게는 즐겁지 않은 눈이구
나."라고 하신 것이 지금 내 처지와 같다는 생각이 들어서이다.

고향에 있었다면 [설경을] 즐겼을 텐데

흥겹지 않은 눈 내리는 저녁이여.

같은 날, 그리하여 이다지도 세상은 춥고 나이는 자꾸 들어 허리의 통
증이 나날이 심해지니 걷는 것도 여의찮다. 밤새도록 잠들지 못한 채 이
렇게 읊었다.

잠시도 잠들지 못하는 것도 당연한 일인가

고향 생각 쌓이고 나이는 더해 가네.

12월 9일, 참으로 이렇게 탄식만으로 세월을 보내는구나. 쌓이는 나이
는 내게만 쌓이는 것인가? 왕생(往生, 사후의 극락왕생)할 날도 머지않
았을 텐데 넋을 놓고 탄식만 하고 있다는 생각에 이렇게 읊었다.

......

131 사노 님(佐野殿) : 일본 가마쿠라시대를 배경으로 하는 노(能)의 요쿄쿠(謠曲) 「하치노키(鉢木)」
     에 등장하는 인물로, 사노 쓰네요(佐野常世)를 가리킨다.

시름에 잠겨 오늘을 보내는 덧없음이여

세월이 몸에 쌓여 가네.

　같은 날, 다시 돌이켜 생각해 보니, 설령 이 세월이 내 몸에 쌓여 목숨은 다한다고 하더라도 단 하루, 잠깐만이라도 고향으로 돌아가 손주와 처자식을 만난 다음에 죽어야 여한이 없을 거라고 마음을 다스리며 이렇게 읊었다.

세월이 몸에 쌓이는 줄 알면서도

[왕생하기] 바쁜 마음은 고향을 향하네.

　12월 10일, 이렇게 이 나라의 흙이 되어 죽는 것인가는 생각에 점점 마음이 불안하다. 사람이 죽는 것은 나이순이 아니라고는 하지만, 늙으면 필경 먼저 죽는 법이다. 이러한 생각이 현실이 되어, 당장 오늘이라도 그렇게 되는 게 아닐까 하는 쓸쓸한 생각이 들어 이렇게 읊었다.

이리하여 모든 게 꿈이 되지 않으려나

덧없는 환영(幻影) 같은 내 몸이여.

　같은 날, 정말로 바람에 고목이 부러질 듯한 날씨였기에, 이제 곧 어찌 될지 모를 형편이었다. 사찰의 저녁 종 한두 번 치는 사이에도 늙은 목숨은 믿을 수 없다는 옛말도 있다. [그래서 읊는다.]

늙은 몸은 바람 앞의 등불처럼

한순간도 모르는 목숨이네.

　12월 11일, 너무나 간절한 마음에, 하다못해 조금 더 목숨을 늘릴 수 있는 약이라도 있다면, 어떻게 해서든 고향으로 돌아가는 소원을 이루고 싶다는 염원뿐이다. 하지만 이 세상의 유위전변(有爲轉變, 변화무쌍하여 덧없음)은 석가나 달마 같은 분들도 벗어나시지 못한 일이니, 탄식하는 내 모습을 고향에 알리기 위해 적어둔 글들이 스스로도 한심스

럽다. 그러면서도 부끄럽지만, 무료한 나머지 붓이 가는 대로 써둘 뿐이다. [그래서 읊는다.]

기원을 바쳐서라도 늘리고 싶은 내 목숨이여
고향 사람들 보고 싶은 일념에.

같은 날, 이렇게 읊고서 내 마음이 한심스럽다는 생각이 들었기에, 나리히라(業平)가 『이세모노가타리(伊勢物語)』[132]에서 했다는, "바라는 대로 이루어지지 않기에 인간 세상이다. [그러니] 이루어지지 않은 일까지 추억으로 삼아 ……"라는 말을 떠올리며, 이 시에 담긴 마음을 주제로 하여 [읊는다.]

만사가 뜻대로 되지 않는 것이 세상사인 줄 알면서도
소매만 눈물로 적신다.

12월 12일, 잠시 동안의 나들이라도 [두고 온 고향에] 그리움이 생기는 법인데, 지금은 만리 파도를 헤치고 왔으니 그리움도 당연한 일이구나 하고 지난 일을 되돌아보며 이렇게 즉흥으로 읊었다.

잠깐 이별도 마음이 괴로운데
머나먼 바닷길을 건너왔으니.

같은 날, 이별을 떠올리고 그리워하며 탄식하는 마음이 이 범부에게 어찌 없을쏜가? [속세와 인연을 끊은] 성문(聲聞, 불제자)이나 보살(菩薩) 같은 분들조차 끊기 어려운 것이 은애(恩愛)와의 이별이라고 하니, 내가 탄식하는 것도 지극히 당연한 일이라는 생각이 들어, 이렇게 읊었다.

......

132 『이세모노가타리(伊勢物語)』: 일본 헤이안시대의 대표적인 노랫말 이야기[歌物語] 중 하나로, 10세기 초의 작품으로 전한다. 약 125개의 짧은 이야기들로 구성되었는데, 각기 와카(和歌)라는 전통적인 단시가 삽입되었으며, 주인공의 연애나 모험을 다루었다. 나리히라(業平)는 이 작품 전체의 주인공으로 추정되는 인물이다.

은애는 범부의 피치 못할 습성이리라

한탄하는 마음이 끝이 없기에.

12월 13일, 여행을 떠났으면 설령 서방정토라 하더라도 마음이 울적할 터인데, 이번은 특히나 만사가 여의치 않으니 이렇게 읊었다.

서울[都, 교토] 여행도 [때론] 울적한 법인데

이곳은 특히나 큰 고통이구나.

같은 날, 이래저래 괴로운 탄식을 더더욱 멈추기 어렵다. 참으로 쓸쓸한 늙은 몸이기에 어찌할 도리없이 [읊는다.]

고통의 눈물에 잠겨 덧없이 스러지려나

늙은 몸이기에.

12월 14일, 언제 어디서든 생사의 운명은 모를 일이지만, 이다지도 세상이 쓸쓸한 곳에서 죽을 것이 확실하니, 괴로움을 주체 못해서 [읊는다.]

누구든 회자정리(會者定離)는 피할 수 없는 줄 알면서도

한스러운 세상이여.

같은 날, 이 한스러움은 누구에게도 말할 수 없다. 다만 내가 저지른 전생의 업보 때문에 지금 와서 이리도 고통을 당하는 것이라는 생각에 이렇게 [읊는다.]

한이 쌓여도 하소연할 데 없네

그 옛날(전생)의 업을 알 수 없으니.

12월 15일, 너무나도 많은 생각이 든 끝에 '인과(因果)'라는 문자에 담긴 뜻을 비로소 읊게 되었다.

인과란 씨앗[因]이 열매[果]를 맺는다고 읽으니

과거에 지은 죄의 응보인가?

같은 날, 다시 돌이켜 생각해 보니, 그 옛날 일본의 지혜로운 분들이 천축(天竺, 인도)으로 건너가서 불법(佛法)을 [받아서 일본에] 전하셨을 때도[133] 이러한 길을 밟고 지나셨을 것이다. 그에 견줄 바는 아니지만 우매한 늙은이 마음도 별반 다르지 않으리라 생각하며 자신을 달랬다. 그래서 즉흥으로 [읊는다.]

> 천축으로 건너가던 옛 지자(智者)들이 밟으신 길은 변하지 않으리
> 먼 훗날의 세상이라 해도.

12월 16일, 참으로 일본, 천축, 대당(大唐, 중국) 삼국을 다니며 불법을 전파하신 성인들과 현인들도 예전에는 많이 계셨는데, 아무리 범부라 할지라도 대당이나 천축까지 건너가 보고 싶다고 생각한 때도 있었다. 다시 돌이켜 보며 그 은혜에 깊이 감사한다. 까닭인즉슨 그렇게 고생하며 삼국을 도셨기에, 우리는 삼독(三毒)[134]을 지니고 처자식에 얽매이면서도, 그 삼국을 도신 현인들과 성인들을 뛰어넘어 타력신심(他力信心)[135]이 이미 정해진 훌륭한 [불교의] 나라에 태어나서 삼천대천세계(三千大千世界, 모든 세상)를 저 마음 먹은 대로 신통한 힘을 얻어 고생 없이 돌아다니기 때문이다. 이런 자유로움은 아미타불의 본원(本願, 중생구제를 위한 서원) 덕분이니 감격의 눈물을 흘리고, 더욱 의지하여 칭명염불(稱名念佛, 일심으로 '나무아미타불'을 외우는 염불)을 게을리하지 않는다. 참으로 나의 이토록 감사한 운명은 누구와도 비하기 어렵다고 기뻐하며 [읊는다.]

....

133 천축 …… 때도 : 고대의 일본 승려들이 불경 학습과 그 수입을 위해 목숨 걸고 내왕한 곳은 인도가 아니라 주로 중국이었다.

134 삼독(三毒) : 불교에서 모든 번뇌의 근원이라고 하는 탐욕(貪慾)·진에(瞋恚, 노여움)·우치(愚痴, 어리석음)를 가리킨다.

135 타력신심(他力信心) : 아미타불이 신란(親鸞)을 통해 중생에게 내린 신심.

같은 날, 그러나 [이미 불법이 쇠락한] 말세 이야기이긴 하지만 [일본 군대가] 당(唐)으로 들어간다면 [나도] 따라서 들어가 당토(唐土, 중국 땅)를 보고 싶다고 생각했다. 하지만 내 나이 이미 63세이다. 당장 어찌 될지 모르는 늙은 몸이니 일본으로 돌아갈 수만 있다면 서둘러 귀국하여 함께 불도를 수행한 지인들께 조금이나마 법의(法儀, 불교 의식)를 권하고 싶은 일념이다. 그리고 한 번 개산(開山)님[136]께 감사 인사를 올리고 싶다는 염원뿐이지만 너무나 큰 바람이기에, 한시라도 서둘러 귀국하고 싶은 대망은 이루기 어렵다. [그래서 읊는다.]

내 나이가 삼십이나 사십 때라면

다시 만나리라 염원할 텐데.

12월 17일, 이렇게 [애써서] 적어둔 것들도 [세월이 흐르면] 옛일이 되어 허무하게 잊혀질 터이니 안타까운 일이다. 쓸쓸한 신세라는 생각이 줄곧 들었다. [그래서 읊는다.]

무엇을 적어둔들

헛되이 옛이야기가 되어 잊히리라.

같은 날, 이 세상에 남길 유품이라곤 이 글밖에는 없다. 훗날을 위한 유품이니 잘 읽으시고, 전해 들은 사람들도 연민의 마음을 가져주시길……. [그래서 읊는다.]

유품이라 한다면 필적에 견줄 것이 없으니

마음을 기울여 후세에 남길 흔적으로.

....

136 개산(開山)님 : 정토진종을 개창한 신란.

12월 18일, 점차 요통(腰痛)이 심해지니 왕생도 가까워졌다고 생각하여 즉흥으로 적었다.

　　한쪽 허리의 통증이 나날이 심해지니

　　얼마 남지 않았구나, 내 목숨도.

같은 날, 점점 이렇게 앓게 되니 옛날이 그리워져서, 고마치(小町)[137]가 노래한 "그리운 옛날이여, 잊지 못할 예전의 나라고 생각한 순간마저 지금은 옛일이 되어가는구나."라는 구절을 계속 되뇌며 이리 읊는다.

　　나이 들면 더욱 옛날이 그리워지니

　　한층 견디기 힘든 옛 기억이여.

12월 19일, 이렇게 생각에 빠져 있지만, 내가 이럴 줄은 아무도 모를 것이다. 어쩔 도리가 없구나 하고 즉흥적으로 [읊는다.]

　　잊지 못할 추억에 잠겨 [아무도 찾아주지 않는] 묻힌 나무처럼

　　썩어갈 내 몸이 안타깝구나.

같은 날, 너무나 무료한 나머지 이래저래 흔들리는 마음이 드러난 것일까? 좋지 않은 일이라고 생각하지만 우매한 범부이기에 버리지 못하는 미련이구나 하고, 또다시 되돌아봐도 버릴 수 없는 마음을 이렇게 읊조렸다.

　　소용없는 생각일랑 잊어버리자 했지만

　　다시 일어나는 허망한 마음이여.

12월 20일, 내 늙은 몸을 골똘히 근심하다 보니, 나조차도 이럴진대 노모는 어떠하실까? 혹여 이미 왕생하셨을지도 모른다. 꼭 다시 뵐 수 있도록 목숨을 늘릴 수 있다면 좋겠구나. 직접 찾아뵙고 다시 한번 법의

......

137　고마치(小町) : 9세기 무렵의 여성 가인(歌人) 오노노 고마치(小野小町).

(法儀)를 [올리시게] 재촉해서 서둘러 극락왕생의 소원을 풀어드리고 싶다는 염원으로 이렇게 즉흥으로 읊었다.

다시 한번 뵙고 싶구나

어머니께서 더 사실 수 있으려나.

같은 날, 이렇게 생각은 하지만 허무하구나. 내 목숨도 당장 어찌 될지 모르면서 그런 생각을 하다니 참 어리석다. 내 [흰] 머리와 수염을 보면 이미 오래 살았다. 이별이 안타깝지만 어쩔 수 없구나라는 생각 끝에, 되돌아보며 읊었다.

의지할 데 없는 무상한 인간 세상을 어이할꼬

어머니도 나도 함께 늙어가는 몸이니.

12월 21일, 귀국 명령이 올 것이라고 2, 3일 전부터 소문이 있었다. 하지만 오늘까지 연락선[阜船]도 건너오지 않으니 더욱 애간장을 태우며 사람마다 물어보고 싶은 마음은 이루 말할 수 없다. 그 마음이 너무 어지러운 나머지 이렇게 [읊는다.]

귀국 소식을 바람결에 듣고 나니

마음도 허공을 떠도네.

같은 날, 그런데 이 명령은 왜 이리도 늦는지 초조한 마음만 드는데, 소문은 있어도 연락선이 왔다는 [길한] 소식은 전혀 없다. 어찌할까? 기다리다 못해 "하늘[天]은 입이 없으니, 사람으로 하여 말하게 하라."[138]라는 세간에 나도는 말을 시에 담아 즉흥적으로 [읊는다.]

거짓이 되지 않게 해주소서

하늘[天道]엔 입이 없더라도 이 사람들의 말은.

....

138 "하늘[天]은 …… 하라." : '사람들의 입에서 자연스럽게 비밀이 샌다'는 뜻의 속담에 기댄 문장.

12월 22일, 진시(辰時, 오전 7~9시)경에 성 밖 동쪽에서 연기가 피어오르고 화승총 소리가 크게 들렸기에 어찌 된 일인지 물었더니, 당인(唐人)들이 출동하여 주고쿠(中國, 일본 혼슈 내 교토 이서지역) 부대의 진영에 불을 지르고 야습했다고 했다.[139] 그리하여 장수들이 급히 모였는데, 조반(朝飯) 무렵부터 공격이 맹렬해짐에 따라 성에 들어앉아 싸우기로 했다. 너나 할 것 없이 허둥대며 [앞다투어 성안으로] 헤쳐 들어갔는데, [그 와중에] 히다노카미(飛驒守)[140] 님이 다치셨다고 하기에 결국 직접 들어가서 살펴보니 부상을 입으셨다. 안타까운 일이라고 생각하여 그대로 곁에서 간호하면서 [읊는다.]

날쌔도다 조선과 당나라 병사들인가

운하(雲霞, 구름과 안개)처럼 밀어닥쳤구나.

이토록 아군끼리 난폭하게 행동하는 것이 보기 흉했다. [그래서 읊는다.]

나 먼저 성에 들겠다고 난폭하게 다투니

모두가 고통을 겪으리.

이리하여 주군의 부상을 간호하며, 그날 밤은 그곳에서 말 상대를 하면서 밤을 새며 [읊는다.]

히다노카미(飛驒[守]) 님이 부상을 당하시니

이 몸도 같은 진영에서 병간호하네.

12월 23일, 새벽녘에 생각하길, 오늘은 체야(逮夜)[141]로 기쁘고 좋은 날을 맞았으니, 혹여 당인들이 성을 공격하여 함락시킨다면 기꺼이 왕생하겠다. [이렇게] 밤새우며 든 기쁜 마음을 담아서 [읊는다.]

......

139 성 밖 동쪽에서 …… 했다. : 울산성 전투 개시.

140 히다노카미(飛驒守) : 오타 가즈요시(太田一吉).

141 체야(逮夜) : 정토진종 본원사파 11대 당주 겐뇨(顯如)의 기일(24일) 전날에 열리는 법회.

선지식님[142]은 만나기 어렵네

깊은 불법을 가려서 가르쳐 주셨으니

말세에 불법의 등불을 들고 길을 안내해 주시네

어리석은 우리에게

[석존께서] 팔천 번이나 몸을 바꾸고 여기에 나타나시어

우리의 [자비로운] 부모가 되셨도다.

이렇게 밤새 잠들지 못한 채 기뻐하고 있었다. 그런데 날이 밝으니, 성을 몇 겹인지 모를 정도로 둘러싼 병사[적병]들의 수는 헤아릴 수도 없었다. 들판도 산도 구분할 수 없었다. 그런데 히다노카미 님도 혼마루(本丸, 일본식 성의 중심지)로 들어가셔서 오테몬(大手門, 일본식 성의 정문)을 지키며 아사노 사쿄노다이후([淺野]左京大夫)[143] 님과 두 분이 계셨는데, 성문도 아직 없는데 당인들이 난입하여 성벽 바로 밑에서 맹렬히 불화살을 쏘아댔다. 특히 주고쿠(中國) 부대, 사쿄노다이후 님, 히다노카미 님의 물건이 대단히 많았는데, 부하들의 잡동사니를 넣은 자루, 장신구를 담은 상자와 함께 여러 재보(財寶)가 불화살을 맞아서 모두 불타버렸다. 연기에 눈도 입도 열 수 없었다. 그 불로 인해 성으로 늦게 들어온 인부나 무사들 수천 명[144]이 타 죽었다. 그런데 당인들이 성벽에 달라붙어 올라와서 난입했을 때, 료신이 우리에게 말하길 "오늘은 좋은 기일이 될 것이니 기쁘게 왕생하겠습니다."라고 웃어서 내게도 힘을 주었다. 정말 지당한 말이니 여기야말로 왕생하기 좋은 장소이다. 가엾게도 일

......

142 선지식님 : 올바른 가르침을 베풀어 불도로 인도하는 스승을 의미하며, 여기에서는 앞의 겐뇨를 가리킨다.

143 아사노 사쿄노다이후([淺野]左京大夫) : 아사노 요시나가(淺野幸長).

144 수천 명 : 수십 명의 오기, 혹은 과장일까?

본인, 당인들이 많이 있긴 하지만, 아마도 지금 왕생한다면 [우리는 신앙의] 신통력으로 자유롭게 모습을 바꾸고, 큰 쾌락[大快樂]^{145}을 얻어 마음대로 어떠한 곳이라도 갈 수 있을 터이니, 이 많은 사람들 가운데 드문 일일 것이다. '아아, 가여운 이 성의 사람들이여'라고 둘이 얼굴을 마주 보고 마음으로 눈물을 흘렸으나 물론 표정에는 드러내지 않은 채, 이제나저제나 하며 왕생을 기다리던 중에 [읊는다.]

이렇게 임종의 시를 읊으면서 왕생을 기다렸으나, 그때가 아직 안 된 건지 일본의 운이 아직 다하지 않은 건지 당인들도 철수했다.

12월 24일, 마찬가지로 밤새 못 잤다. 분명 한밤중이나 새벽에 다시 공격해올 터인데 아군은 이제 물도 식량도 없는 형편이므로 [적의] 군병을 막을 방도가 없다. 필시 내일은 성이 함락될 것이라고 마음속으로만 생각하고, 밤새 [극락왕생의] 은혜에 기뻐하며 [읊는다.]

......

145 큰 쾌락[大快樂] : 극락에서 얻는다는 번뇌를 초월한 무아지경의 기쁨.

이윽고 날이 새자 다시 많은 병사를 동원하여 공격해 왔다. 오늘은 분명 새로운 전법으로 바꾸어 강하게 공격할 터이니, 자칫 성이 함락된다면 드디어 왕생이 정해지는 기일(忌日)이 될 것이므로, 기뻐하며 이렇게 [읊는다.]

기쁘게도 때마침 오늘 같은 선지식의 기일에

왕생하게 되다니.

조금 지나서 보니, 당인들 또한 부상자가 많았고 화승총(철포)에 맞아 죽은 자도 더러 있었다. [일단] 후퇴하여 수비를 무너뜨리려는 교묘한 전략을 쓰는 듯이 보였는데, 이 때문에 [아군의] 곤혹스러움이 점차 극에 달하고 성안이 더욱 힘들어졌다.

12월 25일이 되자 물이 떨어져 힘들었는데, 세찬 비가 내리면서 성안의 모든 사람이 목을 축였다. [그래서 읊는다.]

일본은 신국(神國)[146]이니

자애로운 비를 내려 사람들을 적시네.

너무 물이 부족하여 우리는 손 씻을 물도 없었다. 어찌할까 생각하다 비가 새는 곳에 작은 그릇을 끼우고 종이를 적셔 손을 조금 씻었다. 볼품없는 꼴이었다. [그래서 읊는다.]

오늘까지 손 씻을 물도 없었으니

새는 비로 손가락을 정갈히 하네.

12월 26일, 하지만 이렇게 지낸다면 병량과 물이 없어서 죽을 것이 분명했다. 이제 곧 모두 쓰러져 죽을 일만 남았다 생각하며 [읊는다.]

이 성의 고통은 오직 세 가지이니

......

146 신국(神國) : 신이 지키는 나라, 혹은 신의 후손이 다스리는 나라라는 뜻.

추위, 허기, 그리고 갈증이라.

12월 27일, 이제 곧 개산(開山, 신란)님의 기일이신데, 주군의 부하들이 적진으로 쳐들어가서 탈출할 것이라는 이야기도 나돌았다. 그렇게라도 하지 않으면 [기일을 모시는] 행사는 전혀 할 수 없을 것이다. 다만 어찌 되었든 여기가 바로 왕생할 곳이니, 서둘러 기쁘게 왕생을 맞을 수밖에 없다는 생각이 들어 밤새우며 이렇게 [읊는다.]

아미타불을 의지하는 마음 오직 한 길이니

여념 없이 나무아미타불

들리는 것은 뚜렷한 인연일세

마음을 다해 나무아미타불

이 인연은 만나기 어렵다 해도

믿음이 없다면 아무 소용 없으리.

12월 28일, 이윽고 오늘에 이르니, 식수와 식량은 더욱 귀해져서 모든 일이 힘들었기에, 이제는 고향 생각도 희미해지고 돌아갈 희망도 좀처럼 보이지 않는다. 어떻게든 고향에 유품을 전하고 싶었지만, 전해줄 사람도 전혀 없다. 이렇게 나날이 마음을 다해 써둔 것(본 일기)까지 태워 없애서, 아무런 보람 없이 허무하게 스러지는 것은 참담한 일이라는 생각에 슬픔에 슬픔이 더해져 남몰래 흐느껴 울 뿐이다. [그래서 읊는다.]

고향 생각을 버리고

이제는 오직 한 길 왕생을 서두를 뿐이네

마음만 진실한 길에 맞다면

죄[를 묻는] 대신 구원을 받으리라

아미타불의 은덕을 깊이 생각하면

모든 것을 버리고 오로지 나무아미타불.

12월 29일, 오늘은 올 한 해를 마치는 그믐날이다. 기쁘지도 않은 그믐날 밤이라는 생각에 즉흥으로 읊는다.

(1598년) 정월 1일, 참으로 원통스러운 정월 초하루이다. 이리도 원망스러운 설날은 63세가 되도록 [그간의] 기억을 더듬어 보아도 떠올릴 수 없으니 [그래서 읊는다.]

1월 2일, [적의 배후를 칠] 원군이 도착했다는 소식을 들었지만, 아직 그 효과는 보이지 않는다. 어찌 된 걸까 생각하고 있었는데, 새벽부터 아군의 깃발 끝이 보였기에 너무 기쁜 나머지 [읊는다.]

1월 3일, 최근 4~5일 간은 당인들과 중재가 있어 가토 님을 수행하며 여러모로 화의(和議, 일시 휴전)를 의논했지만, 오늘은 일찌감치 결렬되었기에 즉흥적으로 [읊는다.]

1월 4일, 새벽부터 다시 [적병이] 공격해 와서, 엄청난 기세로 화승총(철포)과 대포를 쏘아대고 사다리로 성벽을 오르려 할 때, [아군도] 횃불을 던지며, 기어오르는 자들을 베어 떨어뜨리고, 활로 쏘아서 떨어뜨리다 보니, 이윽고 날이 밝자 적이 후퇴했다. "드디어 적을 물리쳤다."라고 외치니 성안도 사기가 오르고, 원군 온 병사들도 깃발을 고쳐잡고 적을 뒤쫓았는데, [적군은] 이미 대열이 무너져서 잘 도망가지 못했다. 그냥 상대를 유도해서 도망친다면 그대로 도망치게 하라는 작전이었다. 너무나 큰 기쁨을 비할 데가 없어서 [읊는다.]

1월 5일, 야심한 시각에 히다노카미 님께서 "교넨(慶念, 본 일기의 필자)은 서둘러 배에 오르라."고 말씀하셨기에, 너무나 기뻐서 꿈인가 생시인가 하면서, 료신의 손에 이끌려 성을 내려왔을 때는 눈물을 흘리고 기뻐하면서 뜻 모를 말을 마구 중얼댔다. 그리하여 배에 올라서 [읊는다.]

1월 6일, 울산에서 배가 출발하려 할 때 너무 큰 기쁨에 이렇게 적었다.

1월 7일, 서생포(西生浦)에 도착하여 하룻밤을 새웠다. 이곳은 바로 가토 가즈에노카미(加藤主計頭, 가토 기요마사) 님이 주둔하시는 성이다. 배에서 내리지도 않았지만, 즉흥적으로 [읊는다.]

......

147 힘들었던 울산이로다 : 원문의 일본어 어휘는 うるさむ(우루사무). 이는 교넨이 체류하고 있던 '울산'과 '성가시고 괴롭다'는 것을 함께 의미한다.

148 살해하셨네 : 원문에서 '살해'에 해당하는 어휘는 'せつかい(세쓰가이)'이고, 가토 기요마사가

1월 8일, 주군께서는 지금 진중에 계신데 가신들은 절반 넘게 [일본으로] 돌려보내셨다. 나도 그중 하나라고 한다. [그런데] 어떤 때는 [귀국] 명령이 떨어지고, 또 어떤 때는 아무런 지시도 없다는 풍문이 돌았으므로 '어찌할 도리가 없구나. 농성하다가 겨우 빠져나와서 이제 곧 귀국하는가 했는데, 그렇다면 살아난 보람이 없구나. 그저 어떻게든 왕생하여 이 고통에서 벗어나야겠다'라고 까닭 없이 불조(佛祖, 석존)를 원망하고, 내 기원하는 마음이 잘못된 것일까는 생각도 들었지만, 범부로서 어찌하면 좋을지 몰라서 [읊는다.]

> 내 목숨이 정작 멈춘다면 어찌해야 할꼬
>
> 어지러운 마음에 가슴이 아프도다
>
> 까닭 없이 불조를 원망하고
>
> 나를 맞아달라며 덧없이 서두르는 왕생이로다
>
> 괴롭구나, 어휴 가슴이 아프고 답답하구나
>
> 푸념인 줄 알면서도 마음이 괴롭구나.

1월 9일, 아아 한심하다. 스스로 느끼기에도 어리석은 마음이구나. 때가 되면 고향에도 돌아갈 수 있을 것이다. 그렇지 않다면 어디가 되었든 죽음의 연(緣, 운명)은 제각각 예전부터 약속된 것인데 헛된 고민이구나. 고쳐 생각하고 [읊는다.]

> 부처님의 굽어보심도 분별치 못하고
>
> 원통한 눈물은 끝이 없네
>
> [때가 되면] 자연스레 귀국할 인연도 무르익으리라
>
> 바라는 것은 그저 목숨 부지뿐이네

......

주둔하던 서생포는 '셋카이(せつかい)'라 불렀다. 여기서는 '살해'와 '서생포'를 합친 시적 표현으로 사용되었다.

탐욕도 진에(瞋恚, 노여움)도 우치(愚痴, 어리석음)도 모두 헛되도다

나무아미타불을 끊임없이 외우니.

1월 10일, 아직 울산에서 타고 온 배에 그대로 타고 있다. 참으로 모든 면에서 더 이상 없을 자비[149]에 감사드리니 몸 둘 바 없이 참 과분한 일이다. 이 가르침[150]을 얻지 못했다면 어떻게 곧 닥칠 암로(闇路, 황천길)에 헤매지 않겠는가? 감사함에 "대비(大悲, 대자대비)의 원선(願船, 아미타불의 서원을 담은 배)은 청정신심(淸淨信心)을 순풍으로 삼고, 무명(無明, 미망에 사로잡힘)의 깜깜한 밤에는 공덕(功德)의 보주(寶珠)를 큰 횃불로 삼는다."고 하신 문장[151]을 떠올리며 읊었다.

대자대비한 아미타불이 서원(誓願)하신 배에 탈 수 있다면

심신은 맑은 순풍이 되리

무명의 마음은 어둠 속에서 헤매더라도

아미타불의 공덕을 등불로 삼으리라.

1월 11일, 바라는 마음이 한도 끝도 없다. 이러면 너무 제 분수를 모르고 부처님의 가호도 구하기 어려울 터이니, 그저 근심하는 마음으로 [읊는다.]

모든 것이 헛되고 두렵네

끊이지 않는 망념(妄念)으로 가득한 몸이여

망념을 내가 어떻게 씻어낼 수 있으랴

대자대비한 [아미타불의] 공덕이 없다면.

---

149 자비 : 겐뇨(顯如)의 자비.

150 가르침 : 겐뇨의 교화(敎化).

151 대비(大悲) …… 문장 : 신란(親鸞)의 『정토문류취초(淨土文類聚鈔)』 중 "大悲願船、淸淨信心而爲
　　順風、無明闇夜、功德寶珠 而爲大炬".

1월 12일, 귀국은 연기되었지만, '고향 소식이라도 조금 들을 수 있다면 마음의 위안이 될 텐데'라는 생각에 개운치 못하다. 너무나 그리운 나머지 '손자, 어머니, 처자식들은 어떻게 지내고 있을까?'라고 견디기 힘든 마음에 참을 도리가 없어서 [읊는다.]

고향 소식이라도 있으면

그리움으로 울적한 마음을 잊을 수 있으련만.

같은 날, 다른 부대 배들은 모두 귀국한다고 출항하는데, 어찌하여 히다 님 [휘하의] 배는 출항이 늦을까 하는 생각에 잠겨서 [읊는다.]

부럽구나, 떠나가는 배들 뒤에 남았으니

언제나 노를 젓게 될꼬.

1월 13일, 어찌 되었건 늙은 몸의 마음가짐은 은덕의 감사함에 기뻐하는 것 외에는 없다. 앉든 서든, 일어나든 눕든, 더더욱 여념 없기를 바라며 이렇게 적는다.

아미타불 나무아미타불을 [일심으로] 외우면

마음도 하늘에 뜬 맑은 구름이 되리

열 가지 죄악[十惡]도 온갖 어두운 구름도 사라지네

나무아미타불 염불 소리 속에서.

이리 읊조리는 사이에 또한 다음 석문(釋文)[152]을 떠올려 이렇게 [읊는다.]

감사하구나

마음에 끊이지 않는 염불은 진리의 달빛처럼 시원하구나.

......

152 석문(釋文) : 불경을 해석한 문장. 다음 주 153의 "입일체중생심상중(入一切衆生心想中)"을 가리킨다.

이는 석문 가운데 "입일체중생심상중(入一切衆生心想中)"[153]이라 하신 말씀을 시로 읊은 것이다. "아미타 여래의 공덕은 모든 중생이 아미타 여래를 깊이 흠모하는 마음속에 [이미] 계신다."는 뜻이다. 이토록 감사한 문석(文釋)[154]을 들으신 분들은 진실한 신심을 확실히 새기고, 길지 않은 이 세상이니 부지런히 법의(法儀)를 수행하는 것을 가장 중히 여겨야 한다. 한 사람 한 사람의 영원한 만족[155]이 이보다 더할 수 없다. 이런 마음가짐이 가장 중요하다.

1월 14일, 내 몸은 점차 머리와 수염이 허옇게 세었으니, 늙은 몸을 생각하면 기쁘게 왕생하는 것만큼 좋은 일이 없다. 극락에 간다면 젊음을 되찾고 천상천하(天上天下)에 다시없는 큰 쾌락[大快樂]을 얻어 마음 가는 대로 지낼 수 있음을 생각하면, 나이 들었다는 것은 조금도 원통한 일이 아니다. 더한층 신심을 기르고 게을리하지 않도록 마음을 다질 뿐이다. 조석으로, 주야로, 어리석음에 빠지지 않길 빌며 이리 [읊는다.]

내 모습은 노인다운 몸이 되어

마음은 꽃처럼 평온하도다

금빛 불상과 같은 몸이 되어

마음 가는 대로 형언할 수 없는 즐거움을 느끼니.

이렇게 즐겁고 감사한 은덕을 받았음에도 신심이 굳건하지 않다면 개탄스러운 일이라고 생각하며, 더더욱 기쁜 마음으로 또한 이렇게 읊었다.

이러한 은혜를 모르고, 기쁨의 신심이 없다면

......

153 입일체중생심상중(入一切衆生心想中) : 정토진종의 『안심결정초(安心決定鈔)』에 나오는 구절.

154 문석(文釋) : 앞의 주 152의 석문(釋文)과 같음.

155 영원한 만족 : 극락에서 누리는 즐거움.

1월 15일, 주군께서 부산해에서의 [철군을 위한] 회합 때문에 대단히 늦게 돌아오셨다. '빨리 돌아오셨다면 벌써 귀국했을 텐데.'라고 오래 기다렸던 마음에, 오늘은 문득 하이카이(俳諧)에 쓰케쿠(附句)[156]를 붙여서 물고기나 새[의 이름]를 넣고, 특히 서쪽(서일본) 출신 무장들의 이름도 통명(通名, 정식 이름이 아닌 통칭)까지만 구(句)마다 넣어서 [회의 장면을] 읊어 보았다.

> 주군께서 너무 늦게 돌아오셨네
>
> 아마도 [회의 중에] 사람들의 의견이 각기 달랐을 테지[157]
>
> 각자의 마음은 가슴속[158]에 간직하고
>
> 대장(大將)[159]께서는 누구를 높이[160] 사실까
>
> 혼자서 말하지 않겠다[161]고 생각하시네
>
> 어떤 의견이든 말씀[162]하십시오, 긴고(金吾) 님[163]
>
> 불평[164]은 하지 않네, 겐바(玄蕃) 님[165]에게

....

156 하이카이(俳諧)에 쓰케쿠(附句) : 두 사람 이상이 번갈아 이어가는 익살스러운 내용의 하이카이(俳諧) 연가(連歌)에서 앞쪽 구[前句]에 대해 뒤쪽 구[附句]를 가리킨다. 이하, 본문의 연가에서 앞의 한두 자를 비운 행이 앞쪽 구, 그다음 행이 뒤쪽 구임.

157 의견이 각기 달랐을 테지 : 원문은 'しなかとりどりに(시나가토리도리니)'이며, '시나가도리(息長鳥, 논병아리)'를 이용한 언어 유희이다.

158 가슴속 : 원문은 'ふくちう(腹中, 후쿠추)'이며, '후구(河豚, 복어)'를 이용한 언어 유희이다.

159 대장(大將) : 일본군 총지휘관 고바야카와 히데아키(小早川秀秋).

160 누구를 높이 : 원문은 'たかためにや(다카타메니야)'이며, '다카(鷹, 매)'를 이용한 언어 유희이다.

161 말하지 않겠다 : 원문은 'いわし(이와시)'이며, '이와시(鰯, 정어리)'를 이용한 언어 유희이다.

162 말씀 : 원문은 'すすめ(勸め, 스스메)'이며, '스즈메(雀, 참새)'를 이용한 언어 유희이다.

163 긴고(金吾) 님 : 고바야카와 히데아키(小早川秀秋).

164 불평 : 원문은 'くち(愚痴, 구치)'이며, '구치(くち, 조기)'를 이용한 언어 유희이다.

165 겐바(玄蕃) 님 : 아리마 도요우지(有馬豊氏).

무리하게[166] 초대받은 아와노카미(阿波守)[167]

떠들썩하게[168] 술을 드는 중서(中書)[169]

천천히 말씀하시는 도사노카미(土佐守)[170]

내용물[171]이 바뀐 듯한[172] 냄비[173] 요리

새매가 다시 잡은 기러기 국물

비젠(備前) 해파리[174]를 술안주로 삼아[175]

물을 끄는 홈통[176]에서 샘솟는 물[177]은 비둘기 약술

결국엔[178] 취해버린 사도노카미(佐渡守)[179] 님

......

166 무리하게 : 원문은 'おしとり(押し取り, 오시토리)'이며, '오시도리(鴛鴦, 원앙)'를 이용한 언어 유희
이다.

167 아와노카미(阿波守) : 하치스카 이에마사(蜂須賀家政).

168 떠들썩하게 : 원문은 'わきさこしく(와키사고시쿠)'이며, 바로 뒤에 나오는 '와키자카 야스하루
(脇坂安治)'와 '사고시(青筋魚, 삼치의 치어)'를 이용한 언어 유희이다.

169 중서(中書) : 와키자카 야스하루의 관직명인 '나카쓰카사(中務)'의 중국식 명칭.

170 도사노카미(土佐守) : 조소카베 모토치카(長曾我部元親).

171 내용물 : 원문은 'しなの(시나노)'이며, 나베시마 가쓰시게(鍋島勝茂)의 관직명인 '시나노(信濃)'
를 이용한 언어 유희이다.

172 듯한 : 원문은 'たい(體, 다이)'이며, '다이(鯛, 도미)'를 이용한 언어 유희이다.

173 냄비 : 원분은 'なへ(鍋, 나베)'이며, 앞의 '나베시마(鍋島)'를 이용한 언어 유희이다.

174 비젠(備前) 해파리 : 원문은 'ひせんくらけ(備前くらげ, 비젠구라케)'이며, '비젠(備前, 오카야마현
남동부)'에 영지를 가진 우키타 히데이에(宇喜多秀家)를 이용한 언어 유희이다.

175 술안주로 삼아 : 원문은 'さい(菜)にしやう(사이니시요)'이며, 우키타 히데이에의 관직명인 '주나
곤(中納言)'의 중국식 명칭인 '사이쇼(宰相)'를 이용한 언어 유희이다.

176 물을 끄는 홈통 : 원문은 'かけひ(筧, 가케이)'이며, 가키미 가즈나오(垣見一直)를 이용한 언어 유
희이다.

177 샘솟는 물의 원문은 'いつミ(泉, 이즈미)'이며, 가키미 가즈나오의 관직명인 '이즈미노카미(和泉
守)'를 이용한 언어 유희이다.

178 결국엔 : 원문은 'たうと(도토)'이며, 도도 다카토라(藤堂高虎)를 이용한 언어 유희이다.

179 사도노카미(佐渡守) : 도도 다카토라(藤堂高虎).

마무리[180]를 지으십시오, 다시 여덟[181] 잔

　가을 달[182]에도 식지 않는 술잔

구마가이[183]는 앉은 순서대로 [일어나서] 학춤[鶴舞]

　주인의 명[184]을 받들어서 매퉁이[鱠, 정어리과의 물고기]를 비녀

처럼 꽂고

모내기 전의 논[185]에서 잡으신 논병아리[186]

　불쌍하지만[187] [안주 삼아] 술을 듭시다[188]

술잔을 한 번에 비우고[189] 취해서 보는 물떼새

　겨자 식초[190]에 찍어서 드세요, 고니시 셋쓰노카미(小西攝津守)[191]

......

180　마무리 : 원문은 'しまつ(始末, 시마쓰)'이며, '시마즈(島津)'를 이용한 언어 유희이다.

181　다시 여덟 : 원문은 '又八(마타하치)'이며, '시마즈 이에히사(島津家久)'의 통명인 '마타하치(又八)'
　　를 이용한 언어 유희이다.

182　가을 달 : 원문은 'あき月(秋月, 아키즈키)'이며, '아키즈키 다네나가(秋月種長)'를 이용한 언어 유
　　희이다.

183　구마가이 : 구마가이 나오모리(熊谷直盛).

184　주인의 명 : 원문은 'はや川しゆめ(하야카와 슈메)'이며, 하야카와 나가마사(早川長政)를 이용한
　　언어 유희이다.

185　모내기 전의 논 : 원문은 'くろ田(黑田, 구로다)'이며, 구로다 나가마사(黑田長政)를 이용한 언어
　　유희이다.

186　논병아리 : 원문은 'かいつふり(가이쓰부리)'이며, 구로다 나가마사의 관직명인 '가이노카미(甲
　　斐守)'를 이용한 언어 유희이다.

187　불쌍하지만 : 원문은 'いとうほしい(이토오시)'이며, 이토 스케타케(伊東祐兵)를 이용한 언어 유
　　희이다.

188　듭시다 : 원문은 'のみんせう(노민쇼)'이며, 위 이토 스케타케의 관직명 '민부노쇼(民部少輔)'의 약
　　칭인 '민쇼(民少)'를 이용한 언어 유희이다.

189　한 번에 비우고 : 원문은 'いきのかミ(一氣飮み?, 이키노카미)'이며, 모리 요시나리(毛利良成)의 관
　　직명 '이키노카미(壹岐守)'를 이용한 언어 유희이다.

190　겨자 식초 : 원문은 'からしす(芥子酢, 가라시스)'이며, '唐死す(조선에서 죽다)'를 이용한 언어 유
　　희이다.

191　고니시 셋쓰노카미(小西攝津守) : 고니시 유키나가(小西行長).

삼베 짜는[192] 사쿄노다이후[193]가 드는 회무침

후쿠하라[194]도 가슴 설레하는 맑은 장국

대나무 [채반] 안[195]에 알이 찬 [생선] 안주.

1월 16일, 문득 생각하니, 전에 내가 [고향 집에] 심어둔 매화나무 가지도 색과 향기가 때마침 깃들 시기이다. 기쁨에 겨워하는 가지의 흐느적거림과 꽃의 색향(色香)까지 모든 것이 불법(佛法)의 정원이니, "초목이 무심하다 해도 모두 성불할 수 있다."라는 불법의 인연은 감사한 일이므로 더더욱 푸르를 것이다. [그래서 읊는다.]

내 집 담장 아래의 매화도

올봄은 그 색과 향이 미묘하고 필시 아름다우리라

생각해 보라

천 리나 떨어진 [고향의] 봄이어도 마음은 꽃의 색향을 넘나드노라

나무도 풀도 저절로 울리는 불법의 소리를 듣는구나

여러 생에 걸친 [윤회의] 인연 속에서.

1월 17일 저녁, 귀국하라는 지시를 받고, '참으로 감사한 일이다. 광대한 은덕에 그저 감사할 따름이다. 이러한 자비를 받들고도 가벼이 생각한다면 부처님의 가호를 [더는] 받을 수 없게 될 것이다. 더더욱 신심에 소홀함이 없어야겠다.'라고 삼가 생각했다. [그래서 읊는다.]

산들거리며 귀국의 바람이 찾아와 주니

......

192 삼베 짜는 : 원문은 'あさひき(麻引き)'이며, 아사노 사쿄노다이후 요시나가(淺野左京大夫幸長)의 성씨를 이용한 언어 유희이다.

193 사쿄노다이후 : 아사노 사쿄노다이후 요시나가(淺野左京大夫幸長).

194 후쿠하라 : 후쿠하라 나가타카(福原長堯).

195 대나무 [채반] 안 : 원문은 '竹なか(竹中, 다케나카)'이며, 다케나카 시게토시(竹中重利)를 이용한 언어 유희이다.

마음이 마냥 끌려가네

이 기쁨을 어디에 비할쏘냐

귀국의 산들바람 부는 소리여.

　1월 18일, 귀국 준비를 마쳐 안도감과 만족감이 이루 말할 수 없었다. 그런데 [지난번] 농성 중에 꾼 꿈에서 「정신게(正信偈)」[196] 가운데 “필이 신심위능입(必以信心爲能入[197])”이라는 구절을 분명히 “본의신심위능입(本意信心爲能入[198])”이라고 바꿔서 외운 기억이 떠올랐다. 참으로 이상한 일이다. 왕생을 구하는 진실한 마음(本意)은 물론 의심할 여지가 없다. 그렇다면 ‘혹시 귀국해서도 끊임없이 바라온 일을 다시 한번 이룰 수 있다는 것인가’라고 더욱 감사한 마음이 들어, 환희의 눈물로 가슴을 적시며 기쁨이 달리 비할 데가 없었다. 이 꿈을 오늘 귀국 길에 떠올려서 몸 둘 바도 모르고 벌떡 일어날 정도로 기뻐하며 이렇게 읊조렸다.

신심(信心)을 가지면 본의(本意)는 따라온다는 가르침을

다시 기뻐하네

이제껏 건성이었으나

오늘 문득 마음에 새기는 서방정토로의 여행.

　1월 19일, 부산해에 도착하여 아직 배에서 내리지도 않았는데, 고향 소식을 듣게 되어 한층 기쁜 마음이 뭐라 말할 수 없었다. 한시라도 서두르고 서둘러서 고향 사람들을 직접 만나고 싶었다. [그래서 읊는다.]

부산해에 닿았나 싶은데

고향 소식을 들으니 더욱 마음이 급하네.

......

196 「정신게(正信偈)」: 신란의 『교행신증(敎行信証)』에 수록된 게문(偈文).

197 必以信心爲能入 : ‘반드시 신심이 있어야 능히 서방정토로 들어간다’는 의미이다.

198 本意信心爲能入 : ‘진실한 마음은 신심을 능히 받아들인다’는 의미이다.

1월 20일, 휴가국(日向國, 규슈 미야자키현) 야마다 사이스케(山田才助)님으로부터 연락을 받았다. 조용히 만나고 싶다는 말씀에 나도 그러고 싶었으나, 배에서 내리기 어려웠으므로 아쉬움이 클 뿐이었다. [그래서 읊는다.]

야마사이[199]에게서

술통과 귤, 말린 가다랑어를 받았으니 바로 즐기네.

1월 21일, 간밤부터 날이 개서 순풍이 불었으므로 새벽에 출항하여 이 날 저녁에는 쓰시마의 니시도마리(西泊)라는 곳에 배를 대고, 바로 육지에서 저녁을 먹었다. 이윽고 배에 탄 다음 문득 생각이 들었다. [그래서 읊는다.]

오늘이야말로 ‘서원이 깃든 배’[200]에 올라서 닿았노라

쓰시마의 니시노도마리에.

1월 22일, 또다시 새벽에 출발하여, 드디어 이키(壹岐)의 세토노도마리(瀨戶泊)[201]에 도착했다. [그래서 읊는다.]

돌아갈 수 있을지 걱정하던 늙은 몸이

다시 이키의 세토우라에 도착했네.

1월 23일, 감사하기 그지없는 선지식(善知識)님의 체야(逮夜)이므로, 심중의 기쁨을 다하여 이렇게 읊었다.

사바세계의 고통에서 벗어나야

즐거움을 얻고 기뻐할 수 있는 가르침이로구나

[누구에겐들] 권할 수밖에 다른 도리 없으리

......

199 야마사이: 야마다 사이스케의 줄임말.

200 서원이 깃든 배 : 교넨이 ‘염원하던 귀국선’과 ‘아미타불이 서원(誓願)하신 배’를 함께 의미한다.

201 세토노도마리(瀨戶泊) : 현해탄에 면한 이키 섬의 세토우라(瀨戶浦).

1월 24일, [선지식님의] 기일이긴 하지만 이동 중이었으므로 마음속의 감사함을 말로 읊을 뿐이었다.

이 시는 명소(名所)²⁰⁴를 지나며 느낀 마음을 읊은 것이다. 이키국(壹岐國)에서 들른 곳이 세토(瀬戸)라고 한다. 그곳을 출발하여 저녁에 아이노시마(相島)라는 곳에 묵었기에, 이렇게 즉흥으로 읊었다.

1월 25일, 이 아이노시마라는 곳에서 날씨가 좋지 않아 머물렀으므로 이렇게 읊었다.

1월 26일, 오늘도 순풍이 불지 않아 여기서 헛되이 날을 보냈다. 너무나 무료하여 이렇게 [읊는다.]

1월 27일, 모쪼록 이번 [선지식님의] 기일에는 [고향에] 도착할 수 있

……

202 오겁사유(五劫思惟) : 중생구제를 위해 아미타불이 수행했다는 오겁(五劫, 세상이 다섯 번 개벽하는 긴 시간)의 기도.

203 '만남의 섬' : 원문은 'あひのしま(아이노시마)'이며, 현해탄에 있는 섬 '아이노시마(相島)'와 '아미타불의 서원을 만난 일'을 함께 의미한다.

204 명소(名所) : 아이노시마(相島)는 해상 교통의 요충지로서, 일본 고대의 시가집 『만요슈(萬葉集)』에도 등장한다.

으면 좋겠다고 고려(조선)를 출발할 때부터 바라왔건만, 뱃길이라는 것이 항상 그렇듯 뜻대로 순풍이 불어주지 않아 아이노시마라는 곳에 머무르고, 헛되이 날을 보내는 것이 답답하다는 생각이 들었다. [그래서 읊는다.]

죄업이 깊고 악하기 그지없는 우리에게

오로지 [나무아미타불] 염불을 권하시네

가르침에는 여러 가지가 있지만

그 속에서 아미타불의 광대한 서약을 택했네.

같은 날, 아이노시마를 조반 후 출발하여, 밤이 되어 시모노세키(下關)의 고세토(小瀨戶) 안쪽에 배를 대고 이렇게 읊었다.

오늘 아침 출발하여 저녁은 고세토 안에 머무르고

드디어 내일 [고향으로] 출항하네.

1월 28일, 오늘 아침의 즐거움이라니, '정말로 내가 사는 절에 도착한다면 얼마나 기쁠까'라고 바라고 있지만, 뱃길이라는 것은 마음대로 되지 않는다. 탄식하는 동안에도 시간은 흐른다. 그렇지만 마음속 다짐을 표현하기 위해 이렇게 읊었다.

잔뜩 흐려진 마음의 어둠에서 헤매지 말지어다

이렇게 비원(悲願)을 이루게 된 이 몸을

[아미타불의] 자비에서 벗어나는 일은 하나도 없으니

그 보은의 마음을 놓지 말지어다.

1월 29일, 시모노세키 근처 바다의 날씨가 좋지 않아 머물렀는데, 사람들이 아미타사(阿彌陀寺)[205]를 구경하자 하여 함께 참배하고, 안토쿠

---

205 아미타사(阿彌陀寺) : 안토쿠 천황의 무덤이 있는 절로, 현재의 아카마신궁(赤間神宮).

천왕(安德天王)²⁰⁶의 목상(木像)을 뵙고 나니, 눈에 차오르는 눈물을 참을 수 없었다. 이 먼 곳까지 오셔서 이토록 참담한 일을 당하시다니 참으로 유감스러운 일이었다. 그 밖에 다이라씨(平氏) 일족의 초상화, 로노오카타(廊御方)²⁰⁷와 함께 바다로 뛰어들었다는 관녀(官女)들이 모두 같은 방에 그려져 있었다. 그 다음 방의 쓰네모리²⁰⁸, 노토노카미(能登守) 노리쓰네²⁰⁹의 초상화 등, 이상 12명의 모습은 같은 양식이었다. 그리고 다음 두 방에는 안토쿠 천왕의 탄생 때 모습부터 시작해서, 미나모토씨(源氏)의 군세가 시코쿠(四國)에서부터 해전을 벌인 모습을, 나가토(長門, 야마구치현)의 아카마세키(赤間關)²¹⁰에 이르기까지 빠짐없이 그려놓았다. 실로 달리 비할 데가 없을 것이다. 아미타사의 승려가 나오셔서 그 당시의 일을 자세히 적은 기록을 읽어주셨다. 참으로 세상사란 오늘 일이 내일은 이미 과거가 되어버리니, 지금 적고 있는 이 보잘것없는 일기도 [이윽고] 모두 다 옛일이 되어 잊혀질 것은 누구나 피할 수 없다. [그래도] 후세를 위한 마음[情]을 적어서 남기며 그저 얘깃거리로라도 삼아주었으면 하는 염원에서, 이 늙은 몸은 줄곧 이러한 생각만을 거듭하며 오늘까지 교카(狂歌, 비속한 단가)를 지었다. [이 일기를] 보는 사람들은 이런 마음을 헤아리며 여기에 적은 것을 읽어주기 바란다. 매사에 사려 깊은 사람은 하이카이(俳諧)나 이이스테²¹¹ 같은 것에도 신경을 써야 보

......

206 안토쿠 천왕(安德天王) : '천황'은 '천왕'으로도 표기한다. 안토쿠의 재위 기간은 1180~1185년. 겐페이(源平) 내전의 마지막 전투인 시모노세키의 단노우라(壇の浦) 해전에서 패배하여 바다에 뛰어들어 불과 7세의 나이로 사망했다고 전한다.

207 로노오카타(廊御方) : 다이라노 기요모리(平淸盛)의 딸.

208 쓰네모리 : 다이라노 쓰네모리(平經盛).

209 노리쓰네 : 다이라노 노리쓰네(平敎經).

210 아카마세키(赤間關) : 시모노세키의 옛 지명.

211 이이스테 : 言い捨て(내뱉는 말). 즉흥으로 지어서 따로 기록하지 않는 하이카이를 의미한다.

다 신통한 경지에 이를 수 있다. 이를 명심하고 젊은 분들은 늘 분발하는 것이 중요하다. [그래서 읊는다.]

> 참으로 애석함을 이루 표현할 수 없네,
>
> 그 옛날 [지체 높은] 구름 위의 분들.
>
> 구름 위에서 내려와 남긴 자취는
>
> 누군가에게 저주를 품은 옛이야기이려나
>
> 눈물을 흘리든 흘리지 않든 다를 바 없으리,
>
> 남들의 눈에는.

1월 그믐날은 시모노세키를 날이 밝아올 무렵에 출발하여, 밤새도록 파도에 흔들리며 밤 배를 탔다. [그래서 읊는다.]

> 밤을 벗 삼아 아카마세키(赤間關)를 출항하여
>
> 파도에 흔들리며 [배에서] 잠을 자네.

2월 1일, 사가노세키(佐賀關)에 도착하니, 조선으로 건너갈 때와는 딴판으로 만 가지 기쁨을 달리 비길 데 없었다. [그래서 읊는다.]

> 기쁨을 무엇에 비하랴
>
> 덧옷[唐衣]을 겹쳐 입은 이 포구에서.

2월 2일, 우스키(臼杵)로 돌아와서 소원하던 대로 손자들을 만나니 말로 다 할 수 없는 기쁨이었다. 참으로 우라시마타로(浦島太郎)[212]가 자신의 칠 대(七代) 손자를 만났다는 이야기도 지금 온몸으로 이해가 된다. [그래서 읊는다.]

> 바로 이런 건가? 칠 대 손자를 만났다니
>
> 지금 내 삶을 떠올리게 되네.

......

212 우라시마타로(浦島太郎) : 거북이를 타고 용궁을 다녀오니 이미 많은 세월이 흘렀더라는 옛 설화 속 인물.

기온(祇園)곶[213]까지 손자들을 모두 데리고 나온 것을 보고, 너무 기쁜 나머지 이렇게 읊었다. 그리하여 이제 집에 도착하면 무엇보다 먼저 불전(佛前)으로 나아가서 진실로 원하던 바를 이루게 되겠지. [나란 사람은] 이러한 숙연(宿緣, 숙명)을 받들 몸인가? 더욱이 도장(道場) 공사도 끝났다 하니, 더한층 환희에 찬 마음을 억누르기 어렵다.

기쁨에 [이미 지난] 괴로움은 떠오르지도 않으니

나는 정말 어리석구나.

게이초(慶長) 2년(1597) 6월 24일 [조선으로] 도해(渡海)했다.

동[게이초] 3년(1598) 2월 2일 귀국(귀향)했다.

추필(追筆)

눈도 흐리고 붓도 다루기 힘든 몸이지만

그리운 옛날을 떠올리며 필사해 둔다.

213 기온(祇園)곶 : 현재의 우스키시(臼杵市) 기온노스(祇園洲).

원
문

朝鮮陣記

朝鮮陣記 全

朝鮮征伐之事

天正十七己丑春、□秀吉公朝鮮未服従ヲ憤リ、高祖父 実ハ曾祖父 義智ニ命テ曰ク、朝鮮王ヲシテ来朝セシメテ本朝一統ノ賀ヲ致ス時ハ、則両国ノ事、一ニ依旧ヘシ、若朝鮮拒之時ハ、則速ニ兵ヲ起シ撃ヘシト、義智命承、家臣柚木次右エ門康廣ヲ朝鮮ニ遣シ、□秀吉公ノ書ヲ贈ル、朝鮮王不恭之、康廣復命ス、□秀吉公大ニ怒テ、小西摂津守行長・加藤主計頭清正ヲシテ筑築(紫)ノ兵ヲ率テ朝鮮を攻ントス、行長・清正命ヲ受、朝鮮ニ赴クヘシト、義智請テ曰、某先朝鮮ニ到リ、□秀吉公ノ命ヲ諭シ、国王ヲシテ来朝セシムヘシ、願クハ行長・清正越海ノ期ヲ弛ヘ玉ヘト、□秀吉公其請ヲ許ス、義智、蘇長老及ヒ家臣柳川権之助調信等ヲ率テ朝鮮ニ至リ、久ク東平舘ニ留リ[1]、国王来朝ノ事ヲ言、不信用故ニ、先通信使ヲ邀テ與ニ俱ニセン[2]事ヲ請フ、然共通信使ノ議又久ク不決、先是、丁亥年、日本ノ海賊船朝鮮国全羅道□竹島ヲ寇シ、邊将李太源ヲ殺シ、其外朝鮮人ヲ捕ヘ本朝ヘ帰、其後海賊船ヲ導キ来テ寇ス[3]ト、至是、人或ハ言、宜シク日本ヲシテ叛

......

1　징：久留東平舘

2　징：必邀我使與俱

3　징：數年前 倭寇全羅道損竹島 殺邊将李太源 捕得生口言 我國邊氓沙乙背同者 叛入倭中 導倭爲寇

民ヲ刷還スヘシ、然後通信使ヲ議シテ以テ誠否ヲ観ン、舘舎ノ者ヲシテ諷之シム[4]、義智則柳川調信ヲ本州ニ遣シ、数月ナラスシテ、調信悉朝鮮辺民日本ニ在ル者十余人ヲ捕ヘ朝鮮ニ来テ返之[5]、朝鮮国王命シテ則斬罪シ、義智ヲ賞シテ内厩ノ馬一匹ヲ贈ル、後ニ義智ヲ引見、内殿ニ安(宴)シ、酌ヲ進ム[6]、其後通信使ノ儀始定シ、三使ヲ以テ日本ニ赴カシム、

天正十八年庚寅春、義智三使ヲ伴ヒ釜山浦ヲ発シ帰州、□同年夏、京都ニ到ル、三使大德寺ニ舘ス、此時、□秀吉公小田原を経シ、秋九月帰京、義智、□秀吉公ヲ近江八幡山ニ迎テ拝謁シ、則従テ京都ニ入ル、於是、□秀吉公三使ヲ聚楽亭ニ引見ニ(シ)、義智之勤労ヲ感シ、任参議、辞之、任侍従、柳川調信ヲ諸太夫ト為、其後二使報書ヲ受返ル時、□秀吉公義智ニ命テ曰、吾兵ヲ起シ大明ヲ攻ントス、朝鮮王兵ヲ率テ先導シテ可也、義智此意ヲ朝鮮王ニ達スヘシト、義智奉命、三使ヲ伴イ京都ヲ発ス、正副使ニ白銀四百両ヲ賜フ、

天正十九年辛卯ノ春正月、義智三使ヲ伴ヒ帰州、同月、蘇長老・柳川調信ヲシテ三使ヲ護還セシム、蘇長老・調信、東平舘ニ舘ス、□秀吉公ノ命ヲ朝鮮王ニ諭フ、不信用、然共三使ヲ護還スルノ労ヲ謝シテ、調信ニ爵ヲ賜フ、於是、蘇長老・調信帰州、

同年六月、義智再越海、釜山ニ到リ、邊将ニ諭スニ、日本ノ関白大ニ兵船を治シテ大明を攻ント欲ス、貴國ノ地方並ニ擾サルヘシ、若貴國先大明ニ報シ、和ヲ請好ヲ通セシメハ、此患ヲ免ルヘシ[7]ト、然レトモ朝鮮王遂ニ其

......

4　징：人或言 宜令日本刷還叛民 然後 議通信 以觀誠否 使舘客諷之

5　징：義智曰 此不難 卽遣平調信 歸報其國 不數月 悉捕我民之在其國者十餘人 來獻

6　징：賞義智內厩馬一匹 後引見倭使一行 賜宴 義智玄蘇皆入殿內 以次進爵

7　징：辛卯夏 平義智又到釜山浦 爲邊將言 日本欲通大明 若朝鮮爲之奏聞 則幸甚 不然 兩國將失和氣 此

言ヲ不信、義智泊船十餘日[8]ニシテ帰州、乃チ此旨ヲ速ニ上洛シテ秀吉公ニ謁シ、詳ニ朝鮮ノ事情ヲ言、且朝鮮ノ国図ヲ献ス、□秀吉公聞之玉ヒ、兵ヲ発スルノ議ヲ始テ決ス、義智ヲ以先鋒ト為、米穀一万石・白銀千枚及兵器火藥ヲ賜フ、其餘中国・四国・九州ノ諸侯ニ命シ、各戦船ヲ准備シ糧ヲ蓄ヘ兵ヲ催ス、

文禄元年壬辰ノ春三月十二日、先鋒ノ将小西摂津守行長、其兵七千、松浦式部卿鎮信、其兵三千、有馬修理大夫・大村新八郎・五嶋大和守・其餘ノ軍士、凡壹萬八千百人、一列ト為、加藤主計頭清正、其兵一万、鍋島加賀守直茂、其兵一万二千、凡二万二千八百人ヲ一列ト為、又黒田長政・大友義統・嶋津義弘・福島正則・蜂須賀家政・長宗我部元親・小早川隆景・立花宗茂・毛利輝元・九鬼嘉隆・藤堂高虎・脇坂宗治・加藤嘉明、各兵士十余万ヲ率テ對州ニ至ル清正・長政ハ未至、□秀吉公、毛利勘八ヲシテ對州ヲ監セシム、義智家臣宗讃岐智順、仁位民部智信、杉村右吉郎智清、柳川権之助調信等ヲ以テ部将ト為、州兵五千率、

四月十二日、諸将ト同ク越海、朝鮮釜山浦ニ到ル、十三日、釜山城ヲ攻、釜山ノ僉使鄭撥拒之、義智兵士ヲ指揮シ大ニ戦ヒ、義智ノ兵福田弥兵衛・難波大助等奮戦シテ破之、時ヲ移サス、城陥ル、鄭撥則戦死ス、行長兵ヲ分、西平浦・多大浦ヲ陥ス、多大浦僉使尹興信戦死ス、

同十四日、義智・行長進テ東莱ニ泊リ、府城ヲ攻、府使宋象賢城ノ南門ニ登リ督戦ス、義智ノ兵福田弥兵衛先登力戦ス、大浦帯刀・大浦十兵衛・安藤七兵衛・安藤加右衛門・大石彦九郎等、斬獲之功有、財部修理・西賀

　　乃大事 故來告

8　　징：義智泊船十餘日

雅楽・阿比留左近等戦死ス、戦闘半日ニシテ城陥ル、府使賢、坐シ受刃死ス、義智・行長其死守ヲ喜ヒ、士卒ニ命シテ棺ニ歛メ、<u>城外ニ埋ミ標ヲ立テ以識之</u>[9]、行長ノ兵士小西主殿助・木戸作右エ門等、首ヲ斬ル事、若干級、此外梁山郡主及将官軍民死者数万人、不攻陥者十一城、

同十五日、義智・行長、使ヲ名護屋ニ遣シ捷ヲ報ス、秀吉公、感状ヲ義智ニ賜フ四月二十二日ノ状、其戦功ヲ褒ス、

同日夜、義智兵士佐護内膳・鈴木三太夫・阿比留七右エ門、歩卒十余人ヲ率テ梁山城ニ至リ、火炮ヲ放ツ、城中ノ守兵尽ク遁去ル、行長ノ弟小西主殿助・家臣木戸作右エ門、尋テ到ル、便チ梁山城ヲ輙ク取、

同十八日、密陽ニ到ル、府使朴晋、道路ヲ禦ク、義智ノ兵士扇鹿之助、埋伏ノ有ルヲ見テ、走リ帰リ告之、義智・行長、<u>山ノ後ヨリ高ニ乗リ、蟻ノ如ク附散漫シテ攻之、守者望テ皆散ス</u>[10]、朴晋馳テ密陽ニ還リ、城ヲ弃テ逃去ル、義智・行長、道ヲ分テ長ク馳セ其(諸)邑ヲ陥ル、一人モ敢テ拒ク者ナシ、<u>金海府使徐礼元、門ヲ閉テ城ヲ守ル</u>[11]、行長急ニ攻テ抜之、兵ヲ分テ右道ノ諸邑ヲ抜ク、義智・行長密陽ヲ過キ清道・大丘・仁同・善山ヲ径、二十四日、尚州ニ到ル、巡邊使李鎰ト戦フ、<u>李鎰カ兵僅ニ八九百、山ニ依テ陣ヲ為</u>[12]、矢ヲ放チ拒之、於是、義智後面ヲ攻メ、行長前面ヲ攻ム、松浦・大村・五嶋、左右ヲ夾ミ撃ツ、義智ノ前隊ノ兵大石阿吉・福田弥兵エ・斎藤宮内・比田勝四右エ門、直ニ進テ奮撃ス、小野新十郎、先首級ヲ獲タリ、李鎰カ兵敗レ奔ル、糸瀬壹岐・糸瀬弥次郎・畑嶋助八郎・帆開■与八

......

9　징：督戰半日而城陷 象賢坐受刃而死 倭人喜其死守 棺歛之 埋於城外 立標以識之

10　징：從山後乘高 蟻附散漫而至 守隘者望之 皆散

11　징：閉門城守

12　징：合京來將士僅八九百 習陣于州北川邊 依山爲陣

郎、武田神三郎等ノ斬獲ノ功アリ、

加藤主計頭清正、後レテ朝鮮ニ入、船ヲ熊川ニ進ム、陸ニ登リ、行長等ノ戦功有ヲ聞テ甚不喜、

同二十七日、義智・行長、忠州ニ至ル、於是、加藤清正・黒田長政・鍋島等モ亦忠州ニ至リ、義智・行長ト會ス、是時、捻兵申砬、兵ヲ率テ弾琴臺ノ前ニ陣ス、<u>雨水其地ヲ間テ、左右稲田多シ、水草交雜シテ馳驅ニ便リナラス</u>[13]、義智・清正、丹月驛ヨリ路ヲ分テ入、時、申砬沼ヲ阻テテ陣ス、其間只一小径ノ通スル有、申砬カ兵、径口ヲ守リ矢ヲ放チ拒之、義智、兵ヲ進ム事ヲ得ス、大石荒川助智久、鎌鎗ヲ提ケ直ニ進テ、小径ヲ過キ奮撃シテ、首ヲ獲ル事三級、申砬カ兵、戰ヲ交ヘスシテ敗レ奔ル、義智、諸将ト兵ヲ率逐之、首ヲ斬事数百級、申砬、<u>江水ニ没シテ死ス</u>[14]、

同三十日、行長・清正、路ヲ分テ北道ニ赴ク、義智、行長ト同ク忠州ヲ発シ驪州ニ到ル、<u>江原道ノ助防将元豪、兵数百ヲ率テ驪州ノ北岸ヲ守ル、江中無船、義智・行長渡ル事ヲ得ス、既ニシテ江原道ノ巡察使柳永吉、檄（檄）シテ元豪ヲ召ヲ（テ）、本道ニ帰ラシム、於是、義智・行長、諸卒ヲシテ閭里ノ民家及ヒ官舍ヲ毀タシメ、屋村ヲ聯テ長筏ト為テ以テ渡ル、義智ノ兵山下左馬・岩佐掃部等、中流ニシテ水ノ為ニ漂ハサレテ死ス、元豪既ニ去テ、江上一人ノ守ル者ナシ、我兵畢ク渡ル</u>[15]、楊根ヨリ龍津ニ渡ル、

五月二日早昧ニ京城ニ入ル、其路二有、南大門者、行程八九百里ニシテ大川有、東大門者ハ行程千餘里、川無、先是、四月三十日、朝鮮王京城

......

13 　징：因率軍 出陣于彈琴臺前兩水間 其地左右多稻田 水草交雜 不便馳驅

14 　징：還赴江 沒于水中而死

15 　징：江原道助防將元豪 初率兵數百 守驪州北岸 與賊相持 賊不能渡者數日 既而江原道巡察使柳永吉檄召元豪 歸本道 賊毀閭里民家及官舍 取屋材 聯爲長筏以渡 中流爲水所漂死者甚多 而元豪去 江上無一守者 故累日畢渡

ヲ出、西ニ走ル、留都将李楊元・元帥金命元、相尋テ皆走ル、城中一人モ無、日午ニ及ンテ、清正等モ亦到ル、

同四日、義智、柳川調信ヲ名護屋ニ遣シ、京城を得ル事ヲ報ス、六日七日、諸将京城ニ入ル、秀吉公、感状ヲ五月十八日ノ状義智ニ賜フテ、其功方ヲ褒ス、義智、京城ニ時、朝鮮ノ兵、長政ノ家臣森多兵衛カ営ヲ侵ス、義智ノ部将仁位民部近臣・古川小次郎、行長ノ家臣小西弥三兵衛等ト急ニ馳テ救之、奮撃シテ破之、首級ヲ獲事数十、

同十一日、義智・行長・清正、京城ヲ発テ北ニ赴ク、

同十八日、臨津ニ到リ、陣ヲ臨津ノ南ニ結フ、金命元・申磧等、臨津ノ北ニ在テ江灘ヲ守ル、江中船ヲ歛集テ悉ク北岸ニ在、故ニ諸将船ノ渡ルヘキナシ、江ヲ隔テ相待シ、十余日マデ渡ル事不能[16]、一日諸将相謀ル、此時、義智ノ兵士中原久内安直、直ニ進テ川ヲ渡ル、安忠、勇力有テ、北岸ノ守兵ト刃ヲ合、立トコロニ数人ヲ斬ル、諸将兵ヲ率テ継テ進ム、北岸ヲ守者敗レ去ル、岩石ノ上ヨリ自投シテ江ニ入事風中ノ乱葉ノ如シ、其未江ニ投スルニ及ハサル者ハ、我兵後ヨリ長刀ヲ奮テ砍之、皆匍匐泣哭シテ刃ヲ受、敢テ拒ク者ナシ[17]、行長・清正、進テ黄海道安城驛ニ至リ、各向フ所ヲ議ス、行長、平安道、清正、咸鏡道、義智、行長ト同ク安城駅ヲ発シ、北ニ赴ク、

六月十日、義智、行長・黒田長政等ト同ク進テ、遂ニ大同江ノ南ニ至ル、李鎰、兵ヲ率テ浅灘ヲ把テ以防之、義智ノ前隊ノ兵進テ江中ニ入、江中小島ノ居民驚キ呼テ奔散ス、李鎰、急ニ武士十余人ヲシテ島中ニ入テ射之、

......

16　징：隔江交戰相持十餘日 賊終不能渡

17　징：從巖石上自投入江 如風中亂葉 其未及投江者 賊從後奮長刀斫之 皆匍匐受刃 無敢拒者

軍士畏テ即進下ス、鎰、剣ヲ抜テ斬ントス、然後、即チ進ム[18]、時ニ義智
ノ兵、乱テ岸ニ近ク、李鎰カ兵、急ニ強弓ヲ以テ射之、波多野助藏・主藤
源七・久須五左エ門・田口甚七郎・国分四郎右エ門、矢ニ中リ斃ル、義智
ノ前隊不勝シテ退ク、李鎰、仍テ留テ渡口ヲ守ル、先是、六月十一日、国
王、平壌ヲ出テ寧辺ニ向フ、諸留テ平壌ヲ守ル、我兵、江ヲ隔テ火炮ヲ放
ツ、城中モ亦火炮ヲ放チ、或ハ片箭ヲ射ル、義智、第一陣ニ在、
同十四日昧爽、浮碧樓ノ下綾羅渡ヨリ潜ニ船ヲ以テ軍ヲ渡シ、遂ニ前ンシ
テ[19]、義智ノ陣ヲ突、前隊ノ将杉村右吉郎智清、急ニ起テ属兵ヲ指揮シ、
竹岡節右エ門ト同ク力ヲ尽シ拒之、智清戦死ス、義智、兵士ヲ指揮大戦、
手ラ敵數人ヲ斬ル、中村平次・阿比留平右エ門・阿比留彦九郎・平山将監
・波多野吉郎・長里玄蕃・長里内藏・長里左馬・吉田善六・仁位作右エ門
・米田孫左エ門・古藤八郎兵衛等、力戦シテ死ス、大浦帯刀・大浦十兵
衛・宮原又左エ門・阿比留弥次郎・麻房傳右エ門・小田喜左エ門・小田仁
右エ門・小田治部右衛門・斎藤将監・河上佐渡・長彦五郎・小島与次郎・
扇惣左エ門・豊善左エ門等、各斬獲ノ功有、朝鮮ノ兵退キ走リ、還テ船ニ
趨[20]、於是、第二陣ノ将師黒田長政、急ニ馳テ河辺ニ至リ、身自戦闘ス、
列屯ノ兵[21]尋テ到ル、船上ノ人、我兵已ニ後ニ迫ルヲ見、中流ニシテ散テ、
船ヲ艤ヲヒセス死スル者甚衆シ、餘軍又王城灘ノ乱流ヨリ渡ル、我兵始テ
水ノ浅クシテ可渉ヲ知、是日ノ暮、衆ヲ挙テ灘ヨリシテ以済ル、灘ヲ守ル
者放テ一矢ヲ発セス、皆散走ル、我兵既ニ渡ル、諸将猶城中備有ンカト疑

......

18　징：江中小島居民驚呼奔散 鎰急令武士十餘人入島中射之 軍士畏不卽進 鎰拔劍欲斬之 然後 乃進

19　징：招擇精兵 使高彦伯等領之 從浮碧樓下綾羅渡 潛以船渡軍

20　징：我軍退走 還趨船

21　징：俄而列屯賊悉起大至

ヒ、不前、是夜、尹斗壽・金命元、城門ヲ開キ尽ク出[22]、

同十五日、諸将杜丹峰ニ登リ、良久ク観望ニ（ミ）、城空シテ人無下（事）ヲ知、乃チ入ル[23]、各城塁ヲ改築、敵ヲ禦ク備ヲ為、義智、東城ヲ守ル、此時、朝鮮王李昭、援兵ヲ大明ニ請フ、

八道尽ク没テ、王昭、北ニ走リ、援兵ヲ大明ニ請フ事既ニ数タヒ、於是、□秀吉公謂ラク、若明兵大ニ挙ル時ハ、則我兵既ニ渡海スル者十三万ニ至ルト雖、其或敵シ難シ、追テ兵士ヲ遣シテ救援ハント、乃チ兵六万ヲ撰テ渡海セシム、

七月十九日、遼東ノ副捴兵祖承訓、兵五千ヲ率テ、平壌ヲ攻ム、適大雨、城中守禦ヲ惰ル、遼東ノ軍、七星門ヨリ入者六七十人、城内路挾シテ、委巷多シテ、馬足不展、小野木縫殿助、兵士ヲ指揮、険阨ニ依テ火炮ヲ放チ、入城ノ兵尽ク死[24]、於是、行長・義智、諸将ト城ヲ出、交戦ス、史遊撃、火炮ニ中ニ即斃ル、義智ノ部将宗讃岐・仁位民部等、属兵ヲ指揮、大ニ戦フ、斎藤惠茂助、大浦才藏、波多野作右エ門、波多野彦十郎、佐護内膳、初村七三郎、中村五兵衛、大浦加賀、大浦吉左エ門、平山圖書、沼田新助、長里弥五郎、阿比留与兵衛、国分善左エ門、嶋左馬、田中三藏、上野藤右エ門、阿比留助六、若杢平左エ門、屋永平左エ門、豊田主計、大石源左エ門、長野七右エ門、佐渡（岐）弥藏、平田市兵衛、帆開与八郎、阿比留玄蕃、阿比留八兵衛、斬獲ノ功有、遼東ノ軍馬多ク死ス、祖承訓、遂ニ

22　징：船上人見賊已迫後 中流不敢艤船 淹死者甚衆 餘軍又從王城灘亂流而渡 賊始知水淺可涉 是日暮 舉衆由灘而濟 我軍守灘者不敢發一矢 皆散走 賊既渡 猶城中有備 遲回不前 是夜 尹斗壽金命元開城門盡出城中人

23　징：登牡丹峯 良久觀望 城空無人 乃入城

24　징：適大雨 城上無賊守兵 天兵從七星門入 城內路狹多委巷 馬足不可展 賊依險阨 亂發鳥銃 史遊擊中丸 卽斃 軍馬多死

軍ヲ退ク、我兵急ニ不追、後軍潦中ニ陷ル、自ラ援事不能者悉ク斬之[25]、

八月一日、巡察使李元翼・巡辺使李薲等、兵ヲ率テ平壤ヲ攻、城北ヨリ兵ヲ進ム、諸将兵ヲ発シテ拒之、我兵十余人、矢ニ中リ殪ル、於是、諸将、兵士ヲ指揮シテ大ニ戦フ、朝鮮軍驚キ潰ヘ、江辺勇力ノ士多ク折傷ス[26]、義智ノ兵豊田佟左エ門、豊田弥五郎、平山又藏、福嶋八助、大石彦九郎、大石甚兵衛、大石右エ門、網代助三郎、内山典助、扇吉右エ門、佐々木平左エ門、佐々木勘兵衛、平山傳右エ門、小田喜左エ門、麻房傳右エ門等、斬獲之功有、元翼等遂ニ還テ順安ニ屯ス[27]、

九月、大明ノ遊撃将軍沈惟敬、順安ニ到リ、書ヲ義智・行長ニ馳テ問フ、朝鮮何ノ虧負スル事有於日本、何ノ擅ニ師旅ヲ興ス[28]ト、義智・行長、其書ヲ見テ即チ回報シ、面ヲ見テ事ヲ議セン事ヲ求ム、惟敬赴之、義智・行長、蘇長老等ヲ率テ出テ、城北十里ノ外降福山下ニ會ス[29]、惟敬ニ告ルニ、□秀吉公朝鮮ヲ征スルノ故ヲ以ス、惟敬乃チ義智・行長ト和好ヲ議シ、因テ約シテ曰ク、吾帰テ聖皇ニ報シ処分有ヘシ、五十日ヲ以テ為期、日本人平壤西北十里ノ外ニ出テ、搶掠スル事ナカレ、朝鮮人十里ノ内ニ入テ日本人ト闘フ事ナカレト、乃チ地界ニ木ヲ立、禁標ト為去ル[30]、義智・行長帰城、兵ヲ歛シテ不動[31]、既ニシテ五十日ヲ過レトモ、惟敬不到、於是、

......

25　징：軍馬多死 祖遂退軍 賊不急追 後軍陷泥潦中不能自拔者 悉爲賊所害

26　징：是日 元翼等從平壤城北進兵 遇賊先鋒 射中二十餘賊 旣而賊大至 軍士驚潰 江邊勇力之士多折傷

27　징：遂屯順安

28　징：朝鮮有何虧負於日本 日本如何擅興師旅

29　징：出會于城北十里外降福山下

30　징：因與倭約曰 吾歸報聖皇 當有處分 以五十日爲期 倭衆無得出平壤西北十里外搶掠 朝鮮人毋入十里內與倭鬪 乃於地界立木爲禁表

31　징：歛兵不動

義智・行長大ニ城ヲ攻ムルノ具ヲ修シ[32]、兵ヲ発シテ直チニ進ントス、

十二月初、惟敬再ヒ平壤ニ至リ義智・行長ニ告テ曰、和好ノ成ル事近日ニ

有ヘシ、然トモ吾曾テ公ト約スル所ノ期既ニ過く、恐ラクハ公ノ吾ヲ疑ン

事ヲ、故ニ吾先此ニ至テ以テ告之ト、留ル事数日、更ニ相約誓シテ去ル、

此時、大明兵ヲ発シ、兵部右侍郎宋應昌ヲ以テ経略ト為シ、兵ヲ遼東ニ駐

シテ、李如松ヲ提督軍務ト為、三営ノ李如栢・張世爵・楊元及ヒ南駱尚志

・呉惟忠・必迪等ヲ率テ江ヲ渡シ、兵數四萬餘、安州ニ至テ営シ、城南ニ

下ス[33]、

文禄二年癸巳正月一日、副捴兵査大受、先順安ニ往テ日本人ヲ紿テ曰、

天朝已ニ和ヲ許シ沈惟敬至ントス、我将卒大ニ喜フ[34]、同月四日、義智・

行長、其家臣大浦孫六 武田吉兵衛行長兵士ヲシテ兵卒

二十餘人ヲ領シ出、惟敬ヲ順安ニ迎フ、査大受誘ヒテ與ニ飲酒ス、伏起テ

武田吉兵衛ヲ□ニシ、從兵ヲ斬殺ス、大浦孫六、從兵二人ト力戦シ圍ヲ脱

シ、夜半ニ馳テ平壤ニ帰ル、義智・行長、始テ明兵ノ至ル事ヲ知ル[35]、

同月五日、明兵平壤ニ至リ城外ニ陣ス、同六日、朝鮮ノ将李鎰・金應瑞

等、東城ヲ攻ム、義智ノ兵火炮ヲ放チ拒之、李鎰等、軍ヲ退ク、是時、行

長、牡丹臺ノ営ヲ守ル、李如松、先杜丹臺ヲ攻ントス、行長、兵士ヲ指揮

シ、火炮ヲ放チ拒之、明兵敢テ不近、於是、如松、呉惟忠ヲシテ杜丹臺

ヲ攻シム、其餘皆平壤ニ向フ、夜半ニ義智、諸将ト同兵ヲ率ヒ出テ敵ヲ襲

......

32　징：大修攻城之具

33　징：天朝大發兵 以兵部右侍郎宋應昌爲經略 …… 駐遼東 提督李如松爲大將 率三營長李如栢張世爵楊

　　元及南將駱尙志呉惟忠王必迪等渡江 兵數四萬餘 …… 兵至安州 下營於城南

34　징：副總兵査大受先往順安 紿倭奴曰 天朝已許和 沈遊擊且至 倭喜

35　징：使其小將平好官領二十餘倭 出迎沈遊擊于順安 査總兵誘與飲酒 伏起縱擊之 擒平好官 斬戮從倭幾

　　盡 三人逸馳去 賊中始知兵至

フ、不克シテ城ニ入、義智ノ兵飯作右エ門・中村六郎等、力戦シテ死ス、
是時、平壌ノ諸将相議シ、行長ヲ平壌城ニ招キ力ヲ合、戦ヲ決セント欲
ス、然ルニ明兵平壌城・牡丹臺ノ間ヲ絶テ、相通スル事ヲ得ス、諸将、勇
猛士能圍ヲ出テ、牡丹臺ニ至ン者ヲ擇フ、義智ノ兵士国分集人進テ曰、某
願クハ使タラント、諸将乃チ隼人ヲ遣ル、隼人、単騎ニシテ城ヲ出テ、直
ニ進ミ牡丹臺ニ赴ク、明兵敢テ不止之、牡丹臺ニ至リ諸将ノ命ヲ行長ニ
告ク、行長報シテ曰、吾圍ヲ突テ以テ平壌ニ到ント欲ス、諸将モ亦兵ヲ出
シテ吾ヲ迎フヘシ、隼人聞之、便チ帰ル、明兵敢テ不止之、於是、諸将、
兵ヲ発シ、行長ヲ迎フ、行長、牡丹臺ヲ撤テ圍ヲ潰シテ平壌城ニ入ル、
同月七日、<u>明兵平壌ヲ圍ミ、大炮・火箭ヲ以テ攻之</u>[36]、箭、城中ニ入、處々
火起、林木皆焚く、<u>駱尚志・呉惟忠、親兵ヲ率ヒ蟻ノ如ク附テ城ニ登ル、
城兵力槊ヲ振テ拒ミ</u>[37]、義智ノ兵士内野勘之助・勝山彦右エ門・岩佐左エ
門・山下與作・内山右エ門・内山喜助・平山源次郎・平山孫八郎・立石傳
右エ門・立石半兵衛・木村奥右エ門・小島五郎右エ門・森屋喜兵衛・小田
治部右エ門・神宮善次郎・古瀬孫七郎・大石源左エ門等、斬獲ノ功有、平
田官(宮)内・大石河吉・波多野主税・斎藤宮内・佐奈豊源内・江口左京・
大浦味右エ門・早田忠右エ門・重田如右エ門等、力戦シテ死ス、<u>明兵益
進ミ前ナル者墜レハ、後ナル者升ル、退者有事無シ、城兵支ル事不能ハ、
退テ内城ニ入ル</u>[38]、明兵逐之、大石荒川助、刀ヲ揮テ五十餘人ヲ斬、時ニ
城兵多ク折傷シテ、援兵不至、行長・義智、諸将ト相謀リ、敵陣ノ疎密強
弱ノ処ヲ知テ、囲ヲ潰逃レ去ン事ヲ欲ス、然トモ内城ヲ攻、矢ヲ発ツ事如

······

36　징：天兵以大砲火箭攻之

37　징：駱尚志呉惟忠等率親兵 蟻附登城 前者墜 後者升 莫有退者 賊刀槊下垂城堞

38　징：前者墜 後者升 莫有退者 賊刀槊下垂城堞 …… 賊不能支 退入內城

雨、故ニ敢テ敵陣ノ形勢ヲ望見者ナシ、大石荒河助甲冑ヲ脱シ浴衣ヲ着、
高楼ノ上ニ登リ、全身ヲ露シ詳ニ敵陣ノ形勢ヲ看取シテ、以テ行長ニ告
ク、行長甚タ荒川カ勇敢ヲ感ス、此時、城兵火炮ヲ乱放シ、明兵多ク死傷
ス、且日既ニ晡ナリ、如松、軍ヲ城下ニ収テ以走路ヲ開ク、其夜、行長、
諸将ト城ヲ出ツ、義智、殿タリ、黄海道ノ防禦使季時言、兵ヲ率テ追之、
自後攻之、宮川□右エ門等力戦シテ拒之、木村貞助・立石傳右エ門・袖
谷次左エ門・宮川喜平治等、戦死ス、故ニ李時言敢テ不逼、但飢病落後
ノ者六十余級ヲ斬ス[39]、

同八日、義智、諸将ト鳳山ニ至ル、時、大友義統既ニ逃レテ城中無人、故
ニ連夜退去ル、

同九日、瑞興ニ至ル長政家臣小川傳右エ門、守之、十日、平山ニ至ル、十一日、海
州ヲ過リ、黒田長政ニ會シ、兵ヲ休スル事二日ニシテ開城ニ至リ、小早川隆
景ト會シ、居ル事二日ニシテ坡州ニ至リ、久留米秀包ト會シシ京城ニ至ル、
同二十四日、我軍、明兵ノ内応スルカト疑ヒ、且平壌ノ敗ヲ忿テ、尽ク京
城ノ内ノ民庶ヲ殺シ、公私ノ閭舎ヲ焚焼ス[40]、二月、全羅道巡察使権慄、
兵ヲ領シテ幸州山城ニ拠ル、十二日、増田右エ門・加藤遠江守、二万餘兵
ヲ率テ攻之、義智、古川右馬・俵五郎左エ門等ヲシテ従之ニシム、城兵、
木石ヲ放ツ、増田・加藤、大ニ敗ル、義智・行長・隆景、往テ迎之、権慄
見之、深ク不追シテ城ニ入ル、

三月、京城ノ将卒十万余、暫ク争闘ヲ止メテ、徒ニ数日ヲ度ル、加藤遠江
守・細川越中守・長谷川藤五郎・糟谷内膳・日根織部・木村常陸之助等、

39　징：獨李時言尾其後 不敢逼 但斬飢炳落後者六十餘級
40　징：正月二十四日 賊疑我民爲之內應 且忿平壤之敗 盡殺京城中民庶 焚燒公私閭舍殆盡

二万余兵ヲ率テ晋州ヲ攻、

四月、沈惟敬、王城ニ至リ、義智・行長ト和親ノ事ヲ語ル、諸将其議ヲ然リトス、於是、大明徐一貫・謝用梓、行長ノ営ニ来リ和ヲ議ス、義智・行長、沈惟敬・徐一貫・謝用梓ヲ携ヘ、同月十九日、言(諸)将ト同ク王城ヲ発ス、五月朔日、<u>釜山浦ニ至リ、分テ海辺ニ屯シ、首尾相連ル事十六屯、皆ナ山ニ依リ海ニ憑テ城ヲ築ク</u>[41]、

五月八日、義智・行長、沈惟敬・徐一貫・謝用梓ヲ伴ヒ釜山浦ヲ発シ名護屋ニ至リ、惟敬等、□秀吉公ニ拝謁シ和親ノ事ヲ述、宴ヲ設ル事既ニ数タヒ、

秀吉公、義智・行長ニ命シテ曰、汝家臣ヲシテ徐一貫・謝用梓ヲ伴ヒ明京ニ到ラシムヘシ、義智・行長命ヲ拝シ、惟敬等ト同ク釜山ニ至リ、早田四郎兵衛義智家臣、小西飛弾守行長家臣ヲシテ謝用梓・徐一貫ト同ク明京ニ赴カシム、清正、□秀吉公ノ命ヲ受、其所謂(虜)之両王子臨海君・順和君及ヒ宰臣黄廷或・黄茘等ヲ王城ニ還ス、

六月、□秀吉書ヲ釜山浦ニ遣シ、加藤清正・小西行長・義智・毛利秀元・小早川隆景・黒田長政、各均ヲ進テ晋州ノ城ニ向ハントス、凡兵士六萬餘人、時ニ明兵戦艦七八百隻ヲ備ヘ釜山浦ニ入テ、浅野弾正カ陣ヲ撃ツ、浅野カ兵敗レントス、正宗奮戦シテ救フ、明兵殺サルヽ者無数、有田助右エ門大炮ヲ発シテ敵ノ大船ヲ砕ク、船没シテ兵皆死ス、明兵逃去ル、於是、諸将釜山ヲ発シ、二十一日晋州ニ至ル、二十二日進テ城下ニ薄リ、城下ノ諸将黄進・金俊民・李宗・張潤等固ク守テ不降、

同二十八日、義智、三奉行及ヒ行長ト晋州ニ到ル、其夜義智家臣内野勘之

......

41　징：賊退分屯于海邊 自蔚山西生浦至東萊金海熊川巨濟 首尾相聯凡十六屯 皆依山憑海 築城掘塹 爲久留計 不肯渡海

助窃ニ城北ヨリ進テ北門ノ傍ニ隠レ、早昧ニ勘之助城ニ登ル、伴六内經テ登ル、勘之助既ニ城上ニ近ク、時守兵石ヲ投シ撃之、是時、行長ノ兵士石壁ノ下ニ在シ者鎗ヲ投突之、石ヲ提(投)ル者鎗ニ中リテ即殪ル、守兵又勘之助カ指物ヲ抜テ藤(取)之有蛇目ノ紋、勘之助遂ニ城上ニ登ル、倡義使金千鎰カ軍北門ヲ守、擾乱シテ先潰ユ、毛利秀元ノ軍山上ニ有テ、北門ニ蛇ノ目ノ指物有ヲ見テ、大ニ起テ城ヲ攻、諸軍均シク攻、清正ノ家臣飯田覚兵衛先登ス、城中大ニ潰ユ、義智ノ兵中原久内、三浦織部城ニ登ラントス、城兵急ニ矢石ヲ放ツ、織部石ニ当テ城下ニ落ツ、久内火箭ニ中リテ死ス、大浦才藏継テ登テ首級ヲ獲、阿比留源左エ門・藤作十郎・神宮清三郎・中原甚九郎・益田次郎左エ門・三山善作・多田監物・長瀬捻左エ門・立石左近・井田助四郎・一宮助五郎・一宮左馬・一宮次郎左エ門・手束孫七・手束近左エ門・初村久兵衛・齋藤惠茂助・網崎源エ・高松総七・齋藤彦九郎・犬束太郎兵衛・西山源左エ門・上原左近・湯浅藤左エ門・蕩浅又五郎・佐々木勘兵衛・古藤右エ門・糸瀨弥次郎・武田神三郎・網崎万六左エ門・根神目彦七郎、各斬獲之功有リ、鈴木杢之助・竹岡弥太郎・岡田兵左エ門・古藤孫三郎・阿比留勘之允・阿比留彦助・阿比留作兵衛・島左馬・国分小十郎・扇右衛門等戦死ス、城遂ニ陥ル、義智、勘之助幷六内カ勇武ヲ賞シ刀一腰ヲ勘之助に与フ、勘之助モ亦六内ニ光忠ノ刀ヲ与フ、勘之助将帥之命ヲ不待窃ニ進テ先登ス、諸将兵ヲ進ムルニ及ンテ先登スル者ハ飯田覚兵衛ナリ、故ニ飯田ヲ以テ晋州城ノ先登トス、於是、義智、諸将ト師ヲ南辺ニ返シ、小西・早田明京ニ往テ帰ルヲ待ツ、惟敬僅ニ至テ晋州陥ルヲ見、故ニ大明疑之、小西・早田遼東ニ留テ久ク不報セ[42]、

......

42　징：且惟敬纔至 而晋州見落 納疑之意不誠 留小西飛於遼東 久不報

十二月七日、小西・早田北京ニ入、司馬石星待之スル事甚厚シ、其後二使

省中ニ入、石星与之問答ス、於是、和親之議遂ニ成、

文禄三年甲午春、沈惟敬、小西・早田ヲ伴ヒ來テ義智・行長ニ告テ曰、日

本和好既ニ成、大明ノ冊使至ラントス、吾先告之ト、又癸巳ノ春、順安ニ

於テ所虜ノ武田言(吉)兵衛ヲ還ス、於是、義智、柳川調信ヲ以テ使ト為名

護屋ニ報、□秀吉公聞之大ニ喜ヒ玉フ、仍テ書ヲ釜山ノ諸将ニ賜フ、初、

吉川侍従東萊城ニ居ス、吉川帰朝シテ義智此ニ居ス、毛利宰相釜山城ニ

居ス、毛利帰朝シテ行長此ニ居ス、

文禄四年乙未四月二十六日、□秀吉公出水郡在薩摩州壹万石ノ地ヲ義智ニ

賜フ、連年之戦功ヲ賞ス、義智、峰久左衛門ヲ以テ出水ノ代官トス、

同年、大明冊使季(李)宗城・楊方亨漢城ニ至ル、使ヲ遣シ我兵南辺ノ屯営

ヲ撤ン事ヲ促ス、於是、諸将先熊川ノ数陣及ヒ巨濟場門蕪津浦等ノ諸屯ヲ

撤テ信ヲ示ス、恐ラクハ平壌ノ如ク欺ヲ見ン、願クハ天使連リニ我営ニ入

テ悉ク如約スヘシ、八月、楊方亨先釜山ニ至ル、諸将遷延即□尽ク屯営ヲ

撤テ更ニ正使ヲ請フ[43]、九月、李宗誠(城)釜山ニ至ル、於是、行長冊使ヲ

釜山ニ留テ名護屋ニ入ル、

慶長元年丙申春正月、行長及ヒ調信又釜山ニ至ル、其後、惟敬、謝隆ヲシ

テ宗城ニ謂シム、□秀吉公実ニ受封ノ意ナシ、宗城等ヲ誘キ致シ、拘囚シ

テ困辱セントス、宗城、懼ルヽ事甚シ、夜半ニ微服シテ逃去ル[44]、翌朝、義

智、諸将ト相謀リ、柳川調信ヲ以テ使トナシ、是ヲ、□秀吉公ニ啓ス、

......

43　징：四月 宗城等至漢城 連遣使促倭渡海 項背相望 於是 倭先撤熊川數陣及巨濟場門蘇津浦等諸屯 以是
　　信 且曰 如平壤見詐 願天使速入倭營 當悉如約 八月 楊方亨因兵部箚符 先到釜山 而倭遷延不卽盡撤 更
　　請上使 人多疑之

44　징：或言宗誠曰 倭酋實無受封意 誘致宗誠 等拘囚而困辱之 宗誠懼甚 夜半以微服出營

秀吉公、調信ニ命シテ曰、楊方亨ヲ以テ正使トシ、沈惟敬ヲ以テ副使トシ越海シメテ可ナリト、調信、朝鮮ニ至テ、□秀吉公ノ命ヲ諸将ニ告ク、此時、諸将又西生浦・竹島等ノ屯ヲ撤ツ、行長・義智及ヒ有馬・大村・松浦・五嶋等、猶釜山ノ四屯ニ拠ル[45]、於是、行長則チ楊方亨、沈惟敬ヲ挾ンテ日本ニ入、惟敬又朝鮮ノ臣ト同ク行ン事ヲ要ス、朝鮮王、黄慎・李逢春等ヲ遣ル、義智ハ便チ留テ釜山ノ営ヲ守リ、調信ヲシテ行長ニ従フテ行シム、

八月、行長、楊方亨ト同ク和泉ノ境ニ至ル、同月二十九日、伏見ニ至ル、此時、□秀吉公、柳川調信ヲ遣シ黄慎・李逢春ヲ責テ曰、我、朝鮮ノ王子ヲ放還ス、朝鮮、王子ヲシテ来テ謝セシムヘシ、使臣秩昇(卑)シ、是、我ヲ謾ル也ト、黄慎傳命ヲ不得[46]、九月二日、冊使、伏見ノ城ニ入リ、乃チ日本国王ノ印ヲ鑄セシメ、且冠(冠)冕法服ヲ調ヘ、沈惟敬、金印ヲ捧テ拝謁シ、饗宴ヲ受ケ舘ニ帰ル、

秀吉公、釋承兌等ヲシテ大明ノ書ヲ讀シム、封爾日本国王トスル語ヲ聞テ、大ニ怒テ曰、我、武略ヲ以テ既ニ日本ニ主タリ、彼カ力ヲ借ンヤト、乃チ冊使ヲシテ急ニ還ラシム、然トモ其徒ニ帰ルヲ憐ミ、柳川調信ヲ以テ使トシ金銀雑物ヲ与フ、

楊方亨・沈惟敬、黄慎・李逢春ト同、朝鮮ニ帰ル、李昭、即使ヲ遣シ、其事ヲ明京ニ馳奏ス[47]、時ニ朝鮮ノ将李元翼、義智等ト戦ヒヲ決シ、大兵未到之先釜山城ヲ抜ント欲ス、惟敬告テ曰、日本人甚勇猛ナリ、子其克事難シ、初戦ニ利ヲ失フ時ハ、後禍起ラン、依是ニ、元翼疑惑シテ出軍スル事

45　징：既而沈惟敬行長始回　又撤西生浦竹島等屯　其未撤者只釜山四屯

46　징：忽大怒曰　我放還朝鮮王子　朝鮮當使王子來謝　而使臣秩卑　是漫我也　黄慎等不得傳命

47　징：本國遣使馳奏

ヲ不得、

慶長二年丁酉春、諸将越海朝鮮ニ至リ、各屯営ヲ構テ久留ノ計リ事ヲ為、義智、釜山営ヲ出、遷テ熊川ニ拠ル、二月、我大軍悉ク渡海ス、黒田長政・毛利・高橋・秋月・相良・伊藤・鍋島・島津・長宗我部・池田・藤堂・中川・加藤・菅・蜂須賀・生駒・脇坂・備前中納言宇喜多・竹中・垣・早川・熊谷等、其餘ノ将卒十三万余、朝鮮ニ至テ、各海辺ニ城ヲ築、五月一日、秀吉公、臣(巨)済島ヲ義智ニ賜フ在朝鮮南逢、日本人、名之唐島、

八月七日、統制使元均、閑山ノ舟師ヲ帥ヒテ絶影島ニ至ル、是日、風作リ浪起リ、日已ニ昏ル、行長ノ兵、元均カ我艦ト相近キ、輒チ倘伴トシテ引避イテ去リ、与ニ鉾ヲ不交、夜深ケ風盛ニシテ、元均カ戦艦、四モニ散分シ漂テ去ル、向フ事ヲ不知、元均、餘船ヲ収テ加德島ニ至ル、軍士、陸ニ下テ水ヲ取、高橋主膳・築紫上野介、兵ヲ率ヒ島中ヨリ突出シテ掩之、将士四百余人ヲ斬ル、均又引退テ巨済恭川島ニ至ル、於是、義智、熊川ノ営ヲ出、兵ヲ率テ上船、諸将ト同ク軍ヲ進ム、夜半ニ恭川島ニ至ル[48]、朝鮮ノ軍、小船ヲ前隊ニ列テ碇ヲ下ス、義智ノ兵士杉村讃三郎智廣、直ニ進テ前隊ノ小船ヲ取ント欲ス、竹岡右京止之、小船ヲ避テ旁ヨリ進テ大船ヲ攻シム、日本ノ兵、前隊ノ小船ニ近ク、時船中火発リ、我兵多焚死ス、於是、諸軍、火炮ヲ放チ争ヒ進テ攻之、朝鮮ノ兵拒之、矢ノ下ル事雨ノ如シ、藤堂佐渡守高虎、奮戦、敵船ヲ取、家臣藤堂次郎左エ門・藤堂新七郎・藤堂作兵衛、各斬獲ノ功アリ、交戦、時ヲ経、我兵退キ、次ル翌日早昧、諸将、兵ヲ発シテ、韓船数百艘ニテ向ヒ大ニ戦フ、義智、兵士ヲ指揮シ、

....

48　징：均至絶影島 風作浪起 日已昏 船無止泊處 望見倭船出沒海中 …… 倭欲疲之 與我船相近 輒倘伴引避而去 不與交鋒 夜深風盛 我船四散分漂不知去向 均艱收餘船 還至加德島 軍士渴甚 爭下船取水 倭兵從島中突出掩之 失將士四百餘人 均又引退 至巨濟漆川島

大浦才藏、多田監物、佐護内膳、内野勘之助、三浦織部等ト同ク奮撃シテ
二船ヲ取ル、大浦才藏最功アリ、柳川調信、杉浦讚三郎智廣一船ヲ取ル、
其他加藤左馬助、福原右馬助、脇坂中務少輔、島津又七郎、毛利壹岐守、
伊藤民部大輔、秋月三郎、相良宮内大輔、高橋九郎、有馬修理大夫、松浦
法印及ヒ行長ノ家臣小西弥九郎、岡田少五郎、三十一船ヲ取、即火ヲ發
シ、餘船百二十艘ヲ焼、朝鮮ノ軍大ニ潰ユ、統制使元均、船ヲ弃テ岸ニ登
リ、我兵ノ為ニ殺サル、全羅右水使李億棋、水ニ投シテ死ス、

閑山既ニ敗シ、義智、行長、諸将ト同ク勝ニ乗リ西ニ向ヒ、南海、順天次
第ニ陥没ス、義智、行長、<u>軍ヲ進メ豆耻津ニ至、陸ニ下リ</u>[49]進テ南原ニ赴
ク、宇喜多秀家ヲ以テ大将トシ、行長、義智先陣トス、島津義弘、蜂須賀
家政、長宗我部元就、加藤嘉明、生駒等、五万ノ兵ヲ從フ、

八月十三日、我兵南原城下ニ至リ、火炮ヲ放チ攻之、捴兵楊元、全羅ノ兵
使李福男、南原ノ府使任鉉、助防将金敬老、陽縣監固ク守リ、火炮ヲ放チ
テ應之、

同十四日、我兵銃炮ヲ以テ迭ニ攻ム、十五日、行長、義智、諸将ト相謀
リ、<u>士卒ヲシテ城外ノ雜草及ヒ水田ノ稲禾ヲ刈ラシメ大束ト作テ、夜ニ至
リ草束ヲ運ヒ埋隍、争テ城ニ登ル</u>[50]、義智ノ兵阿比留又左エ門、斎藤八右
エ門、山村与左エ門、各旌旗ヲ執テ先城ニ入、城中ヨリ矢ヲ放チ下シ射
ル、多田監物カ右眼ニ中ル、成種顔色不變、家丁ヲシテ抜シム、家丁告テ
曰、某仰キ臥事ヲ請フ、脚ヲ面上ニ加入テ不抜時ハ、抜事不易ト、成種叱
シテ曰、大丈夫豈ニ人脚ヲ顔面ニ受ンヤト云テ、自ラ其矢ヲ折テ手ツカラ

<hr>

49　징：閑山既敗 賊乘勝西向 南海順天次第陷落 賊船至豆耻津 下陸

50　징：倭衆刈城外雜草及水田中稻禾 作大束無數 …… 一二時囂聲止　草束已平濠

抜之、矢乃チ砕ク、観ル者皆猛士ト称ス、義智ノ兵士内山玄蕃・大浦帯刀・大浦十兵衛斬獲ノ功アリ、宮原彦五郎・佐々木右京・内山捻左エ門等戦死ス、於是、城遂ニ陥ル、楊元逃レ去、其外諸将三四員死ス、<u>南原既ニ陥テ、全州以北尾ノ如ク解ク</u>[51]、諸将退軍、義智、臣済島ニ陣ス、是時、諸将城ヲ南海ニ築キ、経営既ニ成、義智ヲシテ守之、行長順天ノ城ヲ守ル、清正蔚山ヲ守ル、其餘ノ諸将泗川等ノ処ニ屯ロス、首尾七八百里、同年十二月、楊鎬、蔚山城ヲ攻ム、

慶長三年戊戌正月、行長順天ヲ発シ、義智南海ヲ発シテ蔚山ヲ救フ、秀元・秀秋・長政、三万ノ兵ヲ率テ來ル、蔚山ノ後援トス、楊鎬、援兵ノ來ルヲ聞テ狼狽シテ逃レ去ル、清正、兵ヲ従ヘテ北ニ逐フ、明兵死スル者萬餘、於是、行長順天ニ帰リ、義智南海ニ帰ル、時ニ行長、明兵大ニ起ルヲ聞キ順天・釜山浦ヲ保タントス、清正モ亦蔚山ニ去ント欲ス、於是、順天・蔚山ノ諸将、使ヲ南海ニ遣シ、義智、南海ヲ去ン事ヲ告ク、義智、其議ニ不従、致死守城ノ志ヲ決ス、故ニ諸将、使ヲ馳テ啓之、□秀吉公ノ命ヲ待ツ、義智モ亦調信ヲ遣シ啓ス、□秀吉公大ニ怒テ曰、大明ノ大軍來ラハ、則ち來ンノミ、何ソ城ヲ去テ畏レ避クヘキヤト、乃ち書ヲ義智ニ賜フ三月十七日ノ状、其死守ノ志シヲ決、諸将ノ議ニ不従事ヲ褒ス、連年在陣、諸将馘ヲ献ス、□秀吉公大ニ喜ヒ玉ヒ、並テ洛畔大佛殿ノ前ニ埋ム、亂後、朝鮮人來聘ノ時、路大佛ヲ過、塚下ニ至リ、祭文ヲ誦テ吊之、

同年八月十八日、□秀吉公薨ス、遺書ヲ在朝鮮ノ諸軍ニ遣シ、本國ニ帰ラシム、十月、諸将、各々沿海ノ屯営ヲ撤テ上船、義智モ亦南海ヲ撤テ上船、水路ノ提督陣隣、統制使李舜臣ト南海ノ界ヒニ戦フ、義智、士卒ヲ指

51　징：南原既陷 而全州以北瓦解 不可爲矣

揮シテ力戦シ、遂ニ諸将同ク兵ヲ引テ帰ル、

義智帰州、諸士ノ戦功ヲ考ヘ、各々賞之、大石荒河助ハ、義智朝鮮ニ於テ
諸将ト山野ニ猟スル時、荒河助、其弟源太郎ト一ノ大虎ヲ刺シテ殺之ヲノ
功有ルヲ以テ別テ賞之、

高麗日記

　　　あまりの徒然さ、親子談合候て道すからの躰又船本迠罷着候躰、日
　　　記ニて遣候、宗裕へよませられて候て御聞有へく候、他方へつかハ
　　　し候する儀は無用にて候〱、

天正廿年、就唐渡出船、日限其外有様大形付注候事、

一、三月廿一日、佐賀を打立、山代へ罷着候事、

一、平五郎殿、同廿六日に伊万理津御出船候得共、船造作不懸合候て、鍋
　　嶋孫七郎殿・鑑種親子三月廿九日口のほしかまて出船候事、

一、供元の事、船足入候故、先々先手計召連候、

田尻善蔵	同三十郎
瀬戸九郎兵衛	古賀蔵助
七郎二郎	納富七右衛門尉
中山助右衛門尉	吉永士兵衛
江里六左衛門尉	野田六右衛門尉
馬渡弥三郎	滝河二右衛門
直助左衛門尉	三栗屋藤五兵へ
惣次郎	弥十郎
弥二郎	古介
源七郎	与三郎

　　士卒・郎徒・船頭・水主都合六十余人、

一、晦日、口のほしかに滞留、宿主黒河因幡守親子共ニ口に物語有、鍋孫
　　同然、一笑候、

一、四月一日、おし船にて壱州へ渡海候て、はせの浦へうき留、鍋孫同
　　然、

一、二日ノ朝かううらまてまハり、又三郎はかり馬上にて、本陣湯のうら
　　に致伺候候処、加州さま御船ニ被召寄、御風流舞之事、

一、三日、朝しほニ湯のうらニ鑑種着津之事、

一、四日、同所へ逗留、

一、五日、加州さま御船ニ鑑種被召寄、御定之御意ニて御風流舞之事、

一、六日、鑑種親子・鍋孫七郎殿船、為御米廻、津水之様差遣候、上乗候
　　テ上野九兵衛・遠田相介、親子方ハ瀬戸九郎兵衛尉乗船候事、

一、同日夕方、加藤殿衆・御当家衆喧呼出来候事、

一、七日、加州様・平五郎殿・其外壱州・甲州・対馬へ御渡海、親子ハ平
　　五郎殿御陣所之様ニ移候事、

一、八日、同所へ滞留、輝元・隆景湯のうらへ御着之事、

一、九日、従対州御船被遣、加州さま小性衆早々渡海可有之吉候事、

一、同日、井上又右衛門尉殿、種陣所へ御出候事、

一、十日、同所へ種・隆景御船ニ水手以同心致伺候候事、

一、十一日、同所へ逗留、其日杉連並御出候て古物語候事、

一、十二日、当初逗留、

一、十三日、同然、

一、十四日、同所へ逗留、小河市左殿・九郎三郎殿・倉町右衛門尉兵衛・
　　中山又左衛門尉殿・藤山右近方なと着津候事、

一、十五日、同所へ逗留、馬場殿・内田殿・家誠着津、鑑種親子かさもと

為見物罷越候、其日、輝元・隆景かさもとまて御出船候事、其日、主水

　一人はしり候をあふられ候事、見物申候、

一、十六日、同所へ逗留、

一、十七日、同然、いなさ丸就着津、種親子船津水にて見迦有之由到来候

　事、

　　　同又三郎いなさ丸へ乗船ニて対州へ可有渡海之由、各へ御内談候へ

　共、不成罷子細にて無其儀候、

一、十八日、同所へ逗留、いなさハ未明ニ対州へ出船、乗衆高木太郎三郎

　殿・小嶋又兵衛殿、其外平五さまの小性衆・道具持都合五十余人之事、

一、十九日、同所へ逗留、鍋孫七殿同然ニ狩仕候事、

一、廿日、同所へ逗留、伊佐早衆歴々就着船、種親子之船左右被聞置候

　処、横尾十五左かさもと方被罷越、委吉左右被申候て悦不及申候事、

一、廿一日、同所へ逗留、

一、廿二日、同然、然処、亥刻ニ種親子之船はせのうらに着候て、六左衛

　門尉参候て、親子之悦無此上候、彼船ニ乗候衆の事、

　田尻作丸　　　　　　　山崎三郎兵衛

　森　蔵人　　　　　　　石橋調右衛門尉

　松尾早右衛門尉　　　　兼行太郎右衛門尉

　山熊宮内　　　　　　　馬渡源内

　田中津介　　　　　　　長 源右衛門尉

　瀬戸九郎兵衛　　　　　孫兵衛

一、廿三日、午ノ刻時分ニ船を湯のうらに着、やかて荷物をあけ、又、つ

　ミなをし候て其日湯の浦へ逗留、

一、廿七日、辰の刻鍋嶋孫七郎殿同然ニ而出船候而、亥ノ刻ニ対州ふちう

ニ着船候て、うき留、

一、廿五日、しゅん風あしく候て同所へ逗留、ふちうハたつをうけたるとまりなり、

一、廿六日、ミの刻、きんの浦を出船して、とよさきのことく船を乗候処に、めくけんのせとにて立花三郎右衛門尉方ふねかちをうけ、なんきニおよひ候処、船衆色々候て乗取候、其頃、鍋嶋孫七殿船もあやうく候つる、其頃、種親子の船なんきにをよひ候ところニ、被官・水主何も船よりおりたち、つなをつけ、無異儀引とおし候、類船ハとよさきのことくおし入候処、よきしゅん風有ニ付而、鍋まこ・種親子たんかうを以、加州さま・平五郎殿早高麗へ御着候上ハ、有ニ無ニかけ乗て仕らせ兵越ッ処、船頭・水主以下ハ日たけ候間難義之由申候へ共、風もしきりにふき候間、未の刻よりふさんかいにおしむけ渡なるまて乗出候処、かせもぬるく成候て、おし船にて、酉のこく時分より高麗の山をミて、亥の刻にほとなくふさんかい江口ニこき入候、然処、ふちあんないゆへ、とほうをくらし迷惑ニおよひ候ところニ、小船一そうこき入候、たかいニ言をかハし候処ニ、江口あんないよく存候とさ船にて候、何様同心申へき之由ニて、さきに船をこき、火たてあはせ、うしの刻時分ニふさんかいニこき入、うきかかり候事、

一、廿八日、夜あけ候へは、船津をミはたせハ、日本のふね数千そうかけならへ、就中、加州さましろ船二そう、平五郎とのくろふねかけならへ候て居候を見つけ、船中の悦不及申候、さ候へは、てんま方中山助右衛門尉・多蔵清左衛門尉へさし遣、様子相尋候処、清左衛門尉も小船方罷越、加州さま都のことく夜を日ニ次御心之由申候間、鍋孫申談、即時におかへあかり、したしめ仕、其日三里ほと罷越、山家ニ陣候事、

一、ふさんかいにあかり城を見物候之処、先手小西摂津守殿・羽柴対馬守

殿召くつされ、とう人数百人うちはたされ候躰けんせん候事、

一、廿九日、大雨故、河難儀候て、右之陣所へ逗留、然処、若衆被打出、

唐しんあまた引取、夫丸にめしつれ候、瀬戸九郎兵衛へふさんかい二差

遣、あま具其外用所の物取よせ申候琴、

一、五月一日、こもかいの城を打過、八里ほと御越候て小西殿衆番の城に

陣ゟ、其日吉永士兵衛鉄砲にて鴨仕、鍋孫七殿なと寄合、賞翫候事、

一、二日、八里ほと罷越候て、ふる都加藤殿衆番の城に陣候て粮用意候、

其日、七右衛門尉足そこない候て乗物二而越山候事、

一、三日、い里二て御手当多々良杢助番の城二陣候、七右衛門尉事、彼城

二あつけ置候事、

一、四日、八里ほと二て河の辺二野陣候事、

一、五日、四里ほと二て加藤との衆津田三四郎殿、天野方在番之城二着、

雨ふり候故、其日逗留候て、先々粮一返も無之由二て、めん〳〵のこしふく

ろに覚悟候、其日唐人罷出候に、書載を以都の返道かと相尋候処、六日

路ほとゝ申候事、

一、六日、九里ほと罷越陣取候へ共、ミくるしけるあき陣二入、少しやす

まんと候へ共、のミはい多くむさ〳〵とあるゆへ、木かけにむしろをしき、

暮まて種親子やすらい其夜をやう〳〵明し候、孫七とのも同然之事、

一、七日、九里ほと二て、野陣二唐しん山内二少々さしこたへ候を追散候

て、牛馬粮なと取候、其日の中間二大河有、竜六郎二郎殿・神代二郎殿

・馬場殿・内田殿・竜彦右衛門殿其外何も船渡候へとも、種おやこ・鍋

孫殿せかたを見切り、たやすくかち渡候事、

一、八日、十里ほと二て大山を越、小河の辺に野陣候、雨しきり二ふり候

へ共、草ひきむすひたるちんのうちに、慮山の雨のよさうあんのうちおもひ出し、物さひしけなり、一やとり候事、

一、九日、五里ほとニて山家ニ陣候、其日中間ニ大河のはしを打過候刻、加州さまゟ至親子忝御一通到来候て被見候、加州さま・平五さまは二日被成都入、王躰は三日已前ニ上下ともに明退たる由申候、真崎長門方委かたられ候、かほうめ日本渡海之由候条、大雨ふり候処、かさの下ニて又三一筆かき伝書仕候事、

一、十日、十里ほとニて山家ニ陣候、山内ニ唐人数百被居候処ニ若衆さしよせられ候へ共、半弓いかけ一手合候へ共、追散少々うちはたし、いけ取なとニて、牛馬かて等せひ〳〵と取候事、

一、十一日、十里ほとニて古城なとのやうなるところニ陣候事、

一、十二日、十一里ほとニて小河辺に野陣候事、

一、十三日、三里ほとにて都入候、中間ニ大河有之、船渡故、こんたなと着渡候事難成して、諸人しんらう仕候、ひつしの刻に加州さま御陣に着、鍋孫同心にて加州御前ニ両三人罷出候処、別而御かんを被成、御風流舞なとして色々御そうたん候、洛中ハ八万門之由候へ共、いく千万と云つもりもなく、西南東ハ大河のまハりて、きしハは山なり、同西北は峨々たる高山なり、

一、十四日、都へ滞留ニて、京より十里程も船本へ平五郎殿御陣之由候条、鍋孫以同心親子共ニ可罷越支度候処、加州さま被聞召付、久地井神左衛門尉殿を以、先々爰元へひかへ候へ、平五郎殿御さし候道すち替候まゝ如此地被引帰候へと被仰遣候間、今明之間可有御出候条、相待候へと就被仰、伺御意候、其刻、平五郎殿御陣より如到来候、河むかへニ唐人数百人陣取候間、可被召懸之由候て、せふミとして伊藤半蔵・三郎四

郎先懸候て被罷渡候処、大河故しのきかたく、両人死去之由相聞候事、

一、十五日、都へ滞留、

一、十六日、同逗留、平五さま従先陣都之様へ御登之事、

一、十七日、都へ滞留、まきにあら馬あまた有之由被聞召付、わかき衆被
　仰付候之処、黒鹿毛の馬二疋取候て被参候事、

一、十八日、都へ滞留、其日酉の時程に、黒田甲州先陣に敵数万騎河を越
　陣懸候之由到来候て、諸勢かけ馬見被仰出候へ共、敵はいほくのよし追
　々注進候て、各被打入候、又三郎ハ至摂州為御使差出候、やゐんの事な
　れハ、とりはなれ申たる小性なとは、やう〲尋合者も有、又たつね不合
　人も候つる、種事ハ平五様・又三を見うしない、さてハ馬をくれたるよ
　と思ひ、一さんにいたし、一里半ほと先へかけ出る、猛せい中と申、夕
　闇といひ、前後も見不分、ことにとも衆壱人もかき不合、十方を失ひ候
　之処、馬取壱人はしり合、諸せい皆あとにて候すると申候故、馬を乗返
　し、諸せいうち入られ候て方時移りほと候て種ハもと陣へつき候事、

一、十九日、都へ滞留、早朝御陣かへ有へき由候てしたく候へ共、御評議
　相替候歟、無其儀事、

一、廿日、都へ滞留、隆景様都へ御着ニ付て、平五様為御迎さし被出候、
　又三も御供の事、

一、廿一日、都へ滞留、小西衆・先手衆ハ今日陣替候、

一、廿二日、都へ滞留、

一、廿三日、未の時ほと方先陣の様ニ御陣かへ、七里ほと候て戌のこくニ
　野宿へ御陣、其夜あめしきりに降候へ共、大久田久左衛門尉宿ちんへ
　ゐられ候之よし聞付、親子共ニ宿かりニこへ候へは、加州さまはや先へ
　御座なされ、せまき所にてやう〲ゐなから其夜明し候事、今日、納七あ

とゟおつ付候事、

一、廿四日、同滞留、大雨の中にやう〱野ちんを構候事、

一、廿五日、五里ほと候て河はたへ野陣、河向ニてき数万騎相扣、此河にて相さゝへ候事、

一、廿六日、平五様・又三事ハ二里ほと西ノ方の方の河はたへまハり、川船を調略候て、彼川を越れつき支度候之事、種事ハもと陣へ相扣へられ候事、

一、廿七日、種も同所へ陣かへの事、

一、廿八日、辰の刻、日本衆船小船僅三十そうを以、番船数百そうかゝり並ひたる所を押通候、其内より小日殿衆小船壱そう敵船へおし懸り候、中つゝき平五郎殿御ふね敵船の中へ押入、船一そう切取、唐人悉く打果し、又敵船へこきかけ、是も輙く乗取、やにはニ三そう切取られ候、其日のふな大将陣内十兵へ、その田孫三郎両人の粉骨無此類候、是を先として三十艘程之船敵船へ押並ひ〱切乗、其日五十艘ほど召取られ候へは、残る船共皆行方しらすにけ失候、一ちんやふれけれは、河向に二日路ほともちつゝきたる数万人の唐人共、皆々逃失候、陸にも、かとふとの・加州さま・小西殿・黒田殿其外諸勢、のほりをさしかけ、河ばたにおしかゝり、彼大河を渡され候、乗馬なとハ河に追入〱およかせられ候へハ、はや河にて多分人馬越度候、しかれ共諸軍ミなゝ河をこし、むかへのきしに陣とられ候、そのかミ神功皇后新羅を為退治、あらゆる神達いきの嶋にあつまり給ひ、かん取大明神かちを取、たけとりのミことミさをゝ取、船出したまふ、狄も海上に出合防けれとも、日本の神力威をまし、しんらをしたかへ給ふ、神宮皇后ハ女体にて、しかも懐胎にておはしける、御帰朝の後、筑前うミのうらちにて誕生候て、うミ八幡とあらハ

れさせ給ふ条、ためしも如此こそと思ひあハせられ候、

一、廿九日、五里ほと候て古宮こへ御ちん、爰をかせんほと申候由、

一、六月一日、同所へ滞留、若衆三里程差出、大寺を破り、粮なと取、其
　日つしまのとうすと唐人と出合、今度御弓矢の物語、日本衆釜山浦にあ
　かりしよし都へ到来候得は、公家・武家集り詮儀ニハ、王体うちむかハ
　れ懇望有へきの由候得共、しせん慮外候てハとてやまれ候、さあらはか
　らへの通路海辺をあけのき、粮船等日本衆へ加勢候て、朝鮮国立て置
　れ候へとわひ言可有之由治定候得共、使ニ罷出へきと申入なくして時刻
　うつり、日本衆都近く乱入ニよつて、与風洛中落去のよし申候之事、此
　合戦場ゟ大唐の境のうちよいと申所まてハ、凡八十八里ほと〻申候事、

一、二日、五里ほと有大山へ牛馬粮なと有之由ニて、わかき衆さしよせ候
　へは、敵さしこたへ多分手負候、斎藤等も被疵候之事、

一、三日、同滞留、相右衛門事、都のくら番へ打連被遣候事、

一、四日、六里程陣替して大河の辺ニ野ちん、

一、五日、同滞留、敵船三双此川を通り候、味方ニ船なく、さて、いか
　すべきとて、くがより鉄砲なと射懸られ候之処、平五さま衆小船ニ二三
　人のり、をしかかり、あと船一そう切取られ候事、今日成十殿其外同道
　の人数着陣之事、

一、六日、六里ほとニて河上ニ野陣の事、

一、七日、此大河を船にて渡人も有、又、馬にてこす人も有、諸軍やう〱押
　わたり、二里ほとニて野ちん候之事、

一、八日、六里程ニて野陣、

一、九日、同所へ滞留、種事所労ニ付而、山ちんにて乗物をこしらへ候之
　事、

一、十日方ゑあん道のミち筋を加藤殿手当同然うしとらの方ニ向て越山候
　　事、種事乗物にて陣替の事、

一、十一日、六里程大山を越陣取候之事、

一、十二日、七里ほと候て前後左右ともニ大山のたに合ニ先手計野陣候
　　之事、

一、十三日、同滞留、

一、十四日、本道の道筋違にて三里程あとニ戻り、左の方の大道ニあか
　　り、四里程候て野ちん、加州さま・主計様ハ寂前方此本道へ御陣の事、
　　ここハかがん道と申国也、

一、十五日、人倫不通の大山をこし、五里程丑寅の方に向て越山して野ち
　　ん、

一、十六日、高山を六里ほとこし野陣、

一、十七日、ふもと方五里ほと大山を越、北のさか口へハ人家有、ここに
　　少々ハ宿陣、少々ハ野陣候、種事ハ五日以前方の痛き故、のり物にて越
　　山候、つるきをたてたる様なるかん崖に、肥後・肥せん両国のこんたご
　　んだこミ合、上下となくわれ先争打合叩合、乗物なと通をすべき様な
　　く候つれ共、とも衆作之允・三十三郎兵衛・中西九郎兵へ其外の衆、
　　皆前後左右ニ立、押分〈高山ニ輿を舁上候、去程ニ、去八日の頃方米
　　一円ニ無之国なれは、粟・ひゑ抔にて身命を続け候、左様の類さへ今
　　日ニ及、はたと粮につまり、夫丸以下草臥、いわの上ニ腰をかき居ける
　　処ニ、山崎三郎兵衛有人ニ粟を少しもろらい、湯をわかし、こしかき抔
　　へのませ候へ共、種へんたうかき合す、いかゝ仕へきと才覚ニ余り候処
　　ニ、於保慶守の被官参合、奇麗なる飯を取出進上にこしらゑさし上候、
　　少しやうくわん候て、月のあかり候へは、ミねを登りニこしをかく、彼

山異国本朝にもたくひなき高山なれは、登れど〳〵はてもなし、昨日十七
日卯のときゟあくる十八日卯の時ほとに北の山口へ腰をかきおろす、こ
こにて少目を休めて、やかて彼山を下り候処、又三陣所ゟ割籠抔拵、各
むかひニ被参候、彼衆もうち連着陣之事、ここを咸鏡道安辺の都と申
所也、

一、十八日、同滞留、国中へ若衆うち出、かて取候て陣中ほのめきの事、

一、十九日、同滞留、廿日、同滞留、廿一日、同滞留、廿二日、同前、廿三
日、同前、廿四日、同前、廿五日、同前、廿六日、

一、廿六日、三里ほとにてとをん城と申所へ陣かへ候、咸鏡道の内ニ十三
ヶ所城候をおく五ヶ所を加主計頭殿、口八ヶ所を手当衆可有在番之由
治定候之事、

一、廿八日、同滞留、平五郎殿被成御出、田丹守・納又三・竜与左衛門殿
へ・池右入彼とおん城へ可有在番之由被仰渡候事、

一、廿九日、田丹親子城内の様ニうつり候事、加州様ハおく城の様御陣替
之事、成富十右殿・後藤善二様・七郎左様・藤津衆なとハ、加主殿随身
して、咸鏡道のはて、おらんかい堺まて可被相励之由相定候事、

一、七月二日、とをん城より東に当り海中之嶋あまた在之、平五様御才覚
にて日本人往返候て、かてなと取せられ候事、同唐人へおきめ等稠敷
被仰付ニ付て、日々ニ百人二百人ほとつゝ罷出、札を請、本家ニ還往
致へきよし候之事、

一、九日、平五さまハ、六里ほとおくの高原城と申所へ可有御番之由候
て、御陣かへの事、

一、十日、とをん番衆中被仰談、諸口のからミ・よまハり・御城普請等之
儀被相

一、十一日、同滞留、十二日、十三日、十四日、十五日、十六日、十七日、
　同前、

一、十八日、六伯共めしいたし、当郡物成の員数等尋極め、銘々人質被
　取くつろけ、籠ニ押入、当毛物成等次第〱ニ催促候へは、如形相調ニ付
　て、番衆かて続候、山を越、海を渡、隠居候唐人共、をきめ御法度等稠
　被仰付ニつゐて、皆本家ニ帰り、城内にきわひ候事、

一、八月上旬の頃まてにゑあん道無残所働かれ、皆城々にさしはまり御
　番候之事、

一、九月十一日、加藤主計殿、あんへんと申くち城のやうに打入られ候、
　去七月下旬之頃、おく郡ニをいて加主殿調略ニて高麗の王子弐人生捕、
　守護し奉り、あん辺と申城へ在城之事、

一、九月廿五日、加州さま御下知ニまかせ、とをん城後藤善二郎殿様へ打
　渡、当番衆ミな平五様居城高原の様ニまつもられ候事、

一、城々へ御番衆の事、

一、とをん城、後藤殿、
此間三里
一、文川城、六郎二郎殿・神代二郎殿、
此間四里
一、かうをん、平五さま、
此間三里
一、ゑいほん、七郎左殿・彦右衛門殿・姉河平へもん殿・松浦太郎殿、
此間七里
一、てんへん、馬場太郎二郎殿・式部殿・鍋嶋三郎兵殿、
此間四里
一、はミほん、賀州さま、
此間九里
一、こうをん、成十殿、

一、十月中旬の頃、はミほんの唐人一揆をおこし、村々の検使数十人打
　取、山内ニ引籠り、翌日成十殿居城こうをんゟはミほんへ参、城之衆
　五十余打取、はミほんゟ西の大山にたて籠ニ付て、はミほんの衆さし

寄せられ候へは、敵数万人蜂起し、日本衆中ニとりこめ、はん弓・ふし
ん弓を射かけ、防戦はけしく仕候へ共、一寸打破り、敵百程うちとられ
候、又味方も五六人越度候、日暮候之故、たかひに引退かれ候之よし、
城々へ到来候条、平五さま・六郎二郎殿・二郎殿城番堅残置、はミほん
へ越山候て可有一行のよし御評議候、又三も鑑種も同前ニ城番肝要之由
被仰渡候得共、此度にをひてハ是非共御同心有度よし始中終申分候て、
十一月四日、かうおんをうち立、同六日はミほんへ着陣候之事、

一、十日、卯のこく打立、かれか在所へ押寄せられ候、先手小河市左衛門
殿、二のめ平五さま、三番加州さま御すハり有へきのよし治定候、各陣
屋ゟ物の具さしかため、色々のまじるし・腰差思ひ〱に出立れ候、去程
に、十月始の頃より谷も峯も皆平地に大雪ふり積、大河小河共ニ氷閉
合、深淵ニ望んで薄氷を踏ニハあらす、いわ岩石の様なる氷の上を乗わ
たし〱、はミほんゟいぬ刻の方ニ向て押入られ候、然る処ニ唐人先手へ
ハ出合す、加州さま御すハり場へ数万人差出候間、平五さまも引返られ
候へのよし被仰越候間、小市左殿同心ニテ賀州御すハり場の様ニて御
越候処、又別口の谷あひゟたう人数千人さし出、青きはた二なかれ差か
け、味方を小勢と見、をし懸け候之処、平五さま馬をひき向けられ、の
ほりをさしかけ、馬のはなを並へかゝられ候へは、唐人はん弓・ふしん
弓射懸け、戈棒をふり、おめきさけひ、たゝかいなのめならす候之処、
各刀を引抜〱切懸られ候へは、こらへ兼て敵敗北より、左候得は、手か
ら次第ニ分取高名候、唐人共おつつめられ候へは、遁れかたく、とつて
返へし、或ハ馬上ゟくんて落、あるひハ刀を奪ひ、勝負決して候、其日
の分捕かす、平五さま・小市左殿そはへ五百程あつまり候、又三郎事馬
いちもつ故、高山ニかけ登り、むねとの唐人壱人ふんとり候、その場に

かけあひ候物、一はんニ馬取惣二郎、二番兼行太郎左衛門其外かち立の
衆、又馬よはき衆ハ見をくれされ共、又三郎くろきほろにあかねのきつ
さきのこしニて候つれハ、それを見かけをの〳追付、平五様御傍へ差出
し候つるに、けわしき高山ニてきとくの仕合と各御褒美被成候、又三家
中にも吉良士兵衛・森蔵人・直助左衛門尉なと分取候、石井孫六殿もよ
き敵分取被成候、然は加州さま御手前にも唐人大勢さし出候て、是も合
戦はけしく候といへ共、敵おつくつし七百余程うち取れ、両口の気をひ
なのめならす、味方ハ洪原・咸興・永興・高原・文川・徳原、此ヶ所の城
々に乗衆丈夫ニ残し置かれ候故、其日の御人数わつかに三千余程騎ほと
ニて、敵ハ壱万五千ほとを輙く退治候之事、是や昔唐士周の武王二万余
兵にて殷の紂か億万騎を亡し、八百年の世をたもちけるも如此こそと申
候之事、

一、十二日、洪原通道にをいて、たう人数万たまりいたるよしニて前の様
　ニおしかけられ候へ共、手にもたまらす山内のことくあけのき候之間、
　無残所放火候て引取上候、寒はけしく日暮候故、已下の者共難儀候之
　事、

一、十三日、滞留、同十四日に平五さま・六郎二郎殿・二郎殿はミほんを
　打立、同十六日もと城に御着の事、

一、十八日、はミほんおもて御せうりの段おほせられへきため、牟田与右
　衛門とのあん辺にさしつかはされ候処に、中途におひて、とう人伏草候
　ておこしあハせ候へ共、よゑもん唐人の王女れき〳ニついておつかへさ
　れ、かうおんのことくまかりかへり、平五さまへ巨細被申候之条、翌日
　十九日、寅の刻かけ出られ、さいかうをうち破り、唐人数多討取られ候
　事、

一、十二月廿日、下村生運ミやこ御奉行衆へさしつかはし候、城々方手火
　　矢十挺つゝ相そへられ候、種所方ハ中尾親内・藤内、又三郎方ハ源三郎
　　・興三郎さし遣候事、

一、廿五日、大久左衛門尉殿、はミほんへ平五郎との為使罷越へられ候、
　　卅日帰城候て、中山又左衛門殿同心にて被参候、鑑種・姉川平右衛門尉
　　殿・池尻彼三人ふなはんとして罷下肝要之段被仰せ付候事、

一、正月朔日、竜七郎左衛門尉殿高原へ御出、二日、平五郎との唐人を以
　　て加州さま御つかいとして加主御かたへ御出、手たん御談合を以、同六
　　日高原へ御着候、中又左・大久左御同心之事、

<h2 style="text-align:center">帰陣のとまり〵の日記</h2>

一、正月十日、高原の城を巳の刻ほとに打立、平五さまハ構外迠御出、御
　　暇乞候、其外若き衆歴々半道程被打送候、又三も同然候、其日徳源に酉
　　の刻ニ着候、在郷ニ宿を取、ねやニ臥り、殊之外あたゝまり、其夜の大
　　雪しらす候つる事、

一、十一日、大雪故、とをんへ逗留候て、家伝御風流舞候、姉川殿・田蔵
　　源六・池尻彼三人ハ壱里ほど陣をかへ、在郷へ一宿候事、

一、十二日、徳源を午ノ刻ほとニ打立、右三人之陣所在郷へ其夜留候事、

一、十三日、卯ノ刻ニ陣所を立、田蔵源六、安辺城加藤とのへ参、案内を
　　受罷通、十里程行、戌の刻ほとニ住あらしたる瓦屋に一宿候事、

一、十四日、高山を越、けしからさる大雪ふり積り、人馬共ニ凌難く、道も
　　見わからぬ山路を踏分〵行通り、あはら屋ニ一宿候、

一、十五日、陣所を未明ニ打立、三里ほと罷越候之処ニ、池尻虫気故野陣

候、種事ハ一里半程行とをり、大川のはたに野陣候、彼河兼而ハ船渡候
といへとも、こほりの厚さ三尺程ニ而馬も輕く渡候、其夜ハ我先計の陣
なれは、物さミしさ申におよはさる事、

一、十六日、辰の刻程ニ打立、七里程行、大豆蔵と申所ニ一夜陣候事、

一、十七日、辰の刻ニ打立、七里程行、薩摩陣きぬほいと申城に着候処、
　城に火を懸ケ被引取候、十方をくらしたる躰にて一里半程行通り、河端
　へ陣あと候ニ留候事、

一、十八日、寅の刻ニ打立、十三里程行、薩摩衆本郷殿御座候城へ酉の刻
　ニ罷着候処、是もあけのかれ候間、瓦屋の焼残たる見苦けなる処ニ一
　宿候、

一、十九日、夜をこめ、一里程行、宮古へ罷着候処、都より三里ほと見か
　け候所ニ、酉之刻程に山々方唐人出、跡方被罷越候池尻衆ニ付、其内手
　負も歴々候へ共、一統ニ返追払ひ、無何事都蔵本へいぬの刻ほとニ着
　候事、

一、廿日、無何事ミやこ蔵本へ逗留候、

一、廿一日、とうせん、

一、廿二日、とうせん、

一、廿三日、安国寺御打立之由にて河はた迄罷越候といへとも、其日相
　延、河辺にあき家候に一夜陣、其日雨ふり候事、付、廿三日ミやこ罷居
　候唐人皆々被打果、構之外之家をやきかれ候事、

一、廿四日、安国寺就御立御供候、大河をかち渡候て越候、寒風はけしき
　に付而諸人之難儀不及申候、河ニなかれ候人も歴々候つる、其夜、杢山
　と申城ふもとに一夜陣候、

一、廿五日、卯ノ刻程にうち立られ、田左京殿御座候城に着、野陣候、其

日、中途に唐人数百人打出、山々にすわり候条、安国寺にのほりをさゝ
せられ、一里程立かへられ、山に御居なされ、夫丸一人も無異儀御通
候、其時、種も御供申候事、

一、廿六日、人馬をやすられ御逗留候、其日、種ひさうの鷹もとうし引か
き逃候、

一、廿七日、卯ノ刻にうち立、福嶋左衛門殿御城ふもとへ野陣候、其夜、
雨の様なる雪しきりにふり候て、諸人殊外ぬれこしけ候、

一、廿八日、夜明候而ゟ打立、七里程候ニていこまとの付城へ一夜野陣
候、

一、廿九日、辰の刻ニ打立、四里程行、蜂須賀あわの守との御座候城ニ
着、野陣候、

一、二月一日、夜明候てゟ打立候て、安房守殿付城中村右近殿と申人御番
ニ候つ、其日、天気悪く候而迷惑ニ候処ニ、城外之家借受陣候、雪雨ふ
り候而せわせなき事不及申候、

一、二日、雪ふり候故、同所へ逗留、

一、三日、辰の刻ニ打立、四里程行、安房守との付城細川左近殿御番之城
に着、野陣候、のほりの時ちんし候所一里程うち通候也、

一、四日、天気あしく候て同所へ逗留候、

一、五日、夜をこめ打立、六里ほと行、長宗亀殿付城ふもとへ野陣候事、
との陣所ちかし、

一、六日、辰の刻ニ打立、二里ほと行、長宗亀との為居城ふもとへ野陣候、

一、七日、たつの刻打立、四里程行、戸田殿居城へ着、野陣をかけ候処
ニ、戸田殿方しろ内之様ニ参候へと被仰候て、鑑種・池尻・たそう宿陣
候、

一、八日、安国寺遅く候て、おなし城ニ逗留、

一、九日、卯の刻ニ打立候処ニ、半途程行候てより、雨しきりニふり、終
　　日ミの笠をもきす、ぬれこしけ候て、五里程行、あれたる瓦屋に一宿す、

一、十日、毛利殿居城かいねと申所ニ二里程行、宿陣ハなく候て、河はた
　　へのちん候、

一、十一日、飯米調のため、とう所へ逗留候、

一、十二日、前日之雨故、大河水深く候て渡候儀事ならず候て、同所へ逗
　　留、

一、十三日、同所へ逗留、しかる所ニ、其夜半程ゟ雨ふり候て、野陣候て
　　夜をあかす事ならす、上下共ニしほ〳〵とぬれ、あれたる瓦屋の有之に尋
　　合、其夜をあかし候事、

一、十四日、天気そと晴候へは、巳の刻ゟ打立、三里程行、せしやうはう
　　のふもとへ唐人居候所ニ宿陣候、然処、城衆参候而唐人の家ニハちん法
　　度と御座候間、はや〳〵罷出候へと申され、皆々迷惑仕候処ニ、又々立入
　　わひ言申請、其儘陣候、

一、十五日、天気しか〳〵なく候へ共、うち立候、然処に河水深く候て渡る
　　へき事ならす、又立かへり逗留候、

一、十六日、巳の刻ニ打立、三里程行、河端へ野陣候、

一、十七日、船ハせき候間、いかたを拵へ、上下荷物抔ハこし候、乗馬・
　　こにたハ、ミなをよかせて、あん国寺衆の舟一そうふミ沈め、人馬少々
　　流れ死ニ候、荷物の事ハ不及申候、其夜、田雑源六殿衆池尻殿衆、いか
　　た踏沈、死ん計ニ候つる処ニ、助船押かゝり迎取、一人も越度なく候、

一、十八日、卯の刻打立、さき城九里の所まて着候すると各兵越候つれと
　　も、中々無人ニてハまかりとをらさるよし候つる、半途程行野陣候、其

夜、種乗馬盗人とり候て、すこし引去候処ニ、聞付おいをとし候、

一、十九日、同所へ逗留候、その夜、いぬの時おハりより又盗人まいり候
　　て、のり馬に心かけ、藪の陰ニためらい候を見付、道口をつもり相待候
　　処に、子の時程ニ乗り馬の側により網を切り候処ニ出合、相追付打留
　　候、初刀ハ伝右衛門とのなり、

一、廿日、小早河衆同道ニて卯の刻ニ打立、八里程行、たいこと云城に着
　　候、其日、あとより参候夫丸ニ唐人付候て、種夫丸壱人しに候、

一、廿一日、さきのやうに打立候すると候つれ共、中途無人にて事不成候
　　而、たいこへ逗留候、

一、廿二日、夜なかほと方打立、ちやせんと申城ニ、一柳殿御番所へ五里
　　程越山して、未シ時分ニ着候、其日、大坂候所ニ而唐人出合、はん弓又
　　石なと落し候つれ共、味方の者壱人も越度なく候、

一、廿三日、月の出方打立、ミらんきと申城ニ福部采女との御はん所へ
　　着、野陣候、

一、廿四日、八里程行、船渡し金毛と申所ニ肥前船かゝり居候所ニ着候、

一、廿五日、二月廿日迄ハこもかいへ逗留、

　　　　　　以上是迄鑑種自筆也、

西征日記

天正二十年、壬辰、三月十二日、小西攝州率壱岐、平戸、有馬、大村之衆
　而渡海、泊船於對之府浦、

十三日、晴、柳野州引予、見西攝州、此日、太守命予以随行、自此下十日不記之
　無事之故也

廿三日、晴、攝州陸行而赴対之豊崎、太守留在府、已下四日不記之

廿八日、予酉尾、自一虚庵移乾徳院、而窺便風、船主不理舟楫、故留一
　宿、

廿九日、晴、太守陸行而赴豊邑樓船、俗曰宮丸 午日、發府浦、而子刻泊船於
　大浦、與良郡内 辰刻回棹、以入大方浦、自子刻細雨、至翌日申刻止、

晦日、朝雨、暮晴、午日解纜、自大方浦、泊船加毛瀬浦、波動船而不得安
　眠、戲賦小詩曰、

　若有舟神、能護此船、何事騒動、撹吾睡眠、

四月朔日、晴、卯刻發加毛瀬浦、酉刻、至泉浦、予與一童一僕扣漁戸、則
　釣叟蜑婦總星散、而一村鎖空屋、有一老僧、引予宿里長之宅、橫一破
　席、與一童雙枕臥、子刻、老僧来問安否、予曰、鶏未鳴、犬未吠、老僧
　甚麼大早計、老僧笑曰、公未知麼、日々軍吏來擒雞犬剥皮拔毛、安得全
　報晨乎、予聴此語嗟嘆而已、

二日、晴、發泉浦、未刻至大浦、此日、攝州軍士與太守之軍士私鬪、刎攝
　州軍士主張一人之首、太守之軍赤刎主張一人之首梟兩首一處兩軍和親

而散矣、此時太守在鰐浦、攝州在營、自執戟出于鬪處、

三日、晴、攝州訪太守之營、

四日、自寅刻雨、家書并青州一壺至、予亦整兩書一封、寄長壽主宰、一
　封答家兄、

五日、半陰半晴、佐須奈之僧携酒壺来、

六日、晴、訪省也北堂一村悉成軍營、破壁摧床、無處容膝、可憐生、申刻
　太守移船於浦口、七百餘船都從之、

七日、朝晴暮雨、自朝鮮送使之舡二隻来、一隻二人、一隻三人、合五人、
　漂波来、此日脇坂中　務到大浦看兵船、

八日、朝雨晴、午日、應仙巣老人之招、遷船而清話、卒綴半偈、賀降誕、

　　　　我今灌沐篷窓雨、江上數峰波法身、

　　　　　老人和云、

　　　　説兵父母所生口、今我官軍百憶億身、

九日、晴、上陸之次、主馬公延予船窓以觴矣、扣民舍、乞浴、歸程上二姪
　之船、各勸盃、既醉上樓船、

十日、晴、哺日、柳野州招予而飯于舡、

十一日、晴、風自東北来、太守兵船者欲解纜、攝州之兵船不欲解纜、是故
　雖順風不張帆、

十二日、晴、兵船七百餘艘、辰刻發大浦、申尾到釜山太守直赴岸上、予随
　之、初更之後上船、

十三日、半陰、半晴、卯刻圍釜山之城、而辰刻拔之、城中之軍尽授首、即
　時赴東萊、距城半里許而屯、午刻歸釜山之營、今夜太守告予、以留守釜
　山之營、

十四日、半陰、半雨、卯刻發釜山、辰刻圍東萊城、同刻拔之、斬首三千餘

級、虜五百餘、鮮軍懼曰、東萊諸軍、乃飛逾城、疑有狨乎、神乎鬼乎、
予應太守之命、留于釜山、

十五日、晴、東萊東南有城曰機張水營、二城此日敗亡、予酉刻到東萊城、

十六日、細雨、梁山之城敗亡、

十七日、晴、官軍卯刻發東萊、巳刻過梁山密陽之東五十里許宿、此日密陽
敗亡、杜預曰、兵威已振、譬破竹數節之後、迎刃而解、無復著手處也、誠哉、

十八日、晴、午刻入密陽、城中庫蔵自放火、樓観門廊存矣、大壯麗、

十九日、晴、發密陽而六七里許、有驛亭今夜宿于茲、

廿日、晴、發驛亭二里予而有城 、不記名 城之西三里許有城、曰大工、二城
一日潰、

廿一日、晴、大工之西距三里許而宿村家、仁同城敗亡矣、

廿二日、晴、發村家、巳刻入仁同城、代太守書榜曰、
令大字、散民速還于本宅、而男耕田稼苗、女採桑畜蚕、士農工商各修
家業、若吾軍士有犯法以妨汝之業者必罰矣、
年月日　　　　太守在判

廿三日、晴、發仁同三里許而有河、没馬之半腹、予從太守駕舡、諸軍並
騎、截流而渡、午刻過善山二里許而宿村家、

廿四日、晴、發村家、午刻、入尚州城、城中之兵敗亡、城中大將李旭敗
亡、從事官朴虎尹遲死、官軍逐北而斬首三百餘、太守陣于城中、予距城
西半里許而宿、

廿五日、晴、辰刻訪太守之陣、巳刻歸宿、

廿六日、晴、寅刻發尚州宿處、午刻過咸尚、酉刻到聞慶、聞慶之城自放火
而亡、

廿七日、晴、寅刻發聞慶、而辰刻過安保、午刻達忠州、自洛將軍来、而率

數万之兵、府之北半里計、陣松山、官軍擧旌旗馳馬、向松山之陣、敗

　　走、對州攝州之兵、逐北刎首三千餘級、虜數百人、大將申立石死、先登

　　者對州也、此夜太守去城五町許而陣、予在城中、

廿八日、朝晴、暮陰、午日、攝州訪太守之營、招仙巢與予、而論朝鮮地

　　圖、

廿九日、朝晴暮陰、辰刻發忠州、而午刻過嘉興、嘉興之西有兩岐、一軍失

　　路、或西或東、初更之後、迅雷甚雨、雖咫步不看泰山之形、不簑不笠、

　　暗昏昏地而坐路傍以待旦、

五月朔日、半雨半晴、申刻到驪州、水漲而不得渡、各搆船筏以運濟矣、先

　　軍者在彼岸、後軍者在此岸、隔水陣矣、朝鮮四月晦日也、此日、王及太子大臣等、出

城敗走、

二日、晴、吾輩結筏而渡江、攝州、對州騎而渡、此時水未漲、戌刻、兩將陷京城、

三日、晴、發驪州而三里許而水漲、以不得渡村氓盡藏船、吾軍士探得五三

　　隻、而運濟衆卒、予辰刻到渡頭、戌刻渡河而宿河邊、辰刻賀藤入京、

四日、晴、午刻、予輩入京、不解裝腰見攝州、攝州差一士卒而為南針、到

　　太守之營、還卜宿於王宮東南市廛之中、

五日、晴、巳刻、應攝州之招到彼營、有大明通事、小解文字、攝州命予筆

　　談、問大明里數、河之大小、路之平險、彼答其大概、彼問、我答我問、

　　彼答、墨十餘紙、座仙巢竹溪在、午日、賀藤公來、互禮謝、申尾歸宿

　　處、此日賀攝相議、定移陣於城外、四方城門、立枋而示民以歸洛、

六日、晴、巳刻立本公贈手翰、即從使价、以訪公之營、話會遊以移曇、借

　　公之先容而見賀藤公、座有馬大村兩人在、互獻酬、既醉歸矣、

七日、晴、入禁中、宮殿盡爲焦土、可謂一咸陽矣、傍有漏院實火後一莖艸

　　也、

八日、晴、訪太守之營、歸程扣俗姪兵之宿、午日柳右馬持新釀來、德阿亦
　携瓶來、

九日、甚雨、作詩寄仙巢老人、

　　今朝逢麴要新釀、新釀熟時宜酌君、君有酒生前須我、古來此物不
　　霑墳

　老人惠濁醪書冊二束、收於太守之倉、

十日、雨、終日寂寂、糧料七八石、收于太守之倉、

十一日、雨、移宿於舊宿之西三町許、與佐狩野之宿相接、今夜宿狩野之
　宿、

十二日、雨、太守移陣於舊營之北一町許、午日訪營、

十三日、雨、半晴半陰、午日柳野州扣客舍、而告攝州之命、即刻促裝以從
　野州、酉刻到坡州之府、自洛八里

十四日、半陰半淸、辰刻在坡州府客舘、代野州製短書、

　　日本國差來先鋒秘書少監平調信、謹啓朝鮮國某大人足下、臣先是奉
　　使於貴國、于再于三、訴廷下者、今日之事也、雖然貴國不容臣之言、
　　故及今日之事、非不祥、亦宜也、今吾殿下起干戈者、不敢怨于貴
　　國、唯爲報怨於大明也、伏願還國王之駕於洛陽、講和於大明、則臣
　　等所欲也、然和之不行者、獨非貴國之罪也、可謂天命矣、亮察、惶
　　恐不宣、

　　　年號月日　某　此短書添削、而十五日遣之、
　　巳刻、到臨津江、朝鮮人張陣於江之西、吾軍在江之東、東山而西平
　　原也、敵屯于五處、多者四五千、少者一二千許也、備兵於江岸、如
　　連珠至四五里而不斷、吾軍者、加藤兵也、在江之東岸而發矢石、是
　　故雖欲通短書、不可得也、午刻、歸坡州府、

十五日、半陰半淸、在江邊、加藤之軍解陣退、於是得通短書、敵軍受書
　而歸本營、移時還書曰、縱死江邊、不行和、但大將來共議、云云、其
　書曰、

　　　日本國差來先鋒秘書少監平調信、謹啓朝鮮國執事足下、臣今日來于
　　　此、退吾軍者無他、爲講和也軍士在渡口、則貴國之人疑之、故先退
　　　兵矣、臣先是屢使于貴國、陳以成敗之事、貴國不聽臣之言、也至敗
　　　亡、蓋吾殿下假道於貴國、復怨於大明、去歲審告貴國通信使、臣亦
　　　達書於廷下、雖然貴國藩臣梗邊、以不通吾道路、加之動干戈於是乎
　　　吾軍破擊之、遂到尙州、奉書於廷下、不敢賜回教、却聞國王已出洛
　　　陽矣、於是諸將之兵入洛陽、由是觀之、夫滅朝鮮者朝鮮、非日本、
　　　亮察亮察、臣竊慮之、還國王之駕於洛陽、以講和於大明、則貴國之
　　　策莫良焉、如此則解吾軍陣、待命於畿外者必矣、若疑之出質子以爲
　　　證、然則日本之與大明和親、貴國亦復國不然則貴國長失國、亦未可
　　　知也、伏願足下熟計之、今日在江邊、以待回翰速送之、自愛不宣、

　　　　年號月日　　　　　名
十六日、半陰半淸、辰刻發坡州、同刻之尾、到臨津江、在江上製書、書
　日、

　　　再啓、昨日呈愚書、以陳講和之事、貴國不信之、亦宜哉、吾軍經万
　　　里風波之難、江山之險、直入洛陽、今也無故而欲講和、貴國不信
　　　之、亦宜哉臣爲貴國解之、吾殿下欲假道而擊大明、雖諸將奉命來于
　　　此、不欲自此經數千里入大明、是故先與貴國和親、而後爲借貴國
　　　一言、以講和於大明也、貴國亦以一言大明、講和於日本、則三國平
　　　安、良策莫良焉、諸將免勞、万民蘇甦、是吾諸將之議也、殿下亦不
　　　欲與貴國絶交、貴國失隣好之道拒吾軍、故吾軍亦動干戈而已、臣虛

受貴國大職、豈忘鴻恩乎、奉國命、以先諸將、因不獲止也、今也傾

盡肝膽、陳縷縷、足下察之、尙不信之、則是亦可也、傳義智行長兩

人一紙之書、自愛不宣、

　　　　年號月日

昨日所作之書、及兩人一紙之書、三封一手、傳之鮮軍、棹小船來受

書、未刻甲士一人泛舟來曰、吾濟小生、私不能呈回報轉啓承政院、

以呈回報、兩國本無怨讎、孰不欲講和、期三日歸矣、

十七日、朝陰暮晴、辰刻發坡州、而未刻入洛、柳野州直到小攝州之營、告

　講和之事、予歸吾宿、晚日大川和尙來、訪予之宿、

十八日、半陰半晴、辰訪太守之營、移宿於舊宿之北五町許、隣于太守之

　營、午刻立木爲加藤移書、以招予與仙巢即從使价到立本營、加藤稱病

　不見、終日在本營雜話、大川和尙在座、起座、仙巢歸吾宿、予從大川

　到彼宿、蹈昏鐘歸矣、今朝臨津江之約變、鮮軍渡江而圍吾水上之陣、

　坡州之軍救水上之陣、奮擊鮮軍、在洛諸將、連旌旗馳馬赴津江、去洛

　三里許、而聞鮮軍敗走、即回旗歸洛、

十九日、雨、小攝州及太守聞鮮軍聚散、卒又赴津江、諸軍盡從行、予在

　洛、

二十日、細雨、午刻、大浦平公携朝鮮圖來、雜話移刻而歸、預約告還鄉於

　太守、

二十一日、半陰、應立木之需以作二書、

　示諭、境内之黎民及鰥寡狐獨、僕奉吾殿下之命、撫當境、要除苛政

　而布善政、救民於塗炭、速還舊居、以各修家業、勿疑勿疑、

　　　　年號　　　　　　姓名

　呈示、境内之文武官僚奉吾殿下之命、安撫此境内、僕雖不敏要布善

政於境內、各還本宅、以精我藝、則必應其器、以授職矣、先服者賞
　之、不服者罰之、請計之、

　　　　年號　　　　　　姓名

二十二日、晴、無事、僅探園摘杏子胡瓜來、朝鮮散民還市、以賣酒、惠予
　酒一瓶、

二十三日、雷雨、欲作詩寄大川和尚、無便而終止矣、詩曰、今夜桃田氏携酒來、
　　一別華飛二十春、誰知此地逐兵塵、乾坤盡入戰圖去、何處江山著
　　我身

二十四日、晴、左內家裏者、調綠豆甚佳也、作詩書廳之壁、
　　借問漢陽城裏人、興亡變化幾千春、檀君箕氏去何在、今日須知更
　　一新、

二十五日、晴、無事、艮也赴臨津江、而訪太守之陣、洲山早介從隆景宗虎
　而之慶尙道、就予需短書、即書以與之、

二十六日、雨無事、

二十七日、半晴、大伴兵惠燒酒一瓶、臨津江鮮兵潰、對州攝州之兵渡江逐
　北、俗姪左內蒙瘡而歸洛矣、

二十八日、半晴、午日、姪左內調綠豆、

二十九日、半晴、無事、酉刻、大判兵送鮮人之書、予代答之、

晦日、晴、訪太守留守、留守、設酒、移刻而歸、申刻尋大川和尚之宿、清
　話履昏鐘而歸矣、

六月朔日、朝陰暮晴、大川老訪予之宿所、先是五月二十日所作之詩、今日
　說之、大川和之者二首

二日、半晴、午刻、大判兵以鮮人之書示予、書中借孔孟之語、說五倫五常
　刑法之事予即走筆云、

君臣父子夫婦兄弟長幼之倫、仁義禮智之常、禮樂刑政之法、天地之間、
所日月照臨、盡知之、然爾今言之者、以爲日本獨不知之乎、禽獸之譬、
亦不遜乎、天地開闢以來、幾億兆年、豈待孔孟之言而後行之乎、爾之意
如何、更諭之、

此日、午日、鮮人李孝仁携湯餅來進予、以木綿十匹謝之、

三日、晴、鮮民失妻子貨財者、或百人、或十人、五人、捧短書、告訴于太
守之留守、留守讓予、予各作書答之、午日鮮人酒家也、日日問安、名曰李孝仁携
燒酒幷黃醴來進予、少焉持半身戎服黃色有紅綠來惠予、拒辭者三、固請不
止、遂受

四日、無事

五日 晴、鮮人李孝仁、記反冦九人名字、以示予、予告太守留守、留守即擒
九人、以送備前宰相公、公即行法、午日蠹七公訪予、

六日、晴、食時、孝仁惠酒肴、午日、大伴兵來訪、話及朱印之下、予客舍
舊主人之奴婢四人來、告以如舊主事予、予容之、孝仁持朝鮮內外官案幷
曆書來、

七日、半晴、無事、

八日、晴、卯刻、孝仁携酒來進予、午日訪太守留守大伴兵也次扣宗建之宿
留守、又請予而飯矣、歸程問姪左之宅、姪痛瘡甚、移刻歸矣、

九日 晴、午刻、孝仁携酒來、予亦送糙米一石、

十日 晴、設粥於姪之宿、蠹七來訪、宗建來、

十一日 晴、申刻、從兄源左衛持酒來、

十二日 晴、蠹七公來、話次及日本軍兵昨日入洛首將十八人、孝仁携酒來、

十三日 晴、午日大伴兵持榜札之案、日本遣使之案也、語侏儽而不得讀、
命予以改書、

十四日 晴、大伴持書來、求通事之書也、午日、筆匠來賣筆三双、

十五日 晴、左須奈左近惠酒、壙七津次來訪、市人惠酒肴、申刻武本監物
　持酒來、初更壙七公寄和之發句、

　　　日本ノ方モコイシキ今夜哉

　　　予卽以和與漢二答之、

　　　和云、コマモロコシノ月ゾ涼キ

　　　漢云、月涼万里天、

十六日 晴、太守留守大伴兵與日本醉客、爭論鮮女、今夜古屋吉衛、聞母
　之訃、以就請吊祭名亡母曰妙鮮、

十七日 晴、請宗建祭古屋亡母、宰相公遣使諸營、點檢軍料、孝仁再携酒
　來、

十八日 晴、七公來雜話、市人惠水團、殿下朱印下降于太守、

十九日 晴、無事、夕日塵林携酒來

二十日 晴、宰相公奉行人携單書大伴兵、大伴召以讀之、即代相公而作
　反書、

二十一日 晴、炎蒸甚矣、辰刻、壙七公贈書幷佳果、晡時孝仁進酒、晚日孝
　仁持短書來、書中略曰、母八十餘久病、二十日死、葬出城門、云云、朱
　氏四生指伴、予告奉行人而容出城門、

二十二日 晴、殿下奉行人來、再開米倉、其使有知予名者、招予大廳見面、
　則在濃州時舊識也、

二十三日 晴、對州麾下之兵在洛者、赴平安、太守陷平壤之事傳之、午日
　孝仁調綠豆携酒來、夕日佐護左送酒一瓶、

二十四日 晴、姪左家裏者請予設粥、

　牧村兵部大夫　一柳右近大夫　服部采女正岡　木下野守　小野木縫殿頭　五

人奉行

二十五日 晴、午刻、濃州綾野桑原兵四郎來訪、予東遊之時相識也、舊話
　　移晷歸、予即訪陣之次、問牧村兵部公之營、多見書籍及子昂墨跡、履昏
　　鐘歸矣、孝仁送酒肴、

二十六日 晴、午刻孝仁携酒來進予、壚七公龍源主來訪、圍碁終日、

二十七日 晴、巳刻訪太守留守、午刻應壚七公之招、詣陣所、有晚殽、酉
　　刻孝仁携酒來勸予、

二十八日、朝晴晚時雨、孝仁携酒來勸予、

二十九日 半陰、夕日小雨、大伴兵來話、盡晷歸、

晦日 晴、無事、孝仁携酒來、贈孝仁白苧衣一襲、

七月旦晴、孝仁進卵酒幷餻、午日佐護七家中長崎神左携酒幷靑梨來、晚
　　日、孝仁亦携酒來、

二日 晴、訪太守留守、自平壤之陳使來、艮也歸來、孝仁携酒來、

三日 晴、孝仁惠銀、午日壚七公來話、

四日 晴、無事、爲松隱忌齋、兵衛留守送酒、左內送酒菜、

五日 晴、招親屬而營考父之齋、

六日午日、雨無事、

七日 晴、無事、卯刻、孝仁携酒肴、午市人携酒來、

八日晴、午刻、大隼人送酒、

九日 晴、姪左設亡父之忌辰之齋、

十日 時雨、姪左設亡妣之齋、孝仁亦贈朝食、

十一日 半陰大浦戶部之家僮、携酒及細布一匹來、營戶部之蘭盆、

十二日 晴、訪大守之留守、大伴昨日之晚中流矢、予自太守之營、直到宿
　　所、西北之山、礧水潺湲、山嵯峨、興可愛矣、市人携酒來進、予醉裏

題詩、

山破一條水、國亡二百年、暫時回首看、東海變桑田、對州緫衛門來

十三日、半陰、艮也設齋、

十四日 晴、姪左設齋、

十五日 晴、不被袈裟而行盂蘭盆會、

十六日 半晴、無事、石田治部少輔 增田右衛門尉、大谷刑部少輔三人入
　洛、分地之使也、

十七日 朝晴、暮陰、省藏主來、鄕話一宿、

十八日、半陰、孝仁携酒來進省、

十九日、松尾氏來、鄕話設藥石、

二十日 雨、無事、遣艮子於增田而代予禮、

二十一日 雨、無事、艮子受立縣公米五石、

二十二日 半晴、增田、石田、大谷之使三人來、而撿太守藏庫、

二十三日 晴、牧村公約惠粮遣人馬則違矣、更約後日三使之一价來、而點
　撿財物、

二十四日 無事、今夜宗壽家兄送酒、

二十五日 晴、孝仁携酒來而進予、予亦惠之以貉皮帽二首、羊裘貉裘各一
　領、

二十六日 晴、孝仁告國夫人之婢及奴來求粮衣以出城、予遣人逐擒一婢一
　奴、

二十七日 半陰、宰相公召昨日之奴婢、窮問國王及夫人王子之行李、奴婢
　曰、不知國王之逃處、但知國夫人及母兄之所逃免死則吾告其處、

二十八日 無事、

二十九日 無事、津江次趙州來訪、孝仁携酒來、

晦日 晴、欲朝鮮軍侵吾河口之營、吾軍擊而奔之、增田右金吾麾下之士旅
　　菴來、彼少知文字、予章句曰、棄土高麗扇、葉飜日本風、聯句者二十餘
　　句、軍中奇會也、

八月 朔日、細雨、孝仁携注來、

二日 半陰、增田右金吾惠衣一襲、其一細葛、其一雙縮羅 白色 杜甫之端午
　　恩榮、不敢多讓矣、艮子贈書十二部、艮子亦賜衣、

三日 晴、無事、孝仁易名日本、稱今村新助、增田公名之、孝仁謁增田公而
　　賜夏衣一領、

四日 晴、孝仁送酒及倂果、扇摠兵持酒來、今日炙風市三里、

五日 晴、作詩以謝增田惠衣即賜手翰、

六日 晴、無事、松尾又兵來訪、省也來、

七日 晴、西攝州自平安入洛、對州留平安臼玄吉兵長綠內勘自平安、來

八日、朝陰暮晴、請臼玄吉兵內勘、而設刀剪麵、

九日 晴、姪左內兵衛二人、綿子各十一斤、柳權求之、命其從者渡與之、

十日 晴、無事、病重、終日平臥、作家書二、

李景福 李冨榮 李大福 李得宗

　鄭元宗 鄭禮宗 鄭孝宗 達勿尹

　臣加應伊 市中叛人九人姓名

　官人

　張雲翼 醫者吳扑

　洛陽曰漢陽城

　開城府曰平壤城 此說非出、平壤城即王險城

朝鮮日日記

朝鮮日々記

安養住職慶念六十二才

伴僧了眞

一僕又市郎

慶長貳年六月廿四日ヨリ

日々記

抑此たひ太田飛州さま高麗へ召つれらるへきよし承りしかは、さても不思議なる御事哉。此老體ハ出陣なとハ夢にさへも知らす。其上習なき旅の事ハ中〳〵難成候也。御養生一篇ならハ若き御傍々をもめしつれられ候へかしと申上候へ共、是非共御供候ハてハいかゝとの御掟なれハ、迷惑無極體也。殊更此高麗ハ寒國といゝ、波渡をしのき万里の海路なれハ、二たひと歸らん事ハ不定なり。老身のためにハ前代未聞なる事なれハ、いさやはしめて日々記と哉らんをつくり、こしおれの狂哥をつつり、後の世わらい草のたね共ならさらん哉とおもひ候也。一覽ののちハ火中へやりすて有へく候也。

六月廿四日に御出船にて、さかのせきに御船付、其暮に橋本傳十郎に御振舞なされ候て、とかく候へハ土佐殿御船付、やかて御參會有

りしなりけるを、とりあへす、

うすき來て關のとまりの夕暮にはや土佐とのと參會をめす

　　さるほとに、子にて候八郎ハ、おくりの船にのりおくれ、さかのせき
　　まてハ來らすなり。さても、今すこし今生にての暇取申候ハん物を
　　と、忍のひの涙せきあえすなけき侍りしに、ふしきに夜半の時分に來
　　り、おもひのまゝにいとまこひをし侍りしなれハ、いまハ心やすくお
　　もひ、やかて其あかつきに、上せきより船にのらんとて、道すから手
　　に手をとりあひて船本まてたかいにうちつれ出しときに、あまりの名
　　殘おしさのまゝに、かやうに詠して、船にのりて出行けり。

二たびと歸らん事もまたかたしいまをわかれの老か身そうき

　　さてもせき崎を過て、うら邊地にかゝりし時に、あとを見おくりけれ
　　ハ、臼杵のかたハとをくして霞かゝり、あまりのおもひに、

殘しおく其たらちねの妻や子のなけきをおもふかせそ見にしむ

　　同廿五日ニうら邊の竹田津にて、

曉のかねもろ共に出しほのとまりハやかて竹田津につく

　　同廿六日ニ曉かたに殿さまハ御いそきにて小船めして土佐殿と同船
　　して、さきへめし候也。

殿さまハおいそき有りてへちふねにめすや塩路のかとて成るらん

　　同廿七日ニあしやの灘、あかまかせき、かけ乘りにし侍りけれハ、

聞つたふあし屋の灘やこくらの津あかまかせきはよそにこそ見れ

　　同廿八日ニ此なこやの津ハおとに聞つたへし所なり。殊更御明日な
　　りけれハ、さためて御道場も御座あらん。又ハ見物せんとおもひけ
　　るに、はや御船ハさきへめされけるとて、其まゝにいかり取のり出し
　　侍りし時ニ、船よりしてなかめやりて、かくなん。

天守をは雲にそひえておたてあるいらかならふるなこや津の體

　　　さるほとに、いきへと船を乗り候ところニ、おほきなる嶋の有を人に

　　　とへは、あれこそけん界か嶋よといふをきゝてかくなん。

けん界か嶋そときけはほと遠くおもふにかわるからとまりかな

　　　からとまりやかて此けんかいかしまにほとなくて有りけれハ、かや

　　　うニ詠し候也。

　　　同廿九日ニ暮にいきへつきしかは、船の内にしてかやうに詠し侍

　　　りしなり。

所から名にあふ國のたのもしやあひもろともにいきのかさもと

　　　船のつきたる在所をかさもとの津といひしところなれハなり。城なん

　　　とも有り。

　　　七月一日ニかさもとのふろにいらんとて、あかりて見れハ、水ハにこ

　　　りてすますなり。いかゝハせんとあんしけれ共、かさのかいさのあま

　　　りに、ふろに入て、かやうニ詠し侍り。

かさ本のふろハさなからしよくせなれ水もろともニすましとそおもふ

　　　同二日ニつしまへ乗り渡らんとてあかつき船出して、はや十五里は

　　　かりのりし時に、かせあしくて波たかくありけれハ、たゝもとし侍ら

　　　んとしけるに、ほけたおれて有り。又ある船ハたうかへをとられ、又

　　　ハ道具を落しなんとしけるほとに、ようゝかさ本へのりもとし侍りし

　　　時に、

つしま地に乗りうる物をいかにしてふきおくりたるまへのかさ本

　　　同三日ニひよりあしくてかさ本のおきにかゝり、波にゆられてくるし

　　　さのあまりに、かやうニ詠してりう王も御きゝあれとて、

道理かな風もとなれハふくそかしなかてハいかゝおさまれる世に

　　同四日ニかせふけ共かなへもおりされハ、波たかくして夜もすからい
　　ねられさりけれハ、よろつおもひなけき、あかつきすこしまとろミし
　　に、わかかたのありさまを夢に見し時に、かくなん。
故郷をおもひ出てやわかこゝろ何にわにつけて面かけにミゆ
　　同五日ニ暁より順風になりしかハ夜をこめ乗り出して、つしまの地
　　につきにし時に、
夜をこめてはやとりかちの波まくら夢もろともにつしま郷につく
　　同六日ニつしまのとよ崎といふ御崎にて殿さま御船におひつき、たか
　　ひによろこひあひて、其夜ハいつれの船も一里はかり御のりありて、
　　其あかつきめされへきとの事なり。浦の名をハあふの浦といふとまり
　　ハ、さすかといへりけれハ、
豊崎やとのにハやかてあふのうらとまりこそまたさすか成りけり
　　同七日ニとまりを夜の明かたに出して、ひるのさかりにふさんか
　　いへ付けれハ、
ほともなくつくこそやかてふさんかいなかめことなるしな〳〵の體
　　同八日ニ竹嶋へ御乗り候ハんとて船まわしけるに、番船出て、さつま
　　船をやそうきり取燒わりけれハ、ふさんかいへ御もとりにて、さて番
　　船ハかちときにて、ふさんかいのミなとのくちをとりふさきて有けれ
　　ハ、今夜ハさためて番船もミなとの内へ來り火矢なけ火矢にて船を
　　やきに來り候ハんやとて、用心きひしく有りけれハ、され共乗りか
　　へりける時に、かくなん。
番船のいてゝもさせる事ハなしされとも船をやそうはかりは
　　同九日ニふさんかいの町へあかりて見物しけれハ、諸國のあき人を
　　見侍りて、

釜山浦のまちハしよ國のまいはい人貴賤老にやくたちさわく體

　　同十日ニ番船から嶋のくち其外の嶋にかゝりて有りしに、加藤との又
　　ハ日向・さつま・あわとの・土佐との・飛彈守殿をはしめて、番船を
　　きり取やきやふり、殘りなくうちはたしけれハ、それよりして番船つ
　　ゐに出すなり。藤堂殿こそ船手の大將成りしかとも、はしめの時に手
　　からをめし候ハす。惣のかちによりてこそ船手のいろハなをしたまひ
　　てなり。
番船の手からをめすやかたうとのふな手ハたうとめんほくハなし

　　同十一日ニふさんかいにこそ御道場の御入候とうけたまハりて、た
　　つね參りけれハ、まことに殊勝ありかたく御本尊さまをあんしんめさ
　　れ、端坊さまの御下と御物語候御すかたを、つく〴〵とおかミ奉りて、
いくつをもひかりやハらく御すかた心のそこそありかたきかな

　　同十二日ニ船よりハおり候ハす。さてハ朝夕の物語のともとてハ、他
　　宗世間の人あるひハ武士の參會なれハ、よろこひもうすくて心もおろ
　　かなりけれハ、
かしこきもおろかなるをもすてられぬつかひにあへる身こそやすけれ

　　同十三日ニ法儀にとをさかり油斷之體を、
立ゐにも其をきふしのすさみにハたゝ稱名のほかハ他事なし

　　同十四日ニふさんかいより竹嶋へ船まハしけるところに、雨ふりひよ
　　りあしく、とま屋ももりけれハ、いとゝ故郷の忍ひあちなくて、
ふる雨にとまもたまらすわか袖のなミたにぬれてかわくまもなし

　　同十五日ニ竹嶋へ付候に、はる〴〵の海山へたてきぬる物かな。かやう
　　のうき有様ハ老の身ニハいかゝ(た)へぬらんと、たゝとにかくいそき
　　往生ののそみよりほかのことハなし。うき世をわたるすめはこそ、か

くハあらまし。

なかめこし其海山をへたて來てうき世をわたる竹嶋ニつく

　　同十六日ニけふハ又其心さしの明日なり。さそ〲親子兄弟あつまり
　　て、わかうハさをめされ候ハんとおもひやられて、愁歎のあまり
　　に、かやうニ詠して袖をしほり候。

故郷の其したしミのあつまりてけふのうハさをおもひこそやれ

　　同十七日ニおもひかけもなきに鏡を取て、わかすかたを見侍れハ、
　　さても〲いつのまにかやうにとしよりたる事哉とおもひ、まことに御
　　言に、かゝミにむかへる影にむかへハしらぬ翁にあへるかと御座候
　　に、すこしもあひたかハすと、あちきなくて、

花やかにありつる物を老木のしらすやけふのあらしまつかな

　　同十八日ニ雨ハふりつゝきて、いつかたへもいつへきやうもさらにな
　　し。とかくなくさミにもたしなミの御よろこひの外ハなしと也。

たくひなきおしへにあへる身の程をおもひつゝけて袖しほるかな

　　同十九日ニさても此國まてハ、いかなるいにしへやくそくのありて、
　　かやうにせんかたなき身とやなるらん。心くるしやとなけきなから、
　　またおもひかへして、あさましく侍る心かな。御おんをハよろこひな
　　くてと、

他事も其いにしへの契りそとおもひなからのこゝろまよひや

　　同廿日ニとせんさのあまり人界のならいなれハ、いろ〲のねかひを詠
　　し侍る也。

はてもなきねかひをいつかみつしほのあふの浦半の有り明の月

　　同廿一日ニわか心くどんにして、いまをも知らぬうき身もちなからな
　　けく物かな。たゝいまをもわきまへさるにとおもひて、

定めなき世の有りさまをなけくかな露にやとかるまほろしの身を

　　　同廿二日ニ何にとなく涙せきあへす、つゝむとすれと人目もはつか

　　しくて、かくなん。

とにかくにさきたつ物はなミたかなはかなかりける老か身のほと

　　　同廿三日ニはや〱今夜ハおたやにて御座有りけり。さても御まへのし

　　やうごんはいかゝ有らん。御花ハ何と立申つらんと、心ハかりはかよ

　　ひけれ共、傳變の世のならいなれハ、なけきなからかくなん。

此くれの花の下草いかならんかやう心をおもひやれかし

　　　同廿四日ニさても善智識さまの御あハれミ、海山をかたふけてもあま

　　り有りし御事なり。其御すかた片時も忘れ申候ハねハ、なをも有りか

　　たくそんして、

面かけのたちそひいまにわすられぬそのあわれミハ四方にあまれり

　　　同廿五日ニわか身のほとをおもひくらへ、さても世中にハいかほと

　　のくるしミを得たる人のミなり。さりとてハ心のいたらぬゆへかな

　　と、うちかへして、かくなん。

心からこゝろくるしくおもふかな身よりもしたの人を見るにも

　　　同廿六日ニれいならす煩敷有りて、かせの身にしミくるしかりけれ

　　ハ、さても故郷にあらハ年ころの妻子ともあつまりて、あとやまくら

　　にして、いかゝ有らんと、といかなしミ侍らん物をと、なけきなから

　　枕をかたふけ涙をとゝめて、かやうに侍る也。

いとゝさへわか故郷の戀しきにくるしやけふのかせのこゝろハ

　　　同廿七日ニくるしくて夜もいねられす。晩すこしまとろミたりしに、

　　亂夢とて煩の時ハいろ〱のゆめ見しなれ共、さても心のおろかなるゆ

　　へやと、おとろきたてまつりて、かくなん。

佛恩をそのたしなミのあさきゆへあらぬ事のミ夢にみるかな

　　同廿八日ニ日本故郷より子たちの事こまかなりし文を得てうれ敷、け
　　ふハ殊さら御明日なれハ、よろこひあさからす。煩も大形なりけれ
　　ハ、詠哥にとりもあへす。

子たちよりいとこまかなる文を得てそのうれしさハたくひなきかな

　　同廿九日ニ竹嶋を出、殿さまハ船手の御目つけニ御なりて、御船より
　　赤國のやうニ御はたらくなり。路地すからハ番船のとまりの嶋、燒や
　　ふりたる番船、しまつゝき山〳〵の體、心ことはもつくしかたくて、か
　　やうに、

竹嶋をいてこしみれはからしまのうら山つゝきはてそなかりき

　　同晦日ニ今夜ハもつてのほかに煩敷なりて是非なき事哉。此まゝに
　　はてなん事は必定なり。まことに此年月おほへなきくるしさなれハ、
　　せんかたなさのまゝに、かやうに申侍也。

六十二そのとし月をかそへてもけふのこよひに似たる時なし

　　八月一日ニいよ〳〵煩の體難儀になりておほへ、くるしミハ人界のくや
　　くなり。しかれ共、旅にてハかやうのくるしミ人めもはつかし。今一
　　たひなからへ、としころの妻子よりハかたりハつくし申さしとおもひ
　　侍る也。

くるしみのそのしな〳〵ハおほけれとかたりつくさし言葉の體

　　同二日ニ夜半よりも藥をせんし服しけれハ、きとくに虫もおさへ、食
　　事も少つゝハすゝミ力つき候へハ、ありかたや御慈悲のきハまり也。
　　さてもはや〳〵と快氣を得たる物かなとよろこひて、かくなん。

良藥もその恩德のみかけにてはや心よくなりにけるかな

　　同三日ニから嶋いろ〳〵の名所を過て赤國の川くちに入見れハ、はても

なき大川也。數千艘のおしならへても、いつかたに行共なき所也。は
てしなけれハ、かやうに、

おとにきくこしやうのみなとこれかとよ五里も十里も入てこそゆけ

　　同四日ニはや〳〵船より我も人もおとらしまけしとて物をとり人をころ
　　し、うはひあえる體、なか〳〵目もあてられぬ氣色也。

とかもなき人の財ほうとらんとて雲霞のことく立さわく體

　　同五日、家〳〵をやきたて、煙の立を見て、わか身のうへにおもひやら
　　れてかくなん。

赤國といへ共やけてたつけふりくろくのほるはほむらとそ見る

　　同六日ニ野も山も、城ハ申におよはす皆々やきたて、人をうちきり、
　　くさり竹の筒にてくひをしハり、おやハ子をなけき子ハ親をたつね、
　　あわれ成る體、はしめてミ侍る也。

野も山も燒たてによふむしやのこゑさなから修羅のちまた成りけり

　　同七日ニいろ〳〵人ことのらんはうの物を見てほしくおもひて、わか心
　　なからつたなくおもひ、かやうにてハ往生もいかゝとおもひ侍りて、

はつかしや見る物ことにほしかりてこころすまさるもうねんの身や

　　同日にあまりに〳〵わか心をかへり見てつたなくおもひ、され共罪業深
　　重もおもからす、さんらんほういつもすてられぬ御ちかひなれハ也。

おそらくハ彌陀のちかひをたのますハ此惡心はたれかすくはん

　　同八日ニかうらい人子共をハからめとり、おやをはうちきり、二たひ
　　とみせす。たかひのなけきハさなから獄率のせめ成りと也。

あわれなりしてふのわかれ是かとよおや子のなけき見るにつけても

　　同九日ニ日向佐土原の山田才介殿に参會申。さても〳〵御同行と申。良
　　久たいめんせす候へハ、夜もすからうれしさの事つくしかたくて也。

幾としをへたて來にける友人にけふあひ見つる言の葉のすゑ

　　同十日ニ船よりあかり四十日におよひし苫屋を出て、駒に乗り奥
　　陣の御共申侍也。

此ほとの海士のとま屋をたちいてゝのりうつりける駒の足なミ

　　同十一日ニ夕暮て人家の煙の立を見れハ、萬の五こくのたくひ財寶
　　をやきうしないて、

あさましや五こくのたくひ燒すつる煙のあとに一夜ふしけり

　　同十二日ニなんもんへこし行ける高山ハ、日本にてもいまた見す。石
　　ハ大にしてとかりたる事劍のことし。こゝに又おそろしき瀧有り。此
　　たきハさなから見るに身のけ立、死出の山ない川の津ともいつへし。
　　人の足も馬ひつめもたまるへきやうハ侍らさりし也。

おそろしやしての山ともいゝつへし雲にそひゆるミねをこそ行け

　　同十三日ニなんもんの城五里はかりこなたへ御ちんをめされ候。此
　　城落行てハいかゝ有へきとて、夕かたにちかくとりよりたまひ候也。
　　大明人五六万ほとハ籠たるとつたへ候也。

赤國の城もこたへてありてきけは諸陣よろこひあしをやすむる

　　同十四日ニよひよりふるしほりたる雨ハ瀧のおつることく也。かりそ
　　めニ雨かミはかりにて陣屋をふきしかハ、ふり來る事ハおそろしき
　　ほと也。いねへきやうハなし。いせ物語の鬼一とくちもかくやとお
　　もひやりて侍る也。

情なくふりしほりたる雨やそもおにひとくちをおもひこそやれ

　　同十五日ニしよりをめされ、明日の未明にせめて入らんとノ事也。石
　　かきのきわへひたとより、はや夕暮に成りにけれハ諸陣よりはなつ鐵
　　炮半弓に、おもひよらぬ人のミしゝてうせにけれは、かくなん。

城よりもはなつてつほう半きうにおもひよらすのひとそ死にける

　　　さても其よひのまにせめくつしけり。飛州さまの手の衆一番入にて、

　　　御保美の御朱印申におよはす候。

　　　同十六日ニ城の内の人數男女殘りなくうちすて、いけ取物ハなし。さ

　　　れ共少々とりかえして有る人も侍りき。

むさんやな知らぬうき世のならひとて男女老少死してうせけり

　　　同十七日ニきのふまてハしすへき事もしらす。けふハ有爲變轉のなら

　　　いなれハ、無常の煙と成りし也。よそにやハある。

たれも見よ人のうへとハいひかたしけふをかきりの命なりけり

　　　同十八日奥へ陣かへ也。夜明て城の外を見て侍れハ、道のほとりの

　　　死人いさこのことし。めもあてられぬ氣色也。

なんもんのしろをたち出見てあれハめもあてられぬふせい成りけり

　　　同十九日、此所も城かまへの家體と見へたれ共、山野へにけ入ける

　　　也。

けふハまたしらぬ所のあき家にひとよをあかす事をしそおもふ

　　　同廿日ニ赤國の府中に付たまふ也。こゝに三日あまりハ逗留有りて、

　　　京よりの御つかい番にたいめんなされて引陣の談合、是まてにミや

　　　こまて御入候ハんと有りつれ共、寒天ニ成り候へハ、はや是より道

　　　をはけて御動有らんとの事也。

爰はまた府中なりけり赤國の所からなるすまひとそ見る

　　　同廿一日、なんもんにての手おひおゝくて、方々より藥こひ候事ハ隙

　　　なし。見廻申かたおゝし。あまりのくるしさに、かくて、

人ことにわつらいつるゝやもうをはわか身ひとつのなけきとそ成る

　　　同廿二日ニさても過し夜ハふる里の人あるひハ舊妻その有さまをこ

まゝと夢にミつるなり。いかさま今一たひハ歸朝せんとおもふ一念により、かやうに侍るらん。

今一と歸らんとおもふねんくわんにまよふ心の夢と成るかな

　　同廿三日ニさてもゝ今夜ハわか國にあらんにハ報恩の御いとなミ申候ハん物を、情なくかやうの所にてあさましくて、かやうニ申候也。

広大のそのおんとくの夕へなりあふく心もおろかならすや

　　同廿四日ニ明日にて御座候へハ、此小屋の下にてハいかゝとなけき申計也。さりなからも信決定のうへなれハ、内心のよろこひ也。

おんとくをほうしてつくる事ハなしたゝ信心そよとおしへ成りけり

　　同廿五日ニ秋ノヨなかし夜なりけれは、いとゝ故郷のしのはしさのまゝに、ねもやらねはうらめし。おもひのあまりニ、

なかき夜の秋のね覚もうらめしやかたしく袖も露と涙に

　　同廿六日ニかやうのうらめしき旅なりとも都に参候ハんハ、うれしかるへき也。

此うきをミやこのたひとおもひなはさこそうれしくかきりあらしな

　　同廿七日ニかたしけなきおたやにて候へハ、小屋のうちにて恩のひの御よろこひ候也。

しん實のちしきにあふハまれそかしおしへにもれはもとの火宅に

　　さて又此陣所にて各々御集會有りて、船戸のやうに御出候ハんとのしゆひやうあひすミ、諸軍もよろこひ申候也。

歸らんとおもふよろこひは飛たつはかりうれしかりける

　　同廿八日ニ夜半よりして此陣引やふりて、あを國へ手つかいなり。さてもゝ御明日なれ共、御よろこひも申かたくて也。

永々としつミはつへき身なれともみちひきたまふみかけ成りける

さる程に此府中を立て行道すから、路地も山野も男女のきらいなく
きりすてたるハ、二目共見るへきやうハなき也。

道すからきられてしする人のさま五體につゝくところなきかな

　　　同廿九日ニ爰ハまた宿陣ハなし。野にも山にも露にしほれて一夜を
　　　明しける也。

野陣とてならわぬ旅にいつとなく露にぬれつゝ袖しほるなり

　　　九月一日、けふハはや九月に入てあるよ。さても今日よりハ菊をあひ
　　　して立花にも申、又ハそたておきつる物をとおもひ、ふる郷の事を
　　　のミなけき候て、かくなん。

わか宿のそたておきつる菊のはな色香いかにとおもひこそやれ

　　　同二日ニ殿さまハれいならす御むしけとて御食事もすゝます。いかゝ
　　　と御脈なと見申て、たゝと御くたちにきわまる由候也。

殿さまハ御むしけとてれいならすからきくすりをのそみたまへる

　　　同三日ニ靑國へとおしてゆかるゝ道のとおき事ハ、一日ニ四五里ほと
　　　御こし候に、人の精も馬のひつめもたまらすはしりけり。くたひれは
　　　て大木のもとに一夜をあかしけるとかや。

赤國を見はてたまひてあを國へおしてゆかるゝ道のとをさよ

　　　同四日ニ靑國のうちの屋作を見テあれハ、おひたゝしけなる家體也。
　　　五こくのくら、色々のなくさミ所、まことにふひんなりし事也。

靑國のくわんといへるを見てあれはさもありけなるすまひとそ見る。

　　　同五日ニ明日の御陣カハりとふれけれは、此所ハよし有る所なれ
　　　ハ、夫丸も馬のあしをもやすめんに、せめてハ一兩日御とうりうなく
　　　て、いとなミ侍りけるなり。

あすのまた御陣かわりときくからに人のなやミをおもひこそやれ

同六日ニ川床と大儀にのたまひしをきゝてハ、おそろしくおもひつる
に、渡りもあさく石もなくて、心やすく侍る也。

かうらゐの川ときけハおそろしくおもふにかわるあさき瀬なれば

同七日ニふるきしろのありし所ニちん取めして、くわんの有様を見
て、かくなん。

ここもまたむかしハ城を見へしかと、すミあらしたる家のうちかな

同八日ニあともさきへもかうさくもなき野に御ちんをめされ、さても
かやうの所にてハ牛馬のなんきとおもひて、かやうに、

馬うしのはミ物もなきところにておもひのはかの野陣成るかな

同九日ニちんせんにおして御行候とやとうけたまハり候へハ、少も
船戸へちかく侍る也。さてハ一しほうれしくおもひ侍りて、かく也。

もくせんへ道にまよふてちんせんにましてゆかるゝ事そうれしき

同十日ニこゝに一兩日御とうりう有りて、神馬のあしをやすめたまふ
といへは、

此里にしハしおとまりあるならはちんせん事ハやすき事なり

同十一日ニ今夜故郷の事、としころの妻子を夢ニ物語なとして、よの
つねのことくなりけれハ、あまりの事に、

もろ共におもふこゝろのかよふらん君か面かけまほろしにたつ

同十二日ニ秋かせのはにふの小屋を吹あらし、いと敷物さひしく
て、夜もすからねもいらす、むしのねも物すこくして、いろ〳〵あんし
入たる夜半ニ、

いとゝしくね覚かちなる秋の夜に夢おとろかすきり〴〵すかな

同十三日ニけふハかたしけなくも前住さまの御明日なり。殊更に御
名號御筆をくひにかけまわり申候へハ、ありかたく侍りて、

あほひてもつきせさるハちしきのおん彌陀のくとくをさつけたまへは

　　　同十四日ニ此陣よりハ船本へ引ちんときけハ、諸人のよろこひハいふにおよはす、牛馬にいたるまてもいさむと也。

引ちんときけハすなはち太軍もよろこひいさむ駒のあしなミ

　　　同十五日ニ此あとの七日にこゝをとをりたる所也。赤國靑國を見はてたまひて、本のちんに付たまふ事ハ、よろこひ侍る也。

うれしくも本のとまりにつきにけり船戸もちかく成るとおもへは

　　　同十六日ニおもひのほかに秋田をかりて、いねにて小屋をふきしかハ、ねやもる月いさよいなりけれハ、とりあへす、

こゝとしもいとかりそめの小屋かけていなはもり來るいさよひの月

　　　同十七日ニこゝハふるき家のあるところなり。さりなから小松原に小屋かけて一夜のちんをめされけれハ、とりあへすに、

いにしへのためしも有るや小松原いとかりそめの夜をそあかせる

　　　同十八日ニ山の谷あひ右もひたりもおそろしき岩尾なりけれは也。此體おりしも林間に酒をあたゝめ石上に詩を題してといつしハかく哉らん。

おそろしやみきもひたりも岩尾にて谷の小川をくミてこそゆけ

　　　同十九日ニふるミやこと申所に御つき候て、爰にてハ諸軍も牛馬もあしをやすめ、五六日ハ御逗留ときけハ、よろこひて、

つたへきくふるきミやこに心さし引てゆかるゝそらそうれしき

　　　同廿日ニ牛馬のはミ物、人の食物、いろ〳〵とりあつめたるを見て也。又ハ道すからの川瀬のひあかりたるをあら〳〵おひたゝし木すゑにもくつのかゝりて、おゝくありけれは也。

ふる都いてこし道の川つらを水まさりなはいかてわたらん

同廿一日ハ、しやぐちうといふ所に逗留候也。

此ちんをとゝめたまふやしやくちうによろこひけりな人の有りさま

　同廿二日、此ちんハ山のうちにて、やかて下ハ大川なり。おりくたり
水くむ事ハまことに難儀成るに、殊更けふハ路地もあしくて、牛馬も
夫丸も夜半時分まても來らす。又未明の御ちんかへなれハ、さても
とおもひてか兩人のくるしミをつく〱とあんしけるに、此了眞沙門ハ
世をすへり佛道に入候ハんとのため、此身の所へかんにんしけるに、
おもひのほかに老足さへ渡海なるに供せんとの事也。いろ〱留をき候
へ共、一字千金の德をおもひて哉。あるひハ又くわん音ハ師孝のた
めほうくわんに彌陀をいたゝきたまふ。かやうの禮儀をもほりけるに
や。ならわぬわさ、ミねにあかりてハ小屋のたうくの材木をせおひ、
谷へくだりてハ水をくミ、つま木をとり、なをつみ、又ある時ハわか
身のりたる馬のくちをとり、僧俗の見わけもなく苦痛あらさるしわさ
成り。これそまことに釋迦佛のいにしへ、あし仙人ニつかへたまひ難
行苦行したまひて、つゐに佛道にいらせたまひしも、かやうにこそあ
りつらんと、もろともになミたをなかし、たかいにかほを見あわせけ
れ共、せんかたもなくて過行事ハ、よそのたもともぬれつへしとおも
ひ侍りしなり。

師弟とハ三世のむつひとつたへしか、なをあさからぬちきり成るかな

　さて又市郎といつしハ、七八才よりそたておきし物也。老體の手を
ひかれんためにめしつれけれハ、もつとも夜白のへたてもなく何にわ
につけても心よくめしつかわれ候事ハ、本文に師弟主從父子夫婦と
て三世のちきり機縁とこそ申つたへしなり。されハ悉達太子のたん
とくせんにのほりたまひし時、しやのくと申し、とねり一人めしつれ

　　たまひけれは、太子を送りとつけ、御かた見を取て王宮へ歸りしため
　　しもあり。いかてかむかしのやくそくをハ凡夫としてはしるましき事
　　也。此兩人なくしてハ、此老人ハ一足も行事ならす。とかく御慈悲の
　　きわまりほとありかたき事ハ中〳〵有ましき事にて侍る也。

ふかき縁其いにしへもさこそとよいまのちきりハなをもまされる

　　さて此山ふかき所を夜のうちに御陣かへとて御立あれ共、山ふかく
　　大川のほとり成りけれハ、きりかすミにて道すから行かたもしらさり
　　しに、

山ふかくたつ朝きりに道芝もふミまよひける駒のあしなミ

　　同廿三日ニ今夕ハおたやなれ共、御前にかんにん夜もすからの御と
　　きにめしおき候へハ、御よろこひもなりかたく、まことになけきおも
　　ひ候て、やう〳〵夜半ニ歸り候て、かやうニ申候也。

とにかくに涙もよほす夕へかなそのおこなひをおもひいたせは

はかなくも其おんとくをわすれつゝうきをいとへる世こそつらけれ

　　同廿四日ハ未明に御陣替なりけれハ、御よろこひ御報謝ノかたも油
　　斷申なり。かやうに候てハ、かならす惡道へこそおもむき侍らん。あ
　　さましやとうちおとろき申候て、

もしさても彌陀の御法にあわさらはくちのなミたにしつミはてなん

心とてすちなき物の身にしあれはなをたのまるゝ彌陀のくとくを

　　同廿五日ニ九月のすゑなれハ寒天に霜ふり、夜さむなるに、あかつ
　　きよりの陣かへに、身もおほへす一言ものへ候事ハなか〳〵ならす。あ
　　さあらし身にしミ〳〵とありけれハ、かやうニ申侍る也。

秋過て冬かれになる夜あらしに袖ももすそも霜にこほれる

　　同廿六日ニあしたことの陣かへ、あさ嵐はけしくてすさましく侍る事

ハ、たた身ひとりにあるやうにおもひ侍る也。

老らくのいと物よわきあけくれに谷のあらしもいとゝ身にしむ

　　同廿七日ニおたやにて侍りけれ共、かやうの小屋の内にてハ、御よ
　　ろこひを申候ハん事もはゝかりなれハ、わか寺にあらハとおもひ出
　　し、涙にむせ候て、かく、

よろこひの身にあまりぬるこよひそとおもひなからもすくる世の中

　　同廿八日、御明日にて御座有りけれハ、報謝のまことをいとなミまい
　　らせ候て、さりなから信決定なくハいたつらことなりと心中をかへり
　　ミ侍也。

骨身をもくたきてとこそある物をまことの心なくハなにせん

たのむへきかたにそなけれ一すちに月の入さのにしの山のは

　　同廿九日ニ此所こそ見事の山城にて、一段にこしらへおきたれ共、
　　あけのきたれハせんかたなし。米其外ハいかほと有。諸陣よろこひ
　　あへるなり。

此山の城こそやかて岩尾なれ心言葉も苔ころもきて

　　同晦日、此所ニ御逗留候て、しやくわんおゝくうち取いけ取かすし
　　らす也。かすえ殿の家中へもよき人あまたうち死也。方々へ手つか
　　い侍る也。

爰もまたふるミやこそとつたへきくゑぐてんといふハまことか

　　十月一日ニこゝもとに殊外唐人おゝしとて、かすへ殿うちまわりなり
　　けれハ、いたつらに此日を送りける事よ。はやくして船戸に御座な
　　くてと、わたくしのいとなミ諸人もいゝける事共也。山々谷々をさか
　　[し]出して侍る也。

けふもまたあしをやすめていたつらに日を送りける事のおしさよ

同二日ニ神無月時雨はちめなりけれハ、夜半時分より荷物つけてま
ち候へハ、天氣悪して留りたまふ、さりなからひる時分よりはれあか
りけれハ御立候。

神無月木々のこすゑも冬かれの時雨そそむるけふの紅葉は

同三日ニ此くわんハ一しほの所なれハ、爰にて船戸まての粮物をと
ゝのへ候へとふれなれハ、たかひにもミつきおして牛馬におうせ候
て行事にてハ侍る也。

せぐしうにおしてゆかるゝ道野へのあらしにちゝむものゝふの體

同四日ニ此せぐちうに御とうりう候て、諸人もあしをやすめ、はん米
なとをもとゝのへけるなり。又此所ニ一しほ見事のくわんも有り。城
も有つれ共、皆々にけけれハ、あとをハやき破うちくつしたり。こゝ
につきかね有り。ふとさ五ひろ、たかさハ一ちやうあまり也。殊さら
嵐はけ敷してさむき所也。折ふし故郷の人々を夢ニ見へて侍れハ也。

身にしめる夜半のあらしのことつてにふる里人も面かけにたつ

同五日ニよひより嵐はけしくて、いとゝ夜もいねられす、いろ〳〵あち
きなくて、わか故郷の事のミにてあんし入りたるあかつきに、たらち
ねにかうはこよりしろかねを取いたしてまひらせて見る。さて其あひ
殘をハ、八郎へとらせていゝけるは、これは母にまひらせたるよりも
おゝきそとしやれ候て、夢共見へす又はまほろしともおほへすして、
しはしかほとハなくさミける物を、おそろしき夜のあらしに夢をおと
ろかしつる物かなうらめしさよ。さても〳〵あたら夢なる物をよと、う
ちおとろきて、いとゝさへ涙もろく侍るに、なを〳〵袖をしほり、枕も
うくかとおほへて、とりもあへす、

めつらしとあひミつるかなおやと子のちきりそふかき夢のおしさよ

　　同六日ニいまた此所に御とうりう成り。古里の友人も戀しやな。いつ
　　しかあひ見侍らんとおもひ、夜すからいねられす侍れハ、かやうに詠
　　し候也。
したしミのその友人の戀しさになかきよなれとまとろミもせす
　　同七日ニうるさんへつき侍らんとする道とをく候て、中とに一夜をあ
　　かしける。まことにさゝしはなとあわからなとをとりあつめて小屋に
　　して、あらしのふくかたへハせなかをなし、まへにハ火をたきなんと
　　して寒風をふせきて一よをあかしけるに、さても〱ふる里の御同行衆
　　の法儀のたしなミ、いかゝ御入有らん。御油斷にてハ一大事の事か
　　な。かやうのわかおもひたる事共をも、いつしかあひまひらせてか
　　たりあわせ、たかいに信心決定して、もろともに往生をとけ侍りい
　　てと也。
同行の其たしなミの有やらんかやうこゝろをいつかしらまし
　　同八日にハ船戸に今日ハ御つきとて、諸軍のよろこひハ申つくしかた
　　し。わか身のうれしさハさら〱たくひなかりしに、道にてはや古郷よ
　　りの御ちうしん、飛州さまへ御留守よりのいんしんとて、早船参候よ
　　しきゝまいらせて、道をいそきとく〱此文を拜見申さはやと、心のい
　　そく事ハかきりなかりける也。
うるさんにつくかとすれは古郷の子とものふミを見るそうれしき
　　同九日ニきのふハふる郷の妻子孫いつれも無事なるよしをきくから
　　に、なをもとく〱見さんののそミふかし。うれしくて夜もいねられ
　　す、よろこひのなミたハかきりなしとなり。
たまさかに古郷人のおとつれをきくにつけてもなをそ戀しき
　　同日に日本にハ大風大水のよしを、御留守におハしまし候侍衆よ

り御狀をたまハり拜見申候。さても〱わか寺の屋作ハいかゝ有るらん。心もとなくてあんし申候へハ、まことにおもひにおもゐをそへ、きつかいなれハ、かやうニとりあへす。

かせふくときけはおもひのまさるかな寺ゐのすまひよしやあしやと

　　同十日ニそもや〱子共たちより書狀をつかハし候に、かせのふきたる共、水ハいかほとあかりたる共、かきつかハさす候事ハ心なやな。いとやすき事なるにと、あまりの物おもひにうらミたる體を、かくなん。

おとつれはうハノ空にやおもふらんかせのたよりをきかまほしきに

　　同日に、たとい子共ハわかくしてそのおもひよりなく共、御同行よりハ此かせをつてにてなり共、文一通ハつかわしたき事也。かやうにてハいかゝうらめしさよとなけきなから、かくなん。

人はいさまことの心なきかとよかせのつてにもおとつれハなし

　　同十一日ニふる郷人をうらミ、何にわにつけてもあちきなくおもひて、なけきのミたふかゝりしに、かく詠し候也。

夜もすから歎くなミたハ淵瀬にもならまし物よかゝるうき世に

　　同十二日ニ、わか心をうちかへして、さても〱かやうにハなけく物かなとおもひ侍りけれハ、

歎かしおもひなからもさきたてる忍のひのなミた人はしらしな

　　同十三日ニ、かたしけなくも　御名號さまをくひにかけまわり、いとゝ手むさく有けるに、おそれかましくおもひまいらせ候へ共、廣大の御しひにて候へハ、

清からぬ身に　そひたまふ　御すかた　するの世かけてたのミあるかな

　　同十四日ニ彌陀の御本願の大慈大悲のかたしけなき事をとりもあ

へすに、

本よりもひろきちかひの願なれはすむもにこるもすてられもせす

　　同十五日ニいろ〳〵のねかひお〱くして、まよひのたへかたきまゝに、

おろかなる心は闇にまよふともくもらし物を彌陀のちかひハ

　　同十六日ニ夜もすからハ御定をあんし出しつゝけ侍れ共、凡夫心に
　　て候へハしつねんのミにて侍りけれハ、あさましくおろかやな。いか
　　てか此ふんにしてハ往生のそくわひをとけ候ましきとおもひまいらせ
　　て、かやうに詠し侍る也。

しな〳〵の法のおしへのことの葉を心にかけぬ身こそつらけれ

　　同十七日ニもしゝ此他力の御おしへにもれ申ならハ、のちのよハま
　　よひこそせめとうちなけくまもなくて也。

ありかたきおしへにもるゝ物ならはすゑの闇路ハまよひこそせめ

さま〳〵のめくミにあへる法の海つくる事なしはてもなかりき

　　同十八日ニ抑此人界のミにあらす、いにしへも佛法にあひたてまつり
　　侍れ共、きわくにより流轉の凡夫となかれ來りし也。もし又まよひて
　　輪回せはくるしミのかれましき也。

代々をへてまれにそあへる此おしへ身をすてゝもなをあまり有かな

　　同十九日ニ御本願のたふトさのほとかたしけなくそんし、そも〳〵此お
　　しへにもれて御法に油斷申ならハ、いかにしてか苦海をハわたるへ
　　きと、心のうちに取たもちて、

たのしミをきわめたまへる法の船にこゝろゆるさはのりやおくれん

　　同二十日、さても〳〵かやうのありかたき事をちやうもん申なから、ふ
　　さた申され候人のことくに有りてハきよくなき事なりと、御おんをよ
　　ろこひ申候て、かくなん。

殘るあらさる彌陀の名號をなをさりにきくのつれなさ

　　同二十一日、此世ハくるしミに又くるしミをかさね、つミをつくるの
　　ミなり。いかにしてか我らもはやく極樂のたたのしミをえたてまつり
　　て、めてたき身とはや〳〵と念頭に侍る也。

くるしミをなをもかさぬる世の中にうら山しくもすめる月かな

　　同二十二日、これほとにいそきねかへよとおしへたまふ御ちかひに
　　あひたてまつりなから、見すきかさる人のことくに過なは、さてもま
　　よひにまよひをならへたるにハあらすや。

心からくらき闇路にまよふかなたのむちかひの有明の月

　　同二十三日ニさてもくちおしき事かな。此見くるしき小屋にてハいか
　　ゝと、にわかにおもひ立、此小屋を作りなをし、今夕のおたやを申た
　　てまつる事ハまことに〳〵御慈悲ニよりての御さいそくなりと、いよ〳〵
　　かたしけなくありかたくおもひまいらせ候て、なミたをうかへ御おん
　　とくをよろこひ申侍る也。

あはれミのふかしきなりしけふの暮そのおんとくハ四方にあまれり
よもつきしその海つらをくミほしてなをあまりあるみかけ成りける

　　同二十四日ニそも〳〵ほとけをいたきふしてハ、もろともにおきてよろ
　　こひ申せとの御定にて侍るなり。

彌陀佛のくとくをいたきふしてこそあかつきなをもすさむしやう名
みたの名をきゝうる人のこゝろにハくもりハあらしすめる月かけ

　　同二十五日ニわか心にかへり見て、さても〳〵いにしへいかなるやくそ
　　くもありてこそ、かやうの身苦のいとなミをするらん。あさましさ
　　よとなけきて、かくなん。

やくそくのあらまし物をはかなくも心まよひのねかひなるかな

同日の曉に母の往生にて候哉らん。まことにハ夢ならけれ共、もし

やとおもひて、かやうに詠し侍る也。

たらちねハはかなく成りてあるやらんなミたにむせて夢と見る哉

　　同日にまへのうたによせたる心なり。まよひたるわか心かなとおもひ

なから、わか身に敎くんしたる也。

まよふそとおもひしりても浮世かなことはりならぬ袖のなミたは

　　同二十六日、これハねかひもいろ〳〵成りしによりて、いそきむかへた

まへとよミ侍る也。へちのしさいにあらす。霜月の此比ハ御歸朝ある

ならは、雲にもあかり地におとるほとに、いかはかりかたしけなかる

へきにと、此ねかひハいくせんはんの事なれ共、是そ因果のやくそく

そとあんし入て、あまりのなけきに、かやうに申侍る也。

よももれし二世安樂の國にはやむかへたまへとたのむこゝろを

　　同日に、ありかたきをしへにあひたてまつりて侍る也。さてハまた信

心のよろこひもたへすたしなミ申せハ也。

濁りなくまよひの雲も空すミて心にしへといたりいたれは

　　同二十七日ニおたいやを申ていよ〳〵ありかたくて、よろこひまいら

せて、御和さんの心を引まいらせ、おそれなからよろこひのうへな

れハ、かやうに申候也。

名號のち恵のひかりの利益にハねかひをはらす長夜の月

　　同日に、如來の興世にあひかたく、ほさつの勝法まふあひたてまつり

かたしと聽聞申て候へハ、さても人おゝき中に、かゝる身としてよろ

こひ申さす、もし〳〵又御おきてにもれ申哉とかへり見て也。

有りかたやまふ有ましき敎なりよももれぬると身をかへり見て

　　同二十八日、無量おつこうにもあひたてまつりかたき御法なり。すこ

しのうき世をすごし侍らんとて御定にもれ申さん事ハ、返〴〵もあさ
ましき事也。

はかりなき代々を過てもよもあハしたゝかりふしの夢の世なれは

同日にゆいのうしやうしよう如來號とおほせられ候ところを、かやう
申たてまつりて御よるこひを申まいらせ候也。

ほとりなくひろきちかひにあへる身か如來の御名をつねにとなへよ

同二十九日、さてもミやこへのほり佛法の庭にましる物ならハ、いか
はかりもうれしくおもひ侍らんに、かやうのあさましけなるゑひすの
國へハ來りけるカ、ミル人もきく人もとんよくを心のまゝにおこし、
しん意いかりはかりにてあけくれをもしらす。佛神三寶と申ことハか
つてなし。もろともに三惡の火きやうにしつミはてやせんと、なけき
侍る也。

ましるへき御法の庭にありもせておもわぬほかの旅はうき世か

同日に、たとひはる〴〵の海路をへたつ共、心ハわか有りし寺ゐにして
佛前のかんにん申物よと、しうたんのおもひのあまりに、かくなん。

はるかなるその海山をへたつともかよふ心はありし寺ゐに

霜月一日ニ、はや〳〵当月ハ開山の御しやうつきになり申て候へハ、あ
ハれ古郷にかへり、各々御同行衆と同前に御よろこひを申たてまつ
りたき念願はかり也。身ひとりのかなしミたへかたくおもひまいらせ
て、かやうに申侍る也。

月星も雲も霞もかハらねとひとりなかむる空そさひしき

同日に、くれ〴〵此御佛事にハあひ申ましき事よ。くちおしき次第也。
さりなからわか身わかまゝならす、王法をまほるおきてと御座あれ
ハ、なけきなからも、さてやミ申侍る也。

浅からぬ心つくしのおもひをは神そしるらんなけくなミたを

　　同二日に、なかき霜なれハ、ね覚かちにて夜もすからおもひのあまり
　　にうちなけく事を、かやうに申侍る也。

まくら物いふよしもかな事とはんかゝるなミたは何につけても

　　同日に、もしさても夜なかくとも、うちまとろまは、いにしへ古郷の
　　子供をも夢ニなり共見て、片時なり共、心をなくさむへき物よと詠し
　　たる也。

まとろまは夢にや見るといにしへをいとゝねられぬなかきよそうき

　　同三日に、いねられさるまゝにまくらのとかあるやうにうちかへし、
　　又ハなミたをなかし、いろ〱人をうらミ、あらぬ事のミなけくを、か
　　くなん。

枕そもおもわん事もはつかしやなけくなミたのほすかたもなし

　　同日に、さら〱ね覚かちにてさひしさ、又ハ袖もしとねもひゆるかゆ
　　へ、一しほいねられされハ、ふる郷の友をおもひ、戀しきのあまりに
　　詠し候也。

長夜のね覚かちなるあかつきハいともむかしの友おもふかな

　　同四日に、あまりに〱嵐もはけ敷して身にしミわたり、いかにしても
　　しのはしきふる里かな。老體に身のひゆる事ハくるしくおもひて、か
　　やうニ、

いとゝしく古郷しのふ老か身によさむのあらし心してふけ

　　同日に、いねられぬまゝにあかつき出候。空を見れハ、かりかねのと
　　ひしを見て、さてもうら山しや、心のまゝにいつくをもさしてかける
　　物かな。せめてよしあらハ事とはん。又ハことつてをもせん物をと、
　　まことのまよひのあまりニ、かやうにハよミ待れ共、ふてのすさミ

なれハ、かきとゝめおき申候。あらゝおか敷候。

事とわんつてにもあらハ浦山し心のまゝにとひしかりかね

　　同五日に、くちおしや老か身のひとりなけきハ、われなからあさま
　　しやと心のうちをなため、いろゝにとりなをしても、なミたのとめら
　　れさるまゝ、

世の中の人にもうきはあるやらんわか身ひとりのたひにあらねと

　　同日に、はつかしきかな。わかことくに物をもふ身にもなりはつるか
　　なと、はかなく、たゝ身ひとりのやうに侍れとも、源氏のみたひとこ
　　ろによさんのミやのけふりくらへといへるをおもひ出候て、かやうに
　　詠し侍るなり。

わかことく物おもふ人は又世にもたくひやはあるけふりくらへに

　　同六日に、さてもゝかミそりにミてるわかひけかミのしろくなるを見
　　て、かやうニにわかにしろくなりし事ハ、たゝことしにきわまるよと
　　いへる心なり。

ひけかミにふるしら雪をかそふれは此とし月につもりつもりき

　　同日に、あまりの事ニ、小町かよミし心によせ、はしめの老をしのは
　　れ候事も、いま身のうへにおもひしられたること共也。あさましく侍
　　れハ也。

あちきなやおくりむかへしとし月をはしめの老にかへしてしかな

　　同七日ニ、霜夜のすさましくさむかりしに、曉になれハいとしくな
　　をゝひへあかり、身うちにあたゝかなる所もなきかことくに侍りけれ
　　ハ、あまりのくるしさに、かくなん。

身にしミてひゆる霜夜のあかつきハくるしやいとゝこしのいたさよ

　　同日に、なをゝゆふさりも身のひへ、くつうかるらん事をおもひや

り、はや〳〵霜ふるなれハ、かやうに申候也。

おそろしき事ハなかれと身ハひへてあかつきことにかゝミこそすれ

　　同八日ニ、さても〳〵いかなる因縁なる事かな。ならわぬかうらいの陣
　　立をし、此國の土座のうへにふしける事ハ、さためていにしへのやく
　　そくにてこそハあり侍るらんとおもひて、かやうニ、

此國の土地に縁こそありつらんひやゝかなりし床ねなるかな

　　同日、これにつけてもいよ〳〵彌陀の御本願のありかたき事ハ、諸佛の
　　をしへのもましまさす。ゆへいかにとなれハ、かやうにあさましき凡
　　夫なり共、一念たのむ信心まことならハ、たのしミめてたき國にむか
　　へ取たまひて、七寶しやうこんのうてなの上にあかり、大快樂を請た
　　てまつらんする時ハ、かやうのくるしミつち座のあさましき事をわす
　　れ申さんのうれしさよとおもひまいらせて、あまりの事に、かやうに
　　詠し候也。

いろ〳〵の玉の台の床にしてきわめたまへる國にいたらん

　　同九日ニ、かくのことく無佛世界へありといふ共、不捨の御誓やくハ
　　いつくいかなるところをもたつねたまひて、おさめとりたまへハ、ま
　　ことにいやしき身なり共、ひとたひ賴申たる一念信心ハ、さら〳〵おろ
　　かなる事ハなし。此うへなれハいよ〳〵御法儀にもれ申さぬやうにとそ
　　んし候て、

たつねてもむかへたまふそかの國へいかにいやしきわか身なりとも

　　同日に、かやうにこそあわれミたまひける御慈悲のきわまりをおろか
　　にしんし、おろかにうやまい申ならハ、たゝいまくるしミのうミにし
　　つミはてゝ、くれん大くれんのこほりにとちられ、うかむこさら〳〵有
　　るへからす。ゆたん申候ハぬやうにとたしなミ申侍るなり。さて此

うたの心ハ大経に、かぶぐんしやういしぢうたんと御座候心を申侍
る也。

衆生をハおも荷とこそハのたまへり何とて彌陀をおもわさるらん

　　同十日ニ、いろ〳〵あんしつらね、夜もすからいねかたくて、むかし戀
　　しさのあまりに、くり事なから、さても〳〵いつか此おもひを古郷人に
　　かたらんと、何となく詠し侍る也。

おもひねの心つくしのあかつきをいつの時にかかたりつくさん

　　同日に、いかにあんしつくしても此世ハおもひしかいハなきそといへ
　　る事、わか身もわきまへなから、あまりのせんかたなし、くるしきま
　　ゝのくちすさミにて侍る也。かなう物ならハ、いかほとの大名も、世
　　にくるしけなる事ハ此かうらいの陣にきわまりたる體と見る也。

おもふかひなき世なりけりうらめしやいつまてこゝにあらん物かは

　　同十一日ニ、みきもひたりも、かちと番匠のかなつちのおと、ちやう
　　なをからりころりとして、いとゝ曉ハすさましくして、いねられさる
　　に、夜半時分よりうちたゝきあへるを、とりもあへす。

油斷なくかちはんせうのたゝきあひうちきるつちに火ゑんこそたて

　　同日に、たれかうへにもくるしミハある物なれ共、殊さらあのことく
　　にハ精もこたへてある物よと、うち詠し候也。

たれとてもしなこそかわれくるしミののかれん物かこくそつのつえ

　　同十二日ニ、さてもてつほう・のほりの衆・かち・ほろ・船子・人足
　　にいたるまても、きりをはらいて山へのほりて材木をとり、夕にハ
　　ほしをいたゝきてかへり、油斷すれハやませられ、又てきにくひを
　　きられ、さしてもなきとかなれ共、百性のかなしハ、事をさうによせ
　　て、くひをきりてつしにたてらるゝも侍る也。

さしもけに夜白きらわすつかへつゝうちさいなむは鬼神かそも

　　同日に、よし〳〵身よりもなせるいにしへのゐんくわなれ共、おもひよ
　　らさる事あれハ、わか身のとかハおしつゝみて、ゆへなき人をうら
　　むるも、うき世のわさといゝなから、さしもうらめしくおもふらん
　　と、心ノうちに申侍る也。

せめらるゝ人ハさいこうきもいりのつけわたせるハくしやう神のとか

　　同十三日ニ、いかなる人もよく〳〵御らんあれ。そんしのまへと申なか
　　ら三惡ハたゝ目のまへにありけんや。とにかくあやまりの有る物こ
　　そ、らうにおし入、水をのませ、くひかねにてくゝりしはり、やきか
　　ねをあて候事ハ、此うき世に殊更御座候。あひかまへて油斷有なら
　　ハ、のちの世ハかやうのおそろしきせめにあわんすらんとおもひとる
　　へき也。

三惡はたゝ目のまへにあるそとよとかする物をらうごくとなす

　　同日に、たゝ後生といふ事をしらて、わかまゝにつミをつくるゆへ
　　に、此世にてもかやうのくるしミにあへ、未來をさとりのちの世をな
　　けく物ならハ、さほとかなわぬうき世なり共、あやまりハよもと也。

のちの世のくるしミもしらてわかなせるつミこそやかてこくそつとなれ

　　同十四日ニ、とかくこと〳〵く人界の有さまハ三毒のつミよりほかハ、
　　へつのなす事とてハなしと見えたり。侍をはしめて物をほしかり、
　　むりに人の財寶をうはひとらんとのたくミよりほかハ、子細ハさら〳〵
　　なかりしなり。

侍のあすをしらすとのたまへととんよくしんのくちハはなれす

　　同日に、かやうにあすしらすうき世にて、まつ〳〵樂をいたせなとゝあ
　　れ共、心中ハミな〳〵惡心のたへハハなかりしなり。夜すからの人をせ

めて石をつませ、しろふしんもさらニよの子細ハなし。人の物をうは
ひとらんとのたくミ、とんよくのほかハなし。

夜もすから石をひかする城ふしんたゝとんよくのはしめ成りけり

　　同十五日ニ、さても〱百性ハ何になれともおもひ候よりなきありさま
　　にて侍る也。ゆへハ、よるひるのさかいもなくて、人のかとをつけさ
　　らして、すこしもあやまれハ、やかてとかにおこなゐて、くゝりしは
　　り、ちやうちやくせられ候事ハ、とかくざいごうの物ノめいわくとこ
　　そ見えて侍る也。

にち〱の日記につけてざいごうの人をさらしてとかにおこなう

　　同日に、かやうの事をあんし候へハ、地こくハよそにあるへから
　　す。やかてめに見へてある事を、後生のなけきハ夢にさへもしらす
　　すくる事ハあさましき也。

六道のしての山路のざいごう人おもきくひ木をもてとせめける

　　同十六日ニ、まへのよミたる心に、山へおゐのほせてハ大さいもくヲ
　　とらせ、とりたる木かほそけれハとりなをせとて、又ハおゐやり、と
　　りにあかれハ唐人からくひヲきられ、おもひのほかに死にけり。又ふ
　　ようなる物あれハ、かくれにけはしりなとしたる物もありけり。たゝ
　　われかなせる心のとかよりほかはなし。めいわくにきわまる事にて侍
　　る也。

かへすへきようそなかりきざいごうをふたにのせけるゑんまわうくう

　　同日に、かくのことくふたにつきにつけて、すこしもあやまりなきの
　　やうにせめつかい、此はんりへつれこされても一時片時の油断もな
　　くてせめらるゝ事ハ、さら〱人間のわさとハ見さりしなり。

それもけにとかのあれはそせめらるゝうき目を見るはざいごうの物

同十七日ニ、天下さまよりの御朱印のおもむきは、歸朝の日よりを
よく〳〵しらへ、人夫一人もとりのこし候ハぬやうに念を入候て、船を
のり候へとのおほつかハし候事なり。さても〳〵かたしけなき御定とて
諸人よろこひ候也。

國々の百性ともを大こうのおほしめさるゝ御朱印そかし

同日に、かくのことくこそ百性をハふひんにおほしめし候に、うちさ
いなミかつえほうたひに、ふちかたハしか〳〵ともたまわらす、山にお
ひやりすて物にハ、いかゝなさけなき事と見へまいらせて候也。

大こうにおもひたまひし百性をすて物にするつらき心や

同十八日ニ、万里の波渡をしのき、爰にかうらいまておの〳〵御出陣
も、たゝ一身をうき世を御すこし候ハんとのため、たかきもいやしき
もさらにかわる事ハひとつもなし。此なけきなくハ、うき世ハ心やす
かるへき物をとおもひよりて、人の上まての事をいとなミ、わか身に
とりあつめ、いらさる事のミ申侍る也。

十わうの一たひのけて九わうとて此かうらいにあつまれる人

同日に、まことに〳〵かやうのくるしミなくハ、かやうのところへハな
にしに來りてうき目ハ見るましき物を。とかくはや〳〵くるしミの世界
をいそき〳〵はなれたきのそミはかりなり。くちおしき老後ニかゝるく
るしミにあへる事ハ、くちおしき次第也。

百性も大名小名おしなへてくちゆへにこそほねハおりめせ

同十九日ニ、日本よりもよろつのあき人もきたりしなかに、人あきな
いせる物來り、奥陣ヨリあとにつきあるき、男女老若かい取て、な
わにてくひをくゝりあつめ、さきへおひたて、あゆひ候ハねハあとよ
りつへにておつたて、うちはしらかすの有様ハ、さなからあほうら

せつの罪人をせめけるもかくやとおもひ侍る。

身のわさハすける心によりぬれとよろつあきなふ人のあつまり

かくせいやてるまたるミのにやくわんともくゝりあつめてひきてわたせる

　　かくのことくにかいあつめ、たとへハさるをくゝりてあるくことく
　　に、牛馬をひかせ荷物もたせなとして、せむるていは、見るめいたゝ
　　しくてありつる事也。
　　同二十日、なかにも殊におそろしきハ、船戸よりも奥陣ことくゝおも
　　き荷物をほうらいのやうにとりつけて、引めくり來て、やうゝと本の
　　陣所につきけれハ、いも牛ハいらさる物よといゝて、さてうちころ
　　し、かわをはき、食物とする事ハ、たゝちく生道にてハあらすやとお
　　もひ侍るはかり也。

おもき荷をおほせまわりてころさるゝよそノ見る目もうしとおもへは

世の中の因果はうしの小車のめくり來りてこゝてしするハ

　　かやうにいろゝあさましきあり様、たゝゝ人界ノさほうほとおそろ敷
　　つたなき物ハなかりしと也。
　　同二十一日、今日よりハ御開山様の御正つきにて候。殊さらけふより
　　ハ報謝の其心かけ申候て、もろともに御よりあひを申、御報恩をうや
　　まいたてまつれとの御定にて候へ共、此陣中のあさましき小屋にて
　　ハかないかたく御座候へハ、なけきのあまりに、せめてハかやう二油
　　断なく心にかけ申さんとて、いろゝのくちすさみを申候事ハ、はゝか
　　りおゝくおハしまし候へハ、くちにともなひかたり申へきしかゝの御
　　同行もおハしまさぬゆへに、ふてにまかせ申候事ハ、老體の此高麗
　　の陣立ハめつらしき事共也。然ハ波渡をしのき歸朝たるへき事ハ不
　　定にて候間、此報恩之中のわれラか心中のほとをも、故郷の子供た

ちへも見せ申さんための事共也。然ハ御釋文にもすてに、自信敎人
信　難中轉敎難大悲傳普化　眞成報佛恩トあそはし候心ハ、身つか
らも信し人をもおしへ信ぜしむることかたきかなかに、うたゝさらに
かたし。大罪をつたへてあまねく衆生をけする事、まことに佛恩をほ
うすルになるへしとあそはし候を、やかてうたにやわらけ申候也。又
御文に、霜月二十一日よりこれをよミ申て人々に信をとらすへき物な
りと御座候を、句のかミにおき申候て、けふよりハと申侍りにて候。
さても〳わか古郷に候ハんにハ、御同行衆にも毎年のことくにおより
を申、たかいに信心をみかきあひ申へき物をとなけき、なミた袖にも
あまり、ほすかたもなくおもひまいらせ候也。いつくをもおなし御事
なから、此所を世間の人のミはかりあつまりにて候へハ、さら〳した
しミの御同行も候ハねハ、いよ〳信心ふさたになり申候て、おろかな
る事のミ申侍る也。

けふよりハ人をおしへてミつからも信をみかきてともに安樂

かくのことくにハそんしより申て候へ共、信心をほとをかたりあひ申
候ハん御同行御座なく、御殘多さ申計なくて、すこし申候事、かへす
〳もくちおしき次第にて候。さりなから、われらか信心よろこひ申候
事ハ、おろかなる事ハさら〳御座なく、久々のたひおもひのほかに世
間の人のミに參會申候事ハ、きよくなくそんし候へハ、ちからおよは
す也。

わか信をとりたもちての其うへに人をすゝむをほうしやとハせる

これハ眞成報佛恩とあそはし候ところを、かやうによミ申て候也。さ
ても〳かやうにかたしけなきご勸化にあひたてまつり、よろこひたく
ひなく、うやまひたてまつらんことハ、たやすくおハし候物をおろか

にそんし、あやまりのあらん事ハ、まことにきゝてもきかさることく
なるへしとなり。返〳〵くり事なから、信をうる人ハ佛恩ほうするにも
なるそとおほせられ候ところを此うたにとり申侍る也。まへノうたの
ことにて御座候なり。さてまた同日の哥に、信心よろこふ人はかたき
か中にもなをかたき事、これにすきたるハなしとおほせられ候所を
取て、

眞實に佛恩よろこふ人はまたかたきか中になをもすくなし

　　同二十二日、不因釋迦佛開悟彌陀名題何時聞とおほせられ候所をや
　　ハらけ申候て、かやうに申まいらせ候なり。此釋文の心ハ、しやか
　　ふつのかいこによらすハいつれのみたのミやうくわんいつれの時
　　にかきかんとあそはし候を、此うたに、

釋迦佛のおしへによらぬ物ならは彌陀の名號いつかきまし

　　同日に、これハ大経に御座候。我以慈悲哀愍特留此經住百歳ト。此
　　文ノ心ハ、われじひをもつて此きやうをとゝむる事しちうして百歳
　　せんと、しやかほとけのみろくにつけたまふとなり。さても〳〵ありか
　　たき御事なり。念佛のりやく三世にわたりたまふとある所をよミ申侍
　　る也。

ときおきし御法のおほき其なかにするゐの世かけて彌陀の弘誓を

　　同日に、三世諸佛護念経トある所を申候也。

もろ〳〵の三世のほとけもほめたまひまことの信を守護そしたまふ

　　三世の諸佛もまほりたまふとある事ハ、彌陀佛をふかくねんしたて
　　まつり名號をとなへん物を、かたちにかけのしたかふことくまほらせ
　　たまふといふ文をハ、阿ミタきやうにねんころにあそはし候御舌を、
　　三千世界にのへまし〳〵候て、ちかことをして守護したまふなるをうた

かい申さんハ、ゆめ〳〵あろかなる事共也。

同二十三日ニ、五祖東漢に生れて西方の往生をおしへたまふともと
あそはし候所をとりてよミ申し侍る也。五祖とハ法照 少康 曇鸞 道
綽 善導、此五人ノ祖師を申侍る也。いつれも大唐ノ事にて候。

五祖いてゝにしへむまるゝことわりをおしへたまふとつたへてそきく

同日ニ、これハ源空 親鸞、これをひろめたまふことなくハと有る所
を申候也。

師のおしへおゝき中にもことになをふかしきなりしいまの知識は

同日ニ、次第相承の善知識、これをさつけたまハすハ、われらいか
てか出離のみちをわきまえんやとあそハし候ところを、此うたによミ
申候也。さても〳〵たいまの善知識さまの御勧化にあひたてまつらす
ハ、いかゝしてわれらこときノ凡夫ハたやすく往生つかまつり候ハん
哉。よく〳〵御定のほとをたしかに廳聞申され候て、此たひ極樂の本
意をとけ候やうにと、信心の御よろこひかんやうにて侍る也。

此祖師のいてこしおしへたまハすハ生死出離ハいかてしらまし

同二十四日ニ、若悲本師知識願彌陀淨土云何入トあそはし候ところ
を取てやはらけ申候也。此心ハ、もしほんし知識のすゝめにあらす
ハ彌陀のしやうとにいかんしていらんとなり。まことにくちの凡夫の
身か、われとハ何にしてさとりをひらき申さん事ハあるましき事なる
に、かたしけなき善知識さまの御勧化のほとをありかたくそんしたて
まつり申侍る也。

さてもしも知識のすゝめなかりせは彌陀の浄土へいかていらまし

同日に、これも御釋に、平等のあめハうるほハさんとはけミたまへ
共、不信の願石ハうるほいをゑすとあそハし候。かやうの御ことはに

より、さても善知識さまハまれに此土にいてましく、彌陀の御本願の
雨露ノめくミの草木をやしないそたてましますことくに、衆生を信を
ゑてよろこひにうるハしくしんしたてまつれと、御すゝめなされ候へ
共、よろこひ申さすしてつれなき心を石に御たとへなされ候。それを
かやうニうたによミ申侍る也。

平等の雨露のめくミをうけなからつれなき人は木石そかし

　　同日に、くれく宿善開發の御もよほしにて御座なく候ハ、いかてか
他力の佛法をきゝひらき申さん事ハあるましきことにて候。そのゆへ
ハ、すてに大経に、過去已曾修習此法今得重聞則生歡喜、此こゝろ
ハ、くわこにしてすてに此ほうをしゆうしならいて、いまかさねてき
くことを得て、すなはちくわんぎをなすとあそはし候所を、かやうニ
よミ申候也。かくのことくに宿善御座なくしてハ、人おゝきなかに、
うるハしく佛法ヲよろこひ申候身にハいかてかなり申さん哉。よく
く其いにしへまての事をおもひいたし候て、御よろこひ候ハん事、
尤かんやうにて候。

いにしへもならいてしかな此みのりかさねていまそなせるよろこひ

　　同二十五日ニ、正信偈の御文に、如來しよゐこう出世唯説みた本願
海とあそハし候ところを、かやうにつらね申候也。釋如來の此世にい
てたまふ故ハ、たゝ彌陀の御本願をときましまさんかためと也。かや
うにて御座なくハ、いかてか末世の愚鈍の物ハ、有りかたき御法を
きゝうる事ハさてく有ましき御事にて候。いよく御よるこひ我も人も
申候ハん事かんやうにて侍らんと也。

如來世にいてさせたまふ其ゆへは彌陀のくせひをとかんためなり

　　同日に、必至めつと願成就とあそハし候ところを、かやうにつらね

申候也。

此願を成就してこそわれらまたやかて涅槃のさとりひらける

　　同日に、かくのことく彌陀如來いろ〳〵さま〴〵に御しんらうをなされ、

　　釋尊もはん〴〵に御出世ありて、信心を得たてまつれと御すゝめなさ

　　れ候に、うか〳〵と世間の事のミはかりにて、一念の所ニもとつきなく

　　ハ、二尊の御あはれミにもれ申候はん事ハ、まことに〳〵身をしらぬこ

　　となりとおもひ申侍る也。

人ことに心に染ぬ風清してうハの空にそきける言葉

　　同二十六日ニ、能發一念喜愛心トあそハし候ところをつらね申候

　　也。よく一念きあひの心をおこせハ、ほんなふをたんせさるに、すな

　　はちねはんの分をえたてまつり候と御座候に、信心をふさたならハ、

　　いかて往生をすミやかにとけ申候はん哉とおもひまいらせ候て、かく

　　なん。

一念よくよろこひし人ならハつミにおほるとすくひたまハん

　　同日に、男女貴賤こと〴〵く彌陀の名號稱するに、行住座臥もゑらはれ

　　すとあそハし候を、かやうニつらね申候也。われらこときの凡夫のた

　　めにハ似あひ相応之御本願にてまし〳〵候をしんし申さす、よろこひな

　　くハ其しよせんハ有ましき事也。

たかきをもさとれる人もくちもまて彌陀のちかひにもらしたまハし

　　同日に、大悲大願の海水にほん悩しゆ流きねれハち恵のうしほに一

　　味なりとあそハし候ところを、かやうニつらね申候也。

つミとかをよろつの川にたとへてそなかれハやかてひとつうしほに

　　同二十七日ニ、弘誓の強縁ハ多生にもはふあひかたく、眞實の定信

　　ハ億劫にも得たてまつりかたしとあそハし候ところを、かやうに申侍

る也。

あひかたきくせひの縁ハたしやうにも信をうる事億劫にもなし

　　同日に、是ハ適獲信心遠慶宿縁トあそハし候。此文ハたま〳〵信心
　　を得ハとをきしゆくゑんをよろこひたてまつれとあそハし候を、
　　かくのことくに申侍る也。

遠き世のしゆく縁ありて彌陀佛の大慈大悲にあふそうれしき

　　同日、爰ハまた同し御文のおくに、もしまた此たひ疑網にふへいせら
　　れハ、かへりて　曠劫多生をきやう暦せんとあそハし候ところをよミ
　　申候也。此心ハ、不信心ハいつれもうたかいニひとしと御定なされ
　　候。これもうたかいをくろかねのあミに御たとへなされ候て、ふへい
　　とハうたかいのあミにおほはれなは、なら苦にしつミ、万劫億劫にも
　　うかみ出る事あるましき時ハ、此たひ信を決定申候て、なか代のたの
　　しミを得たてまつり候ハてハ、其所詮なき事にて候。よく〳〵心底をか
　　へり見て、御たしなミかんやうたる事にて侍る也。

ふかしきのちかひのほとをきゝなから心みたれはもとのなら苦に

　　同二十八日ニ、是ハ他力の信心うる人をうやまいおふきによろこへ
　　ハ則わか親友そと、教主世尊ハほめたまへとあそハし候を、かやう
　　ニ詠し申候也。

信心をふかくよろこふ人をこそ如來の友とほめてのたまふ

　　同日に、是ハ釋迦彌陀ハ慈悲の父母、種々に善巧方便し、われらか
　　無上の信心を發きせしめたまいけりとあそハし候所を申侍る。かや
　　うにこそふひんに衆生をおほしめし候て、ちゝや母ともなりたまひ
　　て、いろ〳〵御方便をめくらし、われらかやうなるあさましき物に信
　　たえまし〳〵候て、上もなきさとりをたまハり候事ハ、かへすゝもあり

かたき御事なるを、つたなく信せさるハ、木石よりもおとりたる事共
にて候。よく〳〵御よろこひ申さるへき也。

ちゝ母とならせたまひて釋迦彌陀の信をあたへてたすけたまふそ

　　同日に、如來二種の廻向の恩德広大ふしきにて、往相廻向の利益に
　　ハ還相廻向に廻入せりとあそハし候を、かくのことくにつらね申候
　　也。いよ〳〵御慈悲のほとをうやまいたてまつらんと油斷なく心中を
　　たしなミ申候也。いつれの御門都も御たしなミ候ハん事もつ共にて
　　候。かやうのとゝめおき候事も、すこしなり共御なからへ候ハん人
　　ハ、心みたさす一心を正念に御とりたもち候ハん事、御油斷共なき
　　やうにとそんし候て、筆にまかせてかきしるし申侍る也。

むけ光の二種の廻向につミきへてさとり得しむる恩ハつきせし

　　同二十九日、此ほとハ御報恩のうちハいかやうなる御同行もおハし
　　まさし。さてもきよくもなくひとりよろこひ一七日をすこし申候ハん
　　やとなけき申候ところに、おもひのほかに御同行にまいりあひ、七日
　　ちうやのあひた、たかいに佛恩の広大なるところをかたりあわせ候
　　て、報恩講をめしおき候事、かゝる御慈悲にあひ申候事かなと、なを
　　〳〵ありかたくそんしたてまつり候て、かやうニくちすさミ申侍る也。

なけかしくおもふにかわる友人にかたりよろこふのりのしな〳〵

　　同日ニ、さても〳〵此間の御同行にあひたてまつり候て、うき世のあち
　　きなき體をうちわすれ侍る事ハ、猶〳〵御慈悲のきわまりそと、御うれ
　　敷かたしけなくそんし侍りてかくなん。

したしミの其同行もいてあひてうきをわするゝのりのことのは

　　同日ニ、かやうに候て、いろ〳〵おもひかけも御座なき小屋うつりなと
　　申侍る事も、なにわにつけてふしきさよとおもひまハし候て、かやう

二詠し申候也。

ふしきそとおもふもなをもおろかなりあわれミふかくゑたる此身を

　　　同晦日ニ、さても〳〵川の永を見るに、きゝしにまさり候て、おひたゝ

　　　敷ありけれハ、とりもあへすかくなん。

きゝしより見てこそなをも身ハひゆれおほろけならぬこほり川そも

　　　同日ニ、船をミなとくちまて出さんとて船人共永をうちくたき候へ

　　　共、いよいよはりふさき、船のかよひもなかりせは、事もおろかにし

　　　てハ、よも船人もこかれてしせんと見へ候を、かやうにとりもあへす

　　　申侍る也。

船人もこかれん物か川なミの水の行來をとつる永は

　　　十二月一日ニ、川のはたの小屋なれハ、とゝかへもなし。嵐はけしく

　　　てすさましく身にしミハたれハ、かくて、

河かせのはけ敷小屋にまろねして心をのへぬかたしきの袖

　　　同日ニ、あまりにさむくして、さても〳〵古郷にあらハいろ〳〵のおもひ

　　　にしつミ心をつくし、忍はしくして、かやうニ、

古郷をおもひ出てや忍はしくし心つくしのまろねなるかな

　　　同二日ニ、あまりニしたよりハひへあかり、身にもあたゝかなると

　　　ころハなきやうニさむし。よろつあちきなくおもひのあまりニ、か

　　　やうニ詠し候也。

いともけにひゆる床ねのなく涙袖ももすそも永とハなれ

　　　同日ニ、かやうにありてハ、たといなからゑんとおもひても、なから

　　　へつくもなき體也。世のうきさへあるに、ひやゝかなるにかせはけ敷

　　　して、なにとおもひてもしのきつへきもなき事共なり。

かくて世になからへつへき事そなき風やこほりのとつる老か身

　　同三日ニ、川の永を見るに、おひたゝしき河のおもてをはりふさき、
　　むかへより此地に馬をのりわたし、かやうニありけるに、おひたゝし
　　くけしからさる體なれハ、かやうニ、

おそろしやくれ大くれのこほりともいふへき物よ此國の川

　　同日ニ、あまりに川も谷もこほりにて。くミてのむへき水もなし。さ
　　ても〱せんかたなき體なれハ、とりもあへすニ、

いかにせん淵せも川もこほりにてむすひてあけん水のなければ

　　同四日ニ、山も岸も里も川も悉雪のふりつもりたれハ、みち行人もせ
　　んかたなき體もなき次第、めもあてられぬふせひにて侍る也。

山ハ雪谷のつらゝに道とちておちこち人のなけく有さま

　　同日ニ、こと〱く雪のしろく見へけるをおもひやりてかくなん。

白妙につもれる雪の山〱ハほすへき苔の衣手もなし

　　同五日ニ、ふりつミたる雪をおもひやりて、山人もいかにせんや。さ
　　て〱もいたハしき體かなと、とりもあへすに、かやうニ詠し候也。

ふりつもる雪の木かけもあらハこそ道ふミまよひかへる山人

　　同日ニ、柴を船につミて大川をむかい此地にこほりのうへをひきわ
　　たせるを見やりて、たゝうき世ハ日のまへに侍るなれハ、さても〱
　　いかならんとおもひて、

柴船のこほりをわたる物うさようきをつめるとよそのミる目ハ

　　六日ニ、人足夫駄みさこそくるしくおもひ侍るらんと、嶺々を見やり
　　て、

嶺々をふりつゝミたる雪なれハ木こりの人のうきそ身にしむ

　　同日ニ、船のつなきたる體を見るに、いかりともつなふなはたにさ
　　かりたり。こほりつらゝハすいしゃうの玉をむすひてさくるよそほひ

あるへきか船のつらゝハすいしやうの玉をむすひてさくるよそほひ

　　同七日ニ、さても〳〵ためしすくなき體なり。河のおもてのこほりをま
　さかりにて船のとをり候ほとにきりわりて、ふる柴船をわたし候ハん
　としける見るに、

ためしなや氷をハりて船人もいつらん物よ身をこかれつゝ

　　同日ニ、あまりに〳〵はけ敷風にて、ねやひまもたまらす。いとゝさへ
　あはらなる小屋あさましき事共ニ侍れハ、あらしの身にしむまゝに、
　かやうニ、

はけしきはねやのひまよりふきおくるあらしに雪の玉のそひ來て

　　同八日ニ、雪のふりつもりたる體を見て、いとゝ古郷の戀しきに、物
　すさましくあちきなくて、うらめしき心をさきとして、かやうニ詠し
　侍る也。かやうニくちさミけるも、八木の佐野とのかいわれしことく
　に、いかに世にある人の此雪ハさけのミあそひしにハおもしろかるら
　んに、あらおもしろからすの雪の日やと御座候をおもひやられて、今
　身のうへとそんし出して侍る也。

世にあらハもてあそひにもなりぬへしおもしろからぬ雪のくれかな

　　同日ニ、かくてかやうニ世中ハさむく、いよ〳〵としハより、こしのい
　たさハ日々にまさり、行歩もなりかたく也。夜すからいねられぬま
　ゝに、かやうニ申侍る也。

かりそめもいねられさるも事ハりやおもひハつもる老ハかさなる

　　同九日ニ、さてもかやうニなけきハかりにて月日を送りけるかや。つ
　もるとしなミハわか身ひとりにこそつもるらん。往生せん事も、はや
　〳〵ちかく成るらんに、油断のなけきかなやとおもひけれハ、かく詠し
　侍る也。

歎きつゝけふもくらしていたつらに其としなミハ身にそつもりき

　　同日ニ、又うちかへしておもふやうハ、たとへ此とし月の身につも
　　りきて、いのちハおわる共、一日片時成り共、古郷にかへり孫や妻
　　子にあひて死してこそ本意なるへしと、いとなむ心をさきとして、
　　かやうニ侍る也。

とし月の身につもるそとハ知りなからいそく心ハ古郷にして

　　同十日ニ、かくて此くにの土ともなりはてやせんといよ〱心ほそくな
　　りて、人間ハ老少不定とハいゝなから、老ぬれハ必定さき立たん事
　　ハうたかひなし。かやうニ申候事も夢の世かたりになり、はや〱けふ
　　にもなりやせんとあちきなくおもひけれハ、かやうニ侍る也。

かくてさて夢にそもしも成やせんはかなかりけるまほろしの身や

　　同日ニ、まことにかせに枯木のおれやすき風情なれハ、いまをもしら
　　さる體也。入あひを一と二とつくうちも、老かいのちハたのまれ
　　ぬと、ふる事にも侍る也。

老か身ハ風にむかへるともし火のひまをもしらぬいのちなりけり

　　同十一日ニ、あまりのおもひのあまりに、せめてハいますこしなり共
　　いのちをなからへ候ハん薬もあらハ、いかやうにもつかまつり候て、
　　古郷へ歸朝ののそミをかなへたき念願はかり成り。然共世の中の有
　　爲轉變ハ釋迦達摩のうへにものかれたまハす候へハ、なけきたる體
　　を古郷の人に知らせんかためのくとき、わか身なからあさましく、又
　　ハはつかしなからも、徒然のあまりにふてにまかせてかきおくはかり
　　にてこそ候へ。

ねかひてもなからへたきハわかいのちふる郷人の見まくほしきに

　　同日ニ、かやうニ詠して、わか心はかりをあさましくそんし候へハ、

ふる事をもおもひ出し候て、業平のいせ物語にも、おもふ事かなわ

ねハこそうき世なれかなわぬまてをおもひてにしてとありけれハ、此

うたの心をとりて、

かなわぬハうき世なりけり何事もとハおもへ共ぬるゝ袖かな

同十二日ニ、かりそめのたちいてさへも、あとに名殘ハおしき物を、

これハはや万里の波ちをしのき來て、名殘のをしき事ハもつともと、

又うちかへし、かやうニとりもあへす詠し侍る也。

さなきたにわかれといへは物うきに波ちはるかにへたて來ぬれハ

同日ニ、わかれをおもひ名殘をおしミなけく心ハ、此ほんふにあらす

ハいかてかあらさらんと、しやうもんほさつの上さへも、つきかたき

ハ恩愛のわかれとあそはしたれハ、わか身のなけきも道理至極かな

とおもひよちて、かやうに詠し申候也。

恩愛ハほんふのならいかくあらんなけくおもひのはてしなけれハ

同十三日ニ、たひにおもひ立となれハ、いかなるミやこなれ共、物う

きと有るに、これハ殊更何わにつけてもめいわくの所なれハ、かやう

ニ詠し侍る也。

旅といえへはミやこもうきハ有る物をことさらこゝハおゝきくるしミ

同日ニ、とかくくるしミのなけきハ、さら〱やミかたし。いとはひし

き老の身なれハ、せんかたなきまゝに、

くるしミのなみたにしつミはかなくもなりもやせんと老の身なれハ

同十四日ニ、いつくいかなる所にても生死のはてハ知らね共、かゝ

るうき世の物うき所にてはてなん事ハ一定なりと、くるしミせんか

たもなきまゝに、

たれとても會者定離ハのかれしとおもひなからもうらめしの世や

同日ニ、此うらミはたれにいハんかたもなし。たゝわかなしたる先世
のむくい、今にきたりて、かやうのうき目にあひこそするらんとおも
へハ、かやうニ、

うらミをもむかいていハんかたそなき其いにしへのわさをしらねハ
　　同十五日ニ、あまりに〳いろ〴の物おもひのまゝに、因果といへる文
　　字の心を、やかて詠し候也。

因果とハたねをはたすとよミたれハむかしつくりしとかのむくひか
　　同日又うちかへしておもふやうハ、いにしへも日本の智者たちの天
　　竺ニわたりたまひて佛法をつたへたまひしも、此通道をこそふミとを
　　りたまひつらんなれハ、さやうにこそおよひなくとも、愚老か心ハそ
　　れにハよもかわらしとおもひて、心をなくさミしなり。おりふしとり
　　あへす。

渡天とていにしへ智者のふミたまふみちハかわらしするゑの世なりと
　　同十六日ニ、けに〳日本・天竺・大唐に三國をめくり〴たまひて、佛
　　法をひろめたまひし聖人賢人も、むかしハあまたましけれハ、たと
　　い凡下なり共、大唐・天竺まても渡りて見はやと、有る時ハおもひし
　　也。又うちかへして御恩之ほとをありかたくそんし候事也。其ゆへ
　　ハ、かやうニほねをおりたまひてこそ三國をハめくりたまひつらん
　　に、われらハ三毒ハおもひのまゝにもちなから、妻子にハまつハれな
　　から、其三國をまハりたまひし賢人聖人にも越すくれて他力の信心
　　たにも決定申せす、めてたき國に生れて、三千大千世界をわかまゝに
　　神通を現してほねもおらてかけり。自由ならん事ハ、彌陀の御本願
　　なれハこそありかたやとかんるいをなかし、いよ〳わか身なからもか
　　やうのありかたき身になりたてまつる事ハ、たくひすくなき事とて、

よろこひのまゝに、

三國をめくりたまひし聖人もあるとおもへハたのむ身のほと

　　同日ニ、さりとてハ末世の物語にもやせんに、からに入たまハゝ、
　　から入してもろこしを見ハやとおもひし也。しかれ共、わかよはひ
　　ハ六十三なり。いまをも知さる老か身ニ、まつ〱歸朝させられんなら
　　ハ、はやく歸朝して、御同行知音の人々にも今すこしなりとも法儀を
　　すゝめ申たき一つ、又ハ一たひ御開山さまへ御禮を申たき念願計に、
　　雨山ののそミなりけれハ、一時片時もいそき歸朝の大望ハつくしか
　　たくて也。

わかよはい三そち四そちのおりならハめくりあハんと身をもたのまん

　　同十七日ニ、かくてさても〱書おきたる事も、むかしになりて、はか
　　なくすたらん事ハくちおしき事也。あちきなの身やとおもひつゝけて
　　也。

何事をいゝおきたるもいたつらにむかしかたりとなりてすたらん

　　同日ニ、世の中のかたみにハ此ミつくきにしくハなし。のちの世の
　　かたミのためなれハ、よく〱御覽せられ候て、つたへきゝたまひし人
　　も、御あわれミをなしたまふへく候也。

かたみとハたゝ水くきにしくハなしおもひよりなハのちのしるしに

　　同十八日ニ、次第〱に腰のいたさもまさりけれハ、往生もちかくなり
　　たれハとて、とりもあへすにかくなん。

かた腰のいたさも日々にまさりけりほとハあらしなしなん命も

　　同日ニ、いよ〱かやうニわつらいかましくなり候へハ、むかし戀しく
　　なりて、小町かいひし、こひしのむかしや、しのハしのいにしへの
　　身やとおもひし時さへも、今ハふる事になり行かやとありけるを、

おもひつらねて、かやうに侍る也。

としよれハいとゝむかしの戀しきになを忍ハしきありしいにしへ

　　同十九日ニ、かくておもひにしつミこそせめ、此おもひをハたれもし
　　らし。せんかたなさよと、とりあへすニ、

忘られぬおもひにしつむ埋木の朽そはてなん身こそおしけれ

　　同日ニ、あまりのとせんのあまりに、色々の心のまよひをいゝし物か
　　な。おもハしき物とハおもひけれ共、愚ノ凡夫なれハ、すてられぬ心
　　かやと、又うちかへして、すてもやられぬを、かやうニくちすさミ侍
　　るなり。

所詮なきおもひハせしとうちすてゝまたとりあくるくちの心や

　　同廿日ニ、わかとしよりたる體をつく〱とあんし出し、われさへかや
　　うニあるに、老母ハいかならん。もし〱往生もや有りつらん。今一た
　　ひハ見まくほしさよ。いのちをなからへましゝ候へかし。けんさんし
　　て猶も法儀をさいそく申まいらせて、すみやかに極樂のそくわひをと
　　けさせたまひ候やうニと念願にて、かやうニとりあへす申侍る心也。

今一と見まくほしきに母うへの其としなミをのふるよしかな

　　同日ニ、かやうにハおもひなから、はかなの心やな。わかいのちも今
　　をもしらて、かやうニ申つる事ハ、くちのいたりや。我か髮ひけを見
　　る時ハ、よもなからへてハましゝたし。名殘おしきや、せんかたなや
　　と、おもひのあまりニ、うちかへして、かやうニ詠し候也。

たのミなや不定の世界いかゝせん母もろともに老の身なれハ

　　同二十一日ニ、御歸朝の御朱印參候と二三日まへより到來風聞有
　　り。しかれ共今日まてハ早船も渡海あらす候へハ、いとゝ心もあこ
　　かれうかれて、人ことにきゝまほしかる事ハかきりなき事にて侍るな

り。あまりの事にかやうニ、

歸朝そと風のたよりにきゝしより心も空にあこかれて行

　　同日ニ、さても〳〵此朱印ハ何としておそく御到來候哉。心もとなく
　　存候て、世間にハ御沙汰ハあれ共、早船の一左右ハさらになし。い
　　かゝ侍らん。あまりの事に、心はかりに、天にくちなし人にいわせ
　　よと、世上のくちすさミにいひける事を、やかて此うたにとりあへす
　　に、

いつハりになさせたまふな天道もくちハなくとも人の言葉を

　　同廿二日の辰の時ほとに、城より東ニ煙立、てつほうのおときひし
　　くきこへけるに、いかゝときけハ、唐人さし出、中國の小屋に火をか
　　け、夜かけ有と申候。さてハとて各々はせあつまりてあられ候に、あ
　　さめしの時分、猛勢なるにより、城へ籠て可然といへハ、我も人も
　　籠らんとて取亂わけ入けるニ、はや飛驒さま手おひたまふと申けれ
　　ハ、身つからやかて城へ參、見廻申候處ニ、御いたミなりける。以外
　　ニそんし候て、其まゝに御そはにして御ようしやう申候けるニ、

すハやこそてふせんからの物ともか雲かのことくうつて出ける

　　かくて味方の物共か、とも亂ほうをしけるこそつたなけれ。

われさきへこもらん物をしろへとてともらんほうになんきおそする

　　かやうにして殿さまの御手のようしやうを申、其夜ハ一所ニ御ときに
　　て、夜もすからニ、

飛驒さまハ手おひたまへハ身つからもおなし陣屋にかいひやうをそする

　　同廿三日のあかつきかたにおもひ候やうハ、今日ハおたひやなれ
　　ハ、うれ敷もよき日にめくりあひ申候て、夜もすからのよろこひの心
　　底をあらハし申候はかりなり。

知識にハあふ事かたきふかしきの御法をゑらひさつけたまへハ
すへの世の法のともし火かゝけつゝ道しるへせし愚のわれらを
八千たひと身をかへこゝにあらハれてわれらか父母とならせたまふそ
　　かやうニ夜もすからいねられすして御よろこひ申候也。さて夜も明け
　　れハ、城をハいくへともなくまきたる人數ハかす知らし。野も山も見
　　わけかたくありける也。さて、飛騨殿も本丸へ御籠候て、大手の請取
　　にてあさの左京大夫殿兩人なりけれハ、門のとひらもいまたなきに、
　　から人亂入し、おひたゝしくへいのきわ石のかきのしたにて火やをい
　　つけられ、殊更、中國衆・左京大夫殿・飛騨殿御物かすしらす、家中
　　の衆のあるひハ番袋はさミ箱いろ〴〵の財寶に火をいかけ候へハ、悉く
　　やけあかり候煙ハ目口もあけられす。其火にて城へおそく入候物ハ、
　　人足侍に數千人やけて死けり。さて唐人へいにすかり、せめのほり
　　亂入候時ニ、我等に了眞ことはをかけていひけるハ、今日ハよき御
　　明日の御事なれハうれ敷も往生を申候ハん物をと、よろこひうちわら
　　ひて、わか身にもちからをつけ申ける也。もつともの申事、こゝこそ
　　往生の庭よ。いたハしくも、日本からの人々かいかほとおゝくとも、
　　おそらく只今往生をとけ申たらハ、神通自在ニ身を變し、大快樂をう
　　けて、心のまゝにいかなる所へもかけ候ハん事ハ、人おゝく共まれな
　　らんそ。あら不便の此城中の物共やと、二人なからかほを見あわせ
　　て、心ハかりは涙なれ共、さすかに面にハ出さす、いまや〳〵と往生を
　　まち申はかりの内に、
死の緣ハまち〳〵なれハ即德の往生やかて不退てんなり
　　かやうニ臨終のうたを詠して往生をまち候へ共、時剋も來らす候
　　や、日本の御うんもつきす候や、から人も引入候也。

同廿四日ニ、同しく夜すからいねもせす。定夜半か末明かに又せめ
すかり候ハん時ハ、味方ハいよ〱水ハなし食物もなき事なれハ、軍兵
ふせくへきやうハあらし。必定明日ハ城落候ハんと心ハかりに存候
て、夜もすからの御おんをよろこひのほとを、

安樂の花の台の身をなして心いたらハ飛行自在も

ゆるさしと心にたへすかけしめてとにもかくにもたゝ南無阿ミた佛

身のほとをおもひつゝけてありかたくうやまひあふく阿彌のおほんを

　　かやうにありて夜あけてみれハ、又せめさからんと人數をたて、よせ
　　かけけるほとに、今日ハ定てあらてを入かへつよくせめすからん時
　　ハ、あやうく城も落行候ハん時ハ、やかて往生のさたまる御明日な
　　れハ、よろこひ入候て、かやうニ、

うれしくもけふハことさら善知識の御命日にて往生をせん

　　かやうにあつて、から人又手おいおく、てつほうにうちころされて
　　數人死しけれハ、引しりそきて、まもり落さんとのたくミなりと見へ
　　けれハ、めいわくいよ〱きわまり、城の内も難儀也。

　　同廿五日ニなれハ、水にかつへてめいわくしけるに、雨になりてきふ
　　くふりしかは、城中諸人くちをぬらしけるなり。

日本ハ神國なれハあはれミのあめをふらして人をうるほす

　　かほとに水なけれハ、我々ハ手をあらふへき水にもあらす。いかゝと
　　おもひて、あめのもる所へもりをすけて、紙をぬらして、手をすこし
　　あらいし也。あちきなき體也。

けふまてハ手あらふ水もさられはあめのもりにてゆひをきよめし

　　同廿六日ニ、さてかくのことくしてハ、こく水にかつへて死せん事ハ
　　必定なり。はや悉く行たおれて死する物のミなりけれハ、

此城の難儀ハ三ツにきわまれりさむさひたるさ水ののミたさ

　　同廿七日ニ、いまハはや御開山さまの御明日にならせたまひけれハ、
　　たとひいかなる事ありて、殿さま侍衆ハてき陣へきりかゝり、又ハき
　　りぬけ候ハんなとゝのあらましの御物語もあり。さてもあらん時ハ
　　一足も行事ハあらし。たゝとにかく爰こそ往生の所なれハ、はや〴〵う
　　れしく往生せんよりほかハなしとおもひつゝけて、夜もすからかやう
　　ニ、

彌陀佛をたのむ心の一すちによ念もなくて南無阿ミた佛
聞うるハおほろけならぬ縁そかし心にかけよ南無阿ミた佛
此縁にあふはまれにとおもふとも信する心なくハいたつら

　　同廿八日ニ、はや〴〵今日になり候へハ、湯水食物ハいよ〳〵まれにし
　　て、何篇ニつけても難儀ニ見へぬれハ、いまハはや古郷の事もうち
　　わすれ、かへらん事なか〴〵おもひもよらす。いかにして古郷へかたみ
　　をとつけたくもそんし候つれ共、とつけてくれ候ハん物もよもあら
　　し。かやうニ日々の心をつくしてかきおきたりし物もやきすて、いた
　　すらになりて、ゆへなくすたりてゆかん事ハ、あちきなき事なりと、
　　かなしミに又かなしミをそへ、人めをつゝミ涙にむせふはかり也。

古郷をおもひすてたりいまハはやたゝ一すちにいそく往生
心たにまことのみちにかなひなハ罪にかわりてたすけたまハん
彌陀佛の恩德ふかくおもひなハ何をもすてよみな南無阿ミた佛

　　同廿九日ニ、今日ハ当年のおさまるとしの暮なり。うれしくもなきと
　　しの夜やとおもひて、とりもあへす、かくなん。

うき事のつもりつもれるとしの暮いのちのあらハもしもかたらん

　　正月一日ニ、さても無念の朔日かなや。かやうのうらめしき正月にハ

六十三ニなり候へ共、たつねてもおほへすなりけれハ、

あらたまるとしのはしめのけふかとよ六十三にならへてもなし

　　同二日ニ、うしろまきのあるとハきこへ候へ共、いまた其所詮もな
し。いかゝとおもひけるに未明よりのほりのさき見へけれハ、あまり
のうれしさのまゝに、

うしろまきのほりのさきも見へけれハみないきかへるしろの内かな

　　同三日ニ、此ほと四五日ハから人もあつかいになし候ハんとて、いろ
〱加藤殿につき候て、あつかい申候へ共、今日ハはや〱あつかいもき
れけれハ、とりもあへすニ、

此ほとハ日本からの和談とてあつかいなけれとけふハやふれぬ

　　同四日のあかつきより又せめすかりて、火水になれとてつほういし火
をはなちかけ、のほりはしにて石かきへのほらんとしける所を、たへ
まつをなけ出して、のほる物をはきりおとしいおとして、はや〱夜も
明ぬれハ引のきたる體也。すハはや破軍そといへハ、城のうちもきお
ひ、うしろまきの人數ものほりをなをしておつかけ行けれ共、さすか
に足をみたしてもにけ行す。たゝすかしてなり共にけたにゆかは、ま
ゝにしてにかせとの御衆評なり。まことにうれしさたくひハなかりけ
れハ、

はいくんと見れハいよ〱うれしくていまこそおもへありし古郷

　　同五日ニ、夜ふけかたに飛驒さまおほせけるハ、慶念ハ早々船ニの
り候へとおほせありしかハ、あまりのうれしさに、夢ともおほへす、
うつゝかとわきまへかたくて、了眞に手をひかれ城をおり候時ハ、涙
をなかしてよろこひ候て、物語もうハの空なる事たくひなし。かくて
船ニのりて、

夢かとよ歸朝の船にのりを得てうつゝともなきかちまくらして

此ほとのくるしミさらにつきかたしおもひ出せはうるさむやな

　　同六日ニ、うるさんより船いたさんとしける時に、あまりのうれし
　　さに、かくなん。

所から川つらまてもうるさんや船出をいそくけふのうれしさ

　　同七日ニ、せつかいにかゝり、一夜をあかし候。此所ハ則賀藤かすへ
　　頭殿在番の城なり。船よりもおりす候へ共、とりあへす。

三國の弓矢に賀藤かすへとのからかうらいの人をせつかい

　　同八日ニ、殿さまハいまほとハ御在陣にて、御家中之衆ハ過半御も
　　としなされ候。わか身事ハ其人數之由、ある時ハさた申候。又ある
　　時ハいかゝ御沙汰もなきよし風聞候へハ、さても是非もなき次第か
　　な、籠城やうゝとのかれて、はやゝ歸朝もせんするとおもひしに、さ
　　あらん時ハいきてもかひなし。たゝとにかくに往生をとけ、此くるし
　　ミをのかれむ物をと、ゆへもなき佛祖をうらミ、ねかふ心のあやまり
　　かなとそんし申候候へ共、凡夫のならい、やるかたもなきのまゝに、

わか身さてとめたまハゝいかにせんとミたれ心の胸のくるしさ

ゆへもなき佛祖をうらミはかなくもむかへたまへといそく往生

くるしやなあら胸くるしくるしやとくり事なから心くるしや

　　同九日ニ、あらあさましや、わか身なからもおろかなる心中かな。
　　時節到來せハ古郷へもかへりなん。しからすハ、いつくも死の緣ハ
　　まちゝなれハ、むかしのやそくのあらん物を、いたつらなる物おも
　　ひのなけきやな。おもひかへして、

照らんをはちたてまつる心なくなけく涙のはてしなきかな

おのつから歸朝の緣もじゆくすへしあらまほしきハいのち成りけり

貪欲もしんゐもくちもなにならす南無阿ミた佛をたへすとなへハ

　　同十日ニ、いまたうるさんよりのりたる船に其まゝありなから、さて
　　もく／よろつニつけても御慈悲ノきハまり、ありかたくそんし奉り、身
　　のおきところもなく、過分至極やな。さても此御すゝめにあひたてま
　　つらすハ、いかてかすゑのやミちハまよひまいらすへきに、ありかた
　　さよと存出候へハ、此文をおもひ出いたし候て、かやうニ慈悲の願
　　船にハ清淨の信心をもつて順風とし、無明の闇夜にハ功德の寶珠を
　　もつて大炬とすとあそはし候を、やかて詠し申候也。

彌陀大悲のちかひの船にのり得なは信心こそハきよき順風

無明とて心はやミにまよふとも彌陀のくとくをともし火にして

　　同十一日ニ、ねかひおもひのつきせぬ事ハかすかきりもなし。かやう
　　にてハあまりニ身のほとをもしらて、冥加もなき事共なりとそんし候
　　て、かやうニあんしおもひつゝけて、

物ことに空おそろしくおもふかないともつきせぬもう念の身そ

もう念をわれとハいかてはらふへき大慈大悲の利やくならてハ

　　同十二日ニ、歸朝こそ延引する共、せめてハ古郷のおとつれをきゝ
　　てなりとも心をはなくさまてと、あちきなく、あまりの戀しさのまゝ
　　ニ、さても孫子たらちね妻子いかゝ有やらんと、忍はしく、やるかた
　　もなきのまゝに、

古郷のおとつれもかな戀しきにうきをわするゝおもひてにせん

　　同日ニ、さても余の御人數の船ハ皆々歸朝とて船御出し候に、何と
　　て飛驒さまの船ハおそく御出し候やと、あまりの物おもひニ、

うら山し出て行なりとも船のあとに殘りていつかこかれん

　　同十三日ニ、とかく老體かたしなミハ、御恩德のかたしけなき御よ

　　ろこひのほかハ他事なし。立ゐおきふしの心かけ、余念もさら〲御

　　座なき體を、かくなん。

阿ミた佛南無阿ミた佛ととのふれは心も空にはるゝうき雲

十惡も万差の雲もはれて行南無阿ミた佛のこゑのうちにハ

　　かやうに申候うち、又此御釋文をおもひ出し候て、かやうニ、

有難や心にたへぬ稱名は眞如の月のかけそ涼しき

　　此心ハ、まへに申候やうニ、御もん釋の心ハ、入一切衆生心想中と

　　あそハし候を、うたに詠し申候也。此心ハ、阿ミた如來ノ御功德ハ一

　　切衆生の彌陀如來をふかくおもひたてまつらん心のうちに入たまハ

　　んと御座有る所を、かくのことくにつらね侍る也。かやうの有難御文

　　釋を御聽聞のかた〲ハ、眞實信心をしかと御決定候て、ひさしからぬ

　　世中之體なれハ、御油斷なく法儀を御たしなミかんやうたるへし。

　　其身〲の永代の御滿足ハこれに過申ましく候。御心得かんやうにて

　　候。

　　同十四日ニ、わか身のいよ〲かミひけしろく成りて、老たる體をあん

　　し候へハ、うれしくも往生ほとハあらし。極樂に參なハ、わかやき、

　　天上天下にもなき大快樂を請、心のまゝに心のまゝに御座有へき事

　　をおもひ申候へハ、としよりたることハさらにくやしむへきにハあら

　　す。猶以信心たしなミ油斷申候ハぬやうと心かけまて、朝夕夜白に

　　いたり、さら〲おろかも候ハす候所を、かやうニ、

わかすかた翁さひたる體成りとこゝろハ花の安樂ニして

金色の佛體おなし身をなして心のまゝにミ妙快樂も

　　かくのことくのたのしミめてたきおんとくを請申なから、信心決定

　　申候ハすハなけかしき御事なりと、なを〲御よろこひのあまりに、

又かやうニ詠し申候也。

かやうなる御おんを知らすよろこひノ信心なくハ本のくるしと

　　同十五日ニ、殿さまふさん界へノ御談合とて御座候か、あまりにお
　　そく御かへりなされ候。とく〳〵御かへり被成候ハ、帰朝もあいすミ
　　申へき物をと、まち久しく存候心により、今日ハふと誹諧之つけ句に
　　とりなして、かやうニ、則魚鳥を入、殊ニにしめの御侍衆の御御名字
　　けミやうまてを入候て、句ことにこれをおき申侍る也。

　　殿ハおそくそおかへいり
さそあらん衆評のしなかとり〳〵に
　　心〳〵のふくちうにして
たいしやうハたかめにやおほすらん
　　ひとり物をハいわしとそめす
何事もすゝめましませきんこさま
　　くちにはあらしけんは殿まて
おしとりておもうしあれやあわのかミ
　　わきさこしくもすゝむちうしよ
しと〳〵とのへたまハんハ土佐のかミ
　　しなのかわれるたいのなへやき
はしたかのとりなをしたるかんのしる
　　ひせんくらけをさいにしやうもの
かけひよりいつミとなるハはとの酒
　　たうとゑひたる佐渡のかミとの
しまつとりおさへてめせよ又八はい
　　あき月なれとさめぬさかもり

くまかへハはんしふんてやつるの舞

　　はや川しゆめのゑそのなかさし

くろ田とのとりあけたまふやかいつふり

　　いとうほしいそさけのミんせう

さかもりのいきのかミとやよふ千鳥

　　からしすにせよこにしつのかミ

あさひきのさきやうのたいふとりなます

　　ふくハらもときむまきすい物

竹なかに玉子のけんすよきさかな

　　同十六日ニ、ふとおもひ出しけるは、はや〴〵わか植おきし梅かえのい
　　ろにほひも、折からなる所なれハ、よろこひの枝の振舞、花の色香
　　まても、佛法の庭なれハ、草木心なしとハ申せ共、悉皆成佛の御法
　　の縁ハ有難事なれハ、いよ〳〵みとりをいたし候ハんとおもひやり侍る
　　也。

我やとの垣本の梅も此春は色香妙にそさこそあるらん

おもひやれ千里の春ハへたつともかよふ心ハ花の色香に

木も草もおのすからなるのりのこゑきくや多生の契りなるかな

　　同十七日之夕かたに、歸朝つかまり候へとのよしそとうけたまハり候
　　て、さても〳〵かたしけなや、廣大之御恩德之ほとノかたしけなさよ。
　　かゝる御慈悲ヲ得たてまつりて、おろかにそんし申ならハ、また冥加
　　につき申へき也。いよ〳〵信心油斷なきやうにと、たしなミおもひ申候
　　也。

そよとふく歸朝のかせのおとつれをきけは心のあこかれて行

うれしさを何にたとへんかたもなし歸朝のかせのそよとふくおと

同十八日ニ、歸朝あひすミ申、あんと滿足はかりなく候。されハ籠城にて夢に、御正信偈の必以信心爲能入ト御さ候所を、まさしくも、本意信心爲能入そとつけたまひし也。さても不思議の御事哉。さてハ往生の本意をとけ申さん事ハ勿論うたかいなし。不然ハ、もし〳〵歸朝を申、連々の望候儀いま一たひ本意をとけ申候はん哉と、いよ〳〵有難候て、觀喜の涙肝に染候て、一身の御よろこひたくひなき事にて候。此夢を今日の歸朝におもひ合申候て、身のおきところもなくおとりあかるほとに御うれしくて、かやうに申侍る也。

信心をもつてハ本意とくるそとありしおしへをなをそよろこふ

此ほとハうハの空ニそおもひしにけふおもひ立都路のたひ

同十九日ニ、ふさんかいにつき候て、いまた船よりもおりす候に、古郷のおとつれをきゝ候て、一しほのよろこひかすかきりもなし。いそき片時もいそきて、ふる郷人にけんさん申たき事共也。

ふさんかいにつくかとすれハふる郷のたよりをきゝて猶そいそかし

同廿日ニ、日向國山田才介殿より御おとつれを得申候。內々床敷候ニ、たい面申たき念願候つれ共、船よりおり候事難成候て、殘多申はかりにて候。

山才より樽とみかんにふしかつほおくりたまへハやかて賞翫

同廿一日ニ、よひより天晴、順風ニ成候へハ、あかつきより出船して、其夕暮ハつしまのにしとまりといふ所ニ船かゝり、則おかにて夕めしたへ候て、やかて船ニのり、ふとあんし出侍る也。

けふこそハねかいの船にのりをゑてつくそつしまのにしの泊に

同廿二日ニ、又あかつきに出船にて、やかていきのせとのとまりに付候。

歸らんハ不定とおもふ老か身の二たひいきの瀬戸浦につく

　　　同廿三日ニ、かたしけなき善知識さまのおたひ夜なれハ、心中の御

　　　よろこひまてにて、かやうに詠し侍る也。

娑婆界のくるしミのかれたのしミをうけよろこへるおしへなるかな

おすゝめのほかハあらしないかにさて五劫思惟のことハりはそも

　　　同廿四日ニ、御明日にてハ候へ共、旅の御事なれハ、こゝろねのあり

　　　かたきほとを申あらハし侍る計也。

夜ひるのへたてハあらしよろこひに南無阿ミた佛の六のほかには

此たひの命をいきのせとを來てねかふ心にあひのしまかな

　　　此うたハ名所の心を詠し侍る也。いきのくに所ノ名をハせとなり。其

　　　所を出船して、夕へのとまりをあひのしまといふ所にとまり候へハ、

　　　かやうニとりあへす申候也。

　　　同廿五日ニ、此あひの島といふに日よりあしくてとうりゆうなりけれ

　　　ハ、かやうニ詠し候也。

さしもけに古郷人もまつらんにとくしてあひの嶋を出いて

　　　同廿六日ニ、けふも順風なくして、爰にいたつらに日をは送りけるな

　　　り。あまりのとせんさに、かやうニ、

いくはくの心つくし來ぬる身をふきおくらぬは心なのかせ

　　　同廿七日ニ、さても〱此御明日にハ着津候やうにと、かうらいを出し

　　　よりねかひ候へ共、船路のならひなれハ、順風心にまかせすして、あ

　　　ひの嶋と申所にとうりう申、いたつらに日を送り、きよくなくそんし

　　　侍る也。

つミふかく惡にきわまるわれらにはひとへに御名をすゝめたまふそ

おしへにハまち〱なりし其なかにゑらひて彌陀のひろき誓を

同日ニ、あひノ嶋を朝めし過て出船にて、夜ニ入候て、下ノせき小せ
との内ニ船かゝり候て、かやうニつらね候也。

けさ出て夕へハせとのうちにしてとまりハやかてあすの出船に

同廿八日ニ、今朝の御よろこひ、さて〳わか寺に参りつき申ならハ、
いかほと御うれしくおもひ候ハん物をとねかひ申候へ共、船路の事
なれハ、心のまゝならす。なけきなからもうちすきぬ。さりなから心
中の心かけを申あらハさんために、かやうニ詠し侍る也。

かきくもる心のやミにまよふなよかゝる悲願にあへる此身を

御慈悲にもれたる事ハひとつなしその報恩に心ゆるすな

同廿九日ニ、下のせきへ日よりあしく候故にとうりうなりけれは、
いさや人々阿ミ陀寺を見物申さんとて参詣申、安德天王の御ゑいを
拜見申、目驚し涙もせきあへす。さても〳かやうに此國まて御座あり
て、かゝるうき事にあわせたまひしハ情なき御事共也。其外御一門の
御ゑい、らうのおかた御かつけの官女、皆々ひとつまにかゝれたり。
其次ニつねもり・のとのかミのりつねの御ゑい、以上十二人のすか
たハ一つやうニかきたり。又次ノ間二間にハ安德天王御誕生の體よ
りはしめて、源氏の軍勢四國より船いくさの體を、長門のあかまかせ
きまての事を、悉くかきあらハしたる也。誠々たくひハなかりけり。
阿ミた寺の坊主御出候て、其時のありさま銘々にかきつけて御座候
を御よミ候て御きかせ有る也。まことに〳うき世ハ、けふはあすのむ
かしになりて行事なれハ、かやうに申侍るつたなき物まても、ミな〳
昔になりて、すたりゆかん事ハ、いかなる人のにも御座候ハん間、の
ちの世のために情をのこし、物ことにうわさにもなりたき念願御座候
て、此老體も連々かやうの事をのミおもひつらね候へハ、今日まての

狂哥をつゝり侍る也。御覽せん人々ハ御心をつけて、此しるしおきた
る物を、つねハ御披見有へし。よろつにつけて情ふかからん人ハ、
俳諧いひすてなとをも心にかけおハしまさんこそ、何よりもつての神
妙たるへし。御心へ候て、若き御かたハよく〳〵御たしなミかんやうに
て侍る也。

中〳〵にあわれといハんかたもなしそのいにしへの雲のうへ人

雲の上ふりにし跡ハたれとてもならまし物をむかしかたりと

涙こそおよふもおよはさりけるもへたてハあらしよそのミるめハ

　　同晦日ハ下のせきを夜の明かたに出船して、よもすから波にゆら
　　れ、よふねに乗りける也。

夜と友にあかまかせきをこき出て波にたゝよふかちまくらかな

　　二月一日ニさかのせきにつきしかハ、渡海之時にハあひかハりて、万
　　のうれしさハたとへんかたもなし。

うれしさハ何にたとへんから衣かさねてきぬる此うらにして

　　同二日ニうすきへ歸帆申候て、ねかひのまゝ孫子共見參申、よろこひ
　　申計なくおもひ候也。まことに〳〵浦嶋太郎か七世の孫子にあひしため
　　しも、今身の上に知られ候也。

これかとよ七世の孫にあひぬるもいま身のうへにおもひ出けん

　　かやうニおもひ候事ハ、きおんのすさきまて各々孫共をめしつれ來
　　るを見て、はやうれしさのあまりに、かやうニ詠し候也。さてまた、
　　わか屋につきしかハ、まつ〳〵佛前ニ參候て、本意をとけ申たる御事
　　哉。かゝる宿縁にもあひたてまつりたる身かな。いよ〳〵道場の御造作
　　も結構出來申候へハ、いやましの觀喜の「よろこひ、うちおきかたく
　　て御座候。

よろこひハうきをおもひし程もなし我身なからもおろかなるかな

　　慶長二年六月廿四日ニ渡海仕ル

　　同三年二月二日ニ歸朝候也

（追　筆）

　　目もかすみ筆も叶わぬ身なれとも

　　　　しとふむかしそ寫してそおく

가토 기요마사(加藤清正)　1562~1611. 일본 센고쿠(戰國)시대부터 에도(江戶)시대에 걸친 시기의 무장(武將)이자 다이묘(大名). 도요토미 히데요시(豊臣秀吉)와 같은 오와리(尾張, 현재 아이치[愛知]현 서부 일대) 지역 출신으로 그의 휘하에서 군공을 쌓으며 무사로 성장했다. 1588년에 히고(肥後) 지역의 영주가 되었다. 임진전쟁 때 일본군 2번대의 대장으로 부대를 이끌었다. 1번대의 고니시 유키나가(小西行長)와 서울 입성을 다투었고 임진강 전투 후 강원도와 함경도로 향해, 함경도를 점령하고 근왕병 모집을 위해 그곳에 머무르던 조선의 두 왕자인 임해군과 순화군 등을 포로로 잡았다. 여진 지역까지 침입했던 가토는 정문부(鄭文孚) 등 의병의 반격에 직면하여 남쪽으로 후퇴하였고 한성으로 철수한 뒤에 일본으로 돌아갔다. 명과의 강화교섭에 적극적으로 임했던 고니시 유키나가와 달리 적극적인 군사적 작전을 추진했다. 성유선쟁 때 함선 300여 척을 이끌고 조선으로 다시 들어왔다. 그가 이끄는 부대는 울산성을 축성하여 조명 연합군의 공격에 대비했으나 치열한 공방전 끝에 일본으로 귀국할 수 있었다. 1600년 세키가하라(關が原) 전투에서 도쿠가와 이에야스의 동군에 가담하여 전쟁 후에 히고 지역의 54만 석 영지를 다스리는 다이묘직을 유지했다.

가토 요시아키(加藤嘉明)　1563~1631. 일본 센고쿠시대부터 에도시대에 걸친 시기의 무장이자 다이묘. 도요토미 히데요시의 인접 지역 출신으로 그의 휘하에서 군공을 쌓으며 무사로 성장했다. 히데요시의 가신으로 시즈가타케(賤ヶ岳) 전투에서 활약했으며, 가토 기요마사와 같이 '시즈가타케의 일곱 개의 창(槍)' 중 한 명으로도 유명하다. 임진전쟁에는 일본 수군의 부대장으로 1,000명의 수군을 이끌고 참전했다. 에도시대에 이요(伊豫, 현재 에히메[愛媛]현) 지역 마쓰야마번(松山藩)과 무쓰(陸, 현재 후쿠시마[福島]현) 지역 아이즈번(會津藩)의 다이묘가 되었다.

게이테쓰 겐소(景轍玄蘇)　　1537~1611. 일본 센고쿠시대에서 에도시대에 걸친 시기에 조선과의 외교 업무에서 두드러진 활약을 보여준 임제종 승려. 겐소나 소장로(蘇長老)로 불렸고 한문과 시문에서 뛰어난 능력을 인정받았다. 겐소는 교토의 대사원에서 수학한 바 있고 하카타(博多) 쇼후쿠지(聖福寺)의 주지가 되었다. 1580년 쓰시마의 영주 소 요시시게(宗義調)의 초대를 받아 쓰시마에 왔고 세이잔지(西山寺)에 거주하면서 일본 국왕사(日本國王使)로 조선에 가서 외교 활동을 펼쳤다. 일본의 침략이 개시되기 전에 도요토미 히데요시의 명을 받아 1589년 쓰시마의 다이묘 소 요시토시(宗義智)와 쓰시마의 중신 야나가와 시게노부(柳川調信)와 함께 조선에 가서 '정명가도(征明假道)'와 '가도입명(假途入明)'을 내걸고 협상을 시도하여 조선의 통신사를 교토로 초치하는 데에는 성공했지만 끝내 전쟁을 막지는 못했다. 전쟁 기간 동안 겐소는 1번대 대장인 고니시 유키나가와 동행하였고 전쟁 중에 실시된 강화협상에 참여했다. 1595년 히데요시의 명령에 따라 명나라로 가서 협상을 펼쳤고 명의 만력제로부터 본광국사(本光國師)라는 칭호를 받았다. 1598년 조선 원정에서 돌아왔고 새로운 최고 권력자로 부상한 도쿠가와 이에야스가 조선과의 관계 회복을 쓰시마에 맡겼기 때문에 1599년부터 시작된 조선과의 강화협상에서도 주도적인 역할을 맡았다. 그 노력의 결과 1607년 조선통신사의 일본 방문과 1609년의 기유약조 체결 같은 성과를 거둘 수 있었다. 이러한 겐소의 활약이 인정되어 조선 조정은 그에게 겐소라고 쓴 구리[銅] 도장(圖書)을 수여했다.

겐뇨(顯如)　　1543~1592. 일본 센고쿠시대에서 아즈치모모야마시대에 걸친 시기에 활약한 일본 불교종파인 정토진종(淨土眞宗)의 승려. 정토진종은 일향종(一向宗, 잇코종)으로도 불린다. 혼간지파(本願寺派)의 11대 당주. 10대 쇼뇨(証如)의 장남으로 태어났고 이름은 고사(光佐)다. 1554년 쇼뇨의 뒤를 이어 정토진종의 당주가 되었다. 1570년 서국(西國) 정복에 나선 오다 노부나가(織田信長)와 충돌하였고, 이후 10년간에 걸쳐 혼간지 세력은 일향일규(一向一揆, 잇코잇키)를 조직하여 교전했다. 1580년 오기마치(正親町) 천황의 중재로 화해를 하고 본거지를 이시야마(石山)에서 기이(紀伊)와 이즈미(和泉)로 옮겼으며 1585년에 오사카로 돌아왔다. 1591년 도요토미 히데요시로부터 교토 호리카와(堀川)의 토지를 하사받았고, 이 시기에 대승정(大僧正)으로 보임받아 혼간지의 기초를 확립했다. 그의 자녀인 교뇨(敎如)와 준뇨(准如)의 시대에 동·서 양 혼간지가 성립했다.

고니시 유키나가(小西行長)　　　1555~1600. 일본 센고쿠시대에서 아즈치모모야마시대에 걸친 시기의 무장이자 다이묘. 가톨릭으로 개종하여 아우구스티누스라는 세례명을 가진 크리스천 다이묘다. 고니시 셋슈(小西攝州) 또는 고니시 셋쓰노카미(小西攝津守)로 불렸다. 원래 상인 출신으로 오다 노부나가가 사망한 혼노지(本能寺)의 변 이후 도요토미 히데요시를 섬기면서 아버지 류사(隆佐)와 함께 세토 내해의 군수물자를 운반하는 총책이 되었다. 1588년 히데요시의 신임을 얻어 히고(肥後, 현재 구마모토[熊本]현) 우토(宇土)성의 영주가 되었다. 동아시아 해역에서 전개되는 무역에 관심이 컸으며, 이에 조선과의 무역을 주도하는 쓰시마와 밀접한 관계를 맺게 되고 소 요시토시를 사위로 맞이하였다. 요시토시와 협력하여 도요토미 히데요시가 수차례에 걸쳐 공표한 일본의 대륙침략을 막기 위해 노력하였으나 실패하고, 침략군의 선봉인 1번대 대장으로 임진전쟁에 참전했다. 사위인 소 요시토시와 함께 부산 상륙부터 한성 점령까지 서전의 승리에 주도적인 역할을 했다. 2번대 대장인 가토 기요마사와 경쟁하며 전공을 다투었는데, 가토가 함경도 지역을 석권하는 동안 고니시는 북진을 계속하여 평양 공략을 완수했다. 고니시는 요시토시와 함께 전쟁의 주요 국면에서 조선을 회유하려는 노력을 기울였는데, 희생을 덜 치르고 전쟁을 종결시키거나 명 침략을 위한 조선의 협조를 확보하려는 의도였다. 그러나 조선이 일본을 믿고 적극적으로 협상에 응할 상황은 아니었기 때문에 양자 사이의 교섭은 별다른 진전이 없었다. 일본이 평양을 점령한 후 전쟁은 소강상태에 놓였고 고니시도 명군을 의식하여 적극적으로 북상을 추진하지는 않았다. 이 기간 동안 고니시와 명이 파견한 심유경(沈惟敬)과의 사이에 협상이 진행되어 50일간의 휴전이 성립되었다. 그러나 이 기간에 이여송(李如松) 등이 이끄는 명의 대규모 원군이 들어왔고 여기에 고무된 조명 연합군이 평양성 탈환을 목표로 대규모 공세로 전환하여 고니시와 일본군은 불가피하게 평양성을 버리고 한성 방면으로 후퇴해야 했다. 이 후퇴하는 동안에도 고니시가 주도하는 명·일본의 강화교섭은 계속되었지만, 1596년 9월 명의 협상안을 히데요시가 전면적으로 거부함으로써 협상은 중단되고 전쟁 재발의 위기가 찾아왔다. 강화교섭의 실패와 최고 권력자의 분노로 인해 고니시는 모든 것을 송두리째 빼앗길지도 모르는 일생일대의 위기에 직면하였지만, 히데요시의 일부 측근들의 도움에 힘입어 간신히 위기를 모면하였다. 1597년 1월 정유전쟁이 발발했고 고니시는 큰 공을 세워야 하는 압박감 속에서 참전하여 칠천량 해전과 남원성 전투에서 대승을 거두는 데 기여하였고, 남해안 지역에 왜성을 축조하고 방어하는 일에 힘을 쏟았다. 고니시의 퇴로를 차단하려는 조명 연합군의 작전으로 여러 차례 위기에 빠졌지만, 1598년 11월 말 다른 잔여 부대들과 함께 마침내 부산을 떠나 일본으로 돌아갔다. 히데요시 사후에 벌어진 권력투쟁에서 도쿠가와 이에야스가 부상하고 그 반대편에 섰던 고니시는 1600년 세키가하라 전투에서 도요토미 히데요리를 지지하는 서군에 가담하였는데, 서군의 패배와 함께 자신의 목숨은 물론이고 가문까지 폐문되는 운명을 맞이하게 되었다.

고바야카와 다카카게(小早川隆景)　　1533~1597. 일본 센고쿠시대에서 아즈치모모야마시대에 걸친 시기의 무장이자 다이묘. 모리가(毛利家)의 3남으로 분가인 고바야카와가(小早川家)의 당주를 계승하였기 때문에 영국(領國) 지배를 공고히 하는 데 어려움이 많았지만, 본가의 당주인 조카 모리 모토나리(毛利元就)를 비롯한 모리가의 단합된 지원에 힘입어 영국 지배를 안정시켰다. 임진전쟁에는 6번대 대장으로 1만 명의 병사를 이끌고 참전하여 전라도 지역 공략의 임무를 맡게 되었다. 1592년 7월 금산군에서 벌어진 이치(梨峙) 전투에서 권율에게 패배하였고, 우척현(牛脊峴) 전투에서도 패배하여 전라도 진격에는 실패하였으나, 1593년 1월의 벽제관 전투에서 명군에 승리했다. 다카카게에 대한 히데요시의 신망이 매우 커서 모리가와 히데요시의 밀접한 관계 구축에 크게 기여하였고 히데요시의 후계자에 대한 후견인의 역할이 기대되는 오대로(五大老)의 일원이 되었다. 임진전쟁 참전 중에 병을 얻어 1593년에 조기 귀국하였고 정유전쟁이 진행되던 1597년 6월 거성인 미하라성(三原城, 히로시마현 미하라시)에서 사망했다.

고바야카와 히데아키(小早川秀秋)　1582~1602. 일본 아즈치모모야마시대에서 에도시대에 걸친 시기의 무장이자 다이묘. 도요토미 히데요시의 정실 고다이인(高台院)의 오빠인 기노시타 이에사다(木下家定)의 아들로 태어나 어려서 히데요시의 양자가 되었으나 친아들 히데요리(秀賴)가 태어나자 고바야카와 가문의 양자로 보내졌고 고바야카와 다카카게를 이어 당주가 되었다. 정유전쟁 때 조선으로 출병하여 부산에 주둔하였는데, 히데요시에게 보내는 전 장수들의 보고서를 수합하고 관리하는 임무를 수행하였다. 히데아키와 도요토미가와의 관계는 매우 특별하였음에도 세키가하라 전투 때 도쿠가와 이에야스와 밀약을 맺고 서군을 배반하여 승리의 추가 동군으로 기울어지는 결정적인 계기를 만들었다고 알려져 있다. 이 공으로 인해 오카야마(岡山)로 영지가 옮겨지고 55만 석으로 규모도 대폭 커졌다. 그러나 1602년 21세의 젊은 나이로 갑작스럽게 사망함으로써 후계자가 준비되지 못한 급박한 상황이 발생하고 고바야카와 영국은 영지의 몰수와 폐절을 피할 수 없었다.

교넨(慶念)　?~?. 일본 아즈치모모야마시대의 정토진종 승려. 도토미(遠江, 현재 시즈오카현) 가케가와(川掛) 성주의 아들로 태어나, 혼간지의 겐뇨(顯如) 밑에서 출가하였고 나중에 분고(豊後, 현재 오이타[大分]현)의 우스키(臼杵)로 와서 안요지(安養寺)를 세워 주지가 되었다. 우스키의 영주인 오타 가즈요시(太田一吉)가 정유전쟁 때 일본군의 감찰관[軍目付]으로 참전하게 되자 의승(醫僧)으로 동행해 줄 것을 요청받았다. 62세의 고령을 이유로 고사하였지만 결국 요청을 수락하지 않을 수 없었고 교넨은 예상하지 못했던 조선 및 전쟁 체험을 하게 되었다. 1597년 6월의 부산 도착부터 고향으로 돌아가는 1598년 2월까지 약 8개월 동안 경상도 남부, 전라도, 충청도, 경상도 내륙부 일대를 시계방향으로 원을 그리는 여정이었고 참혹한 전쟁이 눈앞에서 펼쳐지는 광경을 현장에서 생생하게 목격했다. 교넨은 당시 드문 문필가로 참전 여행의 처음부터 일지를 적듯이 일기를 기록하였고 이것이 후대에 임진전쟁의 사료 중 높은 평가를 받는 『조선일일기(朝鮮日日記)』로 알려지게 되었다. 전쟁에서 목격한 일본군의 약탈과 잔학행위를 정토 신앙의 관점에서 비판적으로 조망하고 반성한 점에서 특별히 주목을 받았다. 산문으로 표현하기 힘든 자기 내면의 변화를 330수의 와카(和歌) 속에 표현한 것도 주목할 만한 점이다. 지나온 시간과 장소가 불명확한 것이 많고 특별히 거리에 대한 언급도 부족한 편이라 노정을 추적하는 데 어려움이 따르는 아쉬움이 없지 않지만, 매일 낯선 지역을 전쟁의 급박한 상황 속에서 이동해야 하는 여정인 점을 고려할 때 충분히 이해가 가는 대목이다. 아울러 일기 내용의 상당 부분이 불교의 가르침과 반성으로 넘쳐나고 있어서 그의 불심의 깊이와 실천이 잘 드러나 있다. 그가 목격한 전투 중에 남원성 전투와 울산성 전투에 대한 묘사가 특별히 상세한데, 전쟁의 전반적인 추이뿐 아니라 개별 전투의 미시적 상황까지 살펴볼 수 있는 소중한 자료라 할 수 있다.

구로다 나가마사(黑田長政)　　1568~1623. 일본 아즈치모모야마시대에서 에도시대에 걸친 시기의 무장이자 다이묘. 지쿠젠(築前)국 후쿠오카(福岡)번의 번주. 전략가로 명성이 높은 요시타카(孝高)의 아들로 1568년 하리마(播磨) 히메지(姬路)에서 태어났고, 1577년 10세 때 아버지 요시타카가 오다 노부나가에게 신속(臣屬)했기 때문에 인질로서 노부나가에게 보내져 도요토미 히데요시에게 맡겨졌다. 1582년 처음으로 히데요시의 주고쿠(中國) 공략에 종군했고, 규슈 평정 후에는 부젠(豊前, 현재 오이타현) 나카쓰(中津)로 옮기고, 1589년 요시타카의 뒤를 이어받아 종5위하 가이노카미(甲斐守)에 서임되었다. 임진전쟁에도 종군했는데, 3번대 대장으로 오토모 요시무네(大友義統)를 휘하에 두었다. 전쟁에서 한성 함락 후에는 개성, 평양, 해주 등지를 공격하는 등 수많은 전공을 세웠다. 그러나 연안성 전투에서는 패배하고, 직산 전투에서도 성과를 내지 못했다. 그리고 연안성 전투에서 예봉이 꺾여 황해도 공략에는 실패했다. 거기에 동생이 바다를 건너던 중에 수난 사고로 숨지는 등의 큰 손실도 겪었다. 한편으로는 전쟁을 수행하는 와중에 군의 관리를 맡은 이시다 미쓰나리(石田三成)나 고니시 유키나가 등과 대립했고, 결국 임진전쟁 패전 이후 발발한 세키가하라 전투에서 동군에 가담해 이시다와 고니시가 속한 서군과 싸우게 되었다. 특별히 고바야카와 히데아키를 동군 편으로 돌려놓는 등 동군의 승리에 크게 공헌하였고, 그 공으로 지쿠젠 지역을 하사받았다. 후쿠자키(福崎)에 성을 쌓고, 이곳으로 옮겨 후쿠오카(福岡)라고 이름지었다. 1623년 2대 쇼군 도쿠가와 히데타다(德川秀忠)의 교토 상경에 앞서 교토로 갔으나, 8월 4일 호온지(報恩寺)에서 사망했다.

구키 요시타카(九鬼嘉隆)　　1542~1600. 일본 센고쿠시대에서 아즈치모모야마시대에 걸친 시기에 활약한 무장이자 다이묘. 구키 수군을 지휘하여 수군 무장으로 이름을 떨쳤다. 시마(志摩, 현재 미에[三重]현)의 재지영주로 존재감을 드러냈고, 오다 노부나가와 도요토미 히데요시에게 비호를 받는 수군으로 활약하며 시마 지역을 지배하여 3만 5,000석을 보유한 도바번(鳥羽藩, 현재 미에현)의 초대 번주가 되었다. 이후 도요토미 히데요시가 일으킨 임진전쟁에 참전하였는데, 일본 내에서 영지는 작을지언정 바다에 대한 지식이 많았고, 대형 함선 건조 능력을 보유하고 있었기 때문에 수군의 총책임자 역할을 맡게 되었다. 당시 일본 수군이 이순신의 수군에 연전연패를 당하면서 제해권을 잃고 있던 상황이었기 때문에 일본군의 구키에 대한 기대가 작지 않았는데, 구키의 함대마저 안골포(安骨浦) 해전에서 함대의 절반을 잃는 궤멸적인 패배를 당했다. 구키 자신은 적의 공격을 피하기 위해 육지에 상륙하여 육로로 도주하기에 이르렀다. 안골포에서 패한 뒤로는 이순신이 이끄는 조선 수군과 정면 승부를 하기보다는 육군과의 공조를 중시하였고, 구키 본인은 쓰시마에서 군선의 공급을 지휘했다. 이후 정유전쟁에서 해군 지휘관 자리에서 빠진 것을 계기로 아들 구키 모리타카(九鬼守隆)에게 가독을 상속시키고 은거했다. 이러한 경력과 위세로 인해 에도시대의 군기물(軍記物)에서 '해적 다이묘'로 불렸다. 후에 세키가하라 전투에서 서군에 가담하였고 서군이 패한 후에 도시지마(笞志島)에서 자결했다.

권율(權慄)　1537~1599. 조선 중기의 문신, 군인, 정치인. 본관은 안동, 자는 언신(彦愼), 호는 만취당(晩翠堂) 또는 모악(暮嶽)이다. 선조 15년(1582)에 문과에 급제했다. 임진전쟁이 발발하자 전라도 관찰사 겸 순찰사로 발탁되어 전라도에서 군사를 모아 서울을 수복하기 위해 북상하다 고바야카와 다카카게(小早川隆景)의 군대와 접전을 벌인 끝에 왜군의 전라도 침입을 저지했다. 1593년 행주산성에서 왜군과 싸워 대승을 거두었다. 곧 삼도도원수로 임명되어 영남지방에 주둔하면서 왜군과 싸웠다. 선조 37년(1604) 선무공신 1등 영가부원군(永嘉府院君)으로 추봉되었다.

김명원(金命元)　1534~1602. 조선 중기의 문신. 자는 응순(應順), 호는 주은(酒隱), 시호는 충익(忠翼), 본관은 경주다. 이황의 문인으로 명종 16년(1561) 식년 문과에서 급제했다. 선조 22년(1589) 정여립의 난을 수습한 공으로 이듬해 평난공신(平難功臣) 3등으로 책록되고 경림군(慶林君)에 봉해졌다. 임진전쟁이 발발하자 팔도도원수가 되어 임진강 방어선을 전개하였으나 적을 막지 못하고 후퇴하였고 평양이 함락된 이후에는 순안에 주둔해 행재소를 경비했다. 정유전쟁 때에는 병조판서로 유도대장(留都大將)을 겸했다. 좌찬성·이조판서·우의정을 거쳐 1601년 부원군에 봉해지고 좌의정에 이르렀다.

김천일(金千鎰)　1537~1593. 조선 중기의 문신이자 의병장. 본관은 언양(彦陽), 자는 사중(士重), 호는 건재(健齋)다. 1573년 학행으로 발탁되어 군기시 주부, 용안현감, 임실현감, 수원부사, 장례원 판결사 등을 역임했다. 1592년 임진전쟁이 일어났을 때 나주에서 의병을 일으켰으며, 수원의 독성산성을 거점으로 군사 활동을 전개했다. 1593년 강화협상에 반대하며 행주산성 전투 등에 참가했다. 서울에서 철수한 왜군이 진주성을 공격할 때 관군과 합세하여 항전하다가 순사했다. 나주의 정렬사, 진주의 창렬사, 순창의 화산서원, 태인의 남고서원, 임실의 학정서원에 제향되었다.

깃카와 히로이에(吉川廣家)　1561~1625. 일본 센고쿠시대 후기에서 에도시대 전기에 걸친 시기의 무장이자 다이묘. 스오국(周防國) 이와쿠니(巖國)번의 초대 번주. 32세

때 도요토미 히데요시의 명령에 따라 임진전쟁에 참전하여 히젠 나고야성(肥前名護屋城, 현재 사가[佐賀]현 가라쓰[唐津]시)에 당도하여 성의 규모와 모인 병력의 규모를 보고 히데요시가 품은 야망의 크기를 새삼 깨닫게 된다. "적진의 상황을 모르고는 싸울 수 없다"라고 하면서 조선에 건너가기 전에 지형, 기후 및 지역 조건에 대한 정보를 수집하는 데 노력을 기울였다. 깃카와를 비롯한 모리(毛利) 일족의 부대는 최전선보다는 병참을 지원하는 경우가 많았는데, 물류 확보가 원정의 성패를 좌우할 것이라고 보고 선박 준비, 물자 수송, 병사 이동 등의 일에 많은 주의를 기울였다. 5년 후의 정유전쟁에도 참전하였는데, 울산성 전투에서도 지원군 역할을 수행했다. 정권의 향배에 대한 날카로운 관찰을 바탕으로 깃카와는 세키가하라 전투에서 동군 측과 내통하였고, 이는 전투 후의 권력 재편에서 모리가의 존속에 영향을 미친 중요한 움직임이 되었다.

나베시마 나오시게(鍋島直茂)　1538~1618. 일본 센고쿠시대 후기에서 에도시대 전기에 걸친 시기의 무장이자 다이묘. 규슈 지방 사가번의 초대 다이묘. 류조지가(龍造寺家)의 가신의 아들로 태어나 류조지가를 섬겼다. 도요토미 히데요시의 규슈 정벌에서 히데요시 측에 가담했고, 이를 계기로 류조지 마사이에(龍造寺政家) 대신 사가 지방의 권력을 장악하게 되었다. 임진전쟁에서는 가토 기요마사 휘하의 2번대에 1만 2,000명의 병력을 이끌고 참전하여 가토 기요마사와 함께 부산에서 서울까지 진격하였고 그 후에 함께 함경도 지방으로 나아갔는데, 나베시마가 함경도의 남쪽을 담당하고 가토는 북쪽을 맡아 두만강 지역과 여진 시역까지 진입했다. 조신인 만린세력의 도움에 힘입어 근왕병을 모집하고자 함경도에 온 조선의 왕자 임해군과 순화군을 사로잡아 외교적 지렛대로 활용했다. 의병활동이 격렬해지고 평양성이 조명 연합군에게 무너져 서울이 위험한 처지에 놓이게 되자 2번대의 함경도 철수도 이루어졌다. 당시 나베시마는 다수의 조선인 도공을 납치하여 일본으로 돌아가 사가의 이마리(伊萬里) 지역 등을 일본에서도 유수한 도자기 생산지로 부상시켰다.

나베시마 시게사토(鍋島茂里)　1569~1610. 일본 센고쿠시대 후기에서 에도시대 전

기에 걸친 시기의 무장으로 류조지가의 가신. 사가번 나베시마 번주가의 가로(家老)
의 아들로 태어나 나베시마 나오시게의 양자가 되었지만, 나오시게가 아들인 가쓰
시게(勝茂)를 낳게 되어 나베시마가를 상속하지는 못했다. 임진전쟁에서는 주군인
나베시마 나오시게를 따라 2번대에 소속하였고, 주로 함경도 지방에서 임무를 수행
하여 전공을 세웠다. 그의 휘하에 다지리 아키타네(田尻鑑種)라는 중급 무사가 있었
는데, 바로 『고려일기(高麗日記)』를 남긴 주인공이다.

나이토 조안(內藤如安)　?~1626. 일본 센고쿠시대에서 아즈치모모야마시대에 걸쳐
활약한 무장으로, 단바(丹波) 지역의 호족 출신이다. 본명은 다다토시(忠俊) 또는 사
다카쓰(貞勝)이며, 고니시 히다노카미(小西飛彈守)라고도 한다. 조안은 세례명인 '요
한'을 포르투갈어로 읽은 조안(João)으로 알려져 있다. 1564경 루이스 프로이스 등의
영향으로 가톨릭으로 개종했다. 아버지가 전사하자 어린 나이에 가독을 이어 단바
지역을 다스리게 되었다. 그러나 오다 노부나가와 무로마치(室政) 막부의 마지막 쇼
군 아시카가 요시아키(足利義昭) 간의 갈등 속에서 오다 가문과 대립하며 결국 1578
년 아케치 미쓰히데(明智光秀)의 공격으로 성이 함락되고 영지를 상실했다. 이후 고
니시 유키나가의 가신이 되어 중신 대우를 받으며, 고니시 성을 하사받았다. 임진·정
유전쟁에서는 일본 측 대표로 조선과 명나라 사이의 교섭을 담당하며 북경(北京)에
도 갔다. 세키가하라 전투에서는 고니시 유키나가 진영에 참전했으나 패배하고, 히
라도(平戸)로 도주하고 그 후 가가번(加賀藩)에서 포교 활동과 성당 건설에 힘썼다.
그러나 1614년 도쿠가와 이에야스의 크리스트교 금지령으로 여동생 줄리아 및 다카
야마 우콘(高山右近)과 함께 필리핀 마닐라로 추방당했으며, 일본인 마을을 건설하
고 정착하다 1626년에 병사했다. 그의 죽음을 기리는 십자가가 현재 마닐라의 성 빈
센트 홀 성당에 세워져 있다.

낙상지(駱尚志)　?~?. 임진전쟁 당시 명군 제독 이여송을 따라 조선에 파견된 명나
라 장수. 경영 부총병(京營副摠兵)을 지냈는데, 뛰어난 신체와 출중한 무예와 용맹
함으로 잘 알려져 있었을 뿐만 아니라 청렴함으로도 이름이 높았다. 조선에 협조적

인 인물로서 선조와 신료들의 관심을 받았다. 1592년(선조 25) 1차 평양성 전투 패배 이후, 참장으로서 남병(南兵)을 이끌고 의주의 대안까지 나와 주둔했다. 그의 군대는 모두 보병이었는데, 매우 용맹하여 조선에 큰 인상을 주었으며 출병하기 이전에 조선의 부탁을 받아들여 부하들을 시켜 조선군의 교련을 돕기도 했다. 1593년(선조 26) 1월 8일 평양성 탈환 전투에서 부총병 조승훈(祖承訓), 평안병사 이일(李鎰), 방어사 김응서(金應瑞) 등과 함께 함구문(含毬門)을 공격했다. 낙상지는 진두에서 지휘하다가 일본군이 던진 돌에 맞아 부상을 입었으나, 그의 군사들은 수백 개의 수급을 얻고 명군의 깃발을 꽂는 등 큰 전공을 올렸다. 낙상지는 평양성 함락 직후, 벽제관에서 참패를 당해 기세가 꺾인 이여송의 태도를 비판하면서 공격을 주장했다. 이해 여름 진주성을 구원하라는 제독 이여송의 지시를 받았으나 군세가 약하여 응하지 못했고, 자신이 머물던 남원성을 개축하면서 일본군의 전라도 진출에 대비했다. 조선에 절강 병법을 보급하는 데도 기여하였는데 조선에서 낙상지가 머물기를 원했던 이유도 바로 그를 통해 전법을 보급하기 위해서였다. 낙상지는 귀국하면서도 자신의 부하들을 남겨 조선군의 훈련을 돕게 했다. 1597년(선조 30) 6월에는 경영(京營)의 신기영(神機營)의 우부장(右副將)으로 승진했다.

다지리 아키타네(田尻鑑種)　?~1593. 일본 센고쿠시대에서 아즈치모모야마시대에 걸친 시기에 활약한 무장. 처음에는 가신으로서 오토모가(大友家)를 섬겼으나, 오토모가와 나베시마가(鍋島家)가 다투는 과정에서 류조지가(龍造寺家)를 섬기게 되었다. 그 후 규슈 남부의 시마스가(島津家)와 내통하는 등 류조지가와의 불회도 있었지만, 결국 다시 류조지가를 섬기게 된다. 이후 류조지 마사이에로부터 정권은 이어받은 나베시마 나오시게를 섬기며, 임진전쟁에 참가해 종군기록인『고려일기(高麗日記)』를 남긴다. 이 일기는 임진전쟁에 대한 중급 무사의 관점이 잘 반영된 기록으로 2번대의 침공로, 특별히 함경도 지방에서 벌어진 전투와 대민 지배의 상세한 상황을 살펴볼 수 있는 소중한 사료라 할 수 있다.

도요토미 히데요시(豊臣秀吉)　1537~1598. 오와리(尾張) 지역에서 빈농의 아들로 태어나, 오다 노부나가에게 발탁되어 점차 두각을 나타냈다. 혼노지의 변 직후 군을 이끌고 교토로 돌아와 야마자키(山崎) 전투에서 아케치 미쓰히데(明智光秀)를 격파했다. 이후 오사카성을 쌓고 간파쿠(關白)와 태정대신(太政大臣)에 임명되어 도요토미 정권을 세우고 일본을 통일했다. 히데요시는 다이코 검지(太閤檢地)와 무기몰수령[刀狩令]을 시행하여 병농분리를 추진하고 국내질서를 안정시켰다. 1592년, 명나라 정복을 목표로 조선에 출병하며 임진전쟁을 일으켰다. 전쟁 초기에는 조선군을 제압하며 일본군의 병참과 행정체계를 구축했으나, 전쟁이 장기화되면서 제한적인 전략적 성과밖에 거두지 못했다. 임진전쟁 동안 아들 히데요리(秀賴)를 후계자로 지정하고 조카 히데쓰구(秀次)를 제거했다. 1598년 병으로 사망하면서 직접적인 지휘권을 상실했고, 조선 침공은 중단되었다. 히데요시 사후 도요토미 정권은 아들 히데요리를 중심으로 유지되었으나, 권력 기반이 약화되어 결국 도쿠가와 이에야스에게 정권이 넘어가게 되었다.

마시타 나가모리(增田長盛) 1545~1615. 일본 아즈치모모야마시대부터 에도시대 초기까지 활동한 무장이자 다이묘. 도요토미 히데요시 밑에서 오부교(五奉行) 중 한 명으로 활약했다. 임진전쟁 때 조선에 출병하여 한성 주둔 부교(奉行)로서 점령지 통치와 병참을 담당하였으며, 벽제관 전투와 행주산성 전투에도 참가했다. 수많은 전투와 병참·행정 업무에서 공을 세워 히데요시의 신임을 받았다. 히데요시 사후, 아들 히데요리를 보좌하며 도요토미 정권의 유지에 기여했다. 1600년 세키가하라 전투에서 나가모리는 서군에 가담하여 동군에 패배하여 영지를 몰수당하고 고야산(高野山)으로 추방되었다. 1615년, 도쿠가와 막부에 반기를 든 아들 모리쓰구(盛次)의 행동과 연좌되어 자결했다. 그의 사망으로 마시타 가문은 정치적 영향력을 상실하고, 생전의 공적과 행정 능력에도 불구하고 비참한 최후를 맞았다.

마쓰라 시게노부(松浦鎭信) 1549~1614. 일본 히젠(肥前) 히라도번(平戶藩)의 번주로, 1587년 도요토미 히데요시의 규슈 출병 때 아버지 다카노부(隆信)와 함께 참전했다. 1592년 임진전쟁이 발발하자 병사 3,000명을 이끌고 고니시 유키나가 휘하에서 출병하여 7년간 조선 각지에서 전투와 성 축성, 보급 등에서 공을 세웠다. 이 기간 1,918명의 가신이 전사했으나, 전쟁 후 히라도로 귀환한 인원은 7,200명으로 증가했다. 세키가하라 전투에서 장남과 다른 가신들은 서군에 가담했으나, 그 자신은 동군에 속하여 도쿠가와 이에야쓰의 신임을 얻었다. 그 결과 6만 3,200석의 영지를 받아 히라도번 초대 번주가 되었다. 이후 네덜란드 선박을 히라도에 입항시켜 히라도 무역의 기초를 닦기도 했다.

모리 데루모토(毛利輝元)　1553~1625. 일본 아즈치모모야마시대부터 에도시대 초기까지 활동한 무장이자 다이묘. 임진전쟁이 발발하자 3만 명을 이끌고 조선 침략에 참여하여, 5월에 성주에 포진했다. 1593년 3월 명과 일본 사이에 강화교섭이 진행되자, 8월에 일본으로 귀국했다. 정유전쟁 때는 이키까지 갔으나 병 때문에 귀국하고, 양자인 히데모토(秀元)가 그의 대리인으로 3만 명의 대군을 이끌고 참전하였다. 히데요시 사망 후에는 도요토미 히데요리(豊臣秀頼)를 보좌하며 일본군의 조선 주둔 작전을 관리했다. 모리군은 추격전, 성 축성, 보급 관리 등에서 핵심 역할을 수행하며 전쟁 수행에 기여했다. 세키가하라 전투에서는 서군 총대장으로 서군 측을 지원하였으나, 일문 일부가 동군과 내통하면서 전투에는 참전하지 못했다. 전투에서 패한 후 데루모토는 가문 소유의 영지를 일부 삭감당하고 도쿠가와 이에야스와 타협하여 출가하였으며, 아들 히데나리(秀就)에게 가독을 승계했다. 이후 정치·재정 개혁과 성 축성 등을 수행하며 1625년 73세로 사망했다.

모리 히데모토(毛利秀元)　1579~1650. 일본 아즈치모모야마시대부터 에도시대 초기까지 활동한 무장으로, 나가토(長門) 지역 조후번(長府藩)의 초대 번주. 1592년 임진전쟁을 앞두고, 모리(毛利) 가문을 대표하여 도요토미 히데요시와 처음 접견하고, 임진·정유전쟁 때 주력 부대의 지휘관으로 참전했다. 특히 정유전쟁 때는 병중인 모리 데루모토를 대신하여 모리군 3만을 이끌고 우군(右軍) 총대장으로 활약하며 전공을 세웠다. 일본군의 주요 작전 중 하나인 진주성 주변에서 부대를 지휘하며 보급과 공격을 효율적으로 조율하기도 했다. 전쟁 이후, 도요토미 가문과 모리 가문 간

의 외교적 조율을 담당하고, 본국으로 돌아와 나가토 조후번을 다스리며 다이묘로
서 지위를 확립했다. 아버지와 종형제로부터 영지를 분할받아 독립 번주로서 별가
를 창설하였으며, 가문 내 후계 문제와 영지 운영을 안정시키는 데 주력했다.

서일관(徐一貫)　?~?. 명나라 사람으로, 1592년 황응양(黃應陽) 등과 함께 조선에 사
신으로 파견되었다. 윤근수(尹根壽)를 만나 도요토미 히데요시가 조선에 보낸 편지
를 보고 조선과 일본이 서로 짜고 명나라를 침략하려 한다는 의심을 품었다. 1593년
위장 강화 사절로 사용재(謝用梓)와 함께 일본에 사신으로 파견되었다. 이후 강화협
상에서 공문을 위조한 사실이 발각되면서 사용재와 함께 유배되었다.

석성(石星)　?~1599. 명나라의 문신. 자는 공진(拱辰), 호는 동천(東泉)이며 북직례 동
명현(北直隷[현재 山東省] 東明縣) 출신이다. 1565년 진사에 급제하여 이과급사중(吏科
給事中)에 발탁되었고, 만력 초기에 재기하여 예부시랑, 병부상서 등 주요 관직을 역
임했다. 예부시랑 재직 시에는 자신의 부인 류씨를 구해준 역관 홍순언(洪純彦)과의
인연으로 조선의 종계변무(宗系辨誣)를 해결했으며, 임진전쟁 발발 후 홍순언이 구
원병을 청하자 만력제에게 조선 파병을 건의했다. 전쟁 초기에는 송응창(宋應昌), 이
여송(李如松)의 지휘 아래 대군을 조선에 파견하여 평양을 수복하게 했다. 그러나 벽
제관 전투에서 명군이 대패하자 소극적 태도로 돌아서 일본과의 조기 평화를 모색
했다. 그는 도요토미 히데요시를 일본국왕으로 봉하는 방안을 주장했으나 실패하
여 관직 삭탈되고 하옥되어 1599년 옥사했다. 그는 조선 해주석씨(海州石氏)의 시조
이기도 하다.

소 요시토시(宗義智)　1568~1615. 일본 아즈치모모야마시대부터 에도시대 초기까
지 활동한 무장으로, 쓰시마번(對馬藩)의 초대 번주. 1579년 12세에 도주 자리를 계
승했으나, 나이가 어려 소 요시시게(宗義調)가 섭정을 맡았다. 1588년 요시시게가 사
망하자 본격적으로 정권을 장악했다. 도요토미 히데요시의 명을 받아 조선과의 외
교를 담당하며 1591년 조선의 통신사 파견을 주선했다. 임진·정유전쟁 때는 5,000명

의 군사를 지휘하여 고니시 유키나가와 함께 각지에서 전투에 참여했고, 1597년 정유전쟁 때에는 2진으로 참전했다. 전쟁 후에는 중신 야나가와 시게노부 및 이테이안(以酊庵) 주지 게이테쓰 겐소와 함께 조선과의 국교 회복에 힘썼다. 1607년 통신사 여유길(呂裕吉)과 쇼군 도쿠가와 히데타다 사이에서 중개 역할을 했다. 1609년 조선에 사절로 와서 쓰시마의 세견선 파견과 부산에서의 무역 재개 등의 내용을 담은 기유약조(己酉約條)를 체결했다. 1615년 쓰시마에서 사망하였으며, 반쇼인(萬松院)에 안장되었다.

송응창(宋應昌)　1536~1606. 명나라 관료로 자는 사문(思文), 호는 동강(桐崗)이며, 항주(杭州) 인화현(仁和縣) 출신이다. 임진전쟁 당시 병부우시랑(兵部右侍郞)으로 만력 20년(1592) 8월, 경략비왜군무(經略備倭軍務)에 임명되어 제독 이여송과 함께 약 4만 8,000명의 병력을 이끌고 조선에 파병되었다. 그는 병참과 군무를 총괄하며 조선군과 협력하여 평양성 수복전에 참여했다. 벽제관 전투에서 이여송이 대패하자, 도요토미 히대요시를 일본 국왕으로 책봉하고 닝보(寧波)를 통한 조공을 제안하는 봉공안(封貢案)을 주도하며 교전을 자제시켰다. 또한 조선 조정의 정치적 움직임을 견제하며 왕세자 광해군의 남방 분조 운영을 명 황제로부터 승인받게 했다. 그는 조선의 세자 시강관과 배신을 통해 세자 교육을 지원하고, 화약 무기인 비호자모포(飛虎子母砲)의 제작과 은광의 시험 채굴 등 군사·경제적 조치도 지휘했다. 일본과의 강화 교섭 과정에서 조선과 요동을 오가며 군사적·정치적 활동을 조율했으나, 명나라 중앙에서의 정치적 갈등과 보고 문제로 결국 소환되어 낙향했다. 고향 항주 고산(孤山)에서 은거하며 1606년 향년 70세로 사망했다. 그의 저서 『경략복국요편(經略復國要編)』은 명군의 조선 파병과 관련한 자료를 수록한 귀중한 임진전쟁 사료로 평가받고 있다.

시마즈 요시히로(島津義弘)　1535~1619. 임진·정유전쟁 기간 동안 일본군 제4번대의 총대장으로 조선에 출병했다. 전라북도 남원성 점령 당시 조선 도공 심당길(沈當吉) 등 80여 명을 강제로 일본으로 연행하여 사쓰마(薩摩)의 도자기 산업 발전에 기여했다. 사천성 전투에서는 불과 7,000명의 병력으로 조명 연합군 4만을 격파하며 일본군의 위세를 떨쳤고, 병사들에게 충분한 보급을 제공하여 동사자를 한 명도 내지 않은 장수로도 평가된다. 또한 병사들의 사기를 높이기 위해 난로를 함께 쓰며 추위를 견디고, 가신의 출산을 축하하는 등 주변 사람들을 세심하게 배려했다. 칠천량 해전에서는 도도 다카토라(藤堂高虎) 수군에 배속되어 조선 수군을 격파했고, 이후 전라남도 해남까지 진군하며 전략적 요충지를 점령했다. 정유전쟁 말기에는 노량 해전에서 조명 연합 함대와 야간 해전을 벌였으며, 이순신과 명군 부장 등자룡(鄧子龍)이 전사하는 가운데 퇴각에 성공했다. 이러한 공로로 봉록 4만 석을 하사받았다. 요시히로는 부하와 가신들에게 자상하였으며, 후손들은 에도시대 내내 사쓰마번(薩摩藩) 번주 계보를 이어가는 등 그의 영향력이 지속되었다.

신립(申砬)　1546~1592. 평산신씨 가문 출신 무신으로, 1567년 무과에 급제한 뒤 여러 무관직을 거쳤다. 그는 함경도 온성부사(穩城府使)로 있을 때 여진 추장 니탕개(尼湯介)의 침입을 격퇴하며 북방 방어에 큰 공을 세워 함경도 북병사(北兵使)로 승진했고, 이후에도 여진세력을 토벌하며 용맹한 장수로 명성을 얻었다. 전라도 흥양현(興陽縣)에 침입한 왜구 대응 과정에서 탄핵을 받기도 했으나, 곧 병마절도사로 재기용될 만큼 군사적 역량을 높이 평가받았다. 1592년 임진전쟁이 발발하자 삼도순변사(三道巡邊使)로 임명되어 선조로부터 보검을 하사받고 김여물(金汝岉) 등과 군사를 이끌고 충주로 진주했다. 당시 고니시 유키나가가 문경새재를 넘어 단월역까지 진출했으나 신립은 이를 과소평가하고, 경고를 보고한 안민(安敏) 등을 오히려 처형하는 판단 착오를 범했다. 일본군이 충주로 접근하자 김여물의 반대를 무릅쓰고 탄금대에 배수진을 치고 전투에 임했으나, 수적으로 압도적인 일본군에게 포위당해 참패했다. 많은 조선군이 후퇴로가 막혀 남한강에서 익사했고, 신립은 김여물 등과 함께 강물로 투신해 자결했다. 사후 영의정으로 추증되었으며 시호는 충장(忠壯)이다.

심유경(沈惟敬)　?~1599. 명나라 말기 인물로, 절강성(浙江省) 가흥(嘉興) 출신이다. 임진전쟁 발발 후 병부상서 석성(石星)의 추천으로 유격장군(遊擊將軍)에 임명되어 조선 원군과 함께 파견되었다. 명군이 평양에서 일본군에 패하자 일본 장수 고니시 유키나가와 강화교섭을 진행하며 중재 역할을 맡았다. 1593년 명군이 평양을 탈환한 뒤에도 전세가 여전히 불안하자 다시 일본과의 교섭에 나섰고, 나고야 성에서 도요토미 히데요시를 직접 만나 요구조건을 들었다. 그러나 히데요시의 요구가 명에서 수용될 수 없다고 판단한 그는 일본의 요구 내용을 왜곡해 보고하며 명과 일본 양쪽을 속이는 이중교섭을 벌였다. 이후 명 황제가 일본 국왕 봉작을 허락하는 칙서를 보냈으나 도요토미 히데요시의 기대와 달라 협상은 결렬되었고, 이는 정유전쟁 재발의 원인 중 하나가 되었다. 전쟁이 잠시 소강상태에 들어간 뒤 그의 조작과 비리가 드러나 처벌당할 위기에 놓였으나 석성의 비호로 한 차례 화를 모면했다. 그러나 그는 다시 조선에 들어와 화의를 모색하다 실패하고 경상도 의령(宜寧)에서 명 장수 양원(楊元)에게 체포되었다. 북경으로 압송된 뒤 황제와 조정을 속인 죄로 1599년 극형에 처해졌다.

아사노 요시나가(淺野幸長)　　1576~1613. 일본 아즈치모모야마시대부터 에도시대 초기까지 활동한 무장이자 다이묘. 기이(紀伊) 와카야마번(和歌山藩) 초대 번주이며 아사노가(淺野家) 15대 당주다. 본명은 나가요시(長慶) 또는 나가쓰구(長繼)이며, 요시나가는 후년의 명칭이다. 1590년 아버지를 따라 오다와라(小田原) 정벌에 참전하여 처음으로 전투를 치렀고, 임진전쟁 당시 아버지와 함께 군사를 이끌고 출진하여 서생포 왜성(西生浦倭城)에 주둔했다. 1597년 재출병하여 울산 왜성에서 농성하며 전투에 참여했다. 히데요시 사망 후인 1598년, 가토 기요마사·후쿠시마 마사노리(福島正則) 등 무단파(武斷派)와 함께 문치파(文治派)인 이시다 미쓰나리와 대립했다. 1599년 마에다 도시이에(前田利家)가 사망한 후 무단파 일원으로서 이시다 미쓰나리의 대항 움직임에 참여했고, 1600년 세키가하라 전투에서는 도쿠가와 이에야스 휘하 동군에 속해 서군의 모리 히데모토, 안코쿠지 에케이(安國寺惠瓊) 등을 견제했다. 전후 기이국 와카야마(和歌山)에 37만 6,560석을 받고 와카야마 성의 주인이 되었다. 1613년 그가 사망하자 동생 나가아키라(長晴)가 뒤를 이었다.

야나가와 시게노부(柳川調信)　?~1605. 일본 센고쿠시대부터 에도시대 초기까지 활동한 무사. 쓰시마 소씨(宗氏)의 가신으로, 초기에는 진자부로(甚三郎), 후에는 곤노스케(權之助)라는 이름으로 불렸다. 출신은 정확히 알려져 있지 않으나, 선조의 성씨가 지명을 딴 것이라고 보아 규슈 지쿠고(築後) 지방 야나가와 출신으로 전해진다. 1559년 친가 쪽 양부인 야나가와 우마노스케(柳河右馬助)의 양자가 되어 성(姓)을 야나가와로 바꾸고 곤노스케 시게노부로 개명했다. 이후 소씨 가문의 일부 영지를 받았다. 센고쿠시대 말기부터 외교 방면에 두각을 나타내, 1576년 소 요시즈미(宗義純)의 사절로 쇼군 아시카가 요시아키(足利義昭)를 면회하였으며, 1587년에는 소 요시시게(宗義調)가 도요토미 히데요시에 귀순할 때도 사절로 활약했다. 1591년에는 조선 국왕 선조에게 조선의 관직과 작위(종2품, 가선대부)를 받으며 외교적 위상을 확립했다.

양방형(楊方亨)　?~?. 명나라의 문관으로, 임진전쟁 당시 일본과의 강화사절단으로 파견되었다. 도요토미 히데요시를 일본 국왕으로 책봉하기 위한 부사로서 정사 이종성(李宗城)과 함께 일본에 파견된 그는 1595년 1월 30일 북경을 출발하여 4월 조선 한성에 도착하고, 10월 부산 일본군 진영에 들어가 철수를 기다렸다. 그러나 일본군이 명나라의 요구대로 철수하지 않았고, 같은 해 4월에 이종성이 "도요토미 히데요시가 사절을 억류할 것"이라는 소문을 듣고 도주하자, 양방형은 일본군을 달래며 상황을 수습하고 본국에 보고했다. 5월에는 양방형이 정사로 승격되고, 부사에 심유경이 임명되었다. 1596년 6월, 양방형은 고니시 유키나가와 함께 부산을 출발하여 일본으로 건너가 8월 29일 오사카에 도착, 9월 1일 오사카성에서 도요토미 히데요시에게 국왕 책봉 조서를 전달했다. 그러나 조선과 명나라 사이의 강화협상은 서로의 의도를 충분히 전달하지 못했고, 명이 제시한 조건은 히데요시의 요구를 무시한 것이었다. 이에 도요토미 히데요시가 귀국을 명령하였고, 사절단은 9월 9일 사카이(堺)에서 귀국길에 올랐다. 양방형은 귀국 후, 히데요시가 책봉을 받은 것처럼 속여 본국에 보고하고 부산에서 연말을 보냈다. 그러나 1597년 2월 정유전쟁이 발발하고 조선에서 이미 전쟁이 시작되었다는 사실이 명나라에 전달되자, 양방형은 귀국 후 체포되어 심문을 받았다. 그는 일본 측 요구와 교섭 과정을 보고하고 책임이 부사 심유경에게 있음을 주장하여, 이 사건으로 심유경은 도주하고 양방형과 병부상서 석성은 투옥되었다.

양원(楊元)　?~1598. 명나라의 무장. 임진전쟁 당시 총병 이여송의 부하로 부총병 직위를 맡아 2,000명의 응원군을 이끌고, 좌협대장으로 약 1만 1,000명을 지휘하며 평양성 전투에서 공을 세웠다. 이어 1593년 벽제관 전투에서도 이여송을 구하는 활약을 보였다. 정유전쟁이 발발하자, 1597년 음력 5월 8일 요동 기병 3,000명을 이끌고 조선에 다시 파병되었다. 그는 총병 마귀(麻貴)의 휘하에서 음력 6월 18일부터 전라도 남원성에 부임해 성 방어를 강화했다. 그러나 음력 8월 13일부터 시작된 남원 전투에서 일본군 좌군의 공격으로 고립무원 상태에서 농성전을 벌였으나, 8월 15일 남원성은 함락되었다. 양원은 간신히 성을 탈출했으나 패전의 책임을 추궁당해 명나라 군에 의해 처형되었다. 사후 1598년 음력 11월 8일 그의 수급이 한성 남대문에 걸렸다. 조선에서는 평양 탈환의 공로를 기려 평양성 서문 밖 무열묘(武烈廟)에 화상을 봉안하고, 삼대장(三大將) 중 한 명으로 모셨다.

양호(楊鎬)　1555~1629. 명나라의 관료이자 무장으로, 자는 경보(京甫), 호는 풍균(風筠)이다. 문관 출신으로 초기에는 지방 관직과 중앙 조정에서 어사·대리평사(大理評事) 등을 거쳐 산동참의(山東參議)로 요해도(遼海道)를 방어하였고, 이후 무관으로 전환하여 임진·정유전쟁 때 조선으로 파병되어 활동했다. 정유전쟁이 발발하자 경리조선군무(經理朝鮮軍務)로서 조선에 파견된 그는 압록강을 건너 평양에 도착하고, 일본군이 북상하여 서울을 위협하자 직산에서 조명 연합군을 이끌고 일본군을 대파하여 서울을 보호했다. 이후 울산성 전투에서는 직접 진을 지휘하며 일본군을 포위했으나, 구원군이 도착하여 함락시키지는 못했다. 이 과정에서 거짓 보고와 불충·불효 등을 이유로 탄핵을 받고 한때 파직되었으나, 조선 조정의 변호로 억울함이 인정되었다. 그 후 양호는 다시 기용되어 후금(後金)의 누르하치를 공격하기 위해 요동 및 조선에 원병 파견을 요청하고, 광녕도어사(廣寧都御史) 등 요동지방 관직을 맡아 군사작전을 주도했다. 사르후(薩爾滸) 전투에서 조명 연합군이 후금군에 패하자 명나라 조정이 책임을 물어 옥에 갇히기도 하였으나 이후 사면되었다.

오유충(吳惟忠)　?~?. 명나라의 장수. 절강성(浙江省) 의조현(義烏縣) 출신. 명 말기 척계광(戚繼光)이 모집한 의오군(義烏軍)에 참여하여 왜구 토벌에 공을 세웠으며, 몽골 방어를 위한 계주(薊州) 성보(城堡) 수축에도 참여했다. 임진전쟁이 발발하자 이여송 휘하 부대에 배속되어 평양성 전투에 참전했다. 보병 4,000명을 지휘하며 모란봉을 공격해 일본군을 격퇴하는 데 중요한 역할을 하였고, 공격 중 가슴에 부상을 입었음에도 병사들을 독려하며 성 탈환에 기여했다. 이후 대구와 경주 안강에서도 일본군과 교전하였으나 패배하여 잠시 파직되었으나 조선 측의 노력으로 억울함이 해소되었다. 1594년 임무를 마치고 본국으로 돌아갔으며, 1597년에는 흠차비왜중익부총병(欽差備倭中翼副摠兵)으로 임명되어 보병 3,990명을 이끌고 압록강을 넘어 조선에 파견되었다. 충주에 주둔하며 영남 일대에서 일본군을 공격하고 방어하는 임무를 수행하고 1599년 좌군도독부도독첨사(左軍都督府都督僉事)로 승진하였으나, 다음 해 노환으로 사직하고 고향에서 말년을 보냈다. 이후 명나라로부터 응천군문(應天軍門)의 표장(標將)으로 제수받았으나 이를 사양했다.

오타 가즈요시(太田一吉)　?~1617. 일본 아즈치모모야마시대부터 에도시대 초기까지 활동한 무장이자 다이묘. 본성은 스가와라씨(菅原氏)이며 미노국(美濃國) 출신이다. 초기에는 니와 나가히데(丹羽長秀)를 섬겼고, 나가히데 사후에는 도요토미 히데요시를 섬기며, 1597년 분고국(豊後, 현재 오이타현) 우스키성(臼杵城) 성주가 되었다. 이시다 미쓰나리와 친밀했으며, 후쿠하라 나가타카(福原長堯), 구마가이 나오모리(熊谷直盛) 등과 함께 문치파(文治派)를 형성해, 가토 기요마사(加藤清正), 후쿠시마 마사노리(福島正則) 등 무단파(武斷派)와 대립했다. 임진전쟁 때는 120명의 병력을 이끌고 출병하였으며, 점령지에서 흩어진 조선 주민들을 귀환시키도록 명령했다. 같은 해 10월에는 진주성 전투에 참가했다. 1597년 부산포성에 배치된 뒤 남원성 전투에도 참여하였으며, 울산성 전투에서는 가토 기요마사와 아사노 유키나가(淺野幸長)

와 협력하여 활약했다. 그는 문치파에 속했으나, 울산성 전투 이후 추격 과정에서 무단파와 갈등을 빚어 1599년 일부 감찰관과 무단파의 탄원으로 사사로운 행위를 이유로 귀양 처분을 받았다. 1600년 세키가하라 전투에서는 서군에 가담했으며, 서군이 패한 후에도 끝까지 저항했으나, 결국 구로다 요시타카(黑田孝高)의 중재로 성을 퇴거하고 항복했다. 이후 출가하여 교토에 은거하다가 1617년에 사망했다.

오토모 요시무네(大友義統)　1558~1605. 일본 센고쿠시대 후반부터 도요토미 히데요시 시대에 걸쳐 활동한 다이묘로, 분고(豊後, 현재 오이타현)를 지배한 오토모(大友) 집안의 당주였다. 오토모 소린(宗麟)의 장남으로 태어나 어린 시절 이름은 조주마루(長壽丸)였으며, 후에 무로마치 막부의 쇼군 아시카가 요시아키(足利義昭)의 휘를 받아 요시무네(義統)로 칭했다. 1576년에 집안을 상속했으나, 정치적 실권은 대부분 부친이 장악하였다. 1587년 도요토미 히데요시의 시마즈(島津) 정벌에 종군하여 공을 세우고 분고 지역에 영지를 인정받았다. 1592년 임진전쟁이 발발하자 도요토미 히데요시의 명령으로 구로다 나가마사의 휘하에서 6,000명의 병력을 이끌고 조선에 파병되었다. 그는 일본군의 평양성 공격에 참여했으나, 고니시 유키나가의 구원 요청을 무시하고 한양으로 철수함으로써 일본군 사기에 큰 타격을 주고, 조선·명 연합군이 평양성을 함락하는 계기를 제공했다. 이로 인해 도요토미 히데요시의 분노를 사서 영지몰수 처분을 받았다. 그 후 세키가하라 전투에는 직접 참전하지 않았으나 서군 편으로 규슈에서 구로다 요시타카와 교전했으나 패배하고, 포로로 잡혀 히타치(常陸, 현재 이바라[茨城]현) 시억으로 유배되있다. 1605년 유배지에서 사망하였으며, 가문은 아들 오토모 요시노리(大友義乘), 손자 오토모 요시치카(大友義親)까지 이어졌으나 후계자 없이 폐문되었다.

와키자카 야스하루(脇坂安治)　1554~1626. 일본 아즈치모모야마시대부터 에도시대 초기에 활약한 일본의 무장이자 다이묘. 본래 오미(近江, 현재 시가[滋賀]현) 출신으로, 초기에는 아케치 미쓰히데(明智光秀)를 섬기다가 도요토미 히데요시에게 복속했다. 1583년 히데요시와 시바타 가쓰이에(柴田勝家)가 벌인 시즈가타케(賤ヶ岳) 전투에서 공을 세우고 이름을 알렸다. 임진·정유전쟁 때도 수군 장수로 출병하여 전공을 세웠다. 1600년 세키가하라 전투에서는 원래 서군에 속했으나 전투 당일 동군에 가담하여 본령을 유지했다. 그 후, 1609년 이요 지역 오즈(大洲)로 전봉(轉封)되어 약 5만 석의 영지를 받았다. 1615년 정식으로 은퇴하여 교토에서 여생을 보냈으며, 1626년에 사망했다.

왕필적(王必迪)　?~?. 명나라의 장군으로, 영하(寧夏)지역에서 발배(哱拜)의 난을 평정하는 등 북방과 내란 진압에서 경험을 쌓고 뛰어난 군사적 능력을 인정받았다. 임진전쟁이 발발하자 동정제독(東征提督)으로 임명되어 조선에 파병되었고, 조명 연합군의 지휘 아래 일본군을 격파하는 데 중요한 역할을 수행했다. 그의 지휘 아래 연합군은 임진전쟁 초기 혼란 속에서도 전세를 역전시키는 데 기여했으며, 조선 수군과 육군 모두에게 전략적 지원을 제공했다. 특히 일본군과의 전투에서 그의 참여는 전투의 승리에 결정적인 영향을 미쳐, 임진전쟁에서 전쟁의 국면을 바꾸는 데 핵심적인 역할을 한 인물로 평가된다.

우키타 히데이에(宇喜多秀家)　1572~1655. 일본 아즈치모모야마시대의 비젠(備前) 오카야마성(岡山城) 다이묘로, 통칭은 비젠 사이쇼(備前宰相)다. 1572년 오카야마성에서 우키타 나오이에(宇喜多直家)의 차남으로 태어났다. 1581년 부친이 병사하자, 1582년 오다 노부나가의 보증으로 가독을 계승하고 영지를 보장받았다. 어린 나이에도 도요토미 히데요시 군에 편입되어 빗추 다카마쓰성(備中高松城) 공략에 명목상 참여했는데 실제 지휘는 숙부 우키타 다다이에(宇喜多忠家)가 맡았다. 1586년 도요토미 히데요시의 양녀 고히메(豪姬, 마에다 도시이에의 딸)와 결혼하며 히데요시의 양자가 되어 신임을 받았다. 임진전쟁 때 총대장 겸 제8군 사령관으로 참전하였으며, 벽제관 전투에서 승리하였으나 행주대첩에서 권율에게 대패하고 중상을 입고 부하들의 도움으로 간신히 살아났다. 정유전쟁 때 능성(綾城)·화순(和順) 등을 공격하고 한양 남별궁(南別宮)까지 진군하였으나, 포로와 약탈을 금하며 조선 민심을 안정시키려고 했다. 1600년 세키가하라 전투에서는 서군에 속해 초반에는 후쿠시마 마사노리와 교전했으나, 고바야카와 히데아키(小早川秀秋) 등의 배신과 내부 불화로 결국 패배했다. 패전 후 시마즈 요시히로(島津義弘)의 영지로 피신했고, 1603년 도쿠가와 이에야스에게 넘겨진 뒤 스루가국 구노(駿河國久能)에 유폐되었다가 1606년 하치조지마(八丈島)로 유배되었다. 하치조지마에서 50년 이상을 보내며, 처가인 마에다 씨와 시마즈 가문의 지원으로 생계를 유지했다. 1655년 11월 20일, 83세로 사망했다.

원균(元均)　1540~1597. 조선의 경상우수사, 삼도수군통제사, 전라좌병사 등을 역임한 무신. 본관은 원주(原州), 자는 평중(平仲)이다. 임진왜란이 발발하자 조선 수군은 경상좌수영이 싸워보지도 못하고 붕괴될 정도로 혼란했으며, 우수영 역시 흩어져 원균 휘하에는 극소수의 병력만 남았다. 그는 조정과 전라좌수사 이순신에게 거듭 원병을 요청하며 흩어진 병력을 수습했고, 마침내 이순신의 수군이 합류하자 옥포·당포 등지에서 연전연승을 거두었다. 그러나 포상 과정에서 공로 다툼이 심해졌고, 1593년 이순신이 삼도수군통제사로 임명되자 강하게 반발하여 충청병사·전라좌병사로 전출되었다. 이후에도 수군 재기용 논의가 이어지던 중, 이순신이 조정의 의심을 받아 파면되자 1597년 삼도수군통제사로 임명되었다. 정유재란 당시 왜군은 결전을 준비하고 있었으나 원균은 조정의 무리한 명령에 따라 부산 공격을 강행하다 칠천량 해전에서 참패하였다. 이 전투에서 그는 전라우수사 이억기(李億祺), 충청수사 최호(崔湖) 등과 함께 전사하고 조선 수군은 사실상 괴멸하였다. 사후 1604년 이순신·권율과 함께 선무공신 1등에 책록되었으나, 후대에는 이순신과 대비되어 비겁한 장수로 평가되는 경우가 많았다.

원호(元豪)　1533~1592. 조선 중기의 관리로, 1592년 임진전쟁이 발발하자 강원도 주장(主將)을 도와 적의 침입을 방어하는 조방장(助防將)으로 임명되어 일본군에 맞서 방어에 힘썼다. 당시 여주(驪州)에서 일본군과 교전했으나 강원도 순찰사 유영길(柳永吉)의 지시에 따라 춘천(春川)으로 이동했다. 춘천을 거쳐 북상하던 중 김화(金化)에서 일본군의 기습을 받아 전사했다.

윤두수(尹斗壽)　1533~1601. 조선 중기의 문신, 정치인이자 성리학자, 작가, 시인으로 서인(西人) 계열의 핵심 인물. 1533년 윤변(尹忭)과 성주 현씨(星州玄氏) 사이에서 태어나, 일찍 아버지를 여의고 성수침(成守琛), 이중호(李仲虎), 퇴계 이황 등에게 학문을 수학하며 붕당이 분화될 때 서인을 선택했다. 선조 즉위 후에는 대사간, 사은사, 한성부 좌윤, 형조참판, 전라도 관찰사, 평안감사 등을 역임하였고, 1589년 종계변무(宗系辨誣) 공으로 광국공신(光國功臣) 2등에 서훈되고 해원군(海原君)에 봉해졌다. 1591년 세자 옹립 문제를 둘러싼 동인과 서인 간의 갈등에서 삭탈 관직되어 회령·홍원(洪原) 등지로 유배되었으나, 1592년 임진전쟁 발발 후 재기용되어 선조를 호종하고 어영대장, 우의정, 좌의정을 거쳐 평양에서 전황을 지휘했다. 평양성 방어와 의주행을 주장하며 명나라의 원군 개입에 반대했고, 삼도체찰사로서 민심을 위무했다. 또한 장문포(長文浦) 해전 등 군사작전을 독단적으로 추진하기도 했으며, 이순신과 원균 문제와 관련해 당파적 이해와 전시 상황을 고려한 정치적 판단을 내렸다. 전쟁 후에는 판중추부사, 영의정을 역임하고 1601년 사망했다.

이시다 미쓰나리(石田三成)　1560?~1600. 일본 센고쿠시대 말기부터 아즈치모모야마시대에 걸쳐 활약한 무장 겸 다이묘로, 도요토미 히데요시의 신임을 받아 행정과 군사 분야에서 큰 공을 세웠다. 1560년경 오미(近江, 현재 시가현) 지역에서 태어나 하급 무사 가문에서 성장했으며, 총명함과 문무를 겸비하여 어린 시절부터 두각을 나타냈다. 히데요시의 측근으로서 일본 전역의 조세정책 정비와 토지조사 등 행정 업무를 담당하며, 오사카성에서 중요한 실무를 맡았다. 임진전쟁 당시 병참과 외교를 주로 담당했으며, 전쟁의 비효율성을 인식하고 일본군 철군 협상에 참여하는 등 전쟁의 지속을 막으려 했다. 1598년 히데요시 사망 후 도요토미 가문의 권위를 지키고자 서군을 조직하여 도쿠가와 이에야스의 동군에 맞섰다. 1600년 10월 21일 세키가하라 전투에서 내부분열과 동맹의 배신 등으로 서군은 참패하고, 미쓰나리는 도망치다 체포된 후 교토에서 처형당했다.

이시언(李時言)　1557~1624. 조선 중기의 무신. 본관은 전주(全州), 자는 계중(季仲)

이며, 조선 제2대 정종 6남 진남군(晉南君)의 5대손이다. 임진전쟁 당시 황해도 좌방어사와 충청도 병마절도사를 역임했다. 경주 탈환전에서 정기룡(鄭起龍)·권응수(權應洙) 등 의병장 및 명나라 원군과 협력하여 일본군을 격퇴하고 수훈하여 가선대부에 승차되었다. 1594년 전라도 병마절도사에 임명되었으며, 1598년 11월 이순신의 후임으로 전라좌수사 겸 삼도수군통제사가 되었으며, 이후 경상우수사, 지중추부사, 공조판서 등을 역임했다. 1623년 인조반정 이후, 광해군 측근 세력으로 간주되어 정치적 탄압을 받았으며, 1624년(인조 2) 이괄의 난 발생 시 내응을 염려하여 기자헌(奇自獻) 등 35명과 함께 처형당했다.

이여송(李如松)　1546~1611. 명나라 무신으로, 자는 자무(子茂)이며 요동 철령위(鐵嶺衛) 출신이다. 영원백(寧遠伯) 이성량(李成梁)의 장자로, 조선 이산군(理山郡, 평안북도 초산) 출신의 조상을 두었다. 어린 시절부터 아버지를 따라 병기를 익히며 군사적 재능을 보였다. 1592년 임진전쟁이 발발하자 조선의 요청으로 명나라 만력제는 이여송을 조선으로 파병했다. 1593년, 이여송은 압록강을 넘어 숙령관(肅寧館, 평안남도 숙천)에 주둔하며 일본군 고니시 유키나가를 감시했다. 같은 해, 평양성 전투를 지휘하여 일본군을 압박하고 일부 성채를 탈환했다. 그는 조선군과 협력하여 평양성 주변에서 일본군을 견제하였으나, 벽제관 전투에서 일본군과의 격렬한 충돌로 2,500여 명의 명군이 사상당하고, 그의 직속 요동 기병 다수가 피해를 입었다. 전투 후, 조명 연합군에게 일본군 추격 중단 명령을 내려 전쟁을 마무리하려 했으며, 주둔 명군은 현지 조달 방식으로 조선 백성들에게 부담을 주었다. 1597년, 요동총병으로 부임한 후, 차하르부(察哈爾部)의 매복에 걸려 포위당하고 결국 포로가 되어 처형당했다. 사후 만력제는 이여송에게 소보(少保)와 영원백(寧遠伯)을 추증하고 충렬(忠烈)이라는 시호를 내렸다.

이원익(李元翼)　1547~1634. 조선 중기의 문관. 본관은 경기도 금천현(衿川縣, 현 광명시)이며, 호는 오리(梧里)다. 태종의 왕자 익녕군(益寧君) 4세손으로, 1569년 문과에 급제하여 승문원에서 근무하였으며, 소박하고 조용한 성품으로 공적인 일 외에는 자신을 드러나지 않았으나 류성룡(柳成龍)의 신임을 받았다. 임진전쟁 당시 이조판서 겸 평안도 도순찰사(都巡察使)로 임명되어, 선조의 피란 길에 앞장서며 흩어진 군사를 모아 일본군과 교전했다. 이후 도체찰사로서 조선군 총사령관 역할을 수행하며 의병장 곽재우(郭再祐)와 교류하고, 한산도에서 활약하던 이순신을 보호·변호하는 등 군사 통제와 지휘에 참여했다. 1598년 명나라에서 정응태(鄭應泰) 무고사건이 발생하자, 2차 진주사(進奏使)로 현지 문제를 해결하고 1599년 영의정에 올랐다. 광해군 즉위 직후에도 영의정으로 재임하며 경기 선혜법(京畿宣惠法) 초안을 올려 대동법(大同法) 시행을 추진하고, 불합리한 세금제도와 군사제도를 개혁했다. 인조반정 직후에도 77세의 고령으로 영의정에 다시 임명되어, 민생안정과 공납문제 해결을 우선시하며 3도 대동법(강원도·충청도·전라도) 시행을 주장했다. 1624년 이괄(李适)의 난 때 도체찰사로서 공주(公州)로 피란하는 왕을 호위하였고, 정묘호란 때도 세자를 호위하여 전주와 강화도로 이동하며 군사적 보호 역할을 수행했다. 그는 고령에도 훈련도감 제조(訓鍊都監提調) 등 군사 관련 직책을 맡아 왕을 호위하고 군사체계를 관리하였으며, 여러 차례 왕의 부름에도 실무적·정치적 판단을 존중하며 응했다. 1634년 88세로 소하동 선산에 안장되었다.

이일(李鎰)　　1538~1601. 조선 중기의 무신으로 본관은 용인(龍仁), 자는 중경(重卿), 시호는 장양(壯襄)이다. 1558년 무과에 급제한 후 여러 군직을 역임하며 여진족 이탕개(李湯蓋)의 난을 진압하고 추도(醜島)를 기습 공격하는 등 전시에도 공을 세웠다. 1592년 임진전쟁이 발발하자 경상도 순변사(慶尙道巡邊使)로 상주에 내려가 장기군관(長技軍官) 50명을 이끌고 현지에서 병력을 징집하며 일본군과 교전하였으나, 병력 부족과 부하 일부의 도주로 인해 패배했다. 이후 충주에서 신립(申砬) 부대와 합류하였으나, 탄금대 전투에서 신립이 패하자 황해도와 평안도로 피신했다. 1592년 5월 임진강 전투에 참여하였으나 또다시 패하고, 이 과정에서 조선 선조의 몽진 어가와 만나 방어를 준비했다. 1593년 2월 평양 전투에 참여하였고, 1594년에는 송유진(宋有鎭)의 난을 진압하며 순변사로서 활동했다. 전쟁 중에는 중추부사(中樞府使) 겸 훈련원 도정(訓鍊院都正), 군기시 제조(軍器寺提調) 등 군사 관련 관직을 맡아 전선 지휘와 군사 통제에 참여했다. 임진전쟁 이후에도 함경도에서 여러 병마절도사와 상호군(上護軍), 행호군(行護軍) 등 군사 직위를 거치며 지역방어와 군사활동을 이어갔다. 1601년 부하를 살해한 혐의로 한성부로 호송되던 중 정평군(定平郡)에서 사망했다.

임해군(臨海君)　1532~1609. 조선 14대 국왕 선조의 장남이자 15대 광해군의 친형. 왕자의 신분으로 태어났으나, 어머니 공빈 김씨(恭嬪 金氏)의 요절과 아버지 선조의 편애로 어린 시절부터 불우하게 성장했다. 학문에 소질이 부족하고 성격이 포악하여 조정과 왕실의 근심거리로 여겨졌다. 1592년 임진전쟁이 발발하자 근왕병(勤王兵)을 모집하여 함경도 등지로 파견되었으며, 일본군에 맞서 군사를 지휘했다. 그러나 백성들의 반발로 포로가 되었고, 일본군에 억류되었다가 석 달 만에 풀려났다. 이후에도 민심을 잃는 폭력과 횡포로 논란이 많았으며, 선조 사후 동생 광해군이 왕위에 오르자 역모 혐의로 강화도 교동(喬桐)으로 유배되었다. 유배 생활 중에도 지속적인 감시를 받았으며, 1609년 유배지에서 사망했다.

조소카베 모토치카(長宗我部元親)　1539~1599. 일본 센고쿠시대 말기에서 아즈치모모야마시대 초기에 활약한 무장이자 다이묘. 시코쿠 사누키(讚岐) 지역 출신으로, 아버지 조소카베 모토우지(長宗我部元氏)를 계승하여 도사(土佐) 지역을 통일했다. 젊은 시절부터 전투에 참가하며, 여러 인접 다이묘와의 전쟁에서 공적을 세웠다. 1585년 도요토미 히데요시의 명으로 이요 지역 이마바리성(今治城)의 성주가 되었으며, 이후 규슈 정벌과 오다와라(小田原) 정벌에 잠전했다. 노요토니 정권의 주요 진투에 참여하며 충성을 다했고, 1597년에는 시모쓰마(下妻) 일대에서 군사를 지휘했다. 임진전쟁 발발 당시, 도요토미 측의 명령으로 일부 병력을 조선으로 파병하기도 했다. 전략가로서 지역통합과 외부세력 관리에 능했으며, 무장으로서의 명성을 쌓았다. 도요토미 히데요시 사후에는 도사 지역의 지위를 유지했으나 정치적 갈등 속에서 후계문제와 지역통치에 고전했다. 1599년 세상을 떠났으며, 그의 뒤를 이어 아들 조소카베 모토요시(長宗我部元義)가 가문을 계승했다.

조승훈(祖承訓)　?~?. 명나라 요동총병(遼東摠兵) 출신으로 임진전쟁 당시 조선에 파견된 명군 장수. 1592년 임진전쟁이 일어나자 약 3,000명의 요동 수비병을 이끌고 파병되어 평양성 공격에 참가했다. 당시 일본군의 매복과 조총 공격으로 초기 평양 전투에서 패배하고, 남은 병사를 이끌고 요동으로 철군했다. 이후 조선군과 명군이 연합하여 평양성을 재공격할 때 이여송 등과 함께 남문 함구문(含毬門)을 공격하며 평양 탈환에 공을 세웠다. 평양 탈환 후 일본군을 영서역(迎曙驛)까지 추격하여 상당한 전과를 올렸다. 임진전쟁 기간 동안 여러 전선에 배치되어 일본군과 교전을 벌였고 1598년 울산성 전투에도 참전했다. 전쟁 후 명 조정에서 여러 관직을 역임하였으며, 전쟁 공로로 후손들이 영록대부(榮祿大夫)와 좌도독(左都督) 등으로 추증되었다. 조승훈은 임진전쟁 초기 명군 파병과 주요 전투에 모두 참여한 장수로, 조명 연합군의 전쟁 양상과 전환을 보여주는 대표적 인물이다.

진린(陣璘)　1532~1607. 명나라의 무장. 임진전쟁 발발 시 조선에 파견된 명나라 수군 도독으로, 조선과 연합하여 일본군과 교전했다. 해상에서 조명 연합 수군을 지휘하며, 1598년 노량 해전에서 결정적 역할을 했다. 노량 해전은 남해도와 하동 사이 해협에서 벌어진 전투로, 조명 연합군이 일본군을 크게 격파한 마지막 해전이다. 진린은 일본군의 보급로와 해로를 차단하고, 조선 측 지휘관과 협력하여 퇴각하는 적을 상주까지 추격, 대파했다. 이 전투에서의 승리는 전쟁 종결의 중요한 계기가 되었으며, 진린은 조명 연합군의 상징적 인물로 평가된다. 전쟁 후 만력(萬曆) 조정에서 공로를 인정받아 여러 직책을 역임했다. 일부 후손은 한국에 남아 ‘광동진씨(廣東陳氏)’로 전해진다. 진린은 단순한 군사적 공적을 넘어서, 조선과 명나라가 공동으로 외세에 맞섰던 역사적 연대를 보여주는 인물로, 조선 해군과 협력하여 일본군을 격파한 명나라 수군 장수로서 한국과 중국 역사에서 중요한 위치를 차지한다.

호소카와 다다오키(細川忠興)　1563~1646. 일본 센고쿠시대부터 에도시대 초기의 무장이자 다이묘. 단고(丹後) 지방의 미야즈성(宮津城) 성주를 거쳐, 부젠(豊前) 지방 고쿠라번(小倉藩)의 초대 영주이자 히고 호소카와(肥後細川) 가문의 첫 번째 수장이 되었다. 무로마치 막부 15대 쇼군 아시카가 요시아키(足利義昭)를 축출한 후 스스로 나가오카(長岡) 가문이라고 불렀고, 이후 하시바(羽柴) 가문이라고도 불렀다. 그러나 오사카 전투(大坂の陣) 후에는 다시 호소카와 가문으로 돌아왔다. 그는 아시카가 요시아키, 오다 노부나가, 도요토미 히데요시, 도쿠가와 이에야스 등 당대의 영향력 있는 사람들을 섬기며 오늘날까지 이어지고 있는 히고 호소카와 가문의 기초를 닦았다.

황진(黃進)　1550~1593. 임진전쟁 당시의 무관으로 본관은 장수(長水), 황희(黃喜)의 5대손이다. 1592년 임진전쟁이 발발하자 전라도 관찰사 이광(李洸)을 따라 군대를 이끌고 용인에서 일본군과 대적했으나 패했다. 이후 남하하면서 진안에 침입한 일본군 선봉장을 사살하고, 이어 안덕원(安德院)에 침입한 적을 격퇴했다. 그는 훈련원 판관으로서 이현(梨峴) 전투에 참가하여 일본군을 물리쳤으며, 이 공으로 익산 군수와 충청도 조방장을 겸임했다. 1593년 2월에는 전라병사 선거이(宣居怡)를 따라 수원에서 일본군과 싸웠고, 3월에는 충청도 병마절도사가 되어 안성으로 진을 옮기고 군대를 훈련시키며 대오를 정비했다. 죽산성에 있는 일본군과 대치하고, 일본군 장수 후쿠시마 마사노리(福島正則)가 안산성을 탈취하기 위해 진군하자 이에 맞서 싸웠다. 군사를 이끌고 접전을 벌여 죽산성을 점령한 그는 퇴각하는 일본군을 상주까지 추격하여 대파했다. 경상도와 전라도, 충청도의 여러 지역에서 일본군과 교전하며 조선군의 저항을 이끈 중요한 장수였던 그가 1593년 전투 중 전사함으로써 경상도와 충청도 일부 지역의 방어망에 큰 공백을 남겼다. 황진은 임진왜란 당시 조선군의 조직적 방어 노력과 지역 지휘체계를 이해하는 데 중요한 사례로 평가된다.

후쿠시마 마사노리(福島正則)　1561~1624. 일본 아즈치모모야마시대~에도시대의 무장. 오와리 지역에서 태어났으며, 어려서부터 히데요시를 섬기며 이치마쓰(市松)라고 불렸다. 시즈가타케 전투와 고마키·나가쿠테 전투(小牧·長久手の戰) 등에서 전공을 세우고, 규슈 정벌과 오다와라 정벌에도 참전했다. 1592년 임진전쟁에서 다케시마(竹島)에서 대관을 맡아 군량미 운송과 군사작전에 관여하며 전쟁 수행에 참여했다. 전후에는 오와리 기요스성(尾張清洲城) 성주가 되어 24만 석을 영유하며 중앙 무장으로 성장했다. 히데요시 사후에는 이시다 미쓰나리를 실각시키고 세키가하라 전투에서 동군의 선봉으로 활약하며 전공을 세웠다. 전투 이후 아키(安藝)지역 히로시마성 성주가 되어 49만 8,000여 석을 영유하며 번정(藩政)을 맡았고, 오사카 전투 때에는 에도에서 루스이(留守居)를 맡아 막부와의 관계를 유지했다. 그는 히데요시의 아들 도요토미 히데요리(豊臣秀賴) 공격에는 직접 참여하지 못했지만, 군량미 관리와 전투 준비에서 간접적으로 중요한 역할을 수행했다. 강직한 성격과 뛰어난 군사적 재능으로 히데요시와 이에야스 모두의 인정을 받았으며, 임진전쟁을 포함한 여러 전쟁을 통해 일본 센고쿠시대 말기의 무장으로서 중요한 위치를 확립했다.

밀양(密陽) 38, 39, 118

ㅂ

바바 노부카즈(馬場信員) 77, 82
바바 다로지로(馬場太郎二郎) 94
바바 시키부노쇼(馬場式部少輔) 94
박호(朴虎) 120
반궁(半弓) 83, 95, 96, 106
번신(藩臣) 126
법조(法照) 203
보살(菩薩) 215
보은강(報恩講) 209
본원(本願) 193, 204, 205, 207
부교슈(奉行衆) 98
부산성(釜山城) 117
부산포(釜山浦) 37, 52, 88
부산해(釜山海) 156~159, 232, 236
부성(付城) 102, 103
부진궁(不盡弓) 95, 96

ㅅ

사가(佐賀) 73
사가노세키(佐賀關) 241
사가라 요리후사(相良賴房) 61
사나이(左內) 130, 131, 133, 136~138, 141
사노 님(佐野殿) 213
사대수(査大受) 48
사륭(謝隆) 59
사부로시로(三郎四郎) 84
사스나(佐須奈) 115, 134
사쓰마(薩摩)의 부대 100
사용재(謝用梓) 52, 53

사유격(史遊擊) 45
사쿄노다이후 → 아사노 요시나가
사쿠노조(作之允) 91
삼부교(三奉行) 54
상주(尙州) 120
상주성(尙州城) 119
서생포(西生浦) 227
서울(都, 교토) 216
서일관(徐一貫) 52, 53
석가 214
석문(釋文) 230
석성(石星) 57
선지식 222, 224, 237, 238
성선(城船) 80
세토(瀨戶) 238
세토 구로베에(瀨戶九郎兵衛) 74, 75, 78,
　81
세토노도마리(瀨戶泊) 237
센소(仙巢) 116, 121, 122, 128
소노다 마고사부로(園田孫三郎) 87
소다 시로베에(早田四郎兵衛) 53, 57
소 요시토시(宗義智) 30~34, 36~66, 127
소유(宗祐) 73
소장로(蘇長老) → 게이테쓰 겐소
소지로(惣二郎) 74
소지로(惣次郎) 97
송상현(宋象賢) 37
송응창(宋應昌) 48
수영(水營) 118
순화군(順和君) 53
스기 쓰라나미(杉連並) 76
스케에몬노조(中山助右衛門尉) 80
승정원(承政院) 128
시마즈 도요히사(島津豊久) 61

일본의 임진·정유전쟁

조선진기/고려일기/서정일기/조선일일기

2025년 12월 3일   초판 1쇄 인쇄
2025년 12월 8일   초판 1쇄 발행

연구책임   이계황
역주   김경태 · 박경수 · 서각수 · 윤병남 · 이형주 · 허지은

총괄   장용준(국립진주박물관장)
기획   이효종(국립진주박물관 학예연구사)

발행   국립진주박물관
              경상남도 진주시 남강로 626-35
              055-742-5952

출판   도서출판 혜안
              서울특별시 마포구 와우산로 35길 3 102호
              02-3141-3711

ISBN   978-89-8494-762-7 93910